Simon Weber
Herrschaft und Recht bei Aristoteles

Quellen und Studien zur Philosophie

―

Herausgegeben von
Jens Halfwassen, Dominik Perler
und Michael Quante

Band 123

Simon Weber

Herrschaft und Recht bei Aristoteles

—

DE GRUYTER

ISBN 978-3-11-055457-1
e-ISBN (PDF) 978-3-11-037585-5
e-ISBN (EPUB) 978-3-11-038722-3
ISSN 0344-8142

Library of Congress Cataloging-in-Publication Data
A CIP catalog record for this book has been applied for at the Library of Congress.

Bibliografische Information der Deutschen Nationalbibliothek
Die Deutsche Nationalbibliothek verzeichnet diese Publikation in der Deutschen Nationalbibliografie; detaillierte bibliografische Daten sind im Internet über http://dnb.dnb.de abrufbar.

© 2017 Walter de Gruyter GmbH, Berlin/München/Boston
Dieser Band ist text- und seitenidentisch mit der 2015 erschienenen gebundenen Ausgabe.
Druck und Bindung: Hubert & Co. GmbH & Co. KG, Göttingen

♾ Gedruckt auf säurefreiem Papier
Printed in Germany

www.degruyter.com

Vorwort

Diese Arbeit ist eine überarbeitete und gekürzte Fassung meiner Dissertation, die ich im Mai 2011 bei der Philosophischen Fakultät der Rheinischen Friedrich-Wilhelms-Universität eingereicht habe. Mein besonderer Dank gilt Christoph Horn, dem ich nicht nur in langjähriger Zusammenarbeit verbunden bin, sondern der auch mein Interesse für die politische Philosophie des Aristoteles in vielfältiger Form – nicht zuletzt durch seine engagierte Betreuung dieses Projekts – gefördert hat. Mein besonderer Dank gilt ferner Jörn Müller für die Übernahme des Zweitgutachtens sowie für seine stets wertvollen und wohlwollenden Ratschläge. Zudem danke ich Richard Kraut, der mit mir Teile der Arbeit während eines Gastaufenthalts an der Northwestern University (Evanston) diskutiert hat. Auch von seinen Hinweisen habe ich ungemein profitiert. Tilman Mayer danke ich für die Übernahme eines Fachgutachtens. Ich danke Jens Halfwassen, Dominik Perler und Michael Quante dafür, dass sie meine Dissertation in die Reihe „Quellen und Studien zur Philosophie" aufgenommen haben. Getrud Grünkorn danke ich für ihre ebenso herzliche wie geduldige Betreuung und generöse Unterstützung seitens des Verlags.

Teile der Arbeit sind auf verschiedenen Tagungen, Workshops und Kolloquien präsentiert worden. Besonders profitiert habe ich dabei von meinen Vorträgen im Rahmen des 3. GanPh-Kogresses (Würzburg 2010), des Bonn-Göttingen-St. Andrews-Kolloquiums (Bonn 2012), des XII. Meeting of the Collegium Politicum (Madrid 2012), des XI. Europaeum Classics Colloquium (Oxford 2012) und des XII. Kolloquiums zur antiken Philosophie der GanPh (Tübingen 2013). Den Organisatoren dieser Tagungen danke ich ebenso für die Einladungen wie den Teilnehmern für ihre gewinnbringenden Kommentare. Weitere wertvolle Anmerkungen verdanke ich insbesondere Anna Schriefl, Bruno Langmeier, Corinna Mieth und Joachim Söder. Für das Korrekturlesen und ihre Hilfe bei der Fertigstellung des Manuskripts schulde ich besonderen Dank: Barbara Dienst, Sabine Heide, Anna Schriefl und Marcel Wagner, ferner Bruno Langmeier, Corinna Mieth und Erik Stei. Mein Dank gilt zudem der Northwestern University für die großzügige Unterstützung meines Gastaufenthaltes im Frühjar 2007 sowie der Hanns-Seidel-Stiftung für die finanzielle Förderung der Dissertationsphase. Dem DAAD danke ich für die Gewährung eines Fachkursstipendiums.

Besonderen Dank für ihre Unterstützung schulde ich nicht zuletzt meiner Familie und meinen Freunden – vor allem Sabine Heide. Dieses Buch ist auch das unsere.

Bonn, im August 2014   Simon Weber

Inhalt

1.	**Einleitung** —— 1	
1.1	Natürliche subjektive Rechte —— 6	
1.2	Natürliche Rechte bei Aristoteles? —— 19	
1.3	These und Aufbau der Studie —— 38	
2.	**Politischer Perfektionismus** —— 48	
2.1	Perfektionismus —— 48	
2.2	Aristoteles' Konzeption des guten Lebens —— 52	
2.3	Aristoteles' politischer Perfektionismus —— 58	
2.4	Rechtliche Ungleichstellung —— 66	
3.	**Natürliche Gemeinschaften** —— 74	
3.1	Der Mensch als von Natur aus politisches Lebewesen —— 75	
3.2	Gemeinschaft und Herrschaft —— 80	
3.3	Phänomenologie der natürlichen Gemeinschaften —— 83	
3.3.1	Natürliche Gemeinschaften —— 83	
3.3.2	Die natürlichen Elementargemeinschaften —— 87	
3.3.3	Die komplexen natürlichen Gemeinschaften —— 92	
3.3.4	Aristoteles' genetische Konstitutionsanalyse der Polis: Ergebnisse —— 100	
3.4	Die Natürlichkeit der Polis —— 105	
3.4.1	Sophistischer Konventionalismus vs. aristotelischer Naturalismus —— 109	
3.4.2	Die Natürlichkeit der Polis und die Gesetzgebung —— 115	
3.5	Die natürliche Priorität der Polis —— 118	
3.6	Die Polis als oberste rechtsetzende Instanz —— 124	
3.7	Ergebnisse —— 129	
4.	**Natürliche Herrschaftsformen** —— 130	
4.1	Die natürlichen Gemeinschaften als Rechtsgemeinschaften —— 131	
4.2	Die Bestimmung der menschlichen Herrschaftsverhältnisse vor Aristoteles —— 136	
4.2.1	Sophistischer Machtpositivismus —— 136	
4.2.2	Platonische Fürsorge —— 143	
4.3	Aristoteles —— 150	
4.3.1	Die aristotelische Differenzthese —— 152	
4.3.2	Der natürliche Status des freien und unfreien Menschen —— 155	

4.3.3		Die Herrschaft über von Natur aus freie und von Natur aus unfreie Menschen —— **167**
4.3.3.1		Die Herrschaft über von Natur aus unfreie Menschen —— **168**
4.3.3.2		Die Herrschaft über von Natur aus freie Menschen —— **176**
4.3.4		Satz von der Gerechtigkeit und Zuträglichkeit der natürlichen Herrschaftsformen —— **184**
4.4		Ergebnisse —— **191**
5.		**Politische Herrschaft und Polisrecht —— 195**
5.1		Verfassungslehre —— **198**
5.1.1		Politik III und VII–VIII —— **198**
5.1.2		Pol. IV–VI —— **208**
5.2		Politische Rechte —— **224**
5.3		Ostrakismos —— **239**
5.4		Ergebnisse —— **242**
6.		**Schlussanmerkungen —— 245**

Literaturverzeichnis —— 251

A Sachindex —— 261

B Namensindex —— 266

1. Einleitung

Einem Stereotypen in der politischen Ideengeschichte zufolge sind die Grundpfeiler des modernen Rechts- und Verfassungsdenkens nicht als das Erbe oder die kontinuierliche Weiterentwicklung der antik-aristotelischen Tradition zu betrachten, sondern als Neuerungen, die sich gerade dem radikalen Bruch mit ihr verdanken. Wie die Moderne insgesamt wird auch die moderne politische Philosophie vom Pathos des Neuen getragen. Der Konstituierungsmythos einer gänzlich neuen, modernen politischen Wissenschaft, die sich in strikter Opposition zur antiken Tradition des politischen Denkens entwirft, wird wohl von keinem anderen Denker so radikal inszeniert wie von Thomas Hobbes. Hobbes insistiert in seinen Schriften wiederholt auf der vollständigen Abkehr von den großen antiken Philosophen und will sein politisches Denken geradezu als eine Form von Anti-Aristotelismus verstanden wissen. In einem polemischen Kommentar zur aristotelischen *Politik* im 46. Kapitel des *Leviathan* heißt es:

> Es gibt nichts, das so absurd wäre, als daß es nicht einige der alten Philosophen behauptet hätten, wie *Cicero* sagt (der selbst einer von ihnen war). Und ich glaube, daß in der Naturphilosophie kaum etwas gesagt worden ist, das so absurd wäre wie das, was nunmehr aristotelische Metaphysik genannt wird, oder etwas, das mit der Regierungsgewalt unverträglicher wäre als vieles von dem, was Aristoteles in seiner *Politik* gesagt hat, oder etwas, das weniger Kenntnisse verriete als ein großer Teil seiner *Ethik*.[1]

Das Bewusstsein des radikal Neuen,[2] das sich aus dem vermeintlichen Bruch mit der antik-aristotelischen Tradition speist, prägt auch den Ausgang der modernen

---

[1] Eine Auflistung der verwendeten Übersetzungen und Ausgaben der Primärwerke findet sich im Literaturverzeichnis „A Zitierte Übersetzungen und Ausgaben".
[2] In jüngerer Zeit wird die Auffassung von einem Bruch zwischen antikem und modernem politischen Denken u.a. von Wolfgang Kersting vertreten: „Die politische Philosophie der Neuzeit hat sich nicht allmählich aus dem Hintergrund der politischen Philosophie des Altertums und des Mittelalters herausgelöst. Die politische Philosophie der Neuzeit ist das Ergebnis einer Denkrevolution, die mit einem Schlag die Grundlagen und den Denkstil der traditionellen politischen Philosophie zerstört, die politische Reflexion auf ein völlig neues philosophisches Fundament stellt und die Wahrnehmung der politischen Dinge in gänzlich veränderte Begriffsnormen gießt. Die politische Philosophie der Neuzeit entwickelt neue Fragestellungen und neue Argumentationsstrategien, der Gang ihrer Gedanken, die Ausprägung ihrer Leitkonzepte und Orientierungsbegriffe wird durch neuartige Problemsichten bestimmt" (Kersting 2002, 8). Kersting stellt sodann seiner Hobbes-Einführung einen kontrastierenden Vergleich des hobbesschen mit dem aristotelischen Ansatz in der politischen Philosophie voran, um so das revolutionäre Neue (und den radikalen Bruch mit dem Antik-Aristotelischen) in Hobbes' Denken zu unterstreichen (Kersting 2002, 17–29). Die Auffassung, dass modernes und vormodernes politisches

Verfassungswirklichkeit: die amerikanische Verfassungsgebung.³ Folgt man den Federalists um John Jay, Alexander Hamilton und James Madison, die die Arbeit des Verfassungskonvents in Philadelphia von 1787/1788 für die Öffentlichkeit medial aufarbeiten, wird durch die amerikanische Verfassung nicht weniger als der alte, antike Republikanismus durch einen neuen, modernen Republikanismus ersetzt. Zentrale Kennzeichen der alten Republik, deren Institutionendesign von den Federalists mit der auf Aristoteles, Polybios und Cicero zurückgehenden Theorie der „Mischverfassung" verknüpft wird, seien der „Aktivbürger", ihre „Kleinräumigkeit" sowie ihre daraus resultierende sittlich-religiöse „Homogenität", ihre „Frugalität" und Betonung der „Bürgertugend" (Ottmann III/2, 47–49). Demgegenüber sei die neue Republik durch die Etablierung eines demokratischen Repräsentativsystems, ihre Großflächigkeit und ihre pluralistische Grundverfassung geprägt (ebd., III/2, 49–52). Ferner werde in ihr das Vorhandensein vielfältiger Faktionen eigens begrüßt. Zu den weiteren markanten Errungenschaften, die das moderne Verfassungsdenken den Federalists zufolge für sich reklamieren kann, zählen schließlich auch die Idee der politisch-rechtlichen Gleichstellung aller Bürger, das Prinzip der Volkssouveränität, das Prinzip der Gewaltenteilung durch ein institutionelles System der *checks and balances* (so dass die Aufrechterhaltung der guten politischen Ordnung nicht länger allein an die individuelle Tugend der Regierenden gebunden bleibt) sowie ein gesteigertes Eigentumsinteresse, das die Bedeutung des Besitzindividualismus für das Florieren einer Gesellschaft hervorhebt (ebd.). Vor allem aber definiert sich das Projekt der politischen Moderne ihnen zufolge durch die Idee von den natürlichen Rechten des Menschen: Die politische Philosophie der Neuzeit und die auf ihr fußende Verfassungswirklichkeit würden dem Menschen zu seinen ihm angeborenen und unveräußerlichen Rechten verhelfen.⁴ Der Schutz und die Durchsetzung der na-

---

Denken durch einen radikalen Bruch getrennt sind, wird jedoch nicht nur von Autoren vertreten, die sich wie Kersting tendenziell eher mit der Theorietradition der Moderne identifizieren, sondern – unter umgekehrten Vorzeichen – auch von solchen, die ihre Arbeiten als eine Erneuerung bzw. Fortsetzung des antik-aristotelischen Projekts verstehen. Auf Seiten der Aristoteliker gilt dies – auf je unterschiedliche Weise – etwa für Eric Voegelin, Leo Strauss, Joachim Ritter und Alasdair MacIntyre. So ist nach MacIntyre der „Aristotelismus *philosophisch* die stärkste prämoderne Form moralischen Denkens", die er in strikte Opposition zum liberalen Individualismus setzt, der für ihn „das *Ethos* der eindeutig modernen und sich modernisierenden Welt" verkörpert (MacIntyre 1995, 160 u. 10). Vgl. hierzu auch Günther Biens Einschätzung über den „geschichtlichen Ort der politischen Philosophie des Aristoteles" (Bien 1973, 344–367).
3 Die folgende Darstellung der Federalists entstammt Henning Ottmann III/2, 1–78.
4 Zum Einfluss des Naturrechtsdenkens auf die Arbeit der Federalists vgl. Ottman III/2, Kap. 15. Stockton verweist zudem exemplarisch auf Roy P. Fairfield, Max Beloff und Clinton Rossiter

türlichen Rechte des Menschen werden zur zentralen Aufgabe des Staates, wobei das Amerikanische Verfassungsdenken wesentlich durch das Naturrechtsdenken John Lockes und dessen Rechte-Trias von *life, liberty, and estate* bestimmt ist. Schließlich wird von den Federalists für die neue Republik die Anerkennung eines Widerstandsrechts der Bürger bei anhaltendem Verstoß der Regierung gegen die so als legitim bestimmte politische Ordnung betont.[5]

Die von den Federalists propagierte Vorstellung von einem radikalen Bruch zwischen antikem und modernem Verfassungsdenken, der sich entlang der Idee von den natürlichen Rechten des Individuums vollzieht, ist zu einem festen Topos in der politischen Ideengeschichte geworden.[6] Zwar zeichnet sich mittlerweile in einigen jüngeren Arbeiten die Tendenz ab, die Entstehung der Idee natürlicher subjektiver Rechte von der frühen Neuzeit in das Spät- und Hochmittelalter vorzudatieren.[7] Jedoch bleiben auch diese Versuche einer Vordatierung noch weit

---

(Stockton 1971, 74 Anm. 9). Stockton selbst erachtet den Einfluss des Naturrechtsdenkens auf die *Federalist Papers* hingegen als vernachlässigbar (Stockton 1971).

5 Die Idee von den natürlichen Rechten des Individuums als Prinzipien des modernen Verfassungsdenkens prägen nicht nur die berühmten Eingangssätze der *Amerikanischen Unabhängigkeitserklärung* (1776) und der späteren *Déclaration des Droits de l'Homme et du Citoyen* (1789) in Frankreich, sondern bereits schon die maßgeblich von George Mason verfasste *Virginia Declaration of Rights* (1776), die als die erste umfassende Deklaration der Rechte des Menschen gilt. Sowohl die *Virgina Decleration* als auch die *Amerikanische Unabhängigkeitserklärung* sind dabei maßgeblich beeinflusst durch John Lockes *Zweite Abhandlung über die Regierung* (vgl. bes. Kap. II, § 6). Zum Einfluss der frühneuzeitlichen Naturrechtslehren auf die amerikanische Verfassungsgebung vgl. auch das *Federal Paper* Nr. 43 von James Madison.

6 Vgl. hierzu etwa Alsadair MacIntyre: „Daß dem Menschen einfach in seiner Eigenschaft als Mensch solche Rechte zu eigen sein sollten, erscheint im Licht der Tatsache natürlich etwas seltsam [...], daß es nämlich bis fast zum Ende des Mittelalters in keiner alten oder mittelalterlichen Sprache einen Ausdruck gibt, der genau unserem ‚Recht' entspräche; dieser Vorstellung fehlt vor etwa 1400 im Hebräischen, Griechischen, Lateinischen und Arabischen, klassisch wie mittelalterlich, jede Ausdrucksmöglichkeit, ebenso im Altenglischen, im Japanischen sogar bis zur Mitte des 19. Jahrhunderts. Daraus folgt selbstverständlich nicht, daß es keine Natur- oder Menschenrechte gibt; es folgt nur, daß niemand hatte wissen können, daß es welche gab" (MacIntyre 1995, 98). Ebenso Johnson 2010, 197: „Although some will disagree, Aristotle has no conception [...] of natural or civic rights, the conestones of liberal theory." Vgl. auch Schofield 1996, 835. Für weitere Autoren, die die Auffassung vertreten, dass die Antike bzw. Aristoteles nicht über eine Konzeption der natürlichen Rechte des Individuums verfügt haben, vgl. u. a. Kobusch 1997, 11–36; Miller 1995, 86–93; Horn 2005, 105–108.

7 Vgl. hierzu die zahlreichen Arbeiten von Villey (bes. 1998), der das Aufkommen des modernen, subjektiven Rechtsgedankens in eine enge Verbindung zu Ockhams Nominalismus, dessen Zuwendung zum individuellen Sein und die daraus hervorgehende Vorstellung vom Recht als Macht (*potestas*) eines Individuums bringt. Tierney führt die Entstehung des subjektiven Rechtsgedankens auf die Dekretisten im Umfeld des Franziskanerordens im 12. und 13. Jahrhundert zurück: „The doctrine of individual rights was not a late medieval aberration from an

davon entfernt, den Gedanken natürlicher subjektiver Rechte als ein Erbe der antiken Tradition auszuweisen. Was das Fehlen einer Theorie natürlicher subjektiver Rechte in der antiken politischen Philosophie so prekär machen würde, sieht man, sobald man die folgende grundlegende legitimitätstheoretische Alternative ins Auge fasst. Systematisch lassen sich hinsichtlich der Rechtfertigung politischer Herrschaftsverhältnisse idealtypisch zwei große Theoriefamilien unterscheiden (vgl. hierzu von der Pfordten 2000, 2001 u. 2004; Horn 2003, 17–19):[8] Zum einen gibt es normativ-kollektivistische Theorien. In ihnen wird die politische Herrschaftsordnung in letzter Instanz durch Rekurs auf die Interessen, Bedürfnisse oder die Zustimmung eines Kollektivsubjekts (Ethnie, Volk, Staat, Kultur- und Religionsgemeinschaft etc.) gerechtfertigt. Zum anderen gibt es normativ-individualistische Theorien, in denen die politische Herrschaftsordnung in letzter Instanz durch Rekurs auf die Interessen, Bedürfnisse oder Zustimmung der gewaltunterworfenen Individuen gerechtfertigt wird.[9] Kollektivistische Theorieansätze erweisen sich in normativer Hinsicht ganz offensichtlich als problematisch, insofern sie bereit sind, das Wohl und die Interessen des Legitimation verleihenden Kollektivsubjekts letztlich über das Wohl und die Interessen der ihm angehörigen Individuen zu stellen. Damit aber würde das der politischen Herrschaftsordnung unterworfene Individuum nicht um seiner selbst willen regiert,

---

earlier tradition of objective right or natural moral law. Still less was it a seventeenth-century invention of Grotius or Hobbes or Locke. Rather, we shall argue, it was a characteristic product of the great age of creative jurisprudence that, in the twelth and thirteenth centuries, established the foundations of the Western legal tradition" (Tierney 1997, 42). Kobusch datiert das Aufkommen des Personbegriffs als *ens morale* und mithin als Träger von moralischen Rechten auf die erste Hälfte des 13. Jahrhunderts: „Man muß sich die Tragweite und Bedeutung des Beginns dieser Lehre von der Person im 13. Jh. klarmachen. Hier wird zum ersten Mal der Mensch als Person, d. h [sic] insofern ihm die Seinsweise des *esse morale* zukommt, mithin der Mensch als Wesen der Freiheit, das als solches Würde besitzt, für die Metaphysik thematisch" (Kobusch 1997, 27).

8 Das hier zugrunde liegende Verständnis von politischer Legitimität ist ein normatives, das auf die Benennung von überpositiven bzw. moralischen Kriterien der rechtmäßigen politischen Herrschaftsausübung abzielt (wobei es sich in aller Regel um Rationalitäts- oder Gerechtigkeitsforderungen handelt). Der normative Legitimitätsbegriff geht damit – im Unterschied zum empirischen, deskriptiven Begriff politischer Legitimität in den Sozialwissenschaften, der sich stärker auf die subjektiven Überzeugungen der Normunterworfenen beruft – von der grundlegenden Differenz zwischen einer *effektiven* und einer *legitimen* politischen Ordnungsgewalt aus (Peter 2010, 1.): Nicht jede politische Machtausübung, die ein politisches Gemeinwesen effektiv regiert, muss demnach legitim sein, sondern sie ist es nur dann, wenn sie den formulierten objektiven Legitimitätskriterien genügt. Vgl. hierzu auch Post 2008.

9 Bedeutende Vertreter des normativen Kollektivismus sind auf die eine oder andere Weise Hegel, Marx und Lenin, bedeutende Vertreter des normativen Individualismus Hobbes, Locke, Kant und Mill (vgl. die graphische Auflistung in von der Pfordten 2000, 506).

sondern zum bloßen Instrument fremder Interessen und Bedürfnisse degradiert. Doch Staaten, so unsere wohlbegründete moralische Überzeugung, sind für Menschen da, nicht Menschen für Staaten. Normativ-kollektivistische Theorien laufen also grundsätzlich Gefahr, der moralischen Dignität des Menschen, seinem moralischen Status als Zweck an sich, nicht gerecht zu werden, indem sie den Einzelnen lediglich zu einem Teil eines wie auch immer beschaffenen Kollektivsubjekts bestimmen. Diesen Kardinalfehler normativ-kollektivistischer Theorieansätze vermeidet der legitimatorische Individualismus, indem er das Wohl des Einzelnen zum Legitimitätskriterium politischer Herrschaftsausübung erhebt und so den Staat zu einem „Instrument im Dienst des Individuums" (Horn 2003, 20) bestimmt.

Nun sind individualrechtsbasierte politische Theorieansätze zwar nicht die einzigen Angehörigen der normativ-individualistischen Theoriefamilie.[10] Im Zuge der großen bürgerlichen Revolutionen des ausgehenden 18. Jahrhunderts und der mit ihr einhergehenden Verkündungen der natürlichen Rechte des Individuums sowie der auf diesen Rechten fußenden modernen Verfassungswirklichkeit ist der Bürger-, Grund- und Menschenrechtsgedanke jedoch zum Synonym für den normativ-legitimatorischen Individualismus und damit für die Legitimität einer politischen Herrschaftsordnung schlechthin geworden.[11] In der ideengeschichtlichen Auseinandersetzung um den Ursprung der Idee von den natürlichen Rechten des Individuums geht es also letztlich um die Frage, wann der Staat zum ersten Mal konsequent als ein Instrument im Dienste der Selbsterhaltung und des Wohlergehens der Bürgerinnen und Bürger gedacht worden ist, als ein Zusammenschluss von Individuen, deren Dasein einen moralischen Eigenwert hat und deren wohlverstandene Ansprüche somit vom Staat zu schützen sind und weder miteinander noch zugunsten eines ihnen übergeordneten Kollektivs verrechnet werden dürfen. Kurz: Es geht um die Datierung des ideengeschichtlichen Ursprungs jener Idee, die – hierin ist den Federalists zweifelsohne zuzustimmen – das normative Herzstück des modernen Rechtsstaats bildet.

Mit der vorliegenden Studie möchte ich das seit den Federalists oft kolportierte Urteil, nach dem die entscheidende Demarkationslinie zwischen antikem und modernem politischen Denken entlang des Gedankens natürlicher subjek-

---

10 Vgl. hierzu von der Pfordten 2001, Kap. 7.
11 Vgl. hierzu etwa Röhl/Röhl 2008, 359: „Bei der theoretischen Fassung des Begriffs vom subjektiven Recht geht es im Kern um die Frage, ob individuelle Rechte oder ein wie auch immer zu bestimmendes Gemeinwohl den Vorrang haben soll. *Soll der Mensch als Individuum oder der Staatsbürger als Gesellschaftswesen Ausgangspunkt aller Rechte sein?* Die Abhängigkeit vom Willen des Rechtsträgers und die Bestimmung zum Schutze seiner Interessen macht das subjektive Recht zu einer Bastion des liberalen Individualismus."

tiver Rechte verläuft, mit Blick auf einen der beiden Titanen des antik-abendländischen Denkens, nämlich Aristoteles, einer Revision unterziehen. Dabei ist es nicht meine Absicht, die Errungenschaften neuzeitlicher Autoren für unser Verständnis der legitimen und guten politischen Ordnung zu marginalisieren. Bürgerliche Gleichheit, Gewaltenteilung, Volkssouveränität, Menschen- und Bürgerrechte sind als Prinzipien des modernen Staats- und Verfassungsdenkens einzigartige politisch-philosophische und zivilisatorische Errungenschaften, die nicht hoch genug geschätzt werden können. (Dies gilt insbesondere vor dem Hintergrund der Erfahrungen mit den totalitären Regimen des 20. Jahrhunderts.) Niemand kann ernsthaft den in der Nachfolge der Naturrechtstraditionen stehenden modernen liberalen Rechtsstaat gegen die politische Ordnung der antiken Stadtstaaten oder die des ständischen und absolutistischen Europas eintauschen wollen. Als das überraschende Ergebnis einer solchen Revision wird sich zeigen, dass das Projekt der politischen Moderne gerade in seinem zentralen Anliegen, der Begründung der Idee von den natürlichen Rechten des Menschen, als die Fortschreibung und Ausformulierung eines Kernanliegens von Aristoteles' politischer Philosophie begriffen werden sollte und nicht als radikaler Bruch mit ihr.

In diesem Einleitungskapitel werde ich zunächst den Begriff natürlicher subjektiver Rechte, so wie er die großen Bürger-, Grund- und Menschrechtsdeklarationen seit dem ausgehenden 18. Jahrhundert geprägt hat, näher bestimmen (Kap. 1.1). Damit gewinnen wir einen Maßstab, anhand dessen die Frage, ob und wenn ja, inwieweit Aristoteles in seinen politischen Schriften über eine Konzeption natürlicher Rechte des Individuums im Sinn der klassischen Naturrechts- und Vernunftrechtstheorie verfügt, entschieden werden kann. Anschließend werde ich die Forschungsliteratur zu möglichen Ansätzen einer Theorie natürlicher subjektiver Rechte bei Aristoteles in einem kurzen Überblick darstellen (Kap. 1.2.). Das letzte Unterkapitel der Einleitung präsentiert sodann die These der Studie und skizziert kurz ihren Aufbau und Argumentationsgang (Kap. 1.3).

1.1 Natürliche subjektive Rechte

Was sind natürliche subjektive Rechte?[12] Was behaupten wir, wenn wir von den natürlichen Rechten eines Individuums sprechen? Wer eine Antwort auf diese und ähnliche Fragen geben will, stößt zunächst auf die grundlegende Schwierigkeit, dass der Begriff des subjektiven Rechts in der Rechtsdogmatik alles andere als

---

12 Für eine allgemeine Einführung in den Begriff des subjektiven Rechts, an der ich mich im Folgenden weitgehend orientiere, s. Röhl/Röhl 2008, Kap. 6.

eindeutig verwendet wird, es mithin *das* Konzept des subjektiven Rechts gar nicht gibt. Tatsächlich impliziert die Rede von „subjektiven Rechten" eine Vielzahl von theoretischen Hintergrundannahmen und inhaltlichen Festlegungen, die höchst unterschiedlich getroffen werden können.[13] Kontrovers diskutiert werden vor allem die formale Struktur, die Funktion sowie die Begründung subjektiver Rechte. Ob und wenn ja, inwieweit man bereit ist, Aristoteles' politischem Denken eine Theorie natürlicher subjektiver Rechte zuzuschreiben, hängt daher nicht unwesentlich davon ab, was man nun eben genau unter einem „subjektiven Recht" versteht. Vertritt man etwa eine willenstheoretische Funktionsanalyse des Rechts, d. h., ist man nur dort bereit von „subjektiven Rechten" zu sprechen, wo die rechtlichen Ansprüche des Einzelnen der Ermächtigung zu einem auf freier Willensentscheidung beruhenden Handeln dienen, wird man bei Aristoteles schwerlich eine Theorie subjektiver Rechte ausmachen können.[14] Aristoteles ist Strebenstheoretiker, kein Willenstheoretiker, und verfügt in seiner Handlungstheorie mithin nicht über eine Theorie des freien Willens. Die Frage nach einer Theorie natürlicher subjektiver Rechte wäre bei ihm vor dem Hintergrund einer willenstheoretischen Funktionsanalyse des Rechts somit zwangsläufig negativ zu entscheiden. Jedoch gibt es nicht nur die willenstheoretische Funktionsanalyse des Rechts. Und tatsächlich ist, wie wir sehen werden, die Willenstheorie als rechtstheoretische Auffassung nicht dazu geeignet, den Kernbereich jenes Rechtsbegriffs abzubilden, der der Idee von den natürlichen Rechten eines Individuums im Sinne der klassischen Bürger-, Grund- und Menschenrechtserklärungen zugrunde liegt.

Rechte gehören unbestritten zu den wichtigsten Konzepten unseres moralischen, politischen und juristischen Denkens. Ganz allgemein sind Rechte zunächst die begründeten Ansprüche einer Person, eine oder mehrere andere Personen auf das Tun bzw. Unterlassen bestimmter Handlungen zu verpflichten. Begründet werden die als Rechte bezeichneten Ansprüche des Einzelnen durch Verweis auf eine allgemeine Rechtsordnung (objektives Recht), die die Normen zur Ordnung der Angelegenheiten in einer menschlichen Gemeinschaft umfasst und die wir als Gesetze bezeichnen. Rechte machen den Teilbereich des *subjektiven* Rechts aus, weil sie einen Träger haben, das Rechts*subjekt*. Dies ist klarerweise nicht für alle verpflichtenden Bestimmungen der objektiven Rechtsordnung

---

13 Vgl. hierzu etwa Röhl/Röhl 2008, 354: „Der Begriff des subjektiven Rechts wird mit unterschiedlicher Bedeutung verwendet mit der Folge, dass man nicht selten aneinander vorbeiredet." Vgl. hierzu auch Alexy 1994, 159.
14 Dies ist etwa die Position Hegels. Hegel spricht Aristoteles eine Theorie subjektiver Rechte ab, weil diese die moderne Anerkennung der freien Willensäußerung als ein absolutes Gut voraussetze. Vgl. hierzu Kap. 1.2.

(Gesetze) der Fall. So gebietet zum Beispiel die Straßenverkehrsordnung den Verkehrsteilnehmern, Ampeln nicht bei Rot zu passieren, jedoch gibt es kein aus diesem Gesetz abzuleitendes subjektives Recht. Kein Verkehrsteilnehmer hat ein Recht, d. h., einen durch die Straßenverkehrsordnung begründeten Anspruch, die anderen Verkehrsteilnehmer darauf zu verpflichten, die Ampeln tatsächlich nur bei Grün oder gerade umgeschaltetem Gelb zu passieren. Wenn ich die Ampel bei Rot passiere, verletze ich ein Gebot der Straßenverkehrsordnung, aber kein Recht einer anderen Person.[15]

Die nähere Analyse des Rechtsbegriffs zerfällt in der Rechtsdogmatik sodann in zwei Teile: die funktionale und die formale Analyse des Rechts. Dabei untersucht die funktionale Analyse, was Rechte für ihren Träger leisten (welche Funktion sie für ihn erfüllen), während die formale Analyse der internen Struktur von Rechten nachgeht. Was die formale Analyse von Rechten betrifft, so lässt sich die allgemeine Form der Aussage über ein Recht zunächst als ein dreistelliges Relationsprädikat mit der Form „a hat gegenüber b ein Recht auf G" wiedergeben (Alexy 1994, 171). In dieser dreistelligen Rechtsrelation steht a für den Rechtsinhaber oder Rechtsträger (derjenige, der über das entsprechende Recht verfügt), b für den Rechtsadressaten (derjenige, gegenüber dem man dieses Recht besitzt) sowie G für das Rechtsobjekt oder Rechtsgut (also dasjenige Gut, das durch das Recht geschützt oder garantiert wird) (vgl. Alexy 1994, 171 f.). Da es sich bei einem Recht um einen durch ein Gesetz begründeten Anspruch einer (natürlichen oder juristischen) Person auf ein bestimmtes Gut gegenüber einer oder mehreren anderen (natürlichen oder juristischen) Personen handelt, kann die allgemeine Form eines Satzes über ein Recht daher wie folgt präzisiert werden: „a hat gegenüber b einen begründeten Anspruch auf G". Bei moralischen Rechten handelt es sich mithin um diejenigen Ansprüche eines Rechtssubjekts, die durch ein moralisches Regelsystem, bei juristischen Rechten um Ansprüche, die durch eine positive Rechtsordnung begründet sind.

Der Verletzung von Rechten bzw. der mit ihnen korrelierenden Pflichten[16] folgt sodann bei Aufdeckung in aller Regel das Verhängen einer Sanktion gegenüber

---

15 Zur Unterscheidung von objektivem und subjektivem Recht vgl. auch Hobbes' Unterscheidung von *lex naturalis* und *ius naturale* (vgl. *De cive* II.1. ff.; *Leviathan*, Kap. 14).

16 Die Korrelativitätsthese, d. h. die Annahme, dass Rechten stets bestimmte Pflichten korrespondieren, ist in der Rechtstheorie jedoch nicht unumstritten. So gibt es einigen Rechtstheoretikern zufolge individuelle Rechtsansprüche, denen keine Pflichten der Rechtsadressaten korrelieren. Ein prominentes Beispiel hierfür wäre etwa das von Hobbes' vertretene natürliche Recht (*ius naturale*) des Individuums auf Selbsterhaltung im 14. Kapitel des *Leviathan*. Da dem Selbsterhaltungsrecht des Individuums im Naturzustand jedoch keine Pflichten der anderen Individuen korrelieren, kann man von ihm als ein „nicht-gesichertes" Recht sprechen. Zur Überführung des natürlichen Selbsterhaltungsrechts in ein „gesichertes" Recht ist es nach

der rechtsverletzenden Partei durch die Gemeinschaft, deren Gesetz verletzt worden ist. Im Fall von moralischen Rechten wäre die strafende Instanz mithin die Gemeinschaft der moralfähigen Wesen. Ihre Strafmittel bestehen unter anderem in Vorhaltungen und sozialer Missachtung oder auch in Gewissensbissen, insofern das Gewissen die moralische Gemeinschaft und ihre Gesetze in der eigenen Person repräsentiert. Im Fall juridischer Rechtsverletzungen ist die strafende Instanz in aller Regel der Staat und seine Institutionen. Ihre Strafmittel sind üblicherweise in entsprechenden Gesetzbüchern fixiert.

Die politisch-philosophische Idee von den natürlichen Rechten des Individuums geht nun ihrerseits mit wichtigen inhaltlichen Präzisierungen der allgemeinen formalen Grundstruktur eines Rechts einher.[17] Diese seien im Folgenden kurz angedeutet. Zunächst geht es in der politisch-philosophischen Diskussion um die natürlichen Rechte des Individuums nicht um beliebige *Rechtsobjekte*. Gegenstand eines subjektiven Rechts ist ein *Anspruch* auf das Tun oder Unterlassen einer konkreten Handlung seitens des Rechtsadressaten oder aber eine *Position* (vgl. Röhl/Röhl 2008, 363 f.). Zu den Rechtspositionen gehören so unterschiedliche Güter wie das Leben, die Gesundheit, die Sicherheit, die Freiheit oder auch das Eigentum. Anders als Ansprüche auf das Tun bzw. Unterlassen konkreter Handlungen können Positionen vom Rechtsträger nicht unmittelbar gegenüber dem Rechtsadressaten eingeklagt werden. Vielmehr müssen Positionen dazu erst zu wohldefinierten Ansprüchen ausbuchstabiert werden. Wie viel wert der Besitz einer bestimmten Rechtsposition unter einer Gesetzesordnung ist, hängt somit letztlich von den aus ihr abgeleiteten wohldefinierten Ansprüchen ab. So kann beispielsweise aus dem Recht auf Sicherheit gegenüber dem Rechtsadressaten sowohl der Anspruch auf das Unterlassen bestimmter Handlungen abgeleitet werden (etwa das Unterlassen von Folter) als auch der Anspruch auf den Vollzug bestimmter Handlungen (etwa in akuten Gefahrensituationen Schutz zu bieten). Positionen können damit als die „Quelle" oder auch als „Sammelname für eine Vielzahl wohldefinierter Ansprüche" (Röhl/Röhl 2008, 363 f.) bezeichnet werden. Rechtspositionen werden daher auch als „primäre" subjektive Rechte bezeichnet, Ansprüche als „sekundäre" subjektive Rechte, da sie aus jenen abgeleitet sind. In den klassischen Bürger- und Menschenrechtsdokumenten geht es nun nicht um beliebige Rechtsobjekte wie den konkreten Anspruch auf die Freiheit, die Farbe seines Autos frei wählen zu dürfen. Die durch sie deklarierten

---

Hobbes deshalb für jeden Einzelnen rational, sich einer gemeinsamen staatlichen Zwangsinstitution zu unterwerfen, die durch das positive Recht die fehlenden korrelierenden Pflichten etabliert und zugleich für deren Durchsetzung sorgt. Zumindest ein „gesichertes" Recht setzt daher korrelierende Pflichten von Rechtsadressaten voraus.
17 Mit der folgenden Präzisierung folge ich Pollmann 2012a.

Rechtsgüter bilden vielmehr grundlegende Rechtspositionen, nämlich solche Positionen, durch die Mindeststandards hinsichtlich der Selbsterhaltung und des Wohlergehen des Menschen definiert werden. So nennt die *Virginia Bill of Rights* (1776) etwa das Recht auf Genuss des Lebens und der Freiheit (*enjoyment of life and liberty*) wie die dazu notwendigen Mittel, nämlich die Rechte auf Erwerb und Besitz von Eigentum (*acquiring and possesing property*), das Recht auf Streben nach und das Erreichen von Glück (*pursuing and obtaining happiness*) sowie das Recht auf Sicherheit (*safety*).[18] In zeitgenössischen philosophischen Menschenrechtstheorien wird die Fundamentalität der zu schützenden Rechtsgüter etwa dadurch kenntlich gemacht, dass von ihnen als ‚*transzendentalen* Interessen' (Höffe), als Gütern, die der Entwicklung bestimmter, für das menschliche Leben zentraler ‚*Grund*fähigkeiten' dienen (Nussbaum), oder auch als ‚*grundlegenden* Aspekten des menschlichen Wohlergehens' (Finnis) gesprochen wird.

Der *Rechtsadressat* der natürlichen Rechte des Menschen ist primär nicht jede beliebige natürliche oder juristische Person, sondern der Staat und seine Institutionen (vgl. hierzu Menke/Pollmann 2007, 29–32). Die natürlichen Rechte des Menschen haben zuvorderst das Ziel, das Handeln der mächtigen Institution des Staates auf die Garantie der für die Erhaltung und das Wohlergehen seiner Bürger (wie auch weiterer seiner Hoheitsgewalt unterstellten Individuen) grundlegenden Ansprüche zu verpflichten. Insofern der Adressat der natürlichen Rechtsansprüche des Individuums bzw. der mit ihnen korrelierenden Pflichten im Sinn der Grund- und Menschenrechte die öffentliche Gewalt ist, spricht man auch von den *subjektiv-öffentlichen* Rechten.

Der *Rechtsträger* der natürlichen subjektiven Rechte ist nicht eine Körperschaft oder sonstige juristische Person, sondern der Einzelne. Insofern wird von den subjektiven Rechten auch als individuellen Rechten oder umfassend vom Individualrecht gesprochen. Je nachdem, welcher Gruppe von Rechtsträgern die natürlichen subjektiven Rechte unter einer positiven Rechtsordnung zuerkannt werden, spricht man von den natürlichen Rechten des Individuums als ‚Bürgerrechten', ‚Grundrechten' oder ‚Menschenrechten'. Als ‚Bürgerrechte' werden sie ausschließlich den Bürgerinnen und Bürger eines Staates zuerkannt, als ‚Grundrechte' sämtlichen Individuen, die sich auf einem Hoheitsgebiet aufhalten und damit der herrschenden Staatsgewalt bzw. geltenden Rechtsordnung unterworfen sind (also auch Asylbewerber, Touristen usw.), und schließlich spricht man

---

18 Vgl. hierzu auch Finnis' Analyse der Rechtsgüter in der *Allgemeinen Erklärung der Menschenrechte* (1948) durch die UN-Vollversammlung: „When we survey this list we realize what the modern 'manifesto' conception of human rights amounts to. It is simply a way of sketching the outlines of the common good, the various aspects of individual well-being in community" (Finnis 1980, 214).

von ihnen als ‚Menschenrechten', wenn ein Rechtsdokument sie allen Menschen zuspricht. Mit dem Umfang der Gruppe der Rechtsträger verändert sich nach der gängigen Rechtspraxis in aller Regel auch der Umfang der jeweils garantierten Rechtsansprüche (vgl. hierzu Pollmann 2012a, 130). Auf eine Formel gebracht ließe sich sagen, dass sich der Umfang der Gruppe der Rechtsträger und der Umfang der gewährleisteten Rechtsansprüche zueinander antiproportional verhalten: je größer die Gruppe der Rechtsträger, desto geringer der Umfang der durch die öffentliche Gewalt garantierten Rechtsansprüche. So gewähren etwa die meisten Staaten allen Menschen, die sich in ihrem Hoheitsgebiet aufhalten, das Recht auf Sicherheit, körperliche Unversehrtheit wie auch grundlegende Freiheitsrechte. Dies gilt jedoch nicht für „anspruchsvollere" Rechte wie das Recht auf eine materielle Grundversorgung oder das Wahlrecht. Letztere werden üblicherweise als bürgerliche Privilegien exklusiv für die Staatsangehörigen eines bestimmten Hoheitsgebiets vorbehalten.[19]

Sodann werden die Rechte des Einzelnen in den großen Bürger-, Grund- und Menschenrechtserklärungen als *natürlich* qualifiziert, weil diese ihren Trägern nicht aufgrund ihrer kontingenten Zugehörigkeit zu einer bestimmten historischen Rechtsgemeinschaft zukommen, sondern sie diese allein aufgrund ihrer Natur, ihres Menschseins, besitzen. Damit bilden die natürlichen Rechte eine Teilmenge der moralischen Rechte. Ihre Geltung ist somit nicht von einer positiven Rechtsordnung abhängig, sondern geht dieser in normativer Hinsicht voraus. Die natürlichen Rechte des Individuums gelten mithin prinzipiell als unverlierbar, unveräußerlich und transkulturell, in einer strikten Lesart zudem als omnitemporal und invariant. Insofern sie das Individuum unabhängig von der positiven Rechtsordnung besitzt, spricht man von ihnen sodann auch als „überpositiven" oder „vorstaatlichen" Rechten. In der klassischen Natur- und Vernunftrechtstradition wird der Vorstaatlichkeit und Überpositivität der natürlichen Rechtsansprüche des Individuums dadurch Ausdruck verliehen, dass es sich bei ihnen um diejenigen Rechte des Einzelnen handelt, die dieser bereits im Naturzustand (*status naturalis*), d. h. unabhängig von der konkreten institutionellen Ordnung des politischen Gemeinwesens (*status civilis*), unter der er lebt, besitzt.[20] Die

---

19 Fasst man das dem Menschenrechtsgedanken inhärente Gleichheitsprinzip in einem strikten Sinn, dann stellt die Exklusivität bestimmter Bürgerrechte eine ungerechtfertigte Ungleichheit zwischen den Menschen dar und kann somit als ein Legitimitätsproblem für die gängigen politischen Ordnungen betrachtet werden.
20 Der Naturzustand mag dabei wie bei Hobbes als ein rein heuristisches Konstrukt hypothetisch (*Leviathan*, Kap. 13) oder wie bei Locke als ein historischer Zustand gedacht werden (*Zweite Abhandlung*, Kap. II, § 14). Rawls knüpft mit seinen Wahlszenarien der „*general position*" (Rawls

natürlichen Rechte des Individuums bilden damit das moralische Fundament und den normativen Rahmen der positiven Rechtsordnung. Denn als dem Einzelnen von Natur aus zukommende Rechte verpflichten sie die öffentliche Gewalt erstens dazu, diese Rechtsansprüche zu positivieren, um sie in öffentlich geschützte und garantierte Rechtsansprüche in Gestalt der Bürger- und Grundrechte zu überführen (*inhaltliche Fundamentalität*), sowie zweitens nur solche Gesetze zu erlassen, die die natürlichen Rechte des Einzelnen nicht verletzen bzw. zu ihrer effektiven Gewährleistung notwendig sind (*formale Fundamentaltität*).[21] Die natürlichen Rechte des Individuums formulieren damit grundlegende Legitimitätsstandards für ein jedes politisches System und begrenzen somit den Souveränitätsanspruch des Staates hinsichtlich der Rechtsetzung. Wer sich in der politischen Philosophie auf die natürlichen Rechten des Individuums beruft, widerspricht folglich naiven Formen des Rechtspositivismus und damit der Trennungsthese von Recht und Moral. Damit besitzen die natürlichen Rechte des Individuums mit Blick auf die positive Rechtsordnung eine normative Doppelfunktion: Sie dienen einerseits der Legitimation wie auch andererseits der Kritik politischer Herrschaftsverhältnisse (vgl. hierzu etwa Horn 2003, 16 f.; Seelmann 2007, 134–137).

In Bezug auf die funktionale Analyse des Rechts werden gemeinhin zwei große Theoriefamilien unterschieden: die sogenannte Willenstheorie (*will/choice/control theory*) und die sogenannte Interessen- oder Nutzentheorie (*interest/beneficiary theory*) des Rechts. Der Willenstheorie zufolge sichern Rechte, wie oben bereits angedeutet, ihrem Träger ein Handeln aufgrund freier Willensbetätigung, indem sie ihn mit den notwendigen Kompetenzen ausstatten, andere Personen in dem hierzu erforderlichen Umfang zu verpflichten.[22] Wenn man so will, machen Rechte der willenstheoretischen Deutung zufolge ihren Träger damit zu einer Art Miniatursouverän.[23] Nach der Willenstheorie handelt es sich beim Eigentum an meinem Haus deshalb um ein Recht, weil es mich mit den notwendigen Befugnissen ausstattet, um über dieses nach meiner Willkür frei verfügen zu können. So

---

1958) und „*original position*" (Rawls 1971) an das Theoriestück des Naturzustands in den klassischen Naturrechtslehren an, versteht diese jedoch nicht zwangsläufig als vorstaatlich.

21 Die Ausdrücke der „inhaltlichen" und „formalen Fundamentalität" stammen von Alexy (1994, 474 f.). Zur These der inhaltlichen Fundamentalität vgl. auch Menke/Pollmann 2007, 25–29.

22 Bedeutende Vertreter einer Willenstheorie sind u. a. Kant, Savigny, Kelsen und Hart.

23 Vgl. hierzu etwa Harts Rechtsdefinition: „The idea is that one individual being given by the law exclusive control, more or less extensive, over another person's duty so that in the area of conduct covered by that duty the individual who has the right is a small-scale sovereign to whom the duty is owed" (Hart 1973, 192). Auch Kants Rechtsprinzip in der „Einleitung in die Rechtslehre" (§ C) liegt eine willenstheoretische Funktionsanalyse des Rechts zugrunde.

sichert es mir etwa die freie Entscheidung über seine Nutzung, indem es mich dazu befugt, anderen das Betreten des Hauses nur mit meiner Einwilligung zu gestatten. Im Gegensatz zur Willenstheorie ist es der Interessen- oder Nutzentheorie zufolge nicht das freie, willentlichen Handeln des Rechtsträgers, das durch ein Recht geschützt wird, sondern der Nutzen, der ihm aus diesem zuteil wird.[24] Nach der Nutzentheorie haben wir etwa das Recht auf eine medizinische Grundversorgung nicht, damit wir frei nach unserem Willen über unseren gesundheitlichen Zustand verfügen können, sondern weil wir aus dem Anspruch auf medizinische Versorgung einen nicht unerheblich Nutzen für unser Leben und Wohlergehen ziehen. Jhering hat die Nutzentheorie des Rechts auf die klassische Formel gebracht, dass „Rechte [...] rechtlich geschützte Interessen [sind]" (Jhering 1954, 339).[25]

Die funktionsanalytische Unterscheidung zwischen der Willens- und Nutzentheorie erweist sich für die Frage, ob und wenn ja, inwiefern Aristoteles in seiner politischen Philosophie über eine Theorie natürlicher subjektiver Rechte verfügt, als wichtig, weil einige Interpreten auf der Grundlage einer willenstheoretischen Funktionsanalyse die Existenz subjektiver Rechte in der Antike verneinen. Dies jedoch ist ein Missverständnis, das auf einem systematisch verengten Rechtsbegriff beruht. So mag es zwar durchaus richtig sein, dass sich in der antiken politischen Philosophie keine willensstheoretische Funktionsbegründung von subjektiven Rechtsansprüchen findet. Hieraus jedoch zu folgern, dass es in der Antike überhaupt keine Konzeption subjektiver Rechte gibt, ist unberechtigt. Denn das Fehlen einer willenstheoretischen Funktionsanalyse schließt nicht aus, dass entsprechende Rechtsansprüche nutzen- bzw. interessentheoretisch begründet sein können. Und tatsächlich liegt unter systematischen Gesichtspunkten *prima facie* die Vermutung nahe, dass die eudaimonistischen politischen Theorien des antiken Typs – falls überhaupt – mit einer nutzentheoretischen Funktions-

---

24 Bedeutende neuzeitliche Vertreter einer interessen- oder nutzentheoretischen Funktionsanalyse des Rechts sind auf die eine oder andere Weise Bentham, Austin, Jhering, MacCormick und Raz.

25 Vgl. hierzu auch Raz' Rechtsdefinition: „An individual has a right if an interest of his is sufficient to hold another to be subject to a duty" (Raz 1984, 14; vgl. 1984a, 195). Was genau dem Wohlergehen (*well-being*) einer Person dient, ist durch eine zugrunde liegende philosophische Werttheorie zu bestimmen. Diesbezüglich konkurrieren verschiedene Ansätze wie der Hedonismus, Perfektionismus oder auch ein monetäres Wohlfahrtsverständnis. In systematischer Hinsicht ist dabei insbesondere zwischen werttheoretischen Ansätzen zu unterscheiden, die eine subjektive Bestimmung des menschlichen Wohlergehens vornehmen, und solchen, die eine objektive Bestimmung vornehmen. Für eine Kritik der Nutzen- bzw. Interessentheorie vgl. Hart 1973, 183–196. In der gegenwärtigen Debatte um die Funktion von Rechten haben sich neben den klassischen Theoriefamilien der Willen- und Interessentheorie eine Vielzahl von Mischformen und alternativen Ansätzen etabliert (für einen kurzen Überblick hierzu s. Wenar 2011, 2.2.2).

bestimmung subjektiver Rechtsansprüche einhergehen, insofern durch die in der Ethik ausgewiesenen Theorie des guten Lebens grundlegende Aspekte des menschlichen Wohlergehens bestimmt werden, die es sodann staatlicherseits für die Bürger zu garantieren gilt.[26] Rechte würden somit den eudaimonistischen politischen Theorien der Antike zufolge als die Ansprüche des Einzelnen gelten können, die sich derivativ-funktional aus einer wie auch immer beschaffenen Konzeption des guten Lebens ableiten lassen, d. h. als die rechtlich geschützten Interessen des Einzelnen, die sich mit Blick auf ein Ideal des gelingenden menschlichen Lebens als besonders grundlegend erweisen.[27]

Hinzu kommt, dass eine nähere funktionsanalytische Betrachtung der Idee der natürlichen Rechte des Individuums ergibt, dass der ihr zugrunde liegende Rechtsbegriff primär auch gar nicht dem Paradigma der Willenstheorie, sondern dem der Nutzentheorie entspricht. Diese Einsicht basiert auf dem simplen Sachverhalt, dass das Recht keine einheitliche Sphäre bildet, die durch einen einzigen Rechtsbegriff adäquat könnte abgebildet werden (vgl. hierzu Hart 1973, 196–201; Dworkin 1977, 269). So zeigt sich die willenstheoretische Funktionsanalyse des Rechts vor allem dazu geeignet, den Rechtsbegriff des Privatrechts wiederzugeben. Tatsächlich hat etwa die Klage auf mein Recht, in den Garten meines Nachbarn zu schauen, während dieser dort sonnenbadet, oder die Klage auf mein Recht, die Krone des Baumes meines Nachbarn zu stutzen, die über mein Grundstück ragt und dort Schatten verbreitet, nur unter einer willens- und nicht unter einer nutzentheoretischen Funktionsbestimmung des Rechts Sinn. Denn ich versuche mir die entsprechenden Rechte exakt deshalb einzuklagen, weil ich zu einer bestimmten Uhrzeit aus meinem Fenster schauen *will* und ich nicht den Schatten des Baumes auf meinem Grundstück *will*. Demgegenüber gibt es keinen ersichtlichen größeren Nutzen, der mir aus dem Stattgeben meiner Klagen erwachsen würde. Ähnliches kann auch für viele vertragsrechtliche Streitigkeiten festgehalten werden. Während die Willenstheorie also dazu geeignet ist, den Rechtsbegriff des „gewöhnlichen Rechts"[28] erklären zu können, stößt sie hingegen bei der Erklärung der Idee fundamentaler, unverlierbarer und damit nicht-suspendierbarer Rechte, als welche die natürlichen Rechte des Individuums von der klassischen Natur- und Vernunftrechtstradition gedacht werden, an ihre Grenzen.

---

26 Zum Verhältnis von Ethik und Politik bei Aristoteles vgl. Kap. 2.3.
27 In jüngerer Zeit ist ein solch eudaimonistischer Ansatz innerhalb des Menschenrechtsdiskurses von John Finnis vertreten worden (vgl. Finnis 1980).
28 Mit dem Begriff des „gewöhnlichen Rechts"übersetze ich Harts Formel „rights under ordinary law", die er als Gegenbegriff zu den „fundamental rights" verstanden wissen will (Hart 1973, 198).

Dies wird selbst von einem so prominenten Fürsprecher der Willenstheorie wie H. L. A. Hart attestiert:

> The upshot of these considerations is that instead of a general analytical and explanatory theory covering the whole field of notion of a legally respected individual choice which is satisfactory only at one level – the level of the lawyer concerned with the working of 'ordinary' law. This requires supplementation in order to accommodate the important deployment of the language of rights by the constitutional lawyer and the individualistic critic of the law, for whom the core of the notion of rights is neither individual choice nor individual benefit but basic or fundamental individual needs. (Hart 1973, 201)

Die natürlichen Rechte auf Leben, auf ausreichende Nahrung oder auch auf elementare Freiheiten und Bildung stellen die ihnen zugrunde liegenden Interessen und Bedürfnisse von Individuen unter einen kategorialen Schutz. Die durch sie geschützten Rechtsgüter sind nicht Dinge, die man *willkürlich* aufgeben und veräußern könnte. Ein Rechtssystem, das etwa die freiwillige Selbstversklavung eines Menschen erlauben würde, halten wir schlichtweg für ungerecht. Die Vertragsfreiheit ist deshalb in den meisten Rechtssystemen mit gutem Grund eine eingeschränkte. Ebenso zeugen die Pflicht der Ärzte, lebenserhaltende Maßnahmen an ihren Patienten durchzuführen, das Verbot der aktiven Sterbehilfe, die Praxis der Zwangsernährung bei Hungerstreikenden wie auch die allgemeine Schulpflicht von der Nicht-Suspendierbarkeit der natürlichen Rechtsansprüche des Individuums. Diese „Robustheit" kommt den natürlichen Rechten des Individuums zu, weil sie, wie wir gesehen haben, Minimalstandards des menschlichen Überlebens und Wohlergehens definieren, zu deren Garantie und Bereitstellung der Staat gegenüber seinen Bürgern unbedingt verpflichtet ist (und dies selbst dann, wenn der Rechtsträger aufgrund einer freien Wahl von diesen Rechtsgütern Abstand nehmen möchte). Wer für sich natürliche, nicht-suspendierbare Rechte gegenüber dem Staat reklamiert, der etabliert der Korrelativitätsthese nach zugleich natürliche, nicht-suspendierbare Pflichten des Staates gegenüber sich selbst. Wer daher versucht die natürlichen Rechte des Individuums, willenstheoretisch als individuelle Machtbefugnisse zu verstehen, von denen man gegenüber dem Staat nach freier Wahl Gebrauch machen, sie mithin gegebenenfalls auch aufgeben kann, täuscht sich schlichtweg über ihren normativen Status.[29]

---

[29] Welche normative Kraft Rechte besitzen und wie robust Rechte zu sein haben, bleibt jedoch umstritten. Dworkin vertritt etwa die starke Auffassung, dass Rechte „Trümpfe" (*trumps*) sind, die andere moralische, soziale oder auch ökonomische Ziele kategorisch ausstechen (Dworkin 1984). Auch Gewirth geht von der Existenz „absolut" geltender Rechte aus (Gewirth 1984). Als Gegenposition nennt Wenar Nagel (Nagel 2002, 36): Nagel betont, dass die Geltung von Rechten

Eine weitere Schwierigkeit, mit der die willenstheoretische Analyse des Rechts aus moralphilosophischer Perspektive zu kämpfen hat, ist, dass nach ihr viele derjenigen Individuen aus der Gruppe der Rechtssubjekte herausfallen, die wir in aller Regel gerade als besonders schutzbedürftig betrachten. Denn um als Rechtsträger zu fungieren, muss ein Subjekt der Willenstheorie zufolge über die Fähigkeit zur freien Willensäußerung verfügen. Dies ist aber bei Embryonen, Kleinkindern, Komapatienten oder auch stark kognitiv beeinträchtigten Personen nicht der Fall. Trotzdem wollen wir nicht sagen, dass diese Individuen keine Rechte haben (etwa das Recht, nicht misshandelt zu werden). Ein ähnlicher Einwand gegen willenstheoretische Funktionsanalysen des Rechts könnte auch mit Blick auf den moralischen bzw. rechtlichen Status von Tieren formuliert werden.[30]

Abschließend sei noch kurz auf die Begründungsfigur der natürlichen Rechte des Individuums im klassischen Natur- und Vernunftrecht eingegangen. Weshalb sind Naturrechts- und Vernunftrechtstheoretiker überhaupt davon überzeugt, dass menschlichen Individuen von Natur aus Rechte zukommen, die zu achten und durchzusetzen Aufgabe des Staates ist? Was den Begründungsansatz betrifft, so gehören die klassischen Naturrechts- und Vernunftrechtstheorien zu den sogenannten Statustheorien.[31] Sie gehen davon aus, dass menschliche Individuen diese Form von unbedingter Achtung verdient haben, weil ihnen ein besonderer moralischer Status zukommt, durch den sie sich unter sittlichen Gesichtspunkten aus der Ordnung der Dinge und vom sonstigen Tierreich abheben. Diese besondere moralische Dignität menschlicher Individuen, ihr Dasein als Zweck an sich, wird sodann in aller Regel mit dem moralischen Status der Person identifiziert.[32] Das

---

nicht vollkommen unabhängig von deren Konsequenzen betrachtet werden könne, so dass Rechte daher gegebenenfalls einzuschränken sind (Wenar 2011, 6.1).

30 Einen kurzen Überblick über die einschlägigen Stärken und Schwächen sowohl der Willenstheorie als auch der Interessentheorie bietet Wenar 2005, 237–243.

31 Alternative Begründungsstrategien von individuellen Rechtsansprüchen wären u. a. instrumentell-konsequentialistische Ansätze wie der Regelutilitarismus, demzufolge die Rechte des Einzelnen von den aus den rechtlichen Regelungen zu erwartenden Konsequenzen für den Gesamtnutzen der von den Regelungen betroffenen Personen abhängig sind, sowie kontraktualistische Ansätze, nach denen Rechte die grundlegenden Prinzipien der sozialen Interaktion in einer Gemeinschaft darstellen, auf die sich rationale Akteure in einem freien und wechselseitigen Vertragsschluss einigen (würden).

32 Zum Status des Rechtssubjekts qua seines Personseins s. auch Pettit: „Civil practices are each of them ways of dispending a single commodity: respect. This word sums up all that is bestowed on someone as he is made the beneficiary of non-violence, non-fraudulence, truth-telling, promise-keeping and benevolence. On the other side, to be the beneficiary of such treatment, to count as an appropriate object of respect, is in a social, if not metaphysical, sense of the term, to be a person. The sense of being a person which is in question here is that

„Personsein", d. h. ein Individuum zu sein, dessen Dasein Zweck an sich ist und das deshalb das Subjekt moralischer Rechte ist, wird im anthropologischen Naturrecht und Vernunftrecht dabei in aller Regel auf den Besitz bestimmter naturaler Vermögen zurückgeführt, wobei – da es sich um die Begründung moralisch-sittlicher Ansprüche handelt – insbesondere auf die praktische Vernunftnatur des Menschen rekurriert wird (etwa in Gestalt des Besitzes des Vermögens zu einer freien oder vernünftigen Willensentscheidung oder auch in Gestalt des Vermögens zu einer autonomen, selbstbestimmten Lebensführung). Dieser Konnex von der praktischen Vernunftnatur und der besonderen moralischen Dignität menschlicher Individuen, seinem Personsein, findet eine klassische Ausformulierung in der Moralphilosophie Kants. Während nach Kant andere Dinge lediglich einen „Preis", d. h. einen relativen Wert, haben, besitzt der Mensch als Person „Würde". Ihm kommt als praktischem Vernunftwesen ein absoluter und unübersteigbarer Wert zu, er ist „über allen Preis erhaben" (GMS, Ak. IV, 434) und damit das Subjekt moralischer Rechte.

> Gesetzt aber, es gäbe etwas, dessen Dasein an sich selbst einen absoluten Werth hat, was als Zweck an sich selbst ein Grund bestimmter Gesetze sein könnte, so würde in ihm und nur in ihm allein der Grund eines möglichen kategorischen Imperativs, d. i. praktischen Gesetzes, liegen.
> Nun sage ich: der Mensch und überhaupt jedes vernünftige Wesen existirt als Zweck an sich selbst, nicht bloß als Mittel zum beliebigen Gebrauche für diesen oder jenen Willen, sondern muß in allen seinen sowohl auf sich selbst, als auch auf andere vernünftige Wesen gerichteten Handlungen jederzeit zugleich als Zweck betrachtet werden. [...] Die Wesen, deren Dasein zwar nicht auf unserm Willen, sondern der Natur beruht, haben dennoch, wenn sie vernunftlose Wesen sind, nur einen relativen Werth, als Mittel, und heißen daher Sachen, dagegen vernünftige Wesen Personen genannt werden, weil ihre Natur sie schon als Zwecke an sich selbst, d. i. als etwas, das nicht bloß als Mittel gebraucht werden darf, auszeichnet, mithin so fern alle Willkür einschränkt (und ein Gegenstand der Achtung ist). (GMS, Ak. IV, 428)

> Allein der Mensch, als Person betrachtet, d. i. als Subject einer moralisch=praktischen Vernunft, ist über allen Preis erhaben; denn als ein solcher (*homo noumenon*) ist er nicht blos als Mittel zu anderer ihren, ja selbst seinen eigenen Zwecken, sondern als Zweck an sich selbst zu schätzen, d. i. er besitzt eine Würde (einen absoluten innern Werth), wodurch er allen andern vernünftigen Weltwesen Achtung für ihn abnöthigt, sich mit jedem Anderen dieser Art messen und auf den Fuß der Gleichheit schätzen kann. (*Tugendlehre*, Ak. VI, 434 f.)

---

supposed when we say that Jews were non-persons in Nazi Germany, or that a child or lunatic is a full person of society through the intermediacy of a guardian or trustee. To be a person in this sense is, we can say, to be an accepted party to the civil practices of the society" (Pettit 1980, 7). Zum moralischen Status des Personseins s. ferner auch Kobusch 1997, 23–36.

Als praktisches Vernunftwesen[33] existiert der Mensch als Zweck an sich und limitiert so den legitimen Gebrauch individueller und staatlicher Willkür.[34] Ob nun theistisch[35] oder anthropologisch begründet: Aufgrund seines herausgehobenen moralischen Status, seines Personseins, ist ein menschliches Individuum nicht einseitig zum Wohl anderer zu instrumentalisieren. Sein Überleben, seine körperliche und geistige Unversehrtheit sowie sein Wohlergehen sind daher in Gestalt der natürlichen Rechte unter einen besonderen Schutz zu stellen.[36]

Die Frage, ob und wenn ja, inwieweit Aristoteles' politische Philosophie der Tradition des Individualrechtsdenkens zuzuordnen ist, entscheidet sich somit wesentlich an den folgenden Fragen: (i) Können wir in Aristoteles' politischer

---

[33] Wie aus den angeführten Textstellen hervorgeht, wird der Personstatus bei Kant nicht dem Menschen qua Menschen zuerkannt, sondern der Personstatus des Menschen leitet sich aus dessen praktischer Vernunftnatur, d. h. seiner Fähigkeit zur Autonomie, ab. Das bedeutet aber auch, dass es sehr wohl Menschen geben kann, die nicht Personen sind – nämlich nicht praktisch-vernünftige, etwa kognitiv stark beeinträchtigte menschliche Individuen –, als auch Personen, die keine Menschen sind – etwa Engel, Gott und mögliche außerirdische Lebensformen, sofern es sich bei diesen um praktische Vernunftwesen handelt.

[34] In jüngerer Vergangenheit ist eine solche Statustheorie in prominenter Weise von Robert Nozick in *Anarchy, State, an Utopia* (1974) vertreten worden. Nozick betont in seinem neolockeschen, libertären Theorieansatz die handlungs- und willkürlimitierende Funktion von Rechten, indem er davon spricht, dass Rechte mit Blick auf das Handeln anderer „side constraints", also Handlungsbeschränkungen, begründen.

[35] Zur theistischen Begründung der natürlichen Rechte des Menschen vgl. vor allem die biblische *imago-Dei*-Tradition (*Genesis* 1.26 f.) und die paulinische Gleichheitsformel (*Galaterbrief* 3.28). Sowohl Lockes' *Zweite Abhandlung* wie auch die *Amerikanische Unabhängigkeitserklärung* sind Teil der theistischen Naturrechtstradition.

[36] Als Statustheorien stehen die klassischen natur- und vernunftrechtlichen Begründungen subjektiver Rechte in einem prinzipiellen Spannungsverhältnis zum moralischen Universalismus des Menschenrechtsbegriffs. Denn insofern komatöse Patienten oder auch stark kognitiv beeinträchtigte Menschen nicht über die entsprechenden praktischen Vernunftvermögen verfügen bzw. nicht zu ihrer aktiven Verwirklichung fähig sind, sind sie keine Personen und mithin keine Subjekte moralischer Rechte. Dieses Spannungsverhältnis trifft aber auch auf kontraktualistische Rechtsbegründungen zu, die in aller Regel mit einem stark deflationären Vernunftkonzept operieren. Denn auch für die kontraktualistischen Theorieansätze gilt, dass originäre Rechtssubjekte qua Vertragsteilnehmer über die erforderlichen kognitiven Fähigkeiten verfügen müssen, ihre Interessen angemessen vertreten zu können und begreifen können müssen, was ein Vertrag ist. (Für eine kurze Diskussion des Spannungsverhältnisses der verschiedenen Begründungsansätze zum moralischen Universalismus s. Ladwig 2012.) Die jüngeren Menschenrechtsdeklarationen, die als Reaktion auf die totalitären Regime des 20. Jahrhunderts verstanden werden können, knüpfen die Rechtssubjektivität daher nicht mehr an bestimmte kognitive Fähigkeiten, sondern allein an die Anerkennung der Menschenwürde, die dem Menschen unverlierbar zukommt (zur Theorie dieses Neueinsatzes durch den totalitären Gattungsbruch s. Menke/Pollmann 2007, 45–49).

Philosophie Theoriestücke identifizieren, die auf die Begründung der besonderen moralischen Dignität des Menschen, seinem Dasein als Zweck an sich, zielen? (ii) Werden unter Rekurs auf die in (i) aufgeführten Theoreme sodann bestimmte fundamentale Interessen und Bedürfnisse des Einzelnen ausgezeichnet, die nicht durch Dritte, insbesondere nicht durch die mächtige Institution des Staates verletzt werden dürfen, sondern die vielmehr ihrerseits den Staat auf ein bestimmtes Verhalten gegenüber seinen Bürgern verpflichten? (iii) Handelt es sich bei diesen begründeten Ansprüchen des Individuums um natürliche, d. h. überpositive, Ansprüche, die über die Rechtmäßigkeit der politischen Herrschafts- und Rechtsverhältnisse entscheiden? Es sind daher diese Fragen, die die folgende Lektüre und Interpretation der aristotelischen *Politik* anleiten sollen.

1.2 Natürliche Rechte bei Aristoteles?

Wenn Rechte ganz allgemein als Normen zu verstehen sind, die das Miteinander und die Angelegenheiten in einer menschlichen Gemeinschaft regeln, so dürfte es unstrittig sein, dass allen Gesellschaften gewisse Rechtsvorstellungen zu eigen sind. Denn wo immer Menschen in Gemeinschaften zusammenleben, bedarf es mehr oder weniger ausformulierter Normen- und Regelsysteme, die die Ansprüche und Pflichten der einzelnen Gemeinschafsmitglieder festlegen, um mögliche Interessenskonflikte zwischen ihnen zu regeln sowie die Kosten und Erträge ihrer Kooperation unter ihnen (fair) zu verteilen. Wenn Gesellschaften daher funktional auf die Etablierung von Rechtssystemen angewiesen sind, so liegt es nahe anzunehmen, dass auch die politische Philosophie als die systematische, prinzipiengeleitete Reflexion auf die gute politische Ordnung von Beginn an sich des Konzepts des Rechts bedient hat. Der strittige Punkt ist also gar nicht so sehr, ob die vormoderne politische Philosophie über einen Rechtsbegriff, sondern vielmehr, ob sie über eine Theorie *natürlicher subjektiver* Rechte verfügt.[37]

Der Annahme eines radikalen Bruchs zwischen dem antiken und modernen politischen Denken, der entlang der Idee der natürlichen Rechte des Individuums verläuft, ist eine gewisse *prima-facie*-Plausibilität sicherlich nicht abzusprechen. So können ihre Fürsprecher darauf verweisen, dass sich bedeutende Teile der

---

[37] Siehe hierzu etwa Schofield, der selbst auf Dover 1974, 157, verweist: „In classical Athens, then, citizens had rights. However, these were not unalienable rights to life and liberty, let alone happiness. Indeed they were derivative and precarious, inasmuch as their character and scope would alter radically if the democracy gave place to an oligarchy or tyranny. They were not defined as article of an explicit system of well-entrenched substantive – nothing remotely like a 'bill of rights'" (Schofield 1996, 835).

politischen Philosophie der Neuzeit an einer Begründung der natürlichen Rechte des Individuums sowie am Entwurf einer auf ihnen beruhenden politischen Rechtsordnung abarbeiten, während ein vergleichbarer Einfluss der Idee natürlicher subjektiver Rechte für das antike politische Denken und die antike politische Wirklichkeit schlechterdings nicht festzustellen ist. Wichtige Stationen des Individualrechtsdiskurses in der Moderne sind hierbei insbesondere die frühneuzeitlichen Naturrechts- und Vernunftrechtstheorien (Grotius, Pufendorf, Locke) sowie die in dieser Traditionslinie stehenden liberalen Theoriebildungen, die das dominante normative Paradigma in der politischen Philosophie der Gegenwart bilden. Wahr ist sicherlich auch, dass sich das ordnungspolitische Potential der Idee von den natürlichen Rechten des Individuums erst in der Verfassungswirklichkeit der Neuzeit voll entfaltet hat. Nicht zufällig handelt es sich bei den großen Bürger- und Menschenrechtsdeklarationen um einige der wichtigsten Rechtsdokumente der Moderne.

Auch aus systematischer Perspektive scheint die Festlegung dieser ideengeschichtlichen Maginotlinie zwischen antikem und modernem politischen Denken zunächst gut gewählt zu sein. Denn mit ihr wird, wie wir bereits gesehen haben, nicht weniger als die Grundfrage der politischen Philosophie selbst zum entscheidenden Kampfplatz der *querelle des Ancienes et des Modernes* bestimmt, nämlich die Frage nach den Bedingungen legitimer politischer Herrschafts- und Rechtsverhältnisse. Die Frage nach der Legitimität der politischen Herrschaftsordnung bildet den systematischen Ausgangspunkt des politisch-philosophischen Denkens, weil unter moralischen Gesichtspunkten die Etablierung jeglicher Form von Herrschaft über an sich freie und gleiche Individuen grundsätzlich rechtfertigungsbedürftig ist. Dies gilt *a fortiori* für die Etablierung politischer bzw. staatlicher Herrschaftsstrukturen mit ihren umfangreichen Regelungskompetenzen und massiven Sanktionsmöglichkeiten. Mit der Behauptung, dass es sich bei der Idee natürlicher subjektiver Rechte um eine spezifische Errungenschaft des modernen Verfassungsdenkens handelt, wird also nicht weniger als ein Paradigmenwechsel in der Legitimation politischer Herrschafts- und Rechtsverhältnisse in den beiden Epochen behauptet.[38]

---

38 Diese Zuspitzung ist ideengeschichtlich insofern umstritten, als einige Autoren grundsätzlich bezweifeln, dass die griechische Antike überhaupt über einen Begriff politischer Legitimität verfügt (so etwa Finley 1986, Kap. 6, und Schofield 1995). Glaubt man Schofield, ist es Cicero, der als Erster eine Theorie politischer Legitimität entwickelt hat (ebd.). Ein Missverständnis in der Diskussion der Frage, ob es im antiken Denken tatsächlich Modelle politischer Legitimität gibt, scheint mir jedoch darin zu bestehen, dass man sich oft auf ein formal-prozedurales Verständnis politischer Legitimität beschränkt, nach dem die Legitimität eines Regimes primär an einen Akt der Zustimmung der Herrschaftsunterworfenen gebunden ist. Der formal-prozedurale Begriff

Freilich bilden die Tatsachen, dass sich das ordnungspolitische Potential der Idee der natürlichen Rechte des Individuums erst in der Neuzeit voll entfaltet und damit ein neues Paradigma im politischen Legitimitätsdenken dominant wird, noch keine beweiskräftigen Argumente dafür, dass die antike politische Philosophie den Begriff natürlicher subjektiver Rechte schlechthin nicht kennt. Bei den aufgeführten Punkten handelt es sich lediglich um plausibilisierende Aspekte der eingangs skizzierten Doxographie der politischen Ideengeschichte. Im Folgenden werde ich einige der wichtigsten Einwände gegen eine Theorie natürlicher subjektiver Rechte bei Aristoteles – sowie der Antike insgesamt – kurz skizzieren und auf ihre Stichhaltigkeit hin überprüfen. Diejenigen Einwände, die sich als substantiell herausstellen, bilden sodann wichtige Leitfragen der sich anschließenden Lektüre der aristotelischen *Politik*.

Gegen die Existenz des Gedankens natürlicher subjektiver Rechte in der Antike ist aus ideengeschichtlicher Perspektive immer wieder eingewendet worden, dass dieser die politisch-philosophische Reaktion auf den europäischen Absolutismus der frühen Neuzeit darstelle. Erst vor der Negativfolie der absolutistischen Erfahrungen und ihren philosophischen Apologeten (Bodin, Hobbes) habe sich der Gedanke des Individualrechts entwickeln können. Es bedurfte zunächst der totalen Unterwerfung des Einzelnen unter die staatliche Gewalt, um die emanzipatorische Idee natürlicher subjektiver Rechte fassen und der staatlichen Souveränität entsprechende Schranken auferlegen zu können. Nun mag die spezifisch historische Konstellation durchaus ein wesentliches Motiv dafür bereitstellen, weshalb der Gedanke der natürlichen Rechte des Individuums in der politischen Philosophie der Neuzeit auf einen solch fruchtbaren Boden gefallen ist

---

politischer Legitimität liegt auch den frühneuzeitlichen kontraktualistischen Theorien zugrunde und genügt dem Rechtsgrundsatz „*volenti non fit iniuria*". Man kann hier auch von einem Transfermodell oder einer Konsenstheorie politischer Legitimität sprechen. Diese formal-prozedurale Konzeption politischer Legitimität lässt sich im politischen Denken der griechischen Antike tatsächlich nicht finden. Jedoch gibt es auch eine materiell-zielgerichtete Konzeption politischer Legitimität. Ihr zufolge beruht die Legitimität eines Regimes im Wesentlichen auf den von ihm verfolgten und erreichten Zielen. In jüngerer Zeit ist ein solch materiell-zielgerichtetes Verständnis von politischer Legitimität etwa von Joseph Raz vertreten worden. Ihm zufolge gehört es zu den legitimierenden Aufgaben des Staates, seine Bürgerinnen und Bürger zu wertvollen Lebensplänen zu ermutigen und sie vom Verfolgen schlechter Lebenspläne abzubringen. Vor dem Hintergrund der materiell-zielgerichteten Konzeption politischer Legitimität scheint mir daher die Frage, ob die griechische Antike über einen Begriff politischer Legitimität verfügt, wesentlich offener zu sein als oft angenommen. Jedenfalls stellen meiner Ansicht nach die Theoriestücke des Aristoteles, die ich im Folgenden diskutieren werde, eindeutig eine Auseinandersetzung mit der Frage nach den Bedingungen der rechtmäßigen Ausübung politischer Herrschaft dar (wenn auch mit signifikanten Unterschieden zum modernen, insbesondere zum formal-prozeduralen Legitimitätsdiskurs).

und schnell zu einem ihrer normativen Fixpunkte avancierte. Dies darf aber nicht darüber hinwegtäuschen, dass auch das Leben in den antiken Staaten von einer Vielzahl von Konflikten zwischen öffentlicher Gewalt und Individuum geprägt war. Aristoteles' politische Schriften präsentieren einen schier nicht enden wollenden Katalog entsprechender Konfliktszenarien. Hierzu zählt insbesondere die aristotleische Untersuchung über den Bürgerkrieg (*stasis*) und den Verfassungswechsel (*metabolē*) im fünften Buch der *Politik*. Aristoteles nennt hier als Beispiele des Missbrauchs der öffentlichen Gewalt gegenüber den Polisangehörigen zunächst allgemein die unrechtmäßige Bereicherung der politischen Amtsträger am Privatvermögen der Bürger (Pol. V.3). Solche unrechtmäßigen Formen der Enteignung finden nach Aristoteles vor allem in den extremen Formen der Demokratien statt, in denen die Minderzahl der Reichen durch das die Gesetzgebung und die Rechtsprechung dominierende Volk ihres Vermögens beraubt werden (Pol. V.5; vgl. auch VI.3–4 u. bes. VI.5). Des Weiteren verweist er auf die Erniedrigungen und körperlichen Misshandlungen der mittellosen Polisangehörigen durch die regierenden Reichen in Oligarchien (Pol. V.6). Ähnliche Fälle der Misshandlung des politisch-rechtlosen Demos stellt Aristoteles für Monarchien fest (Pol. V.10). Als einen weiteren Fall des Missbrauchs der öffentlichen Gewalt gegenüber den Bürgern führt er ethnisch motivierte Vertreibungen auf – Aristoteles spricht von „Blutschuld" (*agos*) – wie etwa die Vertreibung der Troizener durch die regierenden Achaier (Pol. V.3). Auch Aristoteles ist sich folglich des Konflikts zwischen Individuum und öffentlicher Gewalt als Grundgegebenheit des staatlichen Zusammenlebens der Bürger bewusst, und er kennt damit das zentrale Motiv zur Entwicklung des Gedankens subjektiv-öffentlicher Rechte.

Was Aristoteles' politische Philosophie nach allgemeiner Auffassung darüber hinaus zu einem schlechten Kandidaten für eine Theorie natürlicher Rechte des Individuums macht, ist, dass wir seit den frühneuzeitlichen Naturrechts- und Vernunftrechtstheorien gewohnt sind, die natürlichen Rechte eines Individuums durch die Figur des Naturzustandes zu begründen. In einem vorgesellschaftlichen Naturzustand (*status naturalis*) werden die Menschen als Freie und Gleiche gedacht, die mit einem mehr oder weniger umfangreichen Set an Rechten ausgestattet sind, welche ihnen somit unabhängig von der konkreten politisch-institutionellen Ordnung (*status civilis*) zukommen und deshalb von dieser respektiert, d. h. positiviert werden müssen. Aristoteles geht in der *Politik* stattdessen von der Natürlichkeit der Polis aus (Pol. I.2, 1252b30). Die These von der Natürlichkeit der Polis ist mit der Vorstellung eines *vorpolitischen* Naturzustandes nur schwer zu harmonisieren, besteht der Naturzustand für Aristoteles demnach doch gerade im politischen Zusammenschluss der Menschen (vgl. auch Pol. I.2, 1252b30–32). Dass Aristoteles in seiner politischen Philosophie nicht auf das Konstrukt eines vorpolitischen Naturzustands zurückgreift, heißt jedoch nicht zwangsläufig, dass er nicht über ein alternatives Begründungsmodell von natürlichen Rechtsansprüchen des Individuums verfügt.³⁹ Die Festlegung auf den Naturzustand als die einzige Begründungsfigur natürlicher Rechte ist vielmehr höchst willkürlich.⁴⁰ Jedoch muss eine Interpretation, die von einer Theorie natürlicher Rechte in Aristoteles' politischen Schriften ausgeht, darlegen können, wie das von Aristoteles gewählte alternative Begründungsmodell aussieht. Will man für natürliche Rechtsansprüche des Individuums bei Aristoteles argumentieren, hat man die Natürlichkeit bzw. Überpositivität entsprechender subjektiver Ansprüche in Aristoteles' politischem Deken nachzuweisen.⁴¹

Ein weiterer Einwand verweist darauf, dass die griechische Antike das Konzept der menschlichen Würde, wie es dem modernen Bürger-, Grund- und Menschenrechtsgedanken zugrunde liegt, nicht gekannt habe.⁴² Den griechischen Denkern fehle mithin bereits das normative Fundament natürlicher subjektiver

---

39 Ein solches alternatives Begründungsmodell entwickelt Miller (1995) in seiner Interpretation der *Politik*, das er als „natürliche Gerechtigkeit" (*natural justice*) bezeichnet.
40 In der jüngeren Diskussion wendet sich etwa Habermas gegen ein „vorstaatliches" Verständnis menschenrechtlicher Ansprüche (Habermas 1994, Abs. 161–163).
41 Wie sich zeigt, kennt Aristoteles sehr wohl „vorstaatliche" Gerechtigkeitsphänomene, nämlich die Herrschafts- und Rechtsverhältnisse innerhalb des Hauses (*oikia*). Vgl. hierzu Kap. 4.3.
42 Vgl. hierzu etwa Pöschl: „Auch im antiken Griechenland gibt es nichts, was dem römischen Begriff genau entspräche, obwohl manche Bedeutungsaspekte der römischen ‚dignitas' griechische Elemente in sich aufgenommen haben. Es existiert kein griechisches Wort, das an Bedeutung, Leuchtkraft und Frequenz ‚dignitas' entspräche. Ἀξία, ἀξίωμα im Sinne von ‚Würde', ‚Geltung', ‚Ansehen' sind im älteren Sprachgebrauch selten, im späten teilweise schon von der römischen ‚dignitas' beeinflußt. Wo Platon von der Würde (ἀξίωμα) Athens spricht, meint er den Ruhm des attischen Geistes" (Pöschl 1992, 637 f.). Ebenso Allan 1965, 85: „The world owes to later developments, in which a predominat part falls to Christianity, a view adequate to our deepest experience of the dignity of the individual human being as such. I know of no ancient thinkers who arrived at it [...]." Ähnlich auch Kobusch, nach dem die Antike den Personbegriff, den „Fundamentalbegriff moderner Verfassungen", als ein *ens morale*, das eine unübersteigbare und unüberbietbare Würde besitzt und somit Träger unveräußerlicher Rechte ist, nicht kenne (vgl. Kobusch 1997, 11). Kobusch zufolge stellt das moralische Konzept der Person eine Innovation der juridischen und christologischen Debatten der ersten Hälfte des 13. Jahrhunderts dar. Voraussetzung für die Entwicklung des moralischen Konzepts der Person ist demnach die Idee einer von der Natur unterschiedenen sittlich-freiheitlichen Seinsordnung. Da Aristoteles Ontologie jedoch ausschließlich als Lehre der Seinsordnung von den natürlichen Einzeldingen betreibe, bleibe ihm diese ‚übernatürliche' Freiheitsordnung letztlich verschlossen (Kobusch 1997, 27 f.). Der Gedanke der Person als Träger individueller Rechte sei für Aristoteles und die an ihn anknüpfende Tradition daher nicht fassbar gewesen: „Aber *Platon* und *Aristoteles*, ja die Griechen überhaupt, die Römer und die gesamte Antike, auch die christliche Antike, haben diesen Begriff der mit Würde ausgestatten Person nicht gekannt" (Kobusch 1997, 11). Nach Menke ist der (moderne) Würdebegriff als menschenrechtlicher Grundbegriff auf die Rechtsphilosophie Hegels zu datieren (Menke 2012, 147 f.).

Rechte. Denn vom Menschen als Rechtssubjekt zu sprechen, setze voraus, ihm eine besondere moralische Dignität zuzusprechen, die ihm den moralischen Status eines selbstzwecklichen Wesens verleiht. Als früheste Inspirationsquellen des philosophischen Würdebegriffs, aus dessen Fortentwicklung und Umdeutung sodann der moderne Begriff der Menschenwürde hervorgegangen ist, gelten die mittlere Stoa (insbesondere Cicero) und das Christentum.[43] Aber selbst dort, wo in der antiken politischen Philosophie auf die Würde des Menschen referiert wird, gilt der im Spiel befindliche Würdebegriff nicht als geeignet, *natürliche* subjektive Rechtsansprüche des Einzelnen zu begründen. Dies wird durch einen Blick auf Cicero deutlich: Zwar finden sich bei Cicero Stellen, in denen auf einen universellen Würdebegriff (*dignitas*) Bezug genommen wird, um die hervorgehobene Stellung des menschlichen Geschlechts innerhalb der natürlichen Ordnung und die damit einhergehende sittliche Sonderstellung des Menschen unter den natürlichen Spezies zu betonen (vgl. bes. *De officiis* 1, 105 f.). Dieser universelle Würdebegriff bleibt jedoch bei Cicero normativ stark deflationär und zeigt sich mit vielfältigen Phänomenen der sozialen Exploitation bis hin zur Sklaverei vereinbar. (Gleiches kann auch mit Blick auf den christlichen Würdebegriff festgestellt werden.)[44] Innerhalb dieses universellen, aber normativ weitgehend gehaltlosen Würdebegriffs zeigt sich die Würde des Einzelnen vielmehr, je nach der von ihm eingenommenen sozialen und politischen Rolle (*persona*), stark graduierbar (vgl. bes. *De re publica* 1; *De officiis* 1, 107). Welcher Respekt und welche Achtung dem Einzelnen als Ausdruck seiner Würde seitens Dritter geschuldet sind, hängt nach Cicero somit vor allem von dessen individueller, biographisch erworbener Würde ab. Der politisch-soziale – und zugleich normativ gehaltvolle – Begriff der *dignitas*, so könnte man pointiert sagen, dient Cicero gerade als Kampfbegriff, um die privilegierte Stellung der Nobilität zu betonen und so von der *plebs* abzugrenzen. Wenn sich die der Würde des Einzelnen geschuldete Achtung jedoch primär nach der sozialen Stellung und der politischen Leistung bemisst, taugt sie damit klarerweise nur wenig, um *natürliche* subjektive Rechtsansprüche zu fundieren.

Was die Begründung natürlicher subjektiver Rechtsansprüche durch die „Würde" des Menschen betrifft, so stellt sich die Lage in Aristoteles' *Politik* scheinbar noch verheerender dar als bei Cicero. Denn Aristoteles scheint die Vorstellung von der Graduierbarkeit der Würde des Menschen gemäß der ihm zukommenden sozialen Stellung und seiner politischen Leistung vorbehaltlos zu

---

43 Zu dieser Doxographie des Würdebegriffs vgl. exemplarisch die Überblicksartikel „Würde" in *Geschichtliche Grundbegriffe* (Pöschl 1992) und in *Historisches Wörterbuch der Philosophie* (Grossmann 2004) sowie die Artikel „Menschenwürde" in *Historisches Wörterbuch der Philosophie* (Horstmann 1980) und in *Menschenrechte. Ein interdisziplinäres Handbuch* (Menke 2012).
44 Vgl. hierzu etwa Menke 2006.

teilen. So werden in den von ihm favorisierten Verfassungsformen der Aristokratie und des Königtums die politischen Ämter nach der individuellen Würdigkeit (*kat' axian*) an den einen Tugendhaften bzw. die wenigen Tugendhaften vergeben. Diese Konzeption distributiver Gerechtigkeit führt schließlich zum Ausschluss der Handwerker und Tagelöhner von den politischen Ämtern und den mit ihnen verbundenen Privilegien (vgl. hierzu Kap. 5.2).[45] Auch bei Aristoteles dient der Begriff der Würde (*axia*) damit der Abgrenzung der Nobilität gegenüber dem Demos und nicht der Begründung eines universellen moralischen Status des Menschen. Hinzu kommt, dass Aristoteles in Pol. I.4–7 eine Lehre vom naturgemäßen Sklaventum entwickelt, ein menschenverachtendes Theoriestück, demzufolge es menschliche Individuen gibt, für die es aufgrund ihrer Natur gerecht und zuträglich ist, versklavt und einseitig zum Wohl des Herrn instrumentalisiert zu werden. Der moralisch-rechtliche Status dieser „Sklaven von Natur" ist nach Aristoteles der eines Nutztiers und „belebten Werkzeugs" (*empsychon organon*: NE VIII.13, 1161b4). Ebenso wenig lassen sich Aristoteles' Äußerungen in Pol. I hinsichtlich der natürlichen Inferiorität der Frauen und Kinder mit einem universalistischen Würdebegriff, wie ihn der Bürger-, Grund- und Menschenrechtsgedanke voraussetzt, vereinbaren.[46]

---

45 Vgl. hierzu etwa Schofields Kritik an Miller (Schofield 1996). Nach Schofield zeigt sich Aristoteles' „Rechtsdenken" durch seine Grundlegung im Konzept des „Verdienstes" (*axia*) letztlich mit der Idee natürlicher subjektiver Rechte unvereinbar: „If he thinks in terms of worth or desert, it is not, at the end of the day, very helpful to recast that thinking in terms of rights. For one thing [...] rights in the reconstructed Aristotelian theory are merely a function of desert. Since '(a) right' in contemporary English usage would ordinarily be thought to *contrast* with 'worth' or 'desert,' it would need to be explained that Aristotle's rights-based theory is a particular sort of rights-based construct – a worth- or deserts-based theory" (Schofield 1996, 856; vgl. auch 853).
46 Zu diesem Einwand vgl. etwa Annas 1996. Vgl. auch Lebech: „But Aristotle justified slavery and the political exclusion of women by appeal of nature, and how this sits [sic] with a dignity of human nature remains unthought" (Lebech 2009, 44). Ähnlich auch Sternberger: „Aber wenn die Moderne – so geht die ‚Auseinandersetzung mit der Antike' weiter fort – auch den aristotelischen Staat in seiner Reinheit nicht hat erreichen oder wiederherstellen können, – in einer anderen Hinsicht kann sie doch ihrerseits eine Überlegenheit, ja einen Triumph melden. Sie hat die Hausherrschaft – die archê despotikê in ihrem ursprünglichen Sinn – aufgesprengt und aufgelöst vermöge der Durchsetzung der Menschenrechte, und das heißt vor allem, dank der Entdeckung und praktischen Verwirklichung der Menschengleichheit, und sie eben bildet eine Grundlage, ein Schibboleth des Verfassungsstaates. ‚Die Würde des Menschen ist unantastbar', wie es in unserem Grundgesetz ausgedrückt ist. Diese große Neuerung ist wohl nicht auf antike, gewiß nicht auf aristotelische Wurzeln zurückzuführen. [...] Das ist die Moderne, das ist der moderne Verfassungsstaat [...]" (Sternberger 1985, 16 f.). Sternberger beruft sich hierbei auf Jacob Burckhardts Diktum, dass es „Menschenrechte [...] im Altertum und auch bei Aristoteles nicht" gebe (Burckhardt 1898, I 78).

Zu diesem begründungstheoretischen Einwand sei zunächst Folgendes gesagt: Wer Aristoteles aufgrund der vielfältigen Ausschlüsse aus der Gruppe der Träger natürlicher Rechte schlechthin eine Theorie natürlicher subjektiver Rechte abspricht, darf auch nicht von der *Amerikanischen Unabhängigkeitserklärung* (1776) oder der *Erklärung der Rechte des Menschen und des Bürgers* (1789) im Zuge der Französischen Revolution als Manifesten der natürlichen Rechte des Individuums sprechen. Denn obwohl in ihnen von den „Rechten des Menschen" gesprochen wird, galten diese Erklärungen im strikten Sinn nur für die Vollbürger der jeweiligen Nation. Nicht nur Ausländer, sondern auch Sklaven, Kinder, Frauen und Arbeiter waren nicht miteinbezogen.[47] Die großen Bürger- und Menschenrechtserklärungen der bürgerlichen Revolutionen des ausgehenden 18. Jahrhunderts sind trotz ihrer universalistischen Rhetorik keine Manifeste des moralischen Universalismus. Die durch sie verkündeten Rechte bleiben partikulare Rechte mit vielfältigen Ausschlüssen. Aufgrund dieses moralischen Partikularismus kann man von ihnen positiv von „mittelbaren" oder eher kritisch als „vorenthaltenen" Menschenrechten sprechen (Pollmann 2012a, 131). Mehrere der *founding fathers* hatten Sklaven. Olympe de Gouges, die Verfasserin der *Erklärung der Rechte der Frau und der Bürgerin* (1791), wurde aufgrund ihrer Bemühungen, die „Menschenrechte" auch für die Frauen durchzusetzen, am 3. November 1793 auf dem Place de la Concorde durch die Guillotine hingerichtet. Dass Aristoteles eine Vielzahl von Bevölkerungsgruppen vom Bürgerstatus ausschließt, spricht somit nicht gegen eine Theorie natürlicher Rechte des Individuums, sondern nur gegen eine Theorie natürlicher subjektiver Rechte in einem ambitionierten, universalistischen Sinn. Ebenso wahr bleibt jedoch, dass Aristoteles' Aussagen über die natürliche Inferiorität bestimmter Bevölkerungsgruppen und Ethnien einer äußerst kritischen Sichtung bedürfen, und es stellt sich die Frage, ob und wenn ja, inwieweit diese überhaupt mit einer Theorie natürlicher subjektiver Rechte vereinbar sind. Von einer universalitischen Konzeption natürlicher Rechte bei Aristoteles ist aufgrund dieser Aussagen jedenfalls nicht auszugehen, sondern höchstens von einer partikularistischen.

In diesem Zusammenhang ist auch die folgende Beobachtung von Bedeutung: Dem Begriff der Menschenwürde kommt erst nach dem Zweiten Weltkrieg – so etwa in besonders prominenter Weise in der *Allgemeinen Erklärung der Menschenrechte* der UN (1948) und im *Deutschen Grundgesetz* (1949) – seine fundamentale begründungstheoretische Funktion zu. Die großen Menschenrechtserklärungen des ausgehenden 18. Jahrhunderts haben hingegen noch nicht auf den

---

[47] Zum Problem der Exklusion in den modern Naturrechtslehren und Demokratietheorien vgl. etwa Dahl 1979.

Begriff der menschlichen Würde rekurriert. Selbst dann also, wenn Aristoteles in seiner politischen Philosophie nicht die Würde des Menschen zum normativen Fundament seines Rechtsdenkens macht, bedeutet dies nicht zwangsläufig, dass er nicht über ein zum Würdebegriff funktional äquivalentes Theorem zur Begründung entsprechender Rechtsansprüche hätte verfügen können.

Ein weiterer gewichtiger Einwand, der immer wieder gegen eine Theorie natürlicher subjektiver Rechte bei Aristoteles geltend gemacht wird, betrifft die Bestimmung des normativen Prioritätsverhältnisses von Individuum und Staat (*polis*).[48] In Pol. I.2, 1253a18–29, behauptet Aristoteles, dass „die Polis von Natur aus früher (*physei proteron*) ist als das Haus oder jeder Einzelne von uns" (Pol. I.2, 1253a18f.; vgl. 1253a25f.).[49] Diese Prioritätsthese scheint einen normativ-kollektivistischen Ansatz zu begründen und wäre dann nicht mehr mit dem normativen Individualismus des Individualrechtsdenkens vereinbar. So ist nach Benjamin Constant, einem der einflussreichsten europäischen liberalen Denker und Politiker zu Beginn des 19. Jahrhunderts, der normative Kollektivismus nicht nur für Aristoteles, sondern für das gesamte antike politische Denken charakteristisch (vgl. Constant 1972). Da das politische Denken der Antike nicht das *Individuum*, sondern das *Kollektiv* der politischen Gemeinschaft zur zentralen normativen Bezugsgröße habe, schlussfolgert Constant, dass die Antike die konstitutionelle Idee *individueller* oder *subjektiver* Rechte und Freiheiten nicht habe fassen können. Vielmehr würden Freiheiten und Rechte in der Vormoderne ‚kollektiv' gedacht, d. h. Rechte und Freiheiten kommen dem einzeln Bürger nur qua Teil der kollektiven politischen Entscheidungsgremien zu, nämlich als Mitglied der Volksversammlung und der Dikasterien. Rechte und Freiheiten, die der Einzelne gegen den Staat bzw. das politische Kollektiv könnte geltend machen, kenne die Antike hingegen nicht. Dem antiken Freiheits- und Rechtsdenken fehle mithin ein starker Begriff des Privaten, verstanden als des rechtlich geschützten Bereichs, in dem der Einzelne gegenüber der staatlichen Gemeinschaft zu einer autonomen Lebensführung autorisiert ist. Der für die Antike eigentümliche Primat der Polis vor dem Individuum führe daher zur vollkommenen Unterwerfung des Einzelnen unter die politische Gemeinschaft, zu seiner „Versklavung im privaten Bereich" (Constant 1972, 387). Demgegenüber sei das moderne politische Freiheits- und Rechtsdenken im Wesentlichen ‚individuell', insofern es gerade darauf abziele, den Einzelnen mit jenen Freiheiten und Rechten auszustatten, die ihn vor den Eingriffen des politischen Kollektivs in seiner Lebensführung schützen. Kurz: Die Alten kannten Freiheit und Recht als „[d]ie ständige Ausübung politischer Rechte"

---

[48] Zur Diskussion der aristotelischen Prioritätsthese vgl. Kap. 3.6.
[49] Barnes verweist zudem auf Pol. VIII.1, 1337a26–32 (Barnes 2005, 200).

(ebd., 374), hatten aber „von individuellen Rechten überhaupt keinen Begriff" (ebd., 370).[50] Constant schließt daraus, dass es sich beim antiken Politik- und Freiheitsbegriff um einen Anachronismus handelt, dessen Aktualisierungsversuche unter Gegenwartsbedingungen, wie er sie durch Rousseau und den Abbé de Mably verzeichnet, unweigerlich in eine Tyrannei der Allgemeinheit über das Individuum führen würde.[51]

Einen ähnlichen Einwand gegen den Gedanken subjektiver Rechte in der Antike formuliert Hegel. Hegel stimmt in seiner *Vorlesung über die Geschichte der Philosophie* mit Constant darin überein, dass die Antike im Allgemeinen – und Aristoteles im Besonderen – vom moralischen und rechtlichen Primat der Polis gegenüber dem Individuum ausgehe. Auch nach Hegel ist es somit nicht das Individuum bzw. die ihm zukommenden Rechte, die über die Legitimität der politischen Herrschafts- und Rechtsordnung bei den Alten entscheiden, sondern das Kollektivinteresse der Polisgemeinschaft. So schreibt Hegel über das Verhältnis von Individuum und Staat in Aristoteles' *Politik*:

> Aristoteles macht nicht den Einzelnen und dessen Recht zum Ersten, sondern erkennt den Staat für das, was seinem Wesen nach höher ist als der Einzelne und die Familie und deren Substantialität ausmacht. [...] Dies ist gerade entgegengesetzt dem modernen Prinzip, was vom Einzelnen ausgeht; so daß jeder seine Stimme gibt und dadurch das Gemeinwesen zustande kommt. Bei Aristoteles ist der Staat das Substantielle, die Hauptsache. [...] Das Politische ist also, wie beim Platon, das *prius*. [...]. Aus diesen wenigen Zügen erhellt, dass Aristoteles nicht den Gedanken eines sogenannten Naturrechts (wenn ein Naturrecht vermißt wird) haben konnte, – d.h. eben Betrachtung des realen Menschen außerhalb der realen Verbindung.
>
> [...] Kein Land war so reich als Griechenland an mannigfaltigen Verfassungen zugleich und Abwechslung derselben in *einem* Staate [...], allein zugleich unbekannt mit dem ab-

---

50 Constant beruft sich diesbezüglich auf Condorcet (Constant 1972, 370).

51 Zu diesem Vorwurf vgl. auch Barker: „The 'limit of state-interference' never suggested itself to the Greek philosophers as a problem for their consideration" (Barker 1952, li). Ähnlich auch Barnes 1990. Positiver urteilt hingegen Judith A. Swanson: In ihrer Monographie *The Public and the Private in Aristotle's Political Philosophy* (1992) argumentiert Judith A. Swanson, dass Aristoteles in seinem politischen Denken über einen robusten Begriff des Privaten verfüge. Nach Swanson sei bei Aristoteles das Private Ort eines Sets von Tätigkeiten (Philosophie, Familie, Freundschaft), die sich für das Gedeihen des Einzelne als zentral erwiesen. Aufgrund dieses robusten Begriffs des Privaten könne Aristoteles' politische Philosophie daher zur Grundlegung liberaler Theorien herangezogen werden. Constants Diktum, dass die Antike über keinen Begriff inidivdueller Rechte verfüge, ist vor dem Hintergrund der von ihm verwendeten willenstheoretischen Funktionsbestimmung des Rechts zuzustimmen. Dies sagt aber noch nichts darüber aus, ob es im antiken politischen Denken nicht individuelle Rechte gibt, die interessen- bzw. nutzentheoretisch begründet sind (s. Kap. 1.1). Swansons Versuch, Aristoteles eine Theorie subjektiver Rechte im Sinn der Willenstheorie zuzuschreiben, halte ich hingegen für aussichtslos.

strakten Recht unserer modernen Staaten, das den Einzelnen isoliert, ihn als solchen gewähren lässt (so dass er wesentlich als Person gilt) [...]. (Hegel 1971, 227)

Aufgrund der aristotelischen Prioritätsthese sind analoge Einwände gegen eine Theorie subjektiver Rechte bei Aristoteles unter anderem auch von Barnes (1990) erhoben worden. Sollte Aristoteles das von ihm in Pol. I.2 behauptete Prioritätsverhältnis tatsächlich normativ-legitimatorisch verstehen, wie es die hier aufgeführten Interpreten behaupten, dann wäre sein politisches Denken zweifelsohne nicht mit dem Gedanken subjektiver Rechte zu vereinbaren.[52]

Hegel führt sodann noch ein weiteres Argument an, weshalb es Aristoteles wie in der gesamten antiken Tradition des politischen Denkens nicht möglich gewesen sei, den Gedanken subjektiver Rechte zu fassen. Denn nach Hegel setzt der Individualrechtsgedanke das „Prinzip der subjektiven Freiheit", d. h. die Anerkennung subjektiver Willensäußerungen, als ein indefinites Gut voraus. Die Idee des unbedingten Werts der Subjektivität wird ihm zufolge jedoch erstmalig durch das Christentum, insbesondere dann durch den Protestantismus, und die Aufklärung artikuliert (*Enzyklopädie der philosophischen Wissenschaften* (1830), §§ 405, 406, 407).[53] Erst der christlich-aufklärerische Gedanke vom unbedingten Wert der Subjektivität habe das moderne Individualrecht ermöglicht. Dieser Einwand Hegels beruht jedoch darauf, dass Hegel subjektive Rechte ebenso wie Constant nach dem willenstheoretischen Funktionsparadigma definiert. Wie wir bereits gesehen haben (vgl. Kap. 1.1), gilt dieses Funktionsparadigma jedoch nur bedingt für die Idee der natürlichen (und damit nichtsuspendierbaren) Rechte des Individuums im Sinne des Bürger-, Grund- und Menschenrechtsgedankens.

Des Weiteren wird gegen die Existenz einer Theorie natürlicher subjektiver Ansprüche in der Antike geltend gemacht, dass vormoderne Rechtsordnungen primär durch die Formulierung von Rechtspflichten bestimmt seien und begründete Ansprüche des Einzelnen nur in Gestalt von „Reflexen" kennten. Dieser Einwand wurde unter anderem von Max Weber vorgebracht. Nach Weber vollzieht sich der Wechsel vom traditionellen zum modernen subjektiven Recht entsprechend durch die Verschiebung des Akzents von der objektiven Verpflichtung des Herrschaftsunterworfenen hin zu seiner subjektiven Berechtigung. Das traditionelle Recht sage, was der Einzelne zu tun bzw. zu unterlassen habe, und spricht bei Verstoß Sanktionen aus. Das Phänomen der subjektiven Berechtigung, d. h. die Macht eines Individuums, aus sich heraus andere zu einem bestimmten Verhalten anzuhalten, kenne es hingegen nur als ein indirektes Phänomen, das sich – quasi

---

[52] Zur aristotelischen Prioritätsthese s. Kap. 3.6.
[53] Vgl. hierzu auch John M. Cooper 1996, 863–866.

„nur in der Form eines ‚Reflexes'" (Weber 1976, 398) – aus dem primären Akt der Verpflichtung ableitet. So verbiete das traditionelle Recht etwa, andere zu töten, schreibe dem Einzelnen jedoch nicht ein Recht auf Leben und körperliche Unversehrtheit zu. Ein solcher Anspruch ergebe sich erst indirekt aus dem Tötungsverbot. Dieses Prioritätsverhältnis von objektiver Verpflichtung und subjektiver Berechtigung werde vom modernen Recht umgekehrt. Für das moderne Recht sei gerade die subjektive Berechtigung, andere Personen wie auch den Staat auf ein bestimmtes Verhalten zu verpflichten, charakteristisch. Erst das moderne Recht statte das Individuum daher mit der Macht einer subjektiven Verpflichtungskompetenz aus, generiere Pflichten aus subjektiven Berechtigungen und nicht mehr Rechte als Sekundärphänomene individueller Pflichten. In modernen Rechtssystemen sei dementsprechend das Recht auf Leben und körperliche Unversehrtheit des Individuums primär, das sodann andere darauf verpflichte, niemanden zu töten bzw. zu verletzen. Erst das moderne Recht, so Weber, sei daher „subjektives" Recht.[54]

An Webers Kontrastierung von antikem objektiven Recht und modernem subjektiven Recht knüpft Miles Burnyeat an (vgl. Burnyeat 1994). Zwar gibt es, so Burnyeat, in antiken Texten durchaus Beispiele für natürliche Ansprüche von Individuen gegenüber Dritten. Jedoch sei es falsch, diese natürlichen Ansprüche als subjektive Rechte im Sinne des modernen Naturrechts zu verstehen. Der Punkt, auf den Burnyeat hinweist, ist, dass in der antiken Moral- und Rechtsphilosophie entsprechende Ansprüche nicht als der unveräußerliche Besitz von Individuen konzipiert werden, die der Selbsterhaltung und dem Wohlergehen ihrer Träger dienen. Vielmehr handelt es sich bei ihnen um Derivate aus den primären Konzepten der Tugend und Pflicht. Individuelle „Rechtsansprüche" werden von den antiken Theoretikern allerhöchstens indirekt begründet, nämlich dadurch, dass es tugendhaft sei, andere auf eine bestimmte Art und Weise zu behandeln (wobei die Tugend einen wichtigen Bestandteil der *eigenen* Glückseligkeit bilde). Im Gegensatz zum modernen Rechtsgedanken besitzen andere also nicht deshalb „Rechte", weil sie Ausdruck ihrer Würde und ihres Personseins sind, sondern weil sie sich als Sekundärphänomene aus den Erfordernissen des eigenen Glücksstrebens ableiten. Analog zu Weber kennt die Antike nach Burnyeat daher begründete Ansprüche des Individuums nur als „Reflexe" der primären Konzepte der Tugend und Pflicht:

> But multiplying the number and range of natural law prescriptions does not change the issue. However many statements I found in the ancient world about duties under natural law towards fellow human beings, I should not want to speak of a concept of human rights

---

54 Vgl hierzu auch Leo Strauss 1956, 188.

> until the beneficiaries come first in the order of justification. I should not want to speak of a concept of human rights even though the statements in question would be equivalent [...] to statements of rights. What would be missing is not the satisfaction of further conditions, but the *point* of the concept of human rights as we have it today. [...] It is because I would not be a good and virtuous person unless I was just. Justice is one of the virtues, and the virtues are necessary not only for moral goodness but also for happiness. All the ancient thinkers insist that evil-doing brings misery: only the good are truly happy. [...] The same reasoning applies to my duties of justice towards fellow human beings and theirs towards me. The ultimate reason why we should respect each other's rights is because justice is an essential part of our own happiness. (Burnyeat 1994, 8 f.)

Als Interpreten der *Politik* haben wir uns also stets zu fragen, ob es sich bei möglichen Beispielen für natürliche Ansprüche des Einzelnen gegenüber Dritten tatsächlich um orginäre Rechte handelt oder diese lediglich Sekundärphänomene, „Reflexe", der Primärkonzepte der Tugend und Pflicht darstellen.[55]

Schließlich wird auf das wortgeschichtliche Faktum hingewiesen, dass die griechische Antike keinen Ausdruck für unser Wort „Recht" kenne.

> It has moreover often been observed that the concept of a right, legal or moral, is not to be found in the work of the Greek philosophers, and certainly there is no noun or noun phrase in Plato or Aristotle which is the equivalent of our expression 'a right', as distinct from the 'right action' or 'the right thing to do'. (Hart 1973, 172)[56]

Doch dieser sprachgeschichtliche Einwand ist nicht unwidersprochen geblieben. In einer detailreichen Wortanalyse argumentiert Fred D. Miller, dass Aristoteles zwar kein einzelnes Wort kenne, das unserem Ausdruck „Recht" entspreche. Wohl aber verfüge er über ein technisches Vokabular, das die vier elementaren Rechtstypen (*incidents*) im Sinne der hohfeldschen Rechtsanalyse bezeichne. So verwende Aristoteles für ein Anspruchsrecht (*claim-right*) den Ausdruck „*to dikaion*", für eine Freiheit (*liberty*) oder ein Privileg (*privilege*) den Ausdruck „*exousia*", für eine Befugnis (*authority; power*) den Ausdruck „*kyrios*" sowie für eine Immunität (*immunity*) die Ausdrücke „*akyros*", „*adeia*" oder „*ateleia*" (Miller

---

[55] Dass antike Rechtsordnungen primär pflichtenbasiert, moderne Rechtsordnungen hingegen primär rechtsbasiert seien, betont auch Leo Strauss in *Naturrecht und Geschichte*. Strauss datiert daher das Aufkommen des Gedankens von den natürlichen Rechten des Individuums auf den Wechsel vom klassischen zum modernen Naturrecht bei John Locke. Seit Locke und der an ihn anknüpfenden modernen Naturrechtstradition würden Moral und Recht nunmehr vom Individuum und seiner subjektiven Verpflichtungskompetenz her gedacht, womit die „Verlagerung des Akzents von den natürlichen Pflichten [...] auf die natürlichen Rechte" verbunden ist (Strauss 1956, 259).

[56] So auch Schofield: „Nor is there any one general expression in Greek which, within a specific range of contexts, is invariably and avoidably to be translated '(a) right'" (1996, 835 f.).

1995, 93–111; 2001, 109).[57] Wie auch immer diese wortgeschichtliche Kontroverse letztlich zu entscheiden ist, grundlegender scheint mir, dass man als Interpret historischer philosophischer Texte zwischen einer Theorie- und Wortgeschichte zu unterscheiden hat. So kann ein Autor der Sache nach durchaus über ein bestimmtes Theoriestück verfügen, ohne den für uns gebräuchlichen Ausdruck für dieses Theorem zu verwenden. Und tatsächlich umfasst philosophiehistorisches Arbeiten, verstanden als die Aufarbeitung der Theoriegeschichte von Begriffen, ja gerade auch die Berücksichtigung von funktional analogen Theoriestücken bei Autoren, die damit zwar der Sache, wohl aber nicht dem Wort nach über den untersuchten Begriff verfügen. Dies gilt *a fortiori* für Autoren, die am Anfang einer bestimmten Theorietradition stehen und deshalb nicht auf ein bereits etabliertes technisches Vokabular zurückgreifen können, sondern sich dieses erst selbst zu erarbeiten haben. Als ein Indiz dafür, dass Aristoteles in seinen politischen Schriften normative Sachverhalte beschreibt, die nach unserem Verständnis unter den Begriff des subjektiven Rechts fallen, ohne dass das Griechische über einen entsprechenden Ausdruck verfügt, könnte etwa die Tatsache gewertet werden, dass sich Übersetzer der *Politik* immer wieder gezwungen sehen, die von Miller aufgeführten Ausdrücke mit „Recht" zu übersetzen.

Im Hintergrund dieses wortgeschichtlichen Streits steht letztlich die Beobachtung, dass der antike Sinn von „Recht" – griechisch „*dikaion*", lateinisch „*ius*" – primär ein ‚objektiver', der moderne Sinn von „Recht" hingegen gerade primär ein ‚subjektiver' sei. So verwenden wir den Ausdruck „Recht" in erster Linie für die moralische oder rechtliche Kompetenz eines Individuums, nämlich für den Besitz einer subjektiven moralischen oder rechtlichen Kraft, andere auf das Tun oder Unterlassen von bestimmten Handlungen zu verpflichten. Die antiken Rechtsausdrücke „*dikaion*" und „*ius*" bezeichneten hingegen das Faire oder Angemessene mit Blick auf eine bestimmte objektive Gerechtigkeitskonstellation zwischen zwei oder mehreren Parteien. Die vormodernen Ausdrücke „*dikaion*" und „*ius*" seien daher am ehesten mit „das, was gerecht ist" oder „das, was fair ist" zu übersetzen. Als Beispiel für die vormoderne ‚objektive' Verwendungsweise von Recht führt Finnis eine Passage in den *Institutionen* des Gaius an (Finnis 1980, 209): In *Institutionen* II.14 wird sowohl vom „*ius*" gesprochen, sein Haus höher bauen und dadurch das Licht vom nachbarlichen Gebäude fernhalten zu dürfen, als auch vom „*ius*", sein Haus nicht höher bauen und damit nicht das Licht vom nachbarlichen Gebäude fernhalten zu dürfen. Letztere Verwendungsweise widerspricht offensichtlich dem modernen subjektiven Sinn von Recht als einer

---

57 Eine Kritik an Millers Übersetzung findet sich in Schofield 1996, bes. Abschnitt III.

individuellen Kraft bzw. Verpflichtungskompetenz des Individuums.[58] Analog zu diesem Beispiel aus dem Römischen Recht spricht Aristoteles davon, dass es Menschen gebe, für die es von Natur aus *dikaion* sei, versklavt zu werden (Pol. I.5, 1255a2f.). Villey (1998) datiert den Wechsel vom vormodernen ‚objektiven' Recht zum modernen ‚subjektiven' Recht auf Ockhams Nominalismus, Tierney (1997) auf die Jurisprudenz des 12. und 13. Jahrhunderts, Finnis schließlich auf die spanische Spätscholastik (Finnis 1980, 205–210).

Aber auch dieser Einwand gegen eine vormoderne Theorie subjektiver Rechte ist nicht unwidersprochen geblieben. So sind nach Finnis subjektive Rechtsansprüche in dem antiken ‚objektiven' Sinn von Recht mit inbegriffen. Denn nach Finnis können subjektive Rechtsansprüche als die einseitige Betrachtung einer umfassenden Gerechtigkeitsrelation aus der Perspektive des Nutznießers beschrieben werden: Subjektive Rechte bezeichneten exakt jenen rechtlich garantierten Nutzen, der einem Individuum aus der Erfüllung einer Pflicht eines Anderen zuteil werde, die diesem durch die Gebote der Gerechtigkeit auferlegt werde. Selbst wenn sich der primäre Sinn von „Recht" daher in der hier skizzierten Weise verschoben habe, so ändere dies nichts daran, dass der vormoderne ‚objektive' Begriff des Rechts den modernen ‚subjektiven' Begriff des Rechts umfasse. Der moderne subjektive und vormoderne objektive Sinn von Recht bezeichneten nicht zwei unterschiedliche Dinge, sondern betonten nur unterschiedliche Sichtweisen auf ein und dieselbe umfassende Gerechtigkeitskonstellation: Der subjektive Sinn des Rechts betont dabei einseitig die Perspektive des Nutznießers, der objektive Sinn die umfassenden Erfordernisse der Gerechtigkeit (Finnis 1980, 210).

Schließlich scheint aus systematischer Sicht gegen den Gedanken individueller Rechte bei Aristoteles auch die normative Struktur des von ihm in der politischen Philosophie vertretenen Ansatzes zu sprechen. Zusammen mit Platon, Thomas von Aquin, Karl Marx und Friedrich Nietzsche gilt Aristoteles als einer der Hauptvertreter der teleologischen Theoriefamilie des politischen Perfektionismus.[59] Perfektionistische Theorien definieren zunächst das Gute in Gestalt eines bestimmten menschlichen Vollkommenheitsideals und leiten sodann aus diesem

---

58 Tierney führt ein Beispiel bei Ulpian an, in dem von dem „*ius*" des Vatermörders, in einen Sack mit Schnecken eingenäht und in den Tiber geschmissen zu werden, gesprochen wird (Tierney 1997, 16). Offensichtlich widersprechen diese beiden Verwendungsweisen des Ausdrucks *ius* unserem subjektiven Rechtsbegriff. Zur Gegenüberstellung von „antikem objektiven" und „modernem subjektiven Recht" s. vor allem die Arbeiten von Michel Villey.
59 Zur Kennzeichnung des Aristoteles als Perfektionisten s. u. a. Allan 1965, 55; Rawls 2003, 43, 360; 1998, 292; Collins 2006, 8; Horn 2003, 20; Rasmussen/Den Uyl 2005. Kritisch hingegen Kraut 2007, 136 Anm. 4, der von Aristoteles' Praktischer Philosophie lieber als „*developmentism*" sprechen möchte, um falschgehende Konnotationen hinsichtlich des Perfektionsbegriffs zu vermeiden.

derivativ-funktional die Prinzipien und Sätze des Rechts ab. Damit aber verstoßen perfektionistische Theorieansätze nach liberaler Auffassung gegen das Wesen politischer Herrschafts- und Rechtsverhältnisse, von denen wir verlangen, dass sie die Bürger unabhängig von ihrem individuellen Lebensplan mit der gleichen Anteilnahme und dem gleichen Respekt (*equal concern and respect*) behandeln. Dieser Einwand gegen perfektionistische Theoriebildung ist mit besonderem Nachdruck von Ronald Dworkin geltend gemacht worden (vgl. Dworkin 1977, 272 f.). Perfektionistische Theoriebildungen, so Dworkin, verletzen somit das liberale Gleichheitsprinzip. Weniger perfektionierbare Menschen oder solche, deren Lebenspläne von dem staatlich zu befördernden Vollkommenheitsideal abweichen, scheinen damit durch den Staat und seine Institutionen zugunsten der talentierten Individuen mit einem konformen Lebensplan einseitig benachteiligt zu werden. Selbst die einseitige und dauerhafte Instrumentalisierung nichtperfektionierbarer Individuen zugunsten der perfektionierbaren Individuen scheint nach perfektionistischem Rechtsdenken somit grundsätzlich nicht ausgeschlossen. Es gilt mithin zu prüfen, ob und wenn ja, inwiefern Aristoteles' politischer Perfektionismus mit dem Gleichheitsprinzip, das unser Verständnis individueller Rechte maßgeblich prägt, vereinbar ist.[60]

Trotz dieser ideengeschichtlichen und systematischen Bedenken haben in jüngerer Zeit verschiedene Autoren Aristoteles' politischer Philosophie eine Theorie natürlicher subjektiver Rechte attestiert. So hat etwa Martha C. Nussbaum in einer Vielzahl von Arbeiten argumentiert, dass Aristoteles in seinem politischen Denken einem umfangreichen Set an individuellen sozioökonomischen Anspruchsrechten verpflichtet ist. Nussbaum rückt Aristoteles' politische Philosophie damit in die Nähe bestimmter Formen der Sozialdemokratie. Zugleich betont sie, dass Aristoteles, anders als die klassischen liberalen Theorien, nicht von der Existenz vorpolitischer persönlicher Freiheitsrechte ausgehe (Nussbaum 1999a, bes. 69, 79). Nach Aristoteles bestehe die Aufgabe des Staates nicht darin, die *natürlichen* Rechte des Individuums zu schützen. Aristoteles' ‚sozialer Perfektionismus' sehe die vorrangige Aufgabe des Staates vielmehr darin, seinen Bürgern die Voraussetzungen für das gute menschliche Leben zu garantieren, d. h. die materiellen, sozialen und institutionellen Bedingungen zu schaffen, welche die angemessene Entwicklung derjenigen Fähigkeiten ermöglichen, die über das Gelingen bzw. Scheitern des menschlichen Lebens entscheiden (Fähigkeitenansatz/*capabilities approach*). Letztere werden von Nussbaum in einer offenen, d. h. ergänz- und revidierbaren, Liste von menschlichen Grundfähigkeiten zusammengestellt. Nach Nussbaum handelt es sich also bei Aristoteles' politischer

---

[60] Diesen Einwand gegen perfektionistische Theorieansätze diskutiere ich in Kapitel 2.

Philosophie insofern um einen individualrechtsbasierten Ansatz, als in dieser Ansprüche des Einzelnen gegenüber dem Staat teleologisch aus einer essentialistischen Bestimmung des guten menschlichen Lebens abgeleitet werden.

Mit der These, dass Aristoteles in seiner politischen Philosophie über eine Theorie natürlicher subjektiver Rechte verfügt, ist Mitte der 90er Jahre in besonders prominenter Weise Fred D. Miller Jr. mit seiner Monographie *Nature, Justice, and Rights in Aristotle's ‚Politics'* (1995) und einer Vielzahl weiterer Publikationen hervorgetreten.[61] Miller argumentiert, dass Aristoteles' teleologische, d. h. mit Blick auf ein Ideal des guten Lebens, konzipierte Gerechtigkeitstheorie (*teleological account of justice*: Miller 1995, 80) sehr wohl natürliche subjektive Rechtsansprüche begründet. Ebenso wie Nussbaum betont auch Miller, dass Aristoteles keine subjektiven Rechte im Sinne der frühneuzeitlichen Naturrechtstheorien (Hobbes, Locke) kenne, d. h. als den unveräußerlichen Besitz in einem *vorpolitischen* Naturzustand (bes. Miller 1995, 87–91). Für Aristoteles, so Miller, hat es keinen Sinn, von individuellen Rechten *außerhalb* der politischen Gemeinschaft der Polis zu sprechen. Dies bedeute jedoch nicht, dass Aristoteles über keine Theorie natürlicher subjektiver Rechte verfüge. Aristoteles befinde sich nämlich im Besitz eines zu den frühneuzeitlichen Naturrechtstheorien alternativen Rechtfertigungsmodells natürlicher subjektiver Rechtsansprüche, das von Miller mit Bezug auf NE V.10, 1134b 18 f., als „natürliche Gerechtigkeit" (*natural justice*) bezeichnet wird (Miller 1995, 74–79).[62] Nach diesem Modell seien natürliche subjektive Rechte als Ansprüche der Bürger zu verstehen, die ihnen in einer Rechtsordnung zukommen, welche sich auf das Ideal der natürlichen Gerechtigkeit stützt:

> To sum up, the foregoing reconstructed derivation of the respect for rights involves four main premises:
> (1) Prudence directs human beings to form and act on habits which are necessary for their natural ends–namely, the good life and happiness.
> (2) Human beings are political animals; i.e. they can realize their natural ends only by participating in a polis which is in a natural condition.
> (3) A polis is in a natural condition only if it has a constitution through which it is organized in accordance with justice or the common advantage.
> (4) A polis which is organized in accordance with justice or the common advantage protects the rights of each of the participants.

---

[61] Miller 1988; 1991; 1995; 1996. Vgl. auch die umfangreiche Diskussion von Millers Monographie *Nature, Justice, and Rights in Aristotle ‚Politics'* in *Review of Metaphysics* (1996).
[62] Zudem ist Miller davon überzeugt, dass Aristoteles in der *Politik* auch über das Begriffsmaterial verfügt, um unseren Rechtsgedanken nachzuzeichnen, wobei er mit W. H. Hohfeld vier elemtare Rechtstypen unterscheidet (s. o.).

Therefore, individual human beings, in order to realize their natural ends, ought to form the virtues (especially justice) necessary to maintain a community that respects the rights of each and every citizen. (Miller 1995, 137 f.)

Die so begründeten natürlichen Rechtsansprüche, zu denen Miller vor allem Eigentums- und politische Partizipationsrechte zählt,[63] kämen nicht allen Menschen in gleicher Weise zu, Sklaven und Frauen blieben von ihnen ausgeschlossen (Miller 1995, Kap. 6.9), zudem seien vom Gesetzgeber situativ – je nach den natürlichen Ressourcen und der Bevölkerungsstruktur einer Polis – Einschränkungen vorzunehmen; nichtsdestoweniger diene die beste Verfassung, die Miller mit Pol. VII und VIII identifiziert (Miller 1995, Kap. 6), als Verkörperung einer objektiven Rechtsordnung, die dem Standard der natürlichen Gerechtigkeit entspricht und damit die natürlichen Rechtsansprüche der Individuen achtet, dem Gesetzgeber als ein normatives Ideal.[64]

Noch weiter geht in seiner Interpretation Roderick T. Long (1996), der Aristoteles' Rechtsdenken in eine noch größere Nähe zu liberalen Theorien rückt, als dies Miller tut. So stimmt Long Miller darin zu, dass Aristoteles in seiner politi-

---

[63] Ähnlich wie Miller versuchen auch Rasmussen und Den Uyl – wenn auch in einem eher systematischen als textexegetischen Ansatz – in ihren Monographien *Liberty and Nature: An Aristotelian Defense of Liberal Order* (1991) und *Norms of Liberty* (2005), die den programmatischen Untertitel *A Perfectionist Basis for Non-Perfectionist Politics* trägt, zu zeigen, dass eine bestimmte Form des aristotelischen Eudaimonismus eine robuste Theorie subjektiver Rechte begründet, die der des Standardliberalismus begründungstheoretisch überlegen ist. Rasmussen und Den Uyl bezeichnen ihren perfektionistischen Ansatz zur Begründung einer liberalen Ordnungspolitik als einen „neo-Aristotelian individualistic perfectionism" (Rasmussen/Den Uyl 2005, 2): „We believe the politic of liberalism can be supported with an Aristotelian framework, at least one broadly conceived. We also argue that this framework is the *best* one for supporting liberalism" (Rasmussen/Den Uyl 2005, 13 f.). Eine grundlegende Kritik an Rasmussens und Den Uyls aristotelisch inspirierter Theorie subjektiver Rechte findet sich bei Mack (1993): Nach Mack wird Rasmussens und Den Uyls teleologischer Ansatz nicht dem limitativen Charakter (*moral side-constraints on one's behavior*) subjektiver Rechte gerecht. Für eine eingehende Diskussion von Rasmussens und Den Uyls Aristoteles-Interpretation s. Skoble 2008.
[64] Nach Brown beruht Millers individualrechtsbasierte Interpretation von Aristoteles' *Politik* damit auf einem konzeptionellen Missverständnis (vgl. Brown 2001): Miller, so Brown in ihrer Kritik, verstehe die natürlichen Rechte des Individuums als die Ansprüche des Einzelnen auf öffentliche Güter wie politische Ämter und Eigentum, die aus der Verteilung dieser Güter nach dem Standard der natürlichen Gerechtigkeit *resultieren*. Um von natürlichen subjektiven Rechten in Aristoteles' *Politik* sprechen zu können, hätte Miller jedoch umgekehrt zeigen müssen, dass Aristoteles' Begriff der natürlichen Gerechtigkeit (und mithin das Resultat der ihr gemäßen Verteilung der öffentlichen Güter) durch die Rechte des Individuums angeleitet ist. Denn natürliche Rechte, so Brown, bestimmen über die Rechtmäßigkeit der Verteilung von öffentlichen Gütern durch den Staat. Natürliche Rechte sind der rechtmäßigen Verteilung von (öffentlichen) Gütern konzeptionell vor- und nicht wie bei Miller nachgeordnet.

schen Philosophie über eine Konzeption natürlicher subjektiver Rechtsansprüche verfügt, betont jedoch zugleich – und hierin geht er über Miller hinaus –, dass die aristotelische Theorie natürlicher subjektiver Rechte (i) auch Rechte umfasse, das Falsche tun zu können; (ii) auch „vorpolitische" Rechte kenne; (iii) der Freiheit einen nicht nur instrumentellen, sondern auch intrinsischen Wert zuerkenne sowie (iv) der Autonomie einen zentralen Stellenwert zuweise. Mit den Punkten (i), (iii) und (iv) versucht Long – anders als Miller – das aristotelische Rechtsdenken in die Nähe einer willenstheoretischen Funktionsanalyse des Rechts zu bringen. Als Beispiele für Rechte, auch das Falsche tun zu dürfen (i), verweist Long etwa auf das Recht des Gläubigers, dem Schuldner die Schuld zu erlassen oder auch nicht, sowie das Recht des Vaters, seinem Sohn das Erbe abzusprechen oder auch nicht (NE VIII.16, 1163b18 – 25; vgl. auch Rhet. III.5, 1361a 19 – 23). Beide Rechte, so Long, blieben davon unberührt, ob von ihnen ein moralisch richtiger Gebrauch gemacht wird (Long 1996, 777– 780). Von „vorpolitischen" Rechten (ii) könne man sprechen, weil nach Aristoteles nicht nur die Angehörigen unserer Heimatpolis dazu berechtigt seien, moralische Ansprüche gegen uns geltend zu machen, sondern sämtliche praktische Vernunftwesen, also auch Fremde. Long sieht Aristoteles' Theorie natürlicher subjektiver Rechte somit einer gewissen Form des moralischen Universalismus verpflichtet (Long 1996, 780 – 786). Was den intrinsischen Wert der Freiheit (*eleutheria*) in der aristotelischen Naturrechtskonzeption betrifft (iii), so argumentiert Long, dass eine Verfassung nach Aristoteles nur dann von Natur aus gerecht sei, wenn sie die freie Zustimmung der Regierten finde. Das Konsensprinzip begründe bei Aristoteles die Freiheit der Bürger (Long 1996, 787– 798). Des Weiteren verweist er auf zwei Grundfreiheiten – das Recht auf Waffenbesitz und das Recht auf Privateigentum –, denen im aristotelischen Rechtsdenken eine zentrale Stellung zukäme. Erstere habe dabei die Funktion, die Bürger darüber entscheiden zu lassen, ob sie das politische Regime stützen oder stürzen wollen, und diene somit letztlich der institutionellen Absicherung des Konsensprinzips (Long 1996, 798 – 801). Was schließlich den Wert der Autonomie innerhalb der aristotelischen Rechtstheorie betrifft (iv), so verweist Long auf Pol. I.3 – 8 und 12– 13, wo er Ansätze zu einer „kantischen", autonomiebasierten Theorie des individuellen Rechts auf Freiheit grundgelegt sieht:

> Aristotle's notorious theory of natural slavery has as its less often noticed corollary a theory of natural freedom: just as those human beings who lack the fully functional capacity to run their lives by reason deserve to be enslaved, so those who possess that faculty in good working order have the right to be free. (Long 1996, 801)

Auch Richard Kraut geht in seiner Interpretation in gewisser Weise über Miller hinaus, indem er behauptet, dass es grundsätzlich nicht falsch sei, bei Aristoteles auch von vorpolitischen natürlichen Gerechtigkeitsphänomenen zu sprechen (Kraut 1996). Dazu verweist Kraut zum einen auf Pol. VII.2, 1324b39–41, wo sich Aristoteles für ein absolutes Verbot der Menschenjagd zum Zwecke religiöser Opfer ausspricht. Zum anderen führt Kraut als Evidenzen jene Phänomene vorpolitischer Gerechtigkeit an, die Aristoteles in Pol. I anhand der häuslichen Subgemeinschaften skizziert. Mit Blick auf Letztere ist es nach Kraut nicht etwa grundsätzlich falsch, von einem „natürlichen" Recht des Herrn zu sprechen, die lebensnotwendigen Arbeiten von Sklaven verrichten zu lassen, wohingegen seine eigene Versklavung Unrecht wäre. Auch nach Christoph Horn (2005) verfügt Aristoteles in seiner politischen Philosophie sehr wohl über eine Theorie natürlicher Rechte des Individuums: „Aristoteles spricht eindeutig von natürlichen, nicht nur konventionellen Rechten von Individuen. Diese sind bisweilen exakt so beschaffen, wie man sie aus der Tradition negativer Grundrechte kennt: durch sie soll eine Preisgabe des individuellen Interesses ausgeschlossen werden; anders gesagt, sie formulieren mitunter natürliche Ansprüche von Individuen" (2005, 121). Allerdings weisen sowohl Kraut als auch Horn darauf hin, dass Aristoteles entsprechenden Rechtsansprüchen in seiner politischen Philosophie „keine zentrale systematische Rolle" zubilligt (ebd.). Obwohl sich Beispiele natürlicher Rechte des Individuums in der *Politik* finden lassen, könne man im eigentlichen Sinn nicht davon sprechen, dass – wie Miller es tut – Aristoteles' politische Philosophie auf einer Theorie natürlicher subjektiver Rechte aufbaue.[65]

1.3 These und Aufbau der Studie

Mit der vorliegenden Studie möchte ich zu der durch Miller prominent gewordenen Debatte um mögliche Ansätze einer Theorie natürlicher subjektiver Rechte bei Aristoteles beitragen. Jedoch geht es mir nicht um die Begründung inhaltlich konkreter Rechtsansprüche, mit denen ein bestimmtes Aristoteles-Bild verbunden wird – etwa bei Nussbaum sozioökonomische Anspruchsrechte, die Aristoteles in die Nähe der Sozialdemokratie rücken; bei Miller und Rasmussen/Den Uyl Eigentums- und politische Partizipationsrechte, die ihn als einen tendenziell libertären Denker inszenieren. Tatsächlich sehe ich für das Unterfangen, in Aristoteles' politischer Philosophie eine Theorie natürlicher subjektiver Rechte auszumachen, die wie die modernen Grund- und Menschenrechtskataloge die

---

[65] Eine Auflistung weiterer Interpreten, die in Aristoteles' politischer Philosophie eine Theorie subjektiver Rechtsansprüche begründet sehen, findet sich in Miller 1995, 87–93, und 1991, 279 Anm. 1.

begründeten Ansprüche des Einzelnen inhaltlich ausformulieren, keinerlei Erfolgsaussichten. Denn die berechtigten Ansprüche der Bürger sind für Aristoteles nicht unabhängig von den kontingenten materiellen Ressourcen einer Polis zu bestimmen, in der sie leben.[66] Wenn eine Polis über kein sauberes Trinkwasser verfügt oder ihr Territorium zu gering ist, um jeden Bürger mit einem Landlos auszustatten, das ihm die Sicherstellung seiner eigenen materiellen Subsistenzbedingungen sowie die seiner Familie ermöglichen würde, ist nach Aristoteles die Vorenthaltung dieser Güter durch die Polis kein Unrecht.[67] Auch ein Recht auf politische Teilhabe besteht seiner Ansicht nach nicht von Natur aus. Denn wie Aristoteles insbesondere im Kontext seiner Lehre des Universalkönigtums (*pambasileia*) in Pol. III zeigt, ist in einer Polis, die im glücklichen Besitz eines „politische[n] ‚Überfliegers'" (Frede 2001, 88) ist, diesem die Regierung vollständig zu übertragen.[68] In all diesen Fällen haben die Bürger schlichtweg keinen berechtigten Anspruch auf die von ihnen begehrten öffentlichen Güter, weil diese kontextsensitiv unter Berücksichtigung der gegebenen materiellen Voraussetzungen einer politischen Gemeinschaft festzulegen sind. Insofern fällt die These der vorliegenden Studien deutlich defensiver aus als die der Arbeiten Millers oder auch Nussbaums. Was sich der folgenden Interpretation nach jedoch zeigen lässt, ist, dass Aristoteles in der *Politik* ein grundlegendes Freiheitsrecht des von Natur aus freien Menschen (*physei eleutheros*) formuliert. Dieses Freiheitsrecht ist Ausdruck der natürlichen Dignität des freien Menschen und verpflichtet die Regierenden darauf, die ihnen zufallenden Machtbefugnisse und die von ihnen verwalteten öffentlichen Ressourcen für das Wohl der von ihnen regierten Individuen zu verwenden.

Grundlage dieser Interpretation bilden nicht, wie man zunächst denken könnte, die klassischen „Naturrechtkapitel" der *Rhetorik* (I.10, I.13, I.14, I.15) sowie der (vermutlich) pseudoaristotelischen *Magna Moralia* (I.33).[69] Vielmehr geht es

---

66 Vgl. hierzu insbesondere Aristoteles' Vorgehen in Pol. VII, seine Überlegungen zur Beschaffenheit des Territoriums (VII.5–6) und der Zusammensetzung der Bevölkerung (VII.4) der besten Polis.
67 Diese Beispiele für individuelle Rechtsansprüche bei Aristoteles sind aus Nussbaum 1999a, 24 f.
68 Das Recht auf politische Teilhabe wird von Miller als Kandidat für einen natürlichen Rechtsanspruch des Individuums bei Aristoteles stark gemacht (s. Miller 1995, Kap. 5). Vgl. zum Recht auf politische Teilhabe auch Yack 1990, 229–231.
69 Miller versucht unter Berufung auf diese Kapitel, das natürliche Recht bzw. natürliche Gesetz als normatives Fundament der aristotelischen Ethik und Politik auszuweisen (Miller 1988/89; 1991). Vgl. hierzu auch bereits Hirzel 1900. Mit Blick auf die Naturrechtskapitel der *Rhetorik* folge ich jedoch Rapps Einschätzung, nach der sich aus diesen keine normativ gehaltvolle Theorie eines natürlichen Rechts herleiten lässt: „Die Aussagen [...] stellen für sich genommen keine

mir im Folgendem um eine Neuinterpretation von Teilen des ersten Buchs der *Politik*, nämlich der Kapitel Pol. I.1–7 und I.12–13. Dies mag deshalb überraschen, weil Aristoteles in Pol. I.4–7 eines der verabscheuungswürdigsten Theoriestücke in der Geschichte der politischen Philosophie überhaupt vertritt, seine „Theorie vom naturgemäßen Sklaventum". Aristoteles argumentiert, dass es menschliche Individuen gibt, die aufgrund eines angeborenen kognitiven Defizits nicht eigenständig an der praktischen Vernunft partizipieren und die deshalb einseitig zum Wohl anderer instrumentalisiert werden dürfen.[70] Von diesen praktisch-rational stark beeinträchtigten Individuen spricht Aristoteles als „Sklaven" oder „Unfreien von Natur" (*physei/kata physin douloi*) und ordnet ihnen den moralisch-rechtlichen Status eines „beseelten Besitzstückes" (*empsychon ktêma*: Pol. I.4, 1253b32)[71] zu. Aristoteles' abscheuliche Theorie vom naturgemäßen Sklaventum widerspricht der Idee natürlicher subjektiver Rechte, insofern sie ja gerade dafür argumentiert, dass es menschliche Individuen gibt, die von Natur aus rechtlos sind. Zu Recht wird er daher für dieses Lehrstück in der Literatur scharf kritisiert (s. etwa Mulgan 1977, 40–44; Schofield 2005). Aufgrund des menschenverachtenden Charakters dieses Theoriestücks fällt es dem Interpreten entsprechend schwer, Buch I der *Politik* – nach dem hermeneutischen Prinzip der Wohlgesinntheit (*principle of charity*) – möglichst stark zu machen und ihm einen guten Sinn zu geben. Es kann daher nicht verwundern, dass mit diesem Text- und Theoriestück in aller Regel ganz anders verfahren wird, nämlich so, dass durch den Nachweis von Inkohärenzen zu anderen grundlegenden und wohl dokumentierten Überzeugungen des Aristoteles versucht wird, diesen gegen sich selbst in Schutz zu nehmen.[72] Ziel eines solchen Interpretationsansatzes ist es, die Bedeutung dieses

---

Basis dar, um Aristoteles eine Konzeption des natürlichen Gesetzes oder natürlichen Rechts zu unterstellen; dies wäre nur durch den Nachweis entsprechender Aussagen in den ethisch-politischen Schriften möglich" (Rapp 2002, II 489). Vgl. hierzu insgesamt Rapp 2002, II 486–493.
70 Anders Jill Frank, die den Status des Sklaven von Natur nicht in dem Sinne als ‚natürlich' verstanden wissen will, dass es sich bei ihm um ein angeborenes Vernunftdefizit und deshalb um einen irreversiblen Zustand handelt. Ihrer Interpretation zufolge ist das von Aristoteles diagnostizierte Vernunftdefizit des Sklaven vielmehr ein rein tätigkeitsbasiertes, weshalb der Status des Sklaven bei Aristoteles prinzipiell revidierbar sei (Frank 2004). Ähnlich auch Dobbs 1994.
71 Unter Verwendung einer Definitionsformel: „*ho doulos ktêma ti empsychon*" (Pol. I.4, 1253b32).
72 Zu der Einschätzung, dass Interpreten von Pol. I durch den Nachweis von Inkohärenzen Aristoteles' menschenverachtende Theorie vom naturgemäßen Sklaventum als ideologisch – und mithin als nicht philosophisch – entlarven wollen, vgl. Schofield 2005, 91: „Aristotle's views on slavery are an ebarrassment to those who otherwise hold his philosophy in high regard. To the modern mind they are morally repugnant. Many find them poorly argued and incompatible with more fundamental tenets of his system, and they certainly contain at least apparent in-

Theoriestücks für Aristoteles' politische Philosophie zu marginalisieren und, indem es als nicht-theoriekonstitutiv ausgewiesen wird, Aristoteles' politische Philosophie von diesem Makel freizusprechen. Diese Immunisierungsstrategie folgt der interpretatorischen Maxime: Hätte Aristoteles die Prämissen seines eigenen (moralphilosophischen) Denkens ernst genommen, hätte er nie zu einer solchen Ungeheuerlichkeit wie seiner Theorie des naturgemäßen Sklaventums gelangen dürfen. Ziel dieser Vorgehensweise ist es letztlich, Aristoteles' Theorie vom naturgemäßen Sklaventum als *philosophisches* Theoriestück zu diskreditieren und als ein *ideologisches* Theoriestück zu enttarnen, das dem inegalitären Zeitgeist der Antike und dem griechischen Superioritätsdenken geschuldet ist. Aristoteles übernehme die in der Antike gängige soziale Praxis des Sklaventums in seine politische Philosophie, ohne dass er diese philosophisch hätte rechtfertigen können.[73]

Dieser tendenziell „destruktive" Zugriff auf Pol. I. zeugt von der moralischen Redlichkeit seiner Interpreten, suspendiert jedoch zugleich die philosophische Auseinandersetzung mit dem aristotelischen Text. Mit der vorliegenden Studie versuche ich daher, in Form eines „konstruktiven" Interpretationsansatzes eine philosophische Deutung des Textes zu leisten. „Konstruktiv" ist die folgende Darstellung deshalb zu nennen, weil in ihr die Aussagen des Aristoteles als philosophisches Theoriestück ernst genommen werden und weil versucht wird, sie als ein weitgehend kohärentes Theoriegebilde zu rekonstruieren, wie auch ihre Relevanz für Aristoteles' politische Philosophie herauszuarbeiten. Dabei zeigt sich, dass die Aussagen in Pol. I, die gemeinhin unter dem Titel „Aristoteles' Theorie vom naturgemäßen Sklaventum" zusammengefasst werden, für sein politisches Denken von kaum zu überschätzender Bedeutung sind.[74] Um Missverständnissen vorzubeugen: Im Folgenden geht es mir nicht um eine Verteidigung von Aristoteles' Theorie vom naturgemäßen Sklaventum. Auch ich halte diese Lehre des Aristoteles für ein zutiefst menschenverachtendes Theoriestück. Was ich jedoch zeigen werde, ist, dass Aristoteles' Theorie vom naturgemäßen Sklaventum (nur

---

consistencies." Eine ähnliche Auffassung vertritt auch Dobbs 1994, 69: „Commentators on Aristotle's account of natural slavery add to the perplexity, charging that this account [of slavery] is culturally biased and logically inconsistent." Schofield selbst verteidigt jedoch Aristoteles gegen den Ideologieverdacht und argumentiert, dass es sich bei seiner Theorie vom naturgemäßen Sklaventum um ein weitgehend kohärentes philosophisches Lehrstück handelt. Zum Vorwurf der Inkohärenz gegenüber Aristoteles' Theorie vom naturgemäßen Sklaventum s. etwa Schlaifer 1936, 193–199; Gigon 1965; Fortenbaugh 1977, bes. 135; Mulgan 1977, 40–44; Smith 1991.

73 Zum Vorwurf der Ideologie vgl. etwa Mulgan 1977, 43f.; Williams 1994, 16, 117f.; Annas 1996, 749; Wood/Wood 1978, 209–257.

74 Bereits nach Hobbes stellt Aristoteles' Lehre vom naturgemäßen Sklaventum den Boden von dessen politischer Philosophie dar, wofür er ihn kritisiert. Vgl. hierzu Laird 1942, 10.

ein) Teil einer umfassenden Lehre zur Bestimmung des natürlichen rechtlich-moralischen Status der Hausangehörigen ist. Seine Theorie vom naturgemäßen Sklaventum besitzt ein komplementäres Gegenstück: die Theorie vom moralisch-rechtlichen Status des von Natur aus freien Menschen (*physei eleutheros*). Und es ist eben Aristoteles' Theorie des von Natur aus freien Menschen, die zum Attraktivsten in der politischen Philosophie der Antike schlechthin gehört.

Ein konstruktiver Zugriff auf die genannten Kapitel von Pol. I hat deshalb mit der Feststellung zu beginnen, dass der Skopus dieser Kapitel wesentlich weiter gefasst ist, als es durch die geläufige Bezeichnung „Theorie vom naturgemäßen Sklaventum" abgebildet wird. Zwar ist die Feststellung, dass in den genannten Textpassagen von Aristoteles eine Theorie des naturgemäßen Sklaventums skizziert wird, keineswegs falsch; sie greift jedoch nach der folgenden Interpretation entschieden zu kurz. Ziel von Pol. I ist vielmehr die Entwicklung einer Theorie zur Bestimmung der naturgemäßen moralisch-rechtlichen Stellung *aller* Hausmitglieder und damit der gesamten festansässigen Polisbevölkerung. Aristoteles präsentiert uns nicht nur eine Theorie von der moralisch-rechtlichen Stellung des von Natur aus unfreien, sondern auch des von Natur aus freien Menschen. Es ist daher treffender, mit Blick auf die genannten Kapitel von Aristoteles' „Theorie der natürlichen Herrschaftsformen" (TNH) zu sprechen, weil die ‚Theorie vom naturgemäßen Sklaventum' lediglich eine Seite einer allgemeinen Lehre darstellt, deren systematisches Gegenstück Aristoteles' ‚Theorie des von Natur aus freien Menschen' bildet.[75]

---

[75] Dass es sich bei Pol. I primär um eine Abhandlung über die verschiedenen menschlichen Herrschaftsformen handelt, betont Deslauriers: „On my view, then, the examination of the household and its relations in *Politics* 1 is intended precisely to demonstrate that there are different kinds of natural subject, and hence different kinds of rule" (Deslauriers 2006, 52). Sie selbst verweist als Inspirationsquellen ihrer Interpretation auf die Arbeiten von Schofield 1990; Natali 1979/80; Kelsen 1977, 172–175, und Kahn 1990, 28 (Deslauriers 2006, 48 Anm. 2). Deslauriers wendet sich mit dieser Interpretation gegen das Gros der Interpreten, die das übergreifende Argumentationsziel von Pol. I nicht in der Differenzierung verschiedener Herrschaftsformen sehen, sondern im politischen Naturalismus des Aristoteles, insbesondere in seiner These von der Natürlichkeit der Polis. Deslauriers verweist für diese Standardinterpretation auf Newman 1887, xxix; Mulgan 1977, 18; Miller 1995, bes. 35 (Deslauriers 2006, 48 Anm. 1). Vgl. hierzu aber auch Ambler 1985, 166f.: „Since slavery in particular and the household in general are among the 'first associations' on whose naturalness the naturalness of the city is contingent (1252b9–10, 1257a19–20), the long investigations of slavery and household management have an important bearing on the naturalness of the city." Ähnlich auch Saunders 1995, xi: „In book I he [Aristotle] develops the central idea of his political theory: natural teology. In rich and vivid detail, he applies it in four connected areas: the historical growth of the state from primitive beginnings, slavery, economics, and the household."

Systematischer Ausgangspunkt von TNH ist die von Aristoteles in Pol. I.2 präsentierte Staatsentstehungstheorie (Kap. 3). Mit ihr liefert Aristoteles eine Phänomenologie der natürlichen Gemeinschaften, die TNH als Referenzpunkt zugrunde liegt. Denn bei Herrschaft (*archê*) handelt es sich ebenso um einen Komplementärbegriff zur Gemeinschaft (*koinônia*) wie bei Freundschaft (*philia*) oder Recht (*dikaion*) (Kap. 3.2). Die Phänomenologie der natürlichen Gemeinschaftsformen, die die Grundstruktur des Staates sichtbar werden lässt, dient damit der Herausarbeitung jener menschlichen Sozialverbände, deren Herrschafts- und Rechtsverhältnisse sich für Aristoteles' politische Philosophie als konstitutiv erweisen, insofern sie das Zusammenleben der Menschen in der Polis bestimmen. Es stellt sich mithin die Frage, wie in diesen Gemeinschaften geherrscht bzw. regiert werden soll (Kap. 4). Für die häuslichen Subgemeinschaften beantwortet Aristoteles diese Frage in Pol. I.4–7 und I.12–13. Es zeigt sich, dass die Herrschaft des Menschen über den Menschen für Aristoteles nicht etwas ist, das in unser Belieben gestellt ist. Vielmehr existiert für sie eine objektive – nämlich natürliche – Norm, die in der praktischen Vernunftnatur eines Menschen besteht. Der moralisch-rechtliche Status eines Menschen und mithin die Form von Herrschaft, die über ihn auszuüben ist, bemisst sich daran, inwieweit er am Vermögen zur praktischen Beratung (*bouleutikon*) und somit an einem Leben aufgrund freier Entscheidung (*prohairesis*) teilhat (Pol. I.13, 1260a10–14; Pol. III.9, 1280a32–34).[76] Dabei handelt es sich bei der praktischen Vernunftfähigkeit nach Aristoteles zunächst um eine binäre Eigenschaft des Menschen. Entweder man besitzt sie aktiv und spontan oder in passiv-rezeptiver Weise. Wer sie spontan besitzt, ist ein von Natur aus freier Mensch und existiert um seiner selbst willen; wer von Natur aus lediglich dazu fähig ist, auf sie zu hören, ist ein von Natur aus unfreier Mensch bzw. ein Sklave von Natur aus und existiert nicht um seiner selbst, sondern um eines anderen willen. Da der von Natur aus Freie um seiner selbst willen existiert, ist er „politisch", d. h. zu seinem Vorteil und Wohl, zu regieren; der von Natur aus Unfreie darf hingegen „despotisch", d. h. zum Vorteil eines anderen, regiert werden, da er um eines anderen willen existiert (Kap. 4.3). Der von Natur aus freie Mensch steht damit – im Gegensatz zum Sklaven von Natur – unter einem kategorischen Instrumentalisierungsverbot bzw. Fürsorgegebot. Der von Natur aus freie und um seiner selbst willen existierende Mensch verpflichtet die Regierenden ihm gegenüber auf ein bestimmtes Verhalten, nämlich darauf, die ihnen zukommenden Machtbefugnisse nicht zum eigenen Vorteil zu missbrauchen, son-

---

[76] Anders Uhde in seiner stark platonisierenden Lesart: Nach ihm bestimmt sich die politisch-rechtliche Stellung eines Individuums bei Aristoteles nach dessen theoretischen Vernunftnatur (Uhde 1976, 98 f.). Ähnlich auch Lebech 2009, 30–45.

dern sie zum Vorteil und Wohlergehen der regierten Individuen zu verwenden. Das kategorische Instrumentalisierungsverbot bzw. Fürsorgegebot, unter dem der freie Mensch bei Aristoteles steht, kann daher als ein grundlegendes natürliches Freiheitsrecht verstanden werden.

Da nur der freie erwachsene Mann von Natur aus ein vollkommenes praktisches Vernunftwesen ist, steht es ihm als Hausvorsteher (*oikonomos*) zu, in je eigentümlicher Weise über Sklave, Kind und Frau zu herrschen: über den Sklaven als von Natur aus unfreien Hausangehörigen despotisch, über Frau und Kind in Form der *gamikê* und *patrikê* als von Natur aus freie Hausangehörige politisch. Die Formen der Herrschaft, die der Hausvorsteher über Sklave, Kind und Frau ausübt, bleiben somit nicht seiner Willkür überlassen, sondern werden durch den natürlichen Status der Hausangehörigen als freien bzw. unfreien Menschen normativ angeleitet.[77] Mit TNH gibt Aristoteles somit der rechtlichen Stellung der Bewohner der attischen Polis eine naturrechtliche Grundlage.[78] Aristoteles kritisiert deshalb sowohl den Machtpositivismus einiger Sophisten (Kap. 4.2.1) als auch die von Platon im *Politikos* geäußerte Identitätsthese, nach der die Herrschaftsverhältnisse in den staatskonstitutiven natürlichen Gemeinschaften qualitativ identisch sind (Kap. 4.2.2). Der platonischen Identitätsthese stellt Aristoteles mit TNH eine Differenzthese gegenüber, nach der sich die Herrschaftsverhältnisse in den jeweiligen menschlichen Gemeinschaften qualitativ voneinander unterscheiden.

Zum Ende von Pol. I resultiert daraus folgende Konstellation: Für alle Hausmitglieder – ausgenommen den Hausvorsteher selbst – ist insofern „gesorgt", als dass über sie ein für sie gerechtes (*dikaios*) und zuträgliches (*sympheros*), nämlich ihrer Natur gemäßes Herrschafts- und Rechtsverhältnis erlassen ist. Was zu klären bleibt, ist, welche Form von Herrschaft über die Hausvorsteher, deren Gemeinschaft die Polis im engeren Sinn konstituiert, auszuüben ist. Es stellt sich mithin die Frage, wie die Herrschafts- und Rechtsverhältnisse zwischen ihnen in der politischen Gemeinschaft der Polis zu gestalten sind. Genau dies ist die Leitfrage, die den Fortgang der Untersuchung in den folgenden Büchern der *Politik* bestimmen wird. Dabei kommt TNH eine herausragende Bedeutung zu, weil die in ihr gewonnene Bestimmung des moralisch-rechtlichen Status des von Natur aus

---

[77] Anders die Bestimmung der häuslichen Herrschaftsverhältnisse im *Defensor Pacis* von Marsilius von Padua. Marsilius grenzt in seiner von Aristoteles' Politik beeinflussten Schrift die häuslichen von den politischen Herrschaftsverhältnissen gerade dadurch ab, dass Erstere vollständig der Willkür des Hausvorstehers überlassen sind, während Letztere in ihrer Legitimität von der Zustimmung eines jeden einzelnen Bürgers bzw. ihrer rationalen Nachvollziehbarkeit abhängig sind (s. hierzu Nederman 1990).
[78] Zur rechtlichen Stellung der entsprechenden Bevölkerungsgruppen in Athen vgl. Bleicken 1995, 98–116.

freien Menschen die Beschaffenheit politischer Herrschafts- und Rechtsverhältnisse in den Büchern Pol. II–VIII normativ anleitet.[79] Politische Regime sind nach Aristoteles nur dann rechtmäßig, wenn sie der natürlichen Dignität des Bürgers als von Natur aus freiem, d.h. um seiner selbst willen existierendem, Menschen gerecht werden. Dementsprechend werden in Pol. III politische Regime nur dann mit Blick auf das „Recht schlechthin" (*haplôs dikaion*) richtig (*orthai*) genannt, die in ihrer Herrschaftsausübung auf den gemeinsamen Vorteil (*koinê sympheron*) der Bürger zielen. Politische Regime, die hingegen auf den Vorteil der Regierenden zielen und damit nicht politisch, sondern despotisch regieren, werden als Unrechtsregime verworfen, weil durch sie von Natur aus freie Menschen (*physei eleutheroi*) nach dem Gesetz zu Sklaven (*nomô douloi*) werden (vgl. Kap. 5.1.1). Diese normative Bestimmung politischer Herrschaftsverhältnisse wird auch von Aristoteles' Theorie der besten Verfassung in Pol. VII–VIII geteilt (Kap. 5.1.1). Aristoteles' Theorie des von Natur aus freien Menschen bildet somit die oberste Rechtsnorm politischer Herrschaftsverhältnisse und den normativen Bezugsrah-

---

79 Vgl. hierzu auch Deslauriers 2006, 50: „[...] Aristotle seems to believe that the households can inform us about the essence of the well-formed *polis*. In other words, we inquire into the elements of a political community not just to conform that the *polis* is indeed constituted out of households and that households are constituted by certain relations of rule, but because this investigation will tell us something about the polis. What it tells us, I argue, is that there is a variety of forms of rule, that can be manifested (although not all should be manifested) at the level of political society." Nach Deslauriers hat dieses Vorgehen vor allem epistemische Gründe: Die Herrschaftsbeziehungen im Haushalt sind einfacher zu erkennen als die in der Polis (vgl. Deslauriers 2006, bes. 66, 67 u.ö.). Gegen einen engen systematischen Konnex von Pol. I und der aristotelischen Verfassungslehre argumentiert hingegen Gigon: Ihm zufolge handelt es sich bei Pol. I um ein eigenständiges Lehrstück über die Ökonomik, die mit den Pragmatien über die Staatskunst nur lose verbunden ist (Gigon 1965, 247f.). Vgl. auch seine Bemerkung zu Pol. I.3: „Zunächst freilich wird eine Aufteilung des Hauses in Freie und Sklaven gegeben, die später kaum eine Rolle spielt" (Gigon 1965, 250). Gegen die hier intendierte Lesart, nach der Aristoteles in Pol. I eine natürliche Norm der menschlichen Herrschaftsverhältnisse entwickelt, die sodann seine verfassungstheoretischen Überlegungen in den folgenden Büchern anleitet, wenden sich auch die sogenannten „Straussianer". Ihnen zufolge handelt es sich bei den in Pol. I entwickelten natürlichen Standards nicht um die Normen, die letztlich die politische Praxis effektiv regeln. Denn nach Aristoteles seien in der politischen Praxis die natürlichen Standards zugunsten machtpolitischer Erwägungen aufzugeben. Vgl. hierzu etwa Ambler 1985, 177: „Aristotle's openness to the use of slavery and acquisition which are against nature might seem to suggest that he abandons nature as an appropriate standard for guiding political practice and that he replaces it with some view of the necessary and the useful." Ambler setzt damit Aristoteles in einen Gegensatz zu den Sophisten, welche die Natur als normativen Maßstab für das politische Handeln betrachtet hätten: „Callicles not only thinks nature has a revolutionary bearing on politics; he also thinks the revolution it calls for should be attempted (Plato *Gorgias* 483b4–484c3)" (Ambler 1985, 185 Anm. 27).

men der Verfassungstraktate in den Büchern Pol. III–VIII. Die einseitige und dauerhafte Instrumentalisierung der Bürger durch den Staat ist demnach für Aristoteles ebenso wie für das „moderne" Individualrechtsdenken Unrecht, weil sie der Natur des freien Menschen als eines um seiner selbst willen existierenden Individuums widerspricht. Politische Herrschafts- und Rechtsverhältnisse sind der *Politik* zufolge damit Ausdruck des moralisch-rechtlichen Eigenwerts von Natur aus freier Individuen. Entsprechend der folgenden Interpretation stellt es somit das bleibende Verdienst des Aristoteles dar, die Natur des Staates angemessen als eine Pluralität von Individuen bestimmt zu haben, deren Dasein einen moralisch-rechtlichen Eigenwert hat und deren wohlverstandene Ansprüche und Bedürfnisse deshalb zu schützen sind und nicht miteinander verrechnet werden dürfen. Damit erweist sich Aristoteles' politische Philosophie in ihrem Kern als normativ-individualistisch und teilt – bei aller Verschiedenheit – das normative Herzstück der individualrechtsbasierten Naturrechtstradition, auf der der moderne Grund- und Menschenrechtsgedanke fußt.

Vor dem Hintergrund der hier skizzierten Lesart der *Politik* ergeben sich jedoch schwerwiegende Interpretationsprobleme: Hierzu zählt insbesondere die Frage, warum in Pol. IV–VI ein Großteil der Diskussion dem Erhalt jener Regime gewidmet ist, die nach Pol. III.7 als ungerecht gelten, weil durch sie von Natur aus freie Menschen despotisch regiert werden. In Pol. V schreckt Aristoteles sogar nicht davor zurück, in „machiavellistischer" Manier Ratschläge an den Tyrannen zur Erhaltung seiner Macht zu erteilen (Kap. 5.1.2). Eine weitere interpretatorische Schwierigkeit besteht darin, wie Aristoteles der von ihm geleisteten normativen Bestimmung der politischen Herrschaftsverhältnisse als Herrschaft über von Natur aus freie und um ihrer selbst willen existierende Menschen gerecht zu werden vermag, wenn er die Handwerker und Banausen in der besten Verfassung vom vollen Bürgerrecht ausgeschlossen wissen will (Kap. 5.2). Schließlich stellt auch das Gerichtsverfahren des Ostrakismos eine nicht zu unterschätzende Herausforderung an den hier unterbreiteten Interpretationsansatz dar. Denn der Ostrakismos erlaubt es, einen von Natur aus freien Bürger ohne ein zuvor von ihm begangenes Unrecht aus der Polis zu verbannen. Es stellt sich mithin die Frage, wie Aristoteles den Ostrakismos unter Beibehaltung seiner normativ-individualistischen Bestimmung politischer Herrschafts- und Rechtsverhältnisse als eine legitime politische Institution verteidigen kann (Kap. 5.3).

Bevor ich mich jedoch der Interpretation der *Politik* selbst zuwende, werde ich vorab eine kurze systematische Darstellung des aristotelischen Ansatzes in der politischen Philosophie als perfektionistischer Theoriebildung geben (Kap. 2). Eine solche systematische Skizze von Aristoteles' politischem Denken ist für die vorliegende Fragestellung von Bedeutung, da perfektionistischen Theorien vorgeworfen wird, den Gedanken unveräußerlicher Rechte des Individuums nicht angemessen rekonstruieren zu können, weil sie sich willens zeigen würden, die Ansprüche und Rechte von Bürgerinnen und Bürgern zugunsten der größeren Vervollkommnung anderer zu opfern. Indem der Theorieansatz des politischen Perfektionismus kurz skizziert und hinsichtlich des genannten Problemfeldes diskutiert wird, gewinnt man zudem eine bessere Vorstellung davon, wofür der aristotelische Ansatz in der politischen Philosophie steht, welchen systematischen Schwierigkeiten er ausgesetzt ist und wodurch er sich von dem in der politischen Philosophie der Gegenwart dominanten normativen Paradigma des Liberalismus abgrenzt.

2. Politischer Perfektionismus

Das folgende Kapitel hat eine doppelte Zielsetzung: Zum einen soll der aristotelische Ansatz im politischen Denken in das politische Theorienspektrum eingeordnet und die ihm eigentümliche normative Struktur näher bestimmt werden. Aristoteles' politische Philosophie ist der Theoriefamilie des politischen Perfektionismus zuzuordnen. Damit steht Aristoteles' politische Philosophie in einem systematischen Spannungsverhältnis zum politischen Liberalismus, dem in der politischen Philosophie der Gegenwart dominanten normativen Paradigma (Kap. 2.1–3). Zum anderen soll ein Einwand diskutiert werden, der von liberaler Seite standardmäßig gegenüber perfektionistischen Theoriebildungen erhoben wird und der im Kontext der vorliegenden Untersuchung, ob und wenn ja, inwieweit Aristoteles' politische Philosophie über eine Theorie natürlicher subjektiver Rechte verfügt, von besonderer Bedeutung ist (Kap. 2.4). Dieser liberale Einwand besagt, dass perfektionistische Theorien gegen das Prinzip der rechtlichen Gleichstellung der Bürgerinnen und Bürger verstoßen, weil sie diese nicht mit gleicher Anteilnahme und Respekt behandeln. Wäre dies richtig, würden perfektionistische Theorien – und mithin auch Aristoteles' politische Philosophie – eine der zentralen moralischen Überzeugungen unseres Individualrechtsdenkens, nämlich die Überzeugung von der substantiellen Gleichheit und Selbstzwecklichkeit des Daseins der Menschen, nicht teilen. Insbesondere unter Berufung auf die Arbeiten von Martha Nussbaum versuche ich jedoch zu zeigen, dass dieser Vorwurf nicht auf alle Varianten perfektionistischer Theorien zutrifft. Beim Perfektionismus handelt es sich nicht nur um einen ernstzunehmenden, sondern in begründungstheoretischer Hinsicht sogar um einen den klassischen liberalen Theoriebildungen überlegenen Ansatz im politischen Denken.

2.1 Perfektionismus

Der Begriff ‚Perfektionismus' wird in der Praktischen Philosophie auf drei verschiedenen Theorieebenen verwendet:[80] Er bezeichnet (i) eine bestimmte Form von Werttheorie (‚werttheoretischer Perfektionismus'), (ii) eine bestimmte Form von Individualethik (‚ethischer' oder ‚moralischer Perfektionismus') sowie (iii) eine Theoriefamilie in der politischen Moralphilosophie (‚politischer Perfektionismus'). Die fokale Bedeutung der drei Verwendungsweisen liegt auf der ersten

---

[80] Vgl. hierzu Wall 2006, Kap. 1, und 2007 sowie Horn 2005, deren Bestimmung des Perfektionismus ich in diesem Unterkapitel weitgehend übernehme.

Theorieebene, dem werttheoretischen Perfektionismus. Als ein solcher wird die Bestimmung des Guten in Termini eines menschlichen Vollkommenheitsideals verstanden, in dessen Realisierung antiken Autoren wie Aristoteles zufolge das Glück (*eudaimonia*) bzw. das gute Leben (*eu zên*) besteht. In der heutigen Theoriesprache ist zur Vermeidung falschgehender Konnotationen hinsichtlich des aufgeladenen Glücksbegriffs vorzugsweise vom guten bzw. gelingenden Leben (*good life*), von dem für den Menschen Guten (*human good*) oder auch vom menschlichen Wohlergehen (*human well-being*; *human flourishing*) die Rede. In der Geschichte des Perfektionismus sind sehr unterschiedliche Vorstellungen menschlicher Vollkommenheitsideale vertreten worden. Einige Autoren schreiben mit großer Genauigkeit die auszuübenden menschlichen Tugenden vor; andere Autoren bleiben in ihrer Darstellung hingegen eher allgemein oder beziehen sich stärker auf die Art und Weise, in der ein gelingendes menschliches Leben zu führen ist, sodass sie sich gegenüber möglichen Konkretisierungen weitgehend neutral verhalten (Wall 2006, 12).[81]

In der Literatur werden üblicherweise zwei Varianten perfektionistischer Werttheorien unterschieden: einerseits der sogenannte ‚weite Perfektionismus' (*broad perfectionism*), der alternativ auch als ‚objektiver Güter-Perfektionismus' (*objective goods perfectionism*) bezeichnet wird, andererseits der ‚strikte Perfektionismus' (*narrow perfectionism*) bzw. ‚Perfektionismus der menschlichen Natur' (*human nature perfectionism*) (s. Hurka 1993, 3f.; Wall 2007, 1.1). Vertretern des strikten Perfektionismus zufolge besteht das gute Leben für den Menschen in der guten Entwicklung und Betätigung der spezifisch menschlichen Naturanlagen. Demgegenüber berufen sich Vertreter des weiten Perfektionismus auf eine Liste von Gütern, deren Besitz bzw. Realisierung als intrinsisch wertvoll betrachtet wird, wobei sie bei der Erstellung dieser Güterliste nicht explizit auf eine Theorie der menschlichen Natur rekurrieren (vgl. etwa Rawls 2003, § 50; Finnis 1980).[82]

Mit ihrer Bestimmung des Guten stehen perfektionistische[83] Werttheorien in einer konzeptionellen Gegnerschaft zum Wertsubjektivismus (Wall 2007, 1.; vgl.

---

[81] Nach Horn entstammen perfektionistische Vollkommenheitsideale in aller Regel einem der folgenden vier Bereiche: (i) einem „perfekten sozialen Zustand" (z. B. Marx), (ii) einer „vollkommenen Herrschaftsform" (z. B. Platon), (iii) der „Perfektionierung der menschlichen Gattungsidentität" (z. B. Nietzsche) und (iv) der „Förderung und Vervollkommnung der Bürger als Individuen" (z. B. Aristoteles) (Horn 2003a, 220).

[82] Wall 2007 verweist zudem auf Sumner 1996 und Sher 1997.

[83] Im Folgenden werde ich mich, soweit nicht anders angezeigt, mit dem Begriff ‚Perfektionismus' auf seine strikte Theorievariante beziehen, also jene Form des Perfektionismus, die von Aristoteles vertreten wird und von der Kraut als *developmentism* spricht (Kraut 2007, 136 Anm. 4). In jüngerer Zeit ist ein solcher Perfektionismus der menschlichen Natur unter Berufung auf Aristoteles etwa von Thomas Hurka (1993) vertreten worden.

Hurka 1993, 5): Wertsubjektivistische Theorien des Guten sind in dem Sinne als ‚subjektiv' zu bezeichnen, als sie das Gutsein einer Sache – etwa in präferenztheoretischen Ansätzen (*desire fullfilment theories of the good*) – auf das faktische Vorliegen eines subjektiven Begehrens zurückführen. Das, was eine Sache ‚gut macht', ist meine Überzeugung, dass diese Sache gut ist (*good because desired*). Sachen werden nicht begehrt, weil sie gut sind (*desired because good*). Wertsubjektivistische Theorien bezweifeln somit die Tatsache, dass es an sich bessere und schlechtere Lebensentwürfe gibt.[84] Wer hingegen wie die Vertreter des Perfektionismus das gute Leben in der Entwicklung bestimmter natürlicher Vermögen sieht, für den gibt es folgerichtig Dinge, die in dem Sinne ‚objektiv' gut zu nennen sind, als ihr Gutsein nicht durch das Vorliegen einer entsprechenden subjektiven Pro-Einstellung bedingt ist. Vielmehr sind sie deshalb gut, weil sie Teil – oder Bedingung eines Teils – des guten menschlichen Lebens sind. Perfektionistische Theorien des Guten referieren somit nicht notwendigerweise auf die faktisch gegebenen Interessen eines Individuums, sondern ganz allgemein auf solche, die es vernünftigerweise haben sollte (Wall 2006, 8f.). Anders als für den Wertsubjektivismus gibt es für den Perfektionismus daher sehr wohl an sich bessere und schlechtere Lebensentwürfe. Bedenken gegenüber einer perfektionistischen Werttheorie werden deshalb nicht nur von wertsubjektivistischer Seite geäußert, sondern auch von Autoren, die schlichtweg bezweifeln, dass es überhaupt so etwas wie ein vernünftiges Ideal des menschlichen Lebens gibt. Letztere Position wird üblicherweise als Wertskeptizismus bezeichnet, dessen radikalste Form der Wertnihilismus ist (Wall 2006, 10, und 2007, 3.).[85]

Beim moralischen und politischen Perfektionismus handelt es sich um Derivate eines werttheoretischen Perfektionismus. In der Moralphilosophie und politischen Philosophie bezeichnet der Begriff ‚Perfektionismus' mithin Theoriebildungen, die auf einer perfektionistischen Werttheorie aufbauen. Dementsprechend gelten ganz allgemein Moraltheorien als perfektionistisch, die die Beförderung des eigenen guten Lebens bzw. des guten Lebens anderer Personen – verstanden als die Beförderung eines bestimmten Vollkommenheitsideals – gebieten. In analoger Weise bestimmt der politische Perfektionismus die bestmögliche Realisierung bzw. Beförderung des guten Lebens der Bürger – unter ansonsten gleichen Umständen – als die Aufgabe staatlicher Institutionen. Aufgrund der Vielzahl von unterschiedlichen Autoren und Ansätzen, die unter der Be-

---

84 Diese Form von subjektiver Wertsetzung kann sich allerdings nur auf die letzten Ziele eines Menschen beziehen, weil Mittel selbst immer schon einer ‚objektiven' Zweck-Mittel-Rationalität unterliegen (Kraut 2002, 22f.).
85 Eine eingehende Kritik wertsubjektivistischer Theorien des Guten von einem aristotelischen Standpunkt aus findet sich in Kraut 2002, Kap. 2.

zeichnung ‚politischer Perfektionismus' zusammengefasst werden – zu ihnen gehören u. a. Platon, Friedrich Nietzsche, Thomas von Aquin und Karl Marx –, hat diese Theoriefamilie stark unterschiedliche Definitionen erfahren (Wall 2006, 7; vgl. Hurka 1993, 3): Beispielsweise bestimmt John Rawls den politischen Perfektionismus als „teleologische[] Theorie, die die Gesellschaft anweist, Institutionen, Pflichten und Verpflichtungen so festzulegen, dass die menschlichen Errungenschaften auf dem Gebiet der Kunst, Wissenschaft und Kultur maximiert werden" (Rawls 2003, 360). Nach Thomas Hurka stellt der politische Perfektionismus ein Evaluationsprinzip dar, demzufolge „die politische Handlung, Institution oder Regierung die beste ist, die am meisten die Vervollkommnung aller Menschen befördert" (1993, 147, meine Übersetzung). Eine gegenüber Rawls und Hurka weiter gefasste Definition findet sich bei Steven Wall. Ihr zufolge ist der politische „Perfektionismus der allgemeinen Annahme verpflichtet, dass politische Institutionen aktiv bei der Herbeiführung und Aufrechterhaltung derjenigen sozialen Bedingungen beteiligt sein sollten, die am besten dafür geeignet sind, ihren Bürgern ein schätzenswertes und wertvolles Leben zu ermöglichen" (Wall 2006, 8, meine Übersetzung).

Welche Definition des politischen Perfektionismus man sich auch zu eigen machen mag, als teleologische Theoriebildungen definieren perfektionistische Ansätze im politischen Denken zunächst unabhängig von rechtlichen Prinzipien eine substantielle Konzeption des Guten und bestimmen sodann von dieser ausgehend derivativ-funktional die Rechtsgrundsätze. Dabei grenzt sich der Perfektionismus, wie gesehen, von anderen teleologischen Ansätzen in der politischen Philosophie wie bspw. dem Utilitarismus dadurch ab, dass er das Gute nicht als Lust bzw. Vermeidung von Leid, sondern in Begriffen eines menschlichen Vollkommenheitsideals (*standard of excellence*) bestimmt. Der Perfektionismus bemisst also die Rechtmäßigkeit staatlichen Handelns danach – sonstige Umstände gleich –, ob und wenn ja, inwieweit der Staat und seine Institutionen das in der Konzeption des Guten definierte Vollkommenheitsideal bei seinen Bürgern zu befördern vermögen.

Tatsächlich ist eine Grenze zwischen den Theorieebenen des werttheoretischen, des moralischen und des politischen Perfektionismus nicht immer leicht zu ziehen. Wie bereits gesagt, gründen sowohl der moralische als auch der politische Perfektionismus in einer perfektionistischen Werttheorie und können somit nicht unabhängig von ihr formuliert werden. Zudem gilt: Wer einen perfektionistischen Ansatz in der Moralphilosophie vertritt, wird in aller Regel auch einen politischen Perfektionismus befürworten. Die Parteinahme für den Perfektionismus als politisch-philosophische Doktrin ergibt sich geradezu zwangsläufig vom Standpunkt einer perfektionistischen Individualethik: Wer das oberste moralische Gebot in der Beförderung des guten Lebens sowohl der eigenen Person als auch der anderer sieht, wird normalerweise solche staatlichen Institutionen befürworten, die an eben diesem Ziel ausgerichtet sind. Jedoch sollten die Unterschiede zwischen den jeweiligen Theorieebenen, insbesondere zwischen moralischem und politischem Perfektionismus, nicht vorschnell verwischt werden. Denn wer die Vervollkommnung der eigenen Person als oberstes Gebot der Individualethik ansieht, kann von einem sozialethischen Standpunkt aus durchaus argumentieren, dass der staatlichen Förderung der Selbstvervollkommnung der Bürger strenge Grenzen auferlegt sind bzw. diese nur sehr indirekt durch staatliche Maßnahmen befördert werden kann.[86] Dementsprechend können perfektionistische Ansätze in der politischen Philosophie auf der Ebene der konkreten Ordnungspolitik mehr oder weniger ‚liberal' ausfallen (vgl. Wall 2006, 13 f.).

2.2 Aristoteles' Konzeption des guten Lebens

Aristoteles vertritt mit seiner Ethik einen Perfektionismus der menschlichen Natur. Für ihn liegt das für den Menschen oberste Gut (*ariston*: NE I.1, 1094a22; I.6, 1097b22) oder auch das für den Menschen Gute (*anthrôpinon agathon*: NE I.1, 1094b7; I.6, 2098a16) in der gelingenden rationalen Selbstentfaltung. Dieses oberste Gut wird gemeinhin als das Glück (*eudaimonia*) bezeichnet, verstanden als das gute Leben (*eu zên*) und das gute Handeln (*eu prattein*) (NE I.2, 1095a19 f.): Jeder Mensch strebt mit all seinem Handeln in letzter Konsequenz danach, glücklich zu sein (NE I.5, 1097a20 – 24). Das Glück bildet somit den Abschluss und die Erfüllung des menschlichen Strebens. Es ist das höchste und abschließende Strebensziel, das höchste durch Handeln erreichbare Gut (*prakton agathon*: NE I.2, 1094a16 f.; I.5, 1097a23). Nur das Glück qua oberstes Gut erstreben wir aus-

---

[86] Vgl. hierzu Hurka 1993, 152 f. Inwieweit der aristotelische Staat in das Leben seiner Bürger zum Zweck ihrer Vervollkommnung einzugreifen hat, gilt als umstritten. Nach Barker hat das aristotelische Staatsdenken starke paternalistische Züge, insofern der Staat aktiv auf die moralische Vollkommenheit der Bürger hinzuwirken hat. Barker sieht Aristoteles' politische Philosophie daher einer nicht zulässigen und letztlich auch selbstwidersprüchlichen Form des Paternalismus verpflichtet: „The state [of Plato and Aristotle] should indeed promote morality; but the direct promotion of morality by an act of state-command is the destruction of moral autonomy" (Barker 1952, li). Hingegen sind nach Allan der staatlichen Beförderung des Vollkommenheitsideals bei Aristoteles strikte Grenzen gesetzt, weil nach ihm das sittliche Handeln im Wesentlichen durch eine innere, charakterliche Haltung bestimmt ist, die Gesetze jedoch lediglich zur äußeren Konformität des Handelns anhalten können (Allan verweist hierzu auf NE II.3, 1105a27 ff.; III.8, 116a17-b3; Pol. III.9, 1280a34). Aufgrund dieser natürlichen Grenze der Erziehungsleistung durch die staatlichen Gesetze kommt Allan daher zu dem Ergebnis: „Aristotle's careful study of *prohairesis* holds him back from 'paternalism'" (Allan 1965, 71).

schließlich um seiner selbst willen, während wir die anderen Güter *zugleich auch immer* um seinetwillen wünschen (NE I.1, 1094a18 f.; I.4, 1096b10 f.; I. I.5, 1097a15 – 97b6). Als höchstes Gut besitzt das Glück daher (a) einen abschließenden Zielcharakter (*teleios*: NE I.5, 1097a29; *teleiotatos*: NE I.5, 1097a30) für das menschliche Streben und Handeln – wir fragen nicht mehr, warum ein Mensch glücklich sein will –, und es ist (b) vollständig bzw. autark (NE I.5 1097b6 ff.). Denn glücklich sind wir dann, bzw. unser Streben gelangt nur dann zu seiner Erfüllung, wenn wir nichts mehr bedürfen (NE I.5, 1097b14 – 16).[87]

Während die Menschen nach Aristoteles in aller Regel in der Bezeichnung dieses höchsten und abschließenden Strebensziels übereinstimmen – man spricht einvernehmlich von Glück –, gehen die inhaltlichen Vorstellungen, die materielle Bestimmung des Glücks, weit auseinander (s. NE I.3). Um seine eigene materielle Glückskonzeption vorläufig gegen konkurrierende Vorstellungen abzugrenzen, skizziert Aristoteles die inhaltlichen Grundzüge seiner Theorie des guten Lebens im sogenannten *ergon tou anthrôpou*-Argument (NE I.6; vgl. EE II.1).[88] Dabei geht es Aristoteles zunächst darum, das für den Menschen charakteristische Leben zu bestimmen, indem er das menschliche Leben mit dem der anderen Lebewesen kontrastiert: Allen Lebewesen gemeinsam ist das Leben als Vollzug grundlegender Vitalfunktionen wie Stoffwechsel, Atmung, Wachstum und Fortpflanzung. Darüber hinaus teilt der Mensch mit den Tieren das Leben im Sinn von Perzeption und Lokomotion. Aber nur ihm kommt das Leben als vernunftgemäßes Tätigsein

---

87 Einen guten Überblick über Aristoteles' Bestimmung des Glücks als oberstes Gut für den Menschen im ersten Buch der *Nikomachischen Ethik* bietet Wolf 2002, 23 – 56, dem ich mich im Folgenden anschließe.
88 Dem *ergon tou anthrôpou*-Argument liegt eine funktionalistische Vorstellung des Guten zugrunde (vgl. Wolf 2002, 37 – 39): Das einer Sache zukommende Gut besteht, insofern diese eine ihr eigentümliche Leistung (*ergon*) besitzt, in der guten Ausübung eben dieser Leistung, d. h. in ihrer Tüchtigkeit bzw. Tugend (*aretê*) (vgl. NE I.6, 1097b26 – 28). Die spezifische Leistung der Rebschere ist es, Reben zu schneiden, das Gut der Rebschere bzw. die ihr eigentümliche Tugend besteht darin, Reben gut zu schneiden usw. Aristoteles' Konzeption des guten Lebens wird daher immer wieder der Vorwurf gemacht, sich eines stark metaphysischen und teleologischen Naturbegriffs zu bedienen, indem sie den einzelnen Spezies naturgegebene Funktionen und Zwecke zuschreibe (vgl. hierzu etwa MacIntyre 1995, 200, 217 f.). Nussbaum versucht unter Rückgriff auf Putnams erkenntnistheoretischen Ansatz des internen Realismus, Aristoteles' Ansatz in der Moralphilosophie gegen diesen Vorwurf zu rehabilitieren (vgl etwa. Nussbaum 1999b, 122; 1999c, 187–190). Nussbaum bedient sich dazu narrativer Quellen wie Epen, Sagen und Dramen, aus denen sie eine aus der menschlichen Innenperspektive formulierte normative Theorie der menschlichen Natur zu extrahieren unternimmt. Eine alternative Rekonstruktion Aristoteles' Lehre vom guten Leben, die auf eine naturphilosophische und metaphysische Rahmenkonzeption verzichtet, findet sich in Kraut 2002, 50 – 97.

zu. Nur er ist ein Vernunftwesen (*zôon logon echon*).[89] Ein wahrhaft menschliches Leben (im Unterschied zu dem von Pflanzen und Tieren) ist also eines der Vernunfttätigkeit. Ein Mensch lebt mithin dann *gut*, wenn er sein Vermögen zur Vernunftbetätigung nicht nur irgendwie verwirklicht, sondern *auf gute Weise* (*eu*), d. h. wenn er gemäß der diesem Vermögen eigenen *Tüchtigkeit* (*aretê*) tätig ist (vgl. besonders NE I.6, 1098a12 – 18).[90] Aristoteles fasst seine „Skizze des obersten Guts" dann auch mit der Formel zusammen, dass „das Gut für den Menschen als Tätigkeit der Seele im Sinne der Gutheit" aufzufassen ist (NE I.6, 1098a16 f.; vgl. NE I.11, 1101a14 – 16). Oder wie es in der *Politik* heißt: „Für uns sind Vernunft (*logos*) und Geist (*nous*) das Ziel (*telos*) der [menschlichen] Natur" (Pol. VII.15, 1334b15).

Anders als man zunächst vielleicht vermuten könnte, erschöpft sich für Aristoteles die menschliche Vernunftnatur nicht im theoretischen Weltverhältnis der Wissenschaften.[91] Für Aristoteles' Ethik ist von zentraler Bedeutung, dass der Mensch auch ein praktisch-rationales Selbstverhältnis zu entwickeln vermag.[92]

---

89 Vgl. hierzu Pol. I.2, 1253a9 f.; VII.13, 1332b3 – 5; Met. I.1, 980b25 – 28; NE I.10, 1099b32 – 1100a3; DA III.3, 427b7 – 14; III.10, 433a9 – 16. Da jedem der drei Lebensbereiche, an denen der Mensch partizipiert, ein eigenes Seelenvermögen als Lebensprinzip zugrunde liegt, unterscheidet Aristoteles in seiner Moralpsychologie in NE I.6 und I.13 folgerichtig drei Subvermögen der menschlichen Seele: einen vegetativen Seelenteil (*threptikon*), einen appetitiven Seelenteil als Sitz der Triebe, Affekte und Begehren, das sogenannte Strebevermögen (*orektikon*), und einen vernünftigen Seelenteil (*logos*).
90 Zum Tätigkeitscharakter der *eudaimonia* vgl. bes. NE X.6, 1176a33 – b10. Mit Blick auf die Gerechtigkeit vgl. Top. VI.7, 145b35 – 146a2. Dass Aristoteles das gute Leben als ein Tätigsein bestimmt und nicht mit dem bloßen Besitz eines wohlkonditionierten Vernunftvermögens gleichsetzt, ist vermutlich auch dadurch begründet, dass für ihn das Tätigsein bzw. die Wirklichkeit (*energeia*) von einer höheren ontologischen Dignität ist als das zugrunde liegende Vermögen bzw. die zugrunde liegende Fähigkeit (*dynamis*) (Met. IX.8, 1049b4 – 1051a3). Neben dieser ontologischen Begründung des Tätigkeitscharakters der *eudaimonia* gibt es jedoch auch noch eine *common sense*-Begründung, die Aristoteles anhand des folgenden Gedankenexperiments verdeutlicht (NE I.3, 1095b31 – 1096a2; vgl. I.9, 1098b30 – 1099a7): Man stelle sich vor, dass jemand zwar die Tugenden besitzt, d. h., seine an der Vernunft teilhabenden Seelenteile wohlkonditioniert sind, sein Leben jedoch in einem anhaltenden Dornröschenschlaf verbringt oder aus einem anderen Grund untätig bleibt (*aprakein*). In einem solchen Fall würden wir behaupten, dass dieser Person etwas Entscheidendes fehlt, um ihr Leben als gelingend bezeichnen zu können, nämlich das *Tätigsein* gemäß der von ihr erworbenen Tugenden.
91 Zur Bedeutung der wissenschaftlichen Kontemplation für das gute Leben s. NE X.7 – 8.
92 Dabei gilt Aristoteles das Vernunftvermögen im engeren Sinn (*logos*) insofern als vernünftig, als es als Sitz der Vernunft diese unmittelbar und spontan besitzt. Demgegenüber bezeichnet er die Vernünftigkeit des Strebevermögens als eine ‚rezeptive', d. h., es besitzt die Vernunft nicht unmittelbar selbst, ist aber dazu fähig, auf sie zu hören (*akoustikon*: NE I.13, 1103a3). Die menschliche Tugend gründet somit einerseits auf der Fähigkeit zur guten Betätigung der Vernunft, den sogenannten dianoetischen Tugenden, andererseits auf der richtigen Empfänglich-

Denn anders als die Tiere ist der Mensch seinen Trieben, Affekten und Begehren nicht willenlos ausgeliefert, sondern kann sich in Form von praktischer Deliberation (*bouleusis*) und freier Wahl (*prohairesis*) kritisch auf sie beziehen und daher der jeweiligen Situation angemessen handeln.[93] So kann der Mensch sein Hungergefühl überwinden, wenn er weiß, dass ihm eine weitere Nahrungsaufnahme schaden würde (etwa im Fall der Fettleibigkeit); er kann seinen Sexualtrieb, trotz hinreichender Stimulation, zügeln und muss ihm nicht unmittelbar an Ort und Stelle nachkommen, sondern ist dazu fähig, ihn nach einer wie auch immer beschaffenen vernunftgeleiteten Sexualmoral auszuleben; ebenso kann er in Gefahrensituationen seine Furcht überwinden, wenn das Leben geliebter oder ihm anvertrauter Personen auf dem Spiel steht.

Gleiches gilt auch mit Blick auf das menschliche Streben nach äußeren Gütern: Güter wie Wohlstand und soziale Anerkennung müssen nicht notwendigerweise egoistisch, auf Kosten anderer, verfolgt werden, sondern können nach Grundsätzen angestrebt werden, die den Wunsch anderer Personen nach denselben Gütern angemessen berücksichtigen, was Aristoteles in seiner Erörterung der Gerechtigkeit im fünften Buch der *Nikomachischen Ethik* nachdrücklich herausstellt. Spezifisch menschlich ist es nach Aristoteles also nicht, *keine* Triebe, Affekte und Wünsche zu besitzen, sondern spezifisch menschlich ist der vernunftgeleitete Umgang mit ihnen. Teil der guten rationalen Selbstentfaltung des Menschen ist es, das eigene Streben (*orexis*) an „der (richtigen) Einsicht" (*orthos logos*) auszurichten. Diese Form emotionaler und volitiver Selbstbeherrschung bildet nach Aristoteles die zweite Domäne der menschlichen Vernunft: Der Mensch ist nicht nur ein theoretisches, sondern auch ein praktisches Vernunftwesen. Entsprechend dieser doppelten Vernunftbefähigung werden von Aristoteles zwei Formen menschlicher Tugend unterschieden: einerseits die Charaktertugenden oder ethischen Tugenden wie Tapferkeit (NE III.9–12), Freigiebigkeit (NE IV.1–3) und Gerechtigkeit (NE V) als gute Verfassung des Strebevermögens, die von Aristoteles als feste Charakterdispositionen (*hexeis*) beschrieben werden, welche sicherstellen, dass man seine Triebe, Affekte und Wünsche der jeweiligen Situation entsprechend an der richtigen Einsicht ausrichtet. Als ethisches Ideal gilt ihm hier die Normfigur des *spoudaios* bzw. *phronimos*.[94] Andererseits die

---

keit der Affekte, Wünsche und Begierden für die vernunftgeleitete Einsicht, den sogenannten ethischen Tugenden (vgl. hierzu bes. NE I.13, 1103a1–3; 1102b30f.; I.6, 1098a4f.).
93 In diesem Sinne bezeichnet Salkever unter Berufung auf Aristoteles menschliche Lebensentwürfe als gelingend, insoweit es sich bei ihnen um Entwürfe von „prohairetic lives" handelt (Salkever 2007, 33).
94 Zur aristotelischen Normfigur des *spoudaios/phronimos*, insbesondere im Kontext der Partikularismus-Generalismus-Debatte, s. Hoffmann 2010.

Verstandstugenden oder auch dianoetischen Tugenden der Klugheit (*phronêsis*) (NE VI.5) und Weisheit (*sophia*) (NE VI.7) als gute Verfassung des Vernunftvermögens im engeren Sinne (vgl. NE I.13, 1103a3–7), welche von Aristoteles als feste kognitive Haltungen beschrieben werden, die einen in theoretischen Fragen das Richtige bzw. die Wahrheit treffen lassen.[95]

In rezenter Theoriesprache ausgedrückt: Für Aristoteles zeigt sich das für den Menschen gute Leben im Wesentlichen an die angemessene Entwicklung seiner rationalen Handlungsfähigkeit, sowohl in ihrer theoretischen als auch in ihrer praktischen Dimension, geknüpft. Ein menschliches Leben, in dem das eigene Streben und Verhalten nicht kritisch-rational evaluiert wird, das sich weder an einer längerfristigen Planung, an einer Hierarchie von Zielen höheren und niederen Rangs orientiert noch Anteil an Wahrheit und Wissen hat, mit anderen Worten, ein Leben, das sich auf die Befriedigung situativer Triebe, Affekte und Begierden reduziert, gilt Aristoteles letztlich als verfehlt.[96] Aristoteles' Auffassung vom gelingenden menschlichen Leben darf jedoch nicht dahingehend missverstanden werden, dass es sich bei den seelischen Tugenden um die einzigen menschlichen Güter handelt. Tatsächlich spricht er sich wiederholt gegen ein solch limitiertes und revisionäres Glücksverständnis, wie es der stoischen Suffizienzthese zugrunde liegt, aus, indem er in seiner Skizze vom obersten Gut auf die Bedeutung der körperlichen und äußeren Güter für das menschliche Wohlergehen hinweist. Wen wir wahrhaft vollendet glücklich (*makarios*) nennen, der muss auch Anteil an äußeren Gütern wie ausreichender Nahrung, Gesundheit, Wohlstand,

---

[95] Die dianoetischen Tugenden sind Gegenstand des sechsten Buchs der *Nikomachischen Ethik*, die ethischen Tugenden werden in den Büchern II-V thematisiert. In der Literatur gilt es als umstritten, ob das Glück des Menschen gleichermaßen die Aktivität des rationalen Seelenteils gemäß den dianoetischen Tugenden *und* die Aktivität des rationalen Seelenteils gemäß den ethischen Tugenden umfasst. Idealtypische lassen sich in dieser Debatte zwei Autorenlager auseinanderhalten: Vertreter der „dominanten" Lesart behaupten, dass das menschliche Glück allein in dem intrinsischen Gut der philosophischen Kontemplation (*sophia*) bestehe – dieses somit unter den intrinisch wertvollen Gütern „dominant" ist (Cooper 1975, 155–180); Vertreter der „inklusiven" Lesart behaupten hingegen, dass das menschliche Glück aus mehreren gleichgeordneten intrinsischen Gütern bestehe, nämlich zumindest das Tätigsein gemäß den ethischen *und* dianotischen Tugenden umfasst (Ackrill 1980, Hardie 1967). Für eine einleitende Diskussion dieser beiden Glückskonzeptionen s. Kraut 1989, Kap. 1.
[96] Wer ein bloßes Genussleben führt, so Aristoteles in seiner Kritik, bekundet einen „knechtischen Sinn" und wählt das „Leben von Mastvieh" (NE I.3, 1095b19–22). In diesem Punkt kommt er Platons Kritik an einer hedonistischen Lebensweise, wie wir sie exemplarisch in Sokrates' Auseinandersetzung mit Kallikes im *Gorgias* vorgeführt bekommen, sehr nahe.

Freundschaft und eine angemessene soziale Stellung haben (NE I.9, 1099b2–8; vgl. I.3, 1095b33–1096a2; X.9, 1278b33–35; Pol. VII.13, 1332a19–21).[97]

Insofern es zur gelingenden Entfaltung der menschlichen Vernunftnatur einer Vielzahl von Gütern und sozialer Bedingungen bedarf, die nicht immer in der unmittelbaren Selbstverfügung des Einzelnen liegen, gilt Aristoteles das menschliche Glück als zerbrechlich.[98] Die aristotelische Einsicht in die Fragilität des menschlichen Glücks trifft dabei nicht nur auf die seelischen Güter zu, da der Erwerb der Tugenden der richtigen Gewöhnung und Unterweisung bedarf, sondern ebenso auf die körperlichen und äußeren Güter. Auch diese kann der Einzelne nicht als Solitär erlangen, sondern ist für sie auf die Kooperation mit seinen Mitmenschen angewiesen. Das Wissen um die soziale Bedingtheit des menschlichen Glücks führt Aristoteles zu seiner politisch-philosophischen Grundüberzeugung, dass der Mensch mithin nicht sich selbst zu überlassen ist, sondern der staatlichen Fürsorge bedarf, die allein die Voraussetzungen des individuellen Gedeihens dauerhaft und umfassend sicherzustellen in der Lage ist: Das Glück des Einzelnen erfordert eine gut eingerichtete Polis, die ihn mit ausreichender Nahrung versorgt, ihm Sicherheit gewährt, die ihm für den Erwerb der Tugenden eine angemessene Erziehung zuteilwerden lässt, in der Freundschaften gedeihen und viele weitere intrinsisch wertvolle Tätigkeiten gelebt werden können. Es ist die

---

97 Zur Dreiteilung der Güter in äußere, körperliche und seelische vgl. Pol. VII.1, 1323a24–27: „Sicherlich wird keiner gegen jene Aufgliederung in drei Teile etwas einzuwenden haben, die äußeren Güter, die körperlichen und die seelischen, und bestreiten, dass der Glückselige alle diese besitzen müsse." Selbst ein so tugendhafter Mann wie Priamos könne aufgrund der Widerfahrnisse während der Belagerung und nach der Eroberung seiner Heimatpolis durch die Achaier – des Verlustes seiner sozialen Stellung, seines Wohlstands, seiner Ehre und der von ihm geliebten Personen – nicht mehr vollkommen glücklich genannt werden (NE I.10, 1100a5–9; vgl. I.8, 1098b12–18; I.11, 1100b7–11, 1100b22–33; Rhet. I.6, 1362b10–28). Zur Relevanz der äußeren Güter bei Aristoteles s. Cooper 1985.
98 So Martha Nussbaum in *The Fragility of Goodness*: Nussbaums Interpretation zufolge klagt Aristoteles mit seiner Glückstheorie die Wahrheit der griechischen Tragödie von der Bedürftigkeit der menschlichen Natur und der Zerbrechlichkeit des menschlichen Glücks gegenüber dem sokratisch-platonischen Intellektualismus ein (Nussbaum 2001, 235 ff.). Die Bedeutung der äußeren und körperlichen Güter für die aristotelische Glückslehre wird bereits von Diogenes Laertios eigens herausgestellt: „Die Eudämonie bestimmte er [Aristoteles] als Totalität aus drei Gütern: aus den seelischen, die er wegen der Bedeutung zuerst nennt, den körperlichen wie Gesundheit, Kraft, Schönheit usw. und den äußeren wie Reichtum, Adel, Ruhm etc. Tugend allein sei nicht zureichend für die Eudämonie, sondern habe auch die Vorzüge des Körpers und der äußeren Güter nötig, so daß auch der Weise, wenn er Qualen, Armut usw. erleidet, unglücklich ist. Das Laster hingegen ist zureichend für das Unglück, auch wenn die äußeren und körperlichen Vorzüge noch so reichlich vorhanden sind" (Diogenes Laertios V.30).

Einsicht in diese soziale, politische Bedingtheit des menschlichen Glücks, die das systematische Gelenk zwischen Ethik und Politik bei Aristoteles abgibt.

2.3 Aristoteles' politischer Perfektionismus

Dass der Staat für das Glück seiner Bürger in Form ihrer rationalen Selbstentfaltung eine zentrale und aktive Rolle spielt, bildet einen der Grundgedanken Aristoteles' politischer Philosophie.[99] Denn nach Aristoteles' politischer Anthropologie ist dem Menschen eine angemessene Entwicklung seiner Vernunftnatur nicht als Solitär, sondern nur in Gemeinschaft möglich. So ist für Aristoteles der Hausstand (*oikia*) die natürliche Gemeinschaft, in der die elementaren materiellen Reproduktionsbedingungen des Menschen besorgt werden und sein Überleben (*zên*) sichergestellt wird (vgl. Pol. I.2): In der häuslichen Subgemeinschaft von Herr und Sklave wird für die materiellen Reproduktionsbedingungen des Menschen gesorgt, in der von Mann und Frau (Ehe) durch Fortpflanzung für die Arterhaltung. Um gut zu leben (*eu zên*) bedarf der Mensch jedoch insbesondere der höchsten menschlichen Gemeinschaftsform, der Polis (*polis*). Denn nur die Polis stellt den für das menschliche Wohlergehen notwendigen institutionellen Rahmen und die zu ihm notwendigen Güter dauerhaft bereit. Hierzu gehören ein hinreichendes Maß an Sicherheit der Bürger gegenüber Angriffen von Fremden wie auch eine angemessene materielle Ausstattung, insofern wir ein allzu karges Leben nicht als gut und gelingend bezeichnen würden. Vor allem aber gehört nach Aristoteles zu den für das gute Leben notwendigen Gütern, die nur in der Polis bereitgestellt werden, ein öffentliches Ausbildungs- und Erziehungswesen (*paideia*),[100] das für die angemessene rationale Selbstentfaltung der Bürger, den Erwerb der seelischen Tugenden, den höchsten menschlichen Gütern, von zentraler Bedeutung ist.

Diese glücksfunktionale Bestimmung des Staates wird von Aristoteles in einer Vielzahl von Stellen in seinen praktisch-philosophischen Schriften hervorgehoben. Besonders prägnant sind diesbezüglich das Eingangskapitel zu Aristoteles' Theorie der besten Verfassung in Pol. VII–VIII (Pol. VII.1) und der sogenannte „Übergang von der Ethik zur Politik" (NE X.10). Pol. VII.1 betont dabei insbe-

---

[99] Dass der Mensch in seinem Streben nach Glück auf die Institution der Polis angewiesen ist, unterscheidet Aristoteles' politische Philosophie von der im Hellenismus vorherrschenden, stoischen Auffassung, dass das menschliche Glück durch richtige Selbstkonditionierung vollständig verfügbar sei (vgl. Nussbaum 1999b, 114 f.).
[100] Zu Aristoteles' Theorie der *paideia* in der besten Polis vgl. bes. Pol. VIII.

sondere den engen systematischen Konnex von gutem Leben und staatlicher Verfassung:[101]

> Wer die beste Verfassung (*politeias aristês*) angemessen erforschen will, muss zuvor bestimmen, welches das wünschbarste Leben (*hairetôtatos bios*) sei. Solange dies unbekannt ist, wird es zwangsläufig auch unbekannt bleiben, welches die beste Verfassung ist. Denn jene, die mit den ihnen gegebenen Mitteln nach der besten Verfassung leben, werden sich auch selbst im besten Zustande befinden, falls nicht einen widersinnige Lage vorliegt. (Pol. VII.1, 1323a14–21)

Das Schlusskapitel der *Nikomachischen Ethik* stellt ergänzend die Bedeutung der Erziehungsleistung der Gesetze (*nomoi*) beim Tugenderwerb heraus.[102] Wenn somit Aristoteles behauptet, dass es das Ziel des Gesetzgebers sei, die Bürger gut zu machen (NE I.13, 1102a7 ff.; II.1, 1103b2–6; Pol. VII.14, 1333a11–16), dann ist dies dahingehend zu verstehen, dass der Mensch erst in der Polis und ihren Institutionen seine Wesensnatur zur guten und vollständigen Entfaltung zu bringen vermag. Aristoteles' politisches Denken ist somit in dem oben skizzierten Sinn als perfektionistisch zu beschreiben, bzw. kann aufgrund seiner glücksfunktionalen Staatsauffassung auch als politischer Eudaimonismus bezeichnet werden.[103]

Bereits unmittelbar zu Beginn der *Nikomachischen Ethik* stellt Aristoteles diesen engen systematischen Konnex von Ethik und Politik heraus, indem er behauptet, dass die anstehende Untersuchung über das Glück (*eudaimonia*) und das gute Leben (*eu zên*) als das für den Menschen oberste Gut (*ariston*) Gegenstand der

---

101 Schütrumpf betont mit Blick auf Pol. VII–VIII hingegen stärker „die Eigenständigkeit der politischen Untersuchung" von der Ethik: Ihm zufolge ist Pol. VII–VIII eine Untersuchung über das beste Leben des Kollektivsubjekts Polis (*bios poleôs*), die gegenüber der Frage nach dem besten Leben des Einzelnen in den *Ethiken* weitgehend autonom ist (vgl. hierzu Schürtumpf IV, 75–82).
102 Vgl. bes. NE X.10, 1179b31–1180a10. Auch wenn Aristoteles am Ende dieses Kapitels die Erziehungsleistung des Staates dadurch relativiert, dass er sie durch die private Fürsorge ergänzt bzw. ersetzt wissen will, liegt dies nicht daran, dass er die Erziehung der Bürger zu den Tugenden nicht für die orginäre und vorrangige Aufgabe des Staates erachtet. Vielmehr ist diese Revision als eine Art Konzession an die Wirklichkeit zu verstehen, insofern die meisten Staaten dieser Aufgabe nicht nachkommen und dieses öffentliche Defizit daher privat kompensiert werden muss. Vgl. hierzu auch das Eingangskapitel der *Nikomachischen Ethik*, in dem die werthaften (*kala*) und gerechten Dinge (*dikaia*) als Gegenstand der politischen Wissenschaft (*politikê*) definiert werden (1094b14f.). Zur Erziehungsleistung des Staates vgl. auch Platon Leg. II.
103 Zur perfektionistischen bzw. eudaimonistischen Konzeption von Aristoteles' politischer Philosophie vgl. ferner Pol. I.2, 1252b30 ff; III.6, 1278b20–24; III.9, 1280a34–1280b4, 1280b14–35; IV.11, 1295a36f.; VII.1, 1323b40–1324a1; VII.8, 1328a37f.; VII.13, 1332a 9f.; VII.14, 1333a29f.; VII.15, 1334b15–17; VIII.1, 1337a11–27; EN X.7, 1177b33f.

politischen Wissenschaft (*politikê*) ist (NE I.1, 1094a26–28; vgl. 1094b10 f.). In beiden Disziplinen geht es um das Glück des Menschen – eine Identität des Erkenntnisgegenstands, die von Aristoteles eigens in der *Nikomachischen Ethik* wie auch in der *Politik* hervorgehoben wird (NE I.1, 1094b7 f.; Pol. VII.2, 1325a7 ff.). Ethik und Politik sind bei Aristoteles aber auch deshalb systematisch eng miteinander verknüpft, weil es in der Praktischen Philosophie anders als in den theoretischen Wissensdisziplinen der Naturphilosophie, Mathematik und Metaphysik nicht nur um die bloße theoretische Durchdringung des Gegenstandsbereiches, hier der menschlichen Praxis, geht, sondern weil sie die Verbesserung der menschlichen Praxis selbst zur Aufgabe hat: Ziel (*telos*) ethischer Reflexion bildet letztlich das Handeln (*praxis*), nicht die bloße Erkenntnis (*gnôsis*) (NE I.1, 1095a5 f.; vgl. I.1, 1094a22–26; II.2, 1103b26 f.; X.10, 1179a35–b4). Wir betreiben also Praktische Philosophie nicht nur um eines theoretischen Erkenntnisinteresses willen, sondern vor allem, um unser Handeln selbst zu verbessern und „gute Menschen" (*agathoi*) zu werden (NE II.2, 1103b26–29; vgl. X.10, 1179a33–b3).[104] Deshalb ist es notwendig, von der Ethik zur politischen Wissenschaft überzugehen. Während die Ethik bei Aristoteles als philosophische Grundlegung einer Theorie des guten Lebens fungiert, reflektiert die Politik die institutionellen und sozialen Bedingungen, die dazu notwendig sind, den Bürgern das gute Leben zu ermöglichen (vgl. Mulgan 1977, 11; Schütrumpf I, 80; Kraut 2002, 4, 20 f.; Höffe 1996, bes. 55 f.; 1999, 193–196).[105] Für Aristoteles bilden Ethik und Politik daher die beiden komplementären Teildiszi-

---

[104] Diese Konzeption von Praktischer Philosophie bzw. Politik, nach der politisches Tätigsein das Ziel hat, Menschen durch Erziehung besser zu machen, bildet, wie Schütrumpf herausstellt (I, 78–80), den Hintergrund für die Selbstbeschreibung des Sokrates als einzig wahren Staatsmann im *Gorgias* (Gorg. 521d). Schütrumpf weist deshalb darauf hin, dass Aristoteles' Auffassung des Ziels Praktischer Philosophie in einem Gegensatz zu vielen modernen Konzeptionen der Moralphilosophie stehe, etwa im Gegensatz zu der von G. E. Moore, der zufolge die Aufgabe der Ethik ausschließlich das Wissen und nicht die Praxis ist. Zum praktischen Charakter der antiken eudaimonistischen Ethiken s. Horn 1998.

[105] Nach Eric Voegelin zeigt sich die Ausdifferenzierung der Praktischen Philosophie in die beiden Subdisziplinen der Ethik und Politik bei Aristoteles im Wesentlichen historisch motiviert. Sie sei eine Reaktion auf die Tatsache, dass das platonische Ordnungsideal in seiner Verwirklichung auf immense äußere Widerstände gestoßen sei. Aristoteles habe erkannt, dass die geistige Erneuerung Griechenlands, die Platon angestrebt habe, unter den gegebenen historischen Bedingungen nicht umsetzbar sei. Deshalb habe er für die wenigen edlen Naturen in den *Ethiken* sein in der platonischen Tradition stehendes Ideal des *spoudaios* unabhängig von dessen konkreten politischen Realisierungsbedingungen formuliert, während er mit der *Politik* eine nomothetische Wissenschaft geschaffen habe, welche die institutionellen Bedingungen benenne, um sowohl diejenigen, die prinzipiell erziehbar sind, zu einer entsprechenden Lebensführung zu bringen als auch die große Menge an nichterziehbaren Menschen zu bändigen (Voegelin 2001, 51 f.).

plinen einer übergreifenden „Philosophie der menschlichen Angelegenheiten" (*peri ta anthrôpeia philosophia*: NE X.10, 1181b15).[106]

Dass Aristoteles' politisches Denken der *Politik* im Wesentlichen perfektionistisch ist, wurde von Interpreten – insbesondere unter Verweis auf die „empirischen" Bücher Pol. IV–VI[107] – jedoch gelegentlich in Zweifel gezogen. In jüngerer Zeit ist diese anti-perfektionistische Lesart in besonders prominenter Weise von Eckart Schütrumpf vertreten worden. Schütrumpf bemüht sich in seinen Arbeiten zur *Politik* unter anderem darum, die aristotelische politische Wissenschaft als eine in großen Teilen von ethischen Überlegungen weitgehend unabhängige Theoriedisziplin zu verstehen. So weist er darauf hin, dass eine perfektionistische Programmatik lediglich in den Büchern VII und VIII über den besten Staat in der *Politik* zum Tragen komme (Schütrumpf I, 80–102). In den Büchern III–VI hingegen trete die ethische Orientierung am Ideal des guten menschlichen Lebens weitgehend hinter realpolitische und stabilitätstheoretische Überlegungen zurück. Insbesondere in den Büchern V und VI stünden die Mittel zur Erhaltung einer konkreten Verfassung im Fokus der aristotelischen Überlegungen, während sittliche Überlegungen kaum eine Rolle spielten. Eine Relativierung des perfektionistischen Anspruchs von Aristoteles' politischer Theorie, wie sie in der *Politik* ausgeführt ist, sieht Schütrumpf auch in der Programmskizze einer politischen Wissenschaft in Pol. IV.1, insofern die Diskussion des besten Staates hier nur noch einen Teil einer umfassenden politischen Theorie ausmache. Schütrumpf glaubt daher – unter Berufung auf Newman (II, 397–400) –, dass der Anspruch auf eine öffentliche Erziehung, die sich an dem in den *Ethiken* entwickelten Ideal des guten menschlichen Lebens orientiert, von der politischen Theorie der *Politik* selbst nicht eingelöst werde. Alles, was in der *Politik* erfordert werde, sei lediglich die Erziehung der Polisbewohner auf die bestehende Verfassung hin, nicht auf das von Aristoteles vertretene Ideal des guten Lebens selbst (Schütrumpf I, 80–93). Bisweilen geht Schütrumpf sogar soweit, dass er der politischen Theorie der *Politik*

---

106 Aristoteles' Annahme, dass das Individuum in seiner Vorstellung vom Guten durch die Gemeinschaft, in der es lebt, angeleitet werden kann und wird, wurde von den sogenannten Kommunitaristen in den 80er und 90er Jahren des 20. Jahrhunderts aufgegriffen und zum Ausgangspunkt ihrer Kritik an den liberalen Theorien gemacht, die von der Vorstellung eines für sich autonomen Individuums ausgehen (vgl. etwa MacIntyre 1990 u. 1995; Taylor 1985a, 189 f.). Gegen die Vereinnahmung Aristoteles' durch die Kommunitaristen argumentiert Rapp 1997.
107 Bereits Jaeger kennzeichnet die Buchfolge Pol. IV–VI als den „empirische[n] Teil" der Politik (Jaeger 1955, 282).

jegliche ethische Dimension, d. h. eine auf das gute Leben der Bürger hinzielende, erzieherische Tätigkeit des Staates, abspricht.[108]

Schütrumpfs Beobachtungen, die gegen eine perfektionistische Grundausrichtung des aristotelischen Denkens zu sprechen scheinen, sind klarerweise nicht von der Hand zu weisen. Meines Erachtens sind jedoch die Schlussfolgerungen, die Schütrumpf mit Blick auf die ethische Einbettung der Politik bei Aristoteles zieht, zu stark. Denn auch jenseits von Pol. VII und VIII gibt es eine Vielzahl von Stellen in der *Politik*, die eine perfektionistische Ausrichtung des aristotelischen Denkens klar erkennen lassen:[109] In Pol. I.2 nennt Aristoteles den Gesetzgeber den „Schöpfer größter Güter" (1253a31) und betont, dass die Polis nicht um des bloßen Lebens, sondern um des guten Lebens willen existiere (1252b27–30). Auch in Pol. II.5, 1264b15–24, greift Aristoteles in seiner Kritik am platonischen Idealstaat der *Politeia* an prominenter Stelle auf eine glücksfunktionale Staatszielbestimmung zurück. Gleiches gilt für seine Kritik am kontraktualistischen Staatsverständnis des Lykophron in Pol. III.9, die darauf abzielt darzulegen, dass die Polis mehr ist als eine bloße Gemeinschaft zum wechselseitigen Warenaustausch und militärischen Beistand. Auch hier beruft sich Aristoteles auf seine Konzeption der Polis als Gemeinschaft, die um des guten Lebens (*eu zên*: 1280a31f., 1280b33) und des Glücks (*eudaimonia*: 1280a32) der Bürger willen besteht, und schlussfolgert, dass sich die Polis mithin um die Tugenden der Bürger zu sorgen habe. Dass das Zusammenleben in der Polis das gute Leben der Bürger zum Ziel hat und es mithin Aufgabe des Staates ist, sich um ihre Tugend zu sorgen, ergibt sich auch aus der Kennzeichnung des Königtums und der Aristokratie, also derjenigen Verfassungsformen, die „auf die Tugend hin" (*kat' aretên*: 1289a33) bestehen, als „beste Verfassung" (*aristê politeia*: 1289a32) in Pol. IV.2. Im selben Kapitel nennt Aristoteles die beste Verfassung auch die „göttlichste" (*theiotatê*: Pol. IV.2, 1289a40), was – analog zu NE I.1, 1094b7–10, wo er die Leistung der politischen Wissenschaft als „größer", „vollendeter", „schöner" und eben auch „göttlicher" beschreibt, insofern sie nicht nur auf das *Glück* eines Einzelnen, sondern auf die Beförderung des *Glücks* eines jeden einzelnen Bürgers zielt – so verstanden werden kann, dass er auch in Pol. IV.2 an seine eudaimonistische Bestimmung der Politik anknüpft. Diese und weitere Textstellen sprechen meiner Ansicht nach eindeutig für die Annahme, dass Aristoteles die ethische Orientierung seines

---

108 „Nach den Äußerungen 1180a24ff. mußte entweder die politike als ethische Erziehungslehre auf wissenschaftlicher Grundlage [...] auf eine Anwendung im Privatleben außerhalb des Staates eingeschränkt sein oder, wenn Aristoteles doch eine politische Theorie für die existierenden Staaten geben wollte, dann unter Verzicht auf die ethische Zielsetzung. Diese zweite Alternative wählt Aristoteles" (Schütrumpf I, 90; vgl. insgesamt I, 88–93).
109 Vgl. hierzu auch oben Anm. 103.

politischen Denkens in der *Politik* grundsätzlich nie aufgegeben hat. Wenn in den Büchern IV–VI dennoch ethische Überlegungen scheinbar zurücktreten, dann deshalb, weil es Gesetzgeber und Politiker in der Realität oft mit nichtidealen Bedingungen zu tun haben, die nur eine graduelle Annäherung an das volle ethische Potential der Polis erlauben. Aber auch die Untersuchung über das Zusammenleben in der Polis unter nichtidealen Bedingungen gehört – wie Aristoteles in seiner Programmskizze der politischen Wissenschaft in Pol. IV.1 betont – zu den originären Aufgaben politikwissenschaftlicher Forschung. Das volle sittliche und mithin glücksfunktionale Potential der Polis kann zwar nicht immer erreicht werden, bleibt jedoch als normativer Orientierungspunkt über die gesamte *Politik* hin erhalten. Auch in den mittleren Büchern vertritt Aristoteles keine Konzeption von Politik, die „unter Verzicht auf eine ethische Zielsetzung" (Schütrumpf I, 90) betrieben wird.

Indem Aristoteles die richtige Einrichtung der Polis und ihrer Verfassung an seine Lehre vom guten menschlichen Leben rückbindet, setzt er sich in markanter Weise von liberalen Theorieansätzen in der politischen Philosophie ab. Denn die Demarkationslinie zwischen den Theoriefamilien des politischen Liberalismus und Perfektionismus verläuft exakt entlang der Frage, ob und wenn ja, inwieweit eine politische Theorie bzw. die durch sie formulierten Rechtsprinzipien Anleihen bei einer substantiellen Theorie des Guten machen darf. Im Gegensatz zum Perfektionismus vertreten liberale Theoretiker in dieser Frage eine stark deflationäre Position. Ihrer Auffassung zufolge bedürften die Rechtsgrundsätze weder der Grundlegung in einer substantiellen Konzeption des Guten, noch erweise eine solche Grundlegung sich als wünschenswert. Die liberale Skepsis, politische Normen unter Rekurs auf eine starke Konzeption des Guten zu rechtfertigen, hat freilich ihren guten Grund: Liberale Theoriebildungen wollen der Tatsache des Vorhandenseins einer Vielzahl miteinander unvereinbarer, jedoch gleichermaßen vernünftiger religiöser, moralischer und philosophischer Theorien des guten Lebens („Faktum eines vernünftigen Pluralismus") gerecht werden. Bedeutenden Theoretikern der politischen Philosophie des 20. Jahrhunderts zufolge sind moderne Gesellschaften exakt in diesem Sinne als hochgradig pluralistisch zu bezeichnen (vgl. etwa Rawls 1998, 12–17; Berlin 2006a, 197 f.).[110] Deshalb stellen Liberale die durch sie formulierten ordnungspolitischen Grundsätze unter ein Neutralitätsgebot (*principle of neutrality*).[111] Sie verpflichten somit den Staat darauf, sich inhaltlich gegenüber dem Glücksstreben seiner Bürger neutral zu

---

110 Vgl. auch Wall, der diesbezüglich von einer „doctrine of value pluralism" spricht (Wall 2006, 18).
111 Das Neutralitätsprinzip hat sehr unterschiedliche Formulierungen erfahren (vgl. hierzu Pauer-Studer 2001, 175 f. Wall 2006, Kap. 2).

verhalten und sich stattdessen auf die bloße äußere Koordinierung des individuellen Glücksstrebens der Bürger zu konzentrieren, was Rawls dazu veranlasst, in einer pointierten Formulierung von der Priorität des Rechten vor dem Guten (*priority of the right over the good*) als definitorischem Merkmal liberaler Theoriebildungen zu sprechen (Rawls 2003, 42f.; 2003a, 218–220).[112] Glaubt man dem politischen Liberalismus, so kann eine politische Theorie der pluralistischen Verfasstheit von Gesellschaften also nur dadurch gerecht werden, dass bei der Formulierung von Rechtsprinzipien auf *keine* der miteinander konkurrierenden Konzeptionen des guten Lebens zurückgegriffen wird.[113]

In ihrer Argumentation gegen das liberale Neutralitätsprinzip bedienen sich zeitgenössische perfektionistische Theoretiker dabei in aller Regel einer der folgenden Strategien:[114] (i) Sie versuchen aufzuzeigen, dass auch liberalen Theorien immer schon spezifische Annahmen über das gute Leben zugrunde liegen, auch wenn diese nicht explizit ausgewiesen werden.[115] So müssten immer schon Ent-

---

112 Vgl. hierzu auch Sandels Definition der deontologischen Theoriefamilie des Liberalismus: „'Deontological liberalism' is above all a theory about justice, and in particular about the primacy of justice among moral and political ideals. Its core thesis can be stated as follows: society, being composed of a plurality of persons, each with his own aims, interests, and conceptions of the good, is best arranged when it is governed by principles that do not themselves presuppose any particular conception of the good; what justifies these regulative principles above all is not that they maximize the social welfare or otherwise promote the good, but rather that they conform to the concept of right, a moral category given prior to the good and independent of it" (Sandel 1982, 1).
113 Die Ablehnung des liberalen Neutralitätsprinzips darf nach Wall nicht *per se* damit gleichgesetzt werden, dass perfektionistische Theorien nicht dem Faktum eines vernünftigen Pluralismus gerecht werden können. So unterscheidet Wall zwischen ‚universalen' und ‚parochialen' Formen des Perfektionismus (Wall 2006, 19–21): Der universelle Perfektionismus geht von einem einzigen vernünftigen Ideal des guten Lebens aus, der parochiale Perfektionismus erkennt hingegen die Existenz einer Pluralität umfassender Lehren des guten Lebens in verschiedenen Gemeinschaften an. Der parochiale Perfektionismus rechtfertigt damit politisches Handeln nicht unter Rekurs auf ein universales Ideal menschlichen Wohlergehens, sondern durch eines, das durch bestimmte historische und soziale Entwicklungen in einer politischen Gemeinschaft vorherrschend ist (ohne auszuschließen, dass in anderen Gemeinschaften andere Ideale, die als genauso vernünftig gelten können, dominieren).
114 Vgl. hierzu Wall 2006, 13, und Horn 2003a, 221–228.
115 Vgl. hierzu etwa Collins: „In fact, critics also observe, the very claim that the law and justice are universal and neutral obscures the connection between the principles of the liberal order and the vision of the human good that informs it. For undergirding liberal justice, and reflected in the ends it promotes, are distinctively liberal judgments about the good: In presupposing that rights are prior to duties, for example, liberal justice assumes that the individual is of higher dignity or sanctity than the community; in preferring open markets to sumptuary laws, it judges free exchange and prosperity to be superior to cultural and religious habits that

scheidungen darüber getroffen werden, welche Güter vom Staat überhaupt geschützt und verteilt werden sollten. Die Erfüllung der distributiven Aufgabe des Staates sei deshalb ohne perfektionistische Annahmen über das guten Leben nicht vorstellbar (vgl. hierzu auch Nussbaum 1999a, bes. 36; 1999b, 92–94). (ii) Eine schwächere Variante dieses Einwands besagt, dass eine ‚neutrale' normative Theorie des Politischen zwar prinzipiell möglich sei, diese aber stark unterbestimmt bleibe. So sind bspw. nach Joseph Raz liberale Theorien zum Zwecke einer inhaltlich gehaltvollen Formulierung des Schadensprinzips (*harm principle*) gezwungen, Anleihen an perfektionistischen Prämissen zu tätigen. Man müsse bereits perfektionistische Annahmen über das Wohlergehen einer Person getroffen haben, um über Fälle der Schädigung, die ein staatliches Eingreifen moralisch erfordern, bestimmen zu können und so das Schadensprinzip real wirksam werden zu lassen. Andernfalls bleibe das Schadensprinzip ein rein formales Prinzip, welches zu keiner praktischen Konklusion führe (Raz 1986, 412–420; vgl. Horn 2003a, 221).[116] (iii) Schließlich kann darauf hingewiesen werden, dass in Gesellschaften ein Nebeneinander von verschiedenen umfassenden Lehren des guten Lebens nur innerhalb eines allgemeinen Grundkonsenses möglich sei.[117]

---

may impede them; in insisting that there can be no taxation without representation, it identifies individual labor and the enjoyments of its fruits, as compared to need or membership in a certain community, as the true ground of property" (Collins 2006, 15; vgl. 25). Zu den perfektionistischen Hintergrundannahmen in Rawls' Gerechtigkeitskonzeption vgl. auch Horn 2003a, 221–225.

[116] Gegen Raz' perfektionistische Lesart des Schadensprinzips wendet Pauer-Studer ein, dass die Verankerung in einer Theorie des Guten *per se* noch kein Indiz dafür sei, dass es sich um perfektionistische Annahmen handle. Der Perfektionismus komme vielmehr erst dort ins Spiel, wo man sich auf einen starken moralischen Essentialismus und das Perfektionsprinzip berufe (Pauer-Studer 2001, 185 Anm. 34).

[117] So hat Rawls in *Political Liberalism* seine Position aus *A Theory of Justice* dahingehend überarbeitet, dass die Rechtsprinzipien zwar nach wie vor unter Verzicht der Privilegierung einer *bestimmten* umfassenden Konzeption des guten Lebens zu formulieren sind, diese sich jedoch durch einen eigenständigen Bereich an normativen Ideen informiert zeigen. Dieser Bereich, der Bereich des Politischen, ist Gegenstand eines übergreifenden Konsenses (*overlapping consensus*) unter den Bürgern, so dass die ihn konstituierenden normativen Ideen von allen Bürgern, gleichwohl welcher umfassenden Lehre sie sich verpflichtet glauben, anerkannt und unterstützt werden können (s. Rawls 1998, Vorlesung IV). Vgl. hierzu auch das sogenannte Böckenförde-Diktum: Während absolutistische Staaten mittels des staatlichen Gewaltmonopols selbst für die Vorraussetzungen ihrer Herrschaft sorgen können, indem sie die Bürger ihnen gegenüber zur Loyalität zwingen, leben liberale Rechtsstaaten von der „moralischen Substanz" der demokratisch-freiheitlichen Gesinnung ihrer Bürger, die sie jedoch selbst nicht mehr auf rechtsstaatlich-freiheitlichem Wege sicherstellen können (Böckenförde 1976, 60). Vgl. zur notwendigen moralischen Substanz der Bürger in liberalen Gesellschaften auch Sternbergers Begriff der ‚freien Sitte' (Sternberger 1946, 24).

Der Liberalismus setze daher einen gemeinsamen Kern der unterschiedlichen Vorstellungen des Guten bei den Bürgern voraus. William Galston spricht etwa von der Theorie des rationalen Humanismus (*theory of rationalist humanism*), die dem Liberalismus in der Nachfolge der Aufklärung als Theorie des Guten zugrunde liege (Galston 1998, 258).[118] Zudem sei es notwendig, dass auch der liberale Staat seine Bürger zu bestimmten Tugenden wie Toleranz und einem wohl ausgebildeten Gerechtigkeitssinn erziehe, ohne die pluralistische Gesellschaften nicht funktionieren würden. Auch der Liberalismus ist somit weit davon entfernt, sich gegenüber den verschiedenen Auffassungen vom Guten und der moralischen Erziehung der Bürger neutral zu verhalten und besitzt in Wahrheit eine transformative und erzieherische Kraft (vgl. ebd.).[119]

Damit verliert das Neutralitätsprinzip als Demarkationslinie zwischen politischem Liberalismus und Perfektionismus freilich an Trennschärfe. Pointiert gesprochen, handelt es sich bei diesen zeitgenössischen Formen des Liberalismus selbst um perfektionistische Theorieansätze. Dabei grenzt sich der politische Liberalismus von den ‚klassischen' oder ‚starken' perfektionistischen Theorieformen dadurch ab, dass den von ihm formulierten Gerechtigkeitsgrundsätzen lediglich ein „Minimalgehalt[] politischer Moral" zugrunde liegt, während diese „jenseits" einer Minimalmoral mit stärkeren moralischen Annahmen operieren (Pauer-Studer 2000, 206) – nämlich auch mit solchen, bei denen es sich um kontroverse, d.h. nicht allgemein geteilte Vorstellungen des Guten handelt (Wall 2006, 14). Damit aber zeigt sich, dass der politische Perfektionismus unter begründungstheoretischen Aspekten einen ernstzunehmenden Ansatz innerhalb des Spektrums der politischen Theorien darstellt. Perfektionistische Theorien – und damit auch der politische Perfektionismus des Aristoteles – sind durch ihre Zurückweisung des liberalen Neutralitätsprinzips nicht *per se* diskreditiert.

2.4 Rechtliche Ungleichstellung

Es kann nicht verwundern, dass die Oppositionsstellung zum Liberalismus, dem in der politischen Philosophie der Gegenwart dominanten normativen Paradigma,

---

118 Vgl. hierzu auch Pauer-Studer 2001, 179: „If we take it to mean that a political philosophy should be based on certain moral foundations that support policies that seeks to improve the lives of the members of society, then political liberalism fulfills this condition. [...] Liberals have a vision of a good society and to attribute to them the view that they are indifferent to varying conceptions of the good and to the various outcomes of policies is unfair."
119 Zur Bedeutung liberaler Tugenden und einer liberalen Erziehung vgl. etwa Galston 1998; Pauer-Studer 2001; Rawls 2003a, 241–243; Collins 2006, 15f., 19–41.

zu einer Vielzahl von Einwänden gegenüber den perfektionistischen Theorieansätzen geführt hat. Im vorliegenden Untersuchungskontext ist besonders der von liberaler Seite geäußerte Vorwurf von Bedeutung, nach dem perfektionistische Theoriebildungen wie die des Aristoteles aufgrund ihrer teleologischen Struktur, d. h. der staatlichen Beförderung eines wie auch immer beschaffenen Vollkommenheitsideals, gegen das liberale Gleichheitsprinzip verstoßen.[120] Perfektionistische Theorien verletzten die für unser Rechtsdenken zentrale moralische Überzeugung, dass der Staat den Bürgerinnen und Bürgern unabhängig von den von ihnen verfolgten Lebensplänen „mit der gleichen Anteilnahme und dem gleichen Respekt" (*equal concern and respect*) zu begegnen habe. Die Theoriefamilie des politischen Perfektionismus setze sich damit über unser Rechtsverständnis hinweg, nach dem es sich beim Recht um Normen des Zusammenlebens von freien und gleichen Bürgern handele. Dieser Vorwurf gegen perfektionistische Ansätze im politischen Denken ist in jüngerer Zeit insbesondere von Ronald Dworkin mit Nachdruck formuliert worden:

> I presume that we all accept the following postulates of political morality. Government must treat those whom it governs with concern, that is, as human beings who are capable of forming and acting on intelligent conceptions of how their lives should be lived. Government must not only treat people with concern and respect, but with equal concern and respect. It must not distribute goods or opportunities unequally on the ground that some citizens are entitled to more because they are worthy of more concern. It must not constrain liberty on the ground that one citizen's conception of the good life of one group is nobler or superior to another's. These postulates, taken together, state what might be called the liberal conception of equality [...]. (Dworkin 1977, 272f.)

Dworkin warnt mithin davor, dass in perfektionistischen Rechtsgemeinschaften weniger perfektionierbare Menschen oder solche, deren Lebenspläne von dem staatlich zu befördernden Vollkommenheitsideal abweichen, Gefahr laufen, durch den Staat und seine Institutionen zugunsten der talentierten Individuen mit einem konformen Lebensplan benachteiligt zu werden. Selbst die einseitige Instrumentalisierung nicht perfektionierbarer Individuen bzw. die einseitige Instrumentalisierung von Individuen mit nicht-konformen Lebensplänen zugunsten der perfektionierbaren Individuen mit konformen Lebensplänen scheint nach perfektionistischem Rechtsdenken grundsätzlich möglich. Mit einer solchen rechtlichen Ungleichstellung der Bürgerinnen und Bürger habe man in perfektionistischen Gesellschaften vor allem für das realistische Szenario zu rechnen, dass in

---

[120] Zum Vorwurf der rechtlichen Ungleichstellung durch perfektionistische Theorien des Politischen vgl. Wall 2006, 15–17. Eine eingehende Diskussion dieses Vorwurfs findet sich in Hurka 1993, Kap. 12.

ihnen öffentliche Güter nicht unbegrenzt zur Verfügung stehen und somit zumindest teilweise kompetitiv sind.

Nehmen wir zur Illustration des Vorwurfs der rechtlichen Ungleichstellung der Bürgerinnen und Bürger in perfektionistischen Gesellschaften das Beispiel eines Elementarstaats S, der sich aus den drei Bürgern B_1, B_2 und B_3 konstituiert. S sei eine perfektionistisch organisierte Gemeinschaft, in der B_1, B_2 und B_3 um des guten Lebens willen, das in der Realisierung eines bestimmten menschlichen Vollkommenheitsideals V besteht, miteinander kooperieren. Nehmen wir weiter an, dass – wie Aristoteles' Theorie des guten Lebens es vorsieht – es zur Realisierung bzw. Annäherung an V bestimmter natürlicher Fähigkeiten, einer materiellen Mindestausstattung sowie der Muße bedarf, um die Fähigkeiten zu entwickeln, in deren Verwirklichung V besteht. B_3 erweise sich aufgrund seiner natürlichen Anlagen mit Blick auf V als besonders begabt, B_1 und B_2 als minder begabt. Ferner soll gelten, dass B_1, B_2 und B_3 zusammen gerade soviel öffentliche Ressourcen erwirtschaften und durch ihre Kooperation gerade soviel Muße hervorbringen, dass eine Gleichverteilung dieser Güter nur eine stark defizitäre Annäherung der drei an V zur Folge hätte, während die Konzentration derselben Güter auf B_3 (und nur auf B_3) eine nahezu vollständige Realisation von V in seiner Person ermöglichen würde. Eingriffe in die gleichen Rechte, Grundfreiheiten und Chancen von B_1 und B_2 scheinen in S mithin zulässig zu sein, weil die Konzentration dieser Güter auf B_3 in S zu einer größeren Gesamtrealisation von V in dessen Person (zusammen mit den nur minimalen Realisationsstufen von V in B_1 und B_2) führt als im Fall der Gleichverteilung. So gesehen müssten auch B_1 und B_2 als wenig talentierte Individuen Einsicht in die Richtigkeit des moralischen Gebots der Suspendierung ihrer Ansprüche und Rechte haben.

Der Vorwurf, dass perfektionistische Theorien aufgrund ihrer mit Blick auf ein menschliches Vollkommenheitsideal gesamtgesellschaftlich maximierend verfahrenden normativen Struktur die unserem Rechtsdenken inhärente Idee der Gleichstellung der Bürgerinnen und Bürger verletzen, scheint nach dem hier skizzierten Beispiel des Minimalstaats S nicht von der Hand zu weisen zu sein. Wahr ist auch, dass nicht wenige Theorieentwürfe in der Geschichte des politisch-perfektionistischen Denkens die von Dworkin erwähnten illiberalen und elitären Tendenzen mehr oder weniger stark besitzen. So beschreibt etwa Nietzsche – durchaus affirmativ – die antiken griechischen Stadtstaaten als Sklavenhaltergesellschaften, die ihre einzigartigen Leistungen auf den Gebieten der Kunst und Kultur der Unterdrückung der nicht talentierten Masse verdankten.[121] Das klas-

---

121 Bereits Constant hat die antiken Stadtstaaten als Sklavenhaltergesellschaften beschrieben

sische Griechentum habe die Versklavung der Menge der nur wenig künstlerisch und intellektuell begabten Individuen zum Zwecke der Existenz einiger weniger „olympische[r] Menschen" und „Genien" zu seiner sozio-kulturellen Grundlage: In diesen manifestiere sich der Zweck des Staates, jene seien nur das zu ihm notwendige Mittel. In der attischen Polis kämen Würde und Rechte daher nicht dem Menschen an sich zu, sondern nur dem, der am obersten Staatszweck und absoluten Wert, dem Leben jener „olympischen Menschen", teilhabe. Die Instrumentalisierung und Versklavung der Massen sei mithin der Preis, den eine Gesellschaft für die Blüte in Kunst und Kultur zu zahlen habe.[122]

> Demgemäß müssen wir uns dazu verstehen, als grausam klingende Wahrheit hinzustellen, daß zum Wesen einer Kultur das Sklaventhum gehöre: eine Wahrheit freilich, die über den absoluten Werth des Daseins keinen Zweifel übrig läßt. Sie ist der Geier, der dem prometheischen Förderer der Kultur an der Leber nagt. Das Elend der mühsam lebenden Menschen muß noch gesteigert werden, um einer geringen Anzahl olympischer Menschen die Produktion der Kunstwelt zu ermöglichen. Hier liegt der Quell jenes Ingrimms, den die Kommunisten und Socialisten und auch ihre blasseren Abkömmlinge, die weiße Race der ‚Liberalen' jeder Zeit gegen die Künste, aber auch gegen das klassische Alterthum genährt haben. (*Der griechische Staat*, Nietzsche 1988, 767 f.)

> Was aber hier an einem Beispiel [der antiken griechischen Polis] gezeigt ist, gilt im allgemeinsten Sinne: jeder Mensch, mit seiner gesamten Thätigkeit, hat nur soviel Würde, als er bewußt oder unbewußt, Werkzeug des Genius ist; woraus sofort die ethische Consequenz zu erschließen ist, daß der ‚Mensch an sich', der absolute Mensch, weder Würde noch Rechte, noch Pflichten besitzt: nur als völlig determiniertes, unbewußten Zwecken dienendes Wesen kann der Mensch seine Existenz entschuldigen. (*Der griechische Staat*, Nietzsche 1988, 776)

Liberalen wie Dworkin ist zweifelsohne darin zuzustimmen, dass perfektionistische Theorien wie die Nietzsches, die die Freiheiten, Rechte und Chancen der Bürger zu intersubjektiv verrechenbaren Einheiten zugunsten der maximalen Vervollkommnung einiger weniger olympischer Menschen herabsetzen, nicht unserer Vorstellung von einer legitimen politischen Herrschafts- und Rechtsordnung entsprechen, indem sie massiv gegen den Gleichheitsgrundsatz verstoßen. Damit heben sie die eine politische Gemeinschaft kennzeichnende irreduzible Pluralität von individuellen und nicht verrechenbaren Zielsystemen der Bürger auf, indem alle Menschen in einem einzigen Kalkül von der Warte eines „unparteiischen Beobachters" aus zusammengefasst werden (Rawls 2003, 45). Rechte und Pflichten werden demnach unter den Bürgern eines Staates mit dem Ziel der

---

und die soziale Institution des Sklaventums als konstitutiv für den antiken Politik- und Freiheitsbegriff erklärt (Constant 1972).
122 Steven Wall bezeichnet deshalb die von Nietzsche geprägte Variante des Perfektionismus als „superman version of perfectionism" (Wall 2007, 2.2; vgl. 2006, 16).

gesamtgesellschaftlichen Maximierung des Guten so verteilt, als ob es sich bei ihnen um verschiedene zeitliche Stadien ein und derselben Person handeln würde (Rawls 2003, 44, 46, 365): So, wie ich zur Maximierung meines eigenen Wohlergehens gegenwärtig Lasten auf mich nehmen und auf Güter verzichten kann, um später eine insgesamt größere Gütersumme zu erreichen, werden zum Zweck der größtmöglichen gesamtgesellschaftlichen Realisierung des zu befördernden Vollkommenheitsideals einigen Kooperationsteilnehmern mehr Lasten auferlegt bzw. weniger Güter zugesprochen als anderen. Es ist eben diese Verteilungsstruktur, die in S zur Suspendierung der grundlegenden Interessen von B_1 und B_2 zugunsten von B_3 führt. Strikt maximierend verfahrende perfektionistische Theorieansätze scheinen deshalb keine hinreichende Rechtfertigungsbasis für die Idee von den gleichen Rechten aller Bürger und den Schutz ihrer fundamentalen Interessen zu bieten, wie sie im Individualrechtsdenken Ausdruck finden. In ihnen laufen die bürgerlichen Freiheiten und Rechte scheinbar Gefahr, zum Zweck der größeren Gesamtrealisation des angestrebten Vollkommenheitsideals intersubjektiv verrechnet zu werden, womit dem moralischen Status der Bürgerinnen und Bürger als selbstzwecklichen Individuen, ihrer Würde, widersprochen wird.[123]

Man könnte nun glauben, dass diese Form von rechtlicher Ungleichstellung und Verletzung der individuellen Rechte der Bürgerinnen und Bürger am besten zu vermeiden sei, indem man ganz auf perfektionistische Annahmen über das gute Leben verzichtet. Wie wir jedoch gesehen haben (Kap. 2.3), gibt es gewichtige Gründe, weshalb eine politische Theoriebildung nicht ohne Annahmen über das gute Leben auskommen kann. Die rechtliche Gleichstellung der Bürger in S wird deshalb vielmehr davon abhängen, ob das in S zugrunde liegende Allokationsprinzip auch Fragen der gerechten Verteilung adäquat berücksichtigt oder ausschließlich mit Blick auf das Vollkommenheitsideal V gesamtgesellschaftlich maximierend verfährt. Tatsächlich gibt es jedoch keinen hinreichenden systematischen Grund, der erfordern würde, dass perfektionistische Theorien die rechtliche Gleichstellung der Bürgerinnen und Bürger nicht gewährleisten kön-

---

[123] „Die gleichen bürgerrechtlichen Freiheiten für alle sind in Gefahr, wenn sie auf teleologische Grundsätze aufgebaut werden" (Rawls 2003, 240). Vgl. hierzu Rawls' Kritik an dem teleologische Theoriebildungen definierenden Maximierungsprinzip (*principle of maximization*). Dieses gebe zwar für den Einzelnen eine durchaus vernünftige Entscheidungsregel ab, jedoch werde dessen naive Übertragung auf die staatliche Gemeinschaft nicht der spezifischen Natur des politischen Zusammenschlusses mehrerer Personen gerecht. Teleologische Theorien scheiterten letztlich an einem (wenn auch naheliegenden) transitorischen Fehlschluss, indem sie „die Grundsätze für eine Vereinigung von Menschen" als „Erweiterung des Entscheidungsprinzips für den einzelnen" ansehen, damit aber die „Verschiedenheit und Abgegrenztheit der Einzelmenschen" nicht ernstnehmen (Rawls 2003, 47 f.). Vgl. hierzu auch Rawls' Kritik am Utilitarismus (Rawls 2003, §§ 5–6).

nen. Denn es nicht nicht zwingend der Fall, dass perfektionistische Theorien bei der Verteilung von Rechten und Pflichten auf die vollständige Realisierung des Vollkommenheitsideals bei den Bürgerinnen und Bürgern zielen (und damit gesamtgesellschaftlich maximierend verfahren).[124] Schließlich ist die staatliche Aufgabe, das gute Leben seiner Bürger zu befördern, keine binäre Angelegenheit, die nur die Optionen „vollständige Realisierung" und „vollständige Verfehlung" kennt. So betont Nussbaum in ihrer Variante einer perfektionistisch-aristotelischen Sozialdemokratie, dass es bei der Verteilung der Rechte und Pflichten in einer Gemeinschaft allein die Aufgabe des Staates ist, die Entwicklung der als wertvoll erachteten menschlichen Grundfähigkeiten bei den Bürgerinnen und Bürgern bis zu einer gewissen Schwelle zu fördern, nicht etwa bis zu deren vollumfänglichen und bestmöglichen Realisierung. Zwar bleiben Nussbaums Ausführungen bezüglich der genauen Taxierung der öffentlich zu fördernden Entwicklungsstufe der menschlichen Grundfähigkeiten vage. Es liegt jedoch nahe anzunehmen, dass diese so zu bemessen ist, dass sie einerseits „hoch" genug ist, um das Leben der Bürgerinnen und Bürger in den für einen Menschen zentralen Tätigkeitsfeldern tatsächlich gelingen zu lassen, andererseits jedoch auch nur so „hoch" anzusetzen ist, dass sie den in einer Gemeinschaft vorhandenen öffentlichen Ressourcen dergestalt gerecht wird, dass ein jeder Bürger durch die Verteilung öffentlicher Ressourcen zu der so taxierten Entwicklungsstufe der für ein menschliches Leben grundlegenden Fähigkeiten geführt werden kann. Zweifelsohne wäre die Gefahr der intersubjektiven Verrechenbarkeit von Rechten, Freiheiten und Chancen der Bürgerinnen und Bürger und damit die Gefahr ihrer rechtlichen Ungleichstellung durch eine solch moderate und kontextsensitive perfektionistische Zielbestimmung staatlichen Handelns weitgehend gebannt. Die Annahme, dass Perfektionisten grundsätzlich die Position vertreten müssten, dass es die Aufgabe staatlichen Handelns sei, einige wenige van Goghs oder Oistrachs auf Kosten des Rests der Bevölkerung zu „produzieren" (wie sie Nietzsche vermutlich tatsächlich vertreten hat), ist deshalb nicht haltbar.

Mit Blick auf Nussbaum kann zudem darauf verwiesen werden, dass sie einen Perfektionismus der menschlichen Natur vertritt. Die Aufgabe des Staates besteht Nussbaum zufolge ausschließlich in der Beförderung der angemessenen Ent-

---

124 So etwa Rawls, der teleologische Theorien als *maximierend* verfahrende Ansätze in der Moralphilosophie definiert, während er die Bestimmung deontologischer Theoriebildungen wie des Liberalismus lediglich *ex negativo* vornimmt, nämlich als „nichtteleologisch", d.h. als solche Theorien, „die entweder das Gute nicht unabhängig vom Rechten oder das Rechte *nicht als Maximierung* des Guten bestimm[en]" (Rawls 2003, 48; meine Hervorhebung). Zu Rawls' Definition teleologischer und deontologischer Theoriebildungen s. Rawls 2003, 42f. Rawls beruft sich dabei auf Frankena 1963, 13.

wicklung solcher natürlicher Fähigkeiten, die dem Menschen als Menschen zukommen. Als gattungsspezifische Fähigkeiten steht deren angemessene Entwicklung grundsätzlich jedem Bürger offen. Zudem ist nicht ersichtlich, warum die Entwicklung dieser Fähigkeiten bei der einen Person wertvoller sein sollte als die bei einer anderen Person. Vielmehr sind, wie Nussbaum es formuliert, die als wertvoll erachteten menschlichen Fähigkeiten Entitäten, die ein „Recht" darauf haben, entwickelt zu werden. Damit wäre die ungleiche Förderung dieser Fähigkeiten bei Personen durch die Zuweisung von Rechten und Pflichten willkürlich und Unrecht. Wahr ist jedoch, dass Individuen aufgrund ihrer unterschiedlichen sozialen Voraussetzungen und individuellen Handicaps oft einer recht unterschiedlichen Förderung bedürfen, um die ausgewiesene Entwicklungsstufe der öffentlich geförderten Fähigkeiten zu erreichen. Wenn man etwa die Gesundheit als notwendige Voraussetzung zur Entwicklung der als wertvoll erachteten menschlichen Fähigkeiten betrachtet, dann sind etwa Menschen mit schweren chronischen Erkrankungen stärker durch die öffentliche Hand zu unterstützen als Bürger mit einer durchschnittlich guten gesundheitlichen Verfassung, weil ihnen nur so die größtmögliche Approximation an die öffentlich geförderten Entwicklungsstufen ihrer Fähigkeiten garantiert werden kann. Aber genau in dieser akteursrelativen Förderung, die darauf abzielt, sämtliche Bürgerinnen und Bürger über eine gewisse Entwicklungsschwelle ihrer als wertvoll erachteten menschlichen Fähigkeiten zu hieven, manifestiert sich dem Perfektionisten zufolge ihre Anerkennung als Freie und Gleiche durch den Staat. Eine strikt egalitäre Zuteilung von öffentlichen Ressourcen, Rechten und Pflichten, ungeachtet dessen, was diese innerhalb des Lebens des Einzelnen zu bewirken vermögen, wie es ein naive Auslegung des Gleichheitsprinzips fordern würde, erscheint ihm demgegenüber als zutiefst zynisch.[125]

Fassen wir unsere Beobachtungen hinsichtlich des Vorwurfs der rechtlichen Ungleichstellung der Bürgerinnen und Bürger durch perfektionistische Theoriebildungen zusammen: Perfektionistische Annahmen über das gute Leben bilden in vielfältiger Weise Vorrausetzungen staatlichen Handelns. Ohne sie ist eine begründungstheoretisch zufriedenstellende politische Theoriebildung nicht zu haben. Denn nur durch eine Konzeption des Guten kann darüber entschieden werden, welche Güter staatlicherseits zu verteilen bzw. zu schützen sind, welche Fälle von Schädigung der Bürgerinnen und Bürger staatliche Eingriffe erfordern und welche individuellen Benachteiligungen ein Recht darauf haben, durch den Staat kompensiert zu werden, usw. Wie wir ferner sehen konnten, gibt es keinen zwingenden systematischen Grund, weshalb perfektionistische Theoriebildungen

---

[125] Zu den beiden letzten Abschnitten vgl. bes. Nussbaum 1999a, 63.

nicht dem Gleichheitsprinzip, das unser Verständnis von einer legitimen politischen Herrschafts- und Rechtsordnung maßgeblich prägt, entsprechen sollten. Dass einzelne klassische perfektionistische Theorien wie die Philosophenherrschaft Platons oder das Staatsdenken Nietzsches stark elitäre Züge aufweisen, darf daher nicht zu einem generellen Verdikt über die politische Theoriefamilie des politischen Perfektionismus führen. Wie das Beispiel Nussbaums von Aristoteles inspiriertem sozialdemokratischen Perfektionismus zeigt, gibt es sehr wohl perfektionistische Theorien, die der Unverrechenbarkeit individueller Rechte und der rechtlichen Gleichstellung der Bürger genügen können. Aufgrund der nicht zu leugnenden elitären Tendenzen historisch bedeutender perfektionistischer Theoriebildungen haben wir als Interpreten perfektionistischer Ansätze im politischen Denken allerdings stets darauf zu achten, ob diese sich nicht der rechtlichen Ungleichstellung der Bürgerinnen und Bürger schuldig machen und damit gegen unsere moralische Überzeugung von der substantiellen Gleichheit und Selbstzwecklichkeit der Bürgerinnen und Bürger verstoßen. Dies gilt klarerweise auch für die politische Philosophie des Aristoteles. Die Frage, ob und wenn ja, inwieweit Aristoteles der substantiellen Gleichheit und Selbstzwecklichkeit der Bürger in seiner politischen Philosophie gerecht wird, soll daher auch die folgende Lektüre der aristotelischen *Politik* anleiten.

3. Natürliche Gemeinschaften

Aristoteles' politische Philosophie gründet auf dem anthropologischen Faktum, dass es sich beim Menschen von Natur aus um ein bedürftiges Wesen handelt, das seine mangelnde Autarkie als Individuum nur durch die Kooperation mit anderen zu kompensieren vermag (Kap. 3.1). Im Fokus dieses Kapitels steht Aristoteles' Phänomenologie jener Gemeinschaften, auf die der Mensch dabei von Natur aus zur vollständigen und guten Entwicklung seiner Artnatur angewiesen ist. Diese Phänomenologie präsentiert uns Aristoteles in Pol. I.2, ergänzt durch Pol. I.3, in Form einer skizzenhaften Staatsentstehungstheorie, wie wir sie auch in Platons *Politeia* (Rep. II, 368e ff.) und den *Nomoi* (Leg. III, 676a ff.) finden. In ihr stellt Aristoteles die Entstehung der Polis als den sukzessiven Entwicklungsprozess der natürlichen Gemeinschaften dar.[126] Wie Platons Staatsentstehungstheorie in Rep. II dient auch sie somit dem Aufzeigen der Grundstruktur der Polis durch Angabe ihrer einfachen Bestandteile. Mit der genetischen Konstitutionsanalyse der Polis erfüllt Aristoteles also zugleich die programmatische Ankündigung von Pol. I.1, 1252a18–23, die elementaren, nicht weiter zergliederbaren Teile der Polis ausfindig machen zu wollen (vgl. Kullmann 1980, 421; Dobbs 1994, 74).[127]

Insgesamt werden von Aristoteles sechs natürliche Gemeinschaften aufgeführt: die drei elementaren Gemeinschaften von Herr (*despotês*) – Sklave (*doulos*), Mann (*anêr*) – Frau (*gynê*), Vater (*patêr*) – Kind (*teknon*) und die drei komplexen

---

[126] Ob es sich bei Aristoteles' genetischer Konstitutionsanalyse der Polis um eine *historische* Staatsentstehungstheorie handelt, gilt als umstritten (s. hierzu Kullmann 1980, 423 f.): Kullmann nennt Eduard Meyer als frühen Vertreter der Ansicht, dass es sich in Pol. I.2 nicht um eine historische Entstehungsskizze des Staates handle, sondern nach Aristoteles die Menschen immer schon in Poleis gelebt hätten. Als frühen Proponenten der historischen Lesart von Aristotles' genetischer Konstitutionsanalyse der Polis in Pol. I.2 führt Kullmann Defourni an. Kullmann selbst vertritt in dieser Frage eine vermittelnde Position: Infolge der zugrunde liegenden zoologischen Bestimmung des Menschen als eines politischen Lebewesens könne es Aristoteles nicht um eine historisch-genetische Staatstheorie gehen (qua Spezies leben die Menschen vielmehr immer schon in Poleis). Wenn die Darstellung der Struktur und der Elemente des Staates in Pol. I.2 dennoch historische Züge trage, sei dies als Reminiszenz an die platonischen Staatsentstehungstheorien und das dahinterstehende zyklische Katastrophenmodell, also als eine Art Restplatonismus, zu verstehen. Es sei daher allerhöchstens von einer kurzen vorstaatlichen Existenz der menschlichen Spezies auszugehen.

[127] Cicero verwirft in *De re publica* durch Scipio Aristoteles' Methode der genetischen Konstitutionsanalyse als zu theorielastig: „Ich werde aber nicht so über eine so klare und bekannte Sache sprechen, dass ich mich zu jenen Bausteinen zurücktaste, deren sich gelehrte Männer bei diesen Dingen zu bedienen pflegen, derart, dass ich mit dem ersten Begegnen zwischen Mann und Frau, mit der Nachkommenschaft und der Verwandtschaft begänne und mit Worten öfters abgrenzte, was ein jedes ist und auf wie viele Arten es ausgedrückt ist" (1, 24, 38).

Gemeinschaften Haus (*oikia*), Dorf (*komê*), Polis (*polis*) (Kap. 3.3). Aristoteles' Phänomenologie der natürlichen Gemeinschaften bildet zugleich den systematischen Ausgangspunkt seiner Lehre von den natürlichen Herrschaftsformen und Rechtsverhältnissen, weil es sich bei „Herrschaft" (*archê*) und „Recht" (*dikaion*) nach Aristoteles um Komplementärbegriffe zu „Gemeinschaft" (*koinônia*) handelt (Kap. 3.2). Herrschaft und Recht verhalten sich nach Aristoteles immer relativ zu einer bestimmten Form von Gemeinschaft. Aristoteles' Phänomenologie der natürlichen Gemeinschaften dient also als Ausgangspunkt einer Untersuchung über die diesen Gemeinschaften eigentümlichen Herrschaftsformen. Demzufolge spricht Aristoteles in NE V.10 von dem durch die häuslichen Personalverbände begründeten häuslichen Recht (*oikonomikon dikaion*: 1134b17), wobei das häusliche Recht dem der die Gemeinschaft der Polis zugehörigen politischen Recht (*politikon dikaion*: 1134b13; 1134b17 f.) gegenübergestellt wird.

Darüber hinaus geht dieses Kapitel weiteren Theoriestücken der aristotelischen Gemeinschaftslehre in Pol. 1 nach, die sich im vorliegenden Untersuchungskontext – der Frage, ob und wenn ja, inwieweit Aristoteles in seiner politischen Philosophie über eine Theorie natürlicher subjektiver Rechte verfügt – als relevant erweisen. Hierzu zählen die These von der Natürlichkeit der Polis (Kap. 3.4), die These von der natürlichen Priorität der Polis vor dem Individuum (Kap. 3.5) sowie die Bestimmung der Polis als *koinônia kyriôtatê*, durch die die politische Gemeinschaft als die oberste rechtsetzende Instanz ausgewiesen wird (Kap. 3.6).

3.1 Der Mensch als von Natur aus politisches Lebewesen

Aristoteles' politischer Philosophie liegt eine simple anthropologische Tatsache zugrunde: In aller Regel verbringen Menschen ihr Leben nicht als Solitäre, sondern in verschiedenen Gemeinschaften (*koinôniai*). Eine Dimension der menschlichen Sozialnatur besteht in der natürlichen Geselligkeit: Das Zusammenleben und freundschaftliche Miteinander mit seinen Artgenossen ist dem Menschen ein natürliches Bedürfnis und wird deshalb von ihm – ohne jede weitere Vorteilnahme – um seiner selbst willen geschätzt.[128] Menschen bilden aber auch deshalb Ge-

---

[128] Vgl. bes. Pol. III.6, 1278b20 f.: „Darum wünschen die Menschen beisammen zu leben, auch ohne dass sie voneinander Hilfe erhoffen." Vgl. ferner NE I.5, 1097b8–11; IX.9, 1169b16–22; EE VII.10, 1242a8 f. Einen kurzen Überblick über die moderne Rezeption von Aristoteles' These von der natürlichen Geselligkeit des Menschen findet sich in Miller 1995, 61–66: Geteilt wird sie in der einen oder anderen Weise von Hugo Grotius, Samuel Pufendorf und John Locke. Ihren modernen Gegenspieler findet die These von der natürlichen Geselligkeit des Menschen in der

meinschaften, weil es sich bei ihnen von Natur aus um bedürftige Wesen handelt (NE V.8, 1133a26f.), die ihre Bedürftigkeit nicht als Solitäre, sondern nur in wechselseitiger Kooperation zu kompensieren fähig sind. Menschen gehen somit miteinander Assoziationen ein, weil sie zur Befriedigung ihrer natürlichen Bedürfnisse aufeinander angewiesen sind. Wo keine gegenseitige Bedürftigkeit besteht, so Aristoteles, findet kein Austausch und mithin auch keine Gemeinschaft zwischen den Menschen statt.[129] Das Zustandekommen von Kooperation und Gemeinschaft ist daher sowohl der menschlichen Sozialnatur qua Geselligkeit als auch der menschlichen Sozialnatur qua Bedürftigkeit geschuldet. Beide Motive zur Gemeinschaftsbildung schließen sich nicht gegenseitig aus, sondern verhalten sich zueinander komplementär und wechselseitig verstärkend.

In Aristoteles' Gemeinschaftslehre in Pol. I wird vor allem das Motiv der natürlichen Bedürftigkeit des Menschen betont, während das Motiv der natürlichen Geselligkeit nicht eigens thematisiert wird.[130] Damit folgt Aristoteles in seiner Erklärung vom Ursprung menschlicher Gemeinschaft Platons *Politeia*. In Platons Staatsentstehungstheorie in Rep. II, 368e ff., heißt es über das Motiv, aus dem heraus sich die Menschen zu Staaten zusammenschließen:

> ‚Ein Staat entsteht, wie ich glaube', so begann ich, ‚deshalb, weil keiner von uns autark ist (*ouk autarkês*), sondern viele Bedürfnisse hat. Oder glaubst du an einen anderen Ursprung der Polis?' – ‚Nein!' – ‚So zieht jeder den einen für dieses, einen anderen für ein anderes Bedürfnis (*chreia*) zu Hilfe; und da sie vielerlei Bedürfnisse haben, so lassen wir viele in einer

---

Konfliktanthropologie des hobbesschen Typs, von der der Trieb nach Geselligkeit nicht als Motiv zur Gemeinschaftsbildung anerkannt wird (vgl. etwa *De cive*, I.2; *Leviathan*, Kap. 13). Eine Mittelposition kommt Kants These von der „ungeselligen Geselligkeit" zu (vgl. den vierten Satz von Kants *Idee zu einer allgemeinen Geschichte in weltbürgerlicher Absicht*).

129 Vgl. NE VIII.11, 1160a9–11: „Denn Menschen tun sich zusammen mit Blick auf einen Nutzen (*sympheronti*) und um sich etwas zu verschaffen, was für das Leben nötig ist." So auch Pol. III.6, 1278b21–23: „Außerdem führt sie [die Menschen] auch der gemeinsame Nutzen (*koinê sympheron*) zusammen, soweit eben ein jeder an einem würdigen Leben Anteil besitzt." Vgl. ferner NE V.8, 1133b6–17; 1133a26–28.

130 Anders Kullmann 1980, 427f., der gerade in der natürlichen Geselligkeit das bestimmende Moment in Aristoteles' politischer Anthropologie und Gemeinschaftslehre von Pol. I ausmacht. Kullmann betont dadurch den Gegensatz zur Atomistik, nach deren Auffassung das entscheidende Motiv zum Zusammenleben in der Bedürftigkeit des Einzelnen bestehe und es durch einen wechselseitigen Vertragsschluss zur Gründung von Poleis komme. Kullmann folgt damit einer Interpretation des Aristoteles, die sich bis auf Cicero zurückführen lässt. In *De re publica* 1, 25, 39 betont Cicero – vermutlich unter Berufung auf peripatetische Quellen – die natürliche Gesellschaft als ursprüngliches Motiv zur Bildung menschlicher Gemeinschaften: „Ihr [der Menschen] erster Beweggrund aber zusammenzukommen, ist nicht so sehr die Schwäche als eine sozusagen natürliche Gesellschaft der Menschen (*naturalis quedam hominum quasi congregatio*) [....]."

Siedlung als Bürger und Helfer zusammenkommen; diese Siedlungsgemeinschaft nennen wir Staat; nicht?' – ,Ja!' (Rep. II, 369b–c, vgl. auch Leg. III, 678e–679b)[131]

Bei Gemeinschaften handelt es sich nach Platon und Aristoteles mithin um ein soziales Instrument zur wechselseitigen Bedürfnisbefriedigung, ein Instrument zur Kompensation des natürlichen Autarkiedefizits des Individuums.[132]

Es ist dieses Faktum der Bedürftigkeit des Individuums und seiner Kompensation durch Bildung von Gemeinschaften, das den Kern von Aristoteles' politischer Anthropologie des *physei politikon zôon* von Pol. I.2 bildet:[133] „Wer aber nicht in Gemeinschaft leben kann oder in seiner Autarkie ihrer nicht bedarf [...] ist ein wildes Tier oder Gott" – aber eben kein Mensch (Pol. I.2, 1253a27–29; vgl. 1252a26; 1253a3f.). Unter Autarkie versteht Aristoteles dabei den Zustand des Individuums, „alles zu besitzen und nichts zu entbehren" (Pol. VII.5, 1326b29f.).[134] Der Mensch ist also genau dann vollständig autark, wenn er über die zum bloßen Überleben (*zên*) als auch über die zum guten Leben (*eu zên*) erforderlichen Güter verfügt. Die These von der von Natur aus bestehenden mangelnden Autarkie des Einzelnen ist damit nicht als anthropologischer Pessimismus misszuverstehen. Sie bedeutet nicht, dass der Mensch sein Überleben nur unzureichend sicherstellen kann und er zum Fristen einer kargen Existenz verdammt ist. Ihre Pointe besteht stattdessen darin zu sehen, dass der Einzelne zur Sicherung der eigenen Subsistenz und um des guten Lebens willen auf die vielfältige Kooperation mit anderen in verschiedenen Gemeinschaften angewiesen ist (Pol. I.2, 1252a26f.). Das Überleben und das gute Leben sind also nicht das Werk des isolierten Individuums, sondern sie sind eine gemeinsame Leistung der Menschen.

---

131 Vgl. auch EE VII.10, 1242a6–8: „Bei der Entstehung der Bürgerfreundschaft ist am am meisten (*malista*) der Nutzen maßgebend (*chrêsimon*), denn man ist der Ansicht, dass sich die Menschen zusammengeschlossen haben, weil sie nicht autark waren (*mê autarkein*) [...]".
132 Etymologisch leitet sich das altgriechische Substantiv *autarkeia* vom Reflexivpronomen *autos* und dem Verb *arkeô* ab. Als Fachterminus der antiken griechischen Philosophie wird ‚*autarkeia*' in aller Regel als ‚Selbstgenügsamkeit' ins Deutsche übersetzt, was der lateinischen Transkription ‚*sufficientia sui*' bzw. ‚*sibi sufficientia*' und der im Englischen gebräuchlichen Übersetzung ‚self-sufficiency' nahekommt. Im Folgenden werde ich das Substantiv ‚*autarkeia*' sowie das ihm zugehörige Adjektiv ‚*autarkês*' in ihren eingedeutschten Formen ‚Autarkie' bzw. ‚autark' unübersetzt lassen, um irreführende Präokkupationen und Engführungen zu vermeiden.
133 Mulgan 1974 und Kullmann 1980 nennen als Stellen für die Bestimmung des Menschen als (*physei*) *zôon politikon* Pol. I.2, 1253a1f.; 1253a7–9; Pol. III.6, 1278b17–21; EE VII.10, 1242a22f.; NE I.5, 1097b8–12; VIII.14, 1162a16–19; IX.9, 1169b17–19; HA I.1, 487b33ff.; VIII.1, 589a1ff.
134 Deshalb gilt die Autarkie insbesondere als eine göttliche Eigenschaft (vgl. etwa Met. XIV.4, 1091b16–19). Der Begriff der Autarkie ist im antiken politischen Diskurs ein gebräuchlicher Terminus, vgl. hierzu Mayhew 1995, der etwa auf Herodot I.32 und Thukydides II.36 u. II.38 verweist.

Aristoteles' *zôon poltikon*-Anthropologie in Pol. I.2 ist nach Mulgan deshalb zunächst in einem weiten zoologischen Sinn zu verstehen.¹³⁵ Demzufolge sind das Überleben und die vollständige Entwicklung der Artnatur eine gemeinsame Leistung, nicht die des Einzelnen. Als Schlüsselstelle für diese weite zoologische Bestimmung des Menschen als *physei zôon politikon* gilt HA I.1, 488a7 f. An dieser Stelle werden allgemein solche Lebewesen als „politisch" lebend definiert, „die irgendeine Leistung gemeinsam (*koinon* [...] *ergon*) haben", d. h. die zur Bewältigung des Lebens in der einen oder anderen Weise auf die dauerhafte Kooperation mit anderen Speziesmitgliedern angewiesen sind und deshalb miteinander Gemeinschaften bilden (Mulgan 1974, 438 f.). In der zoologischen Verwendungsweise der *zôon politikon*-Formel findet das Attribut „politisch lebend" daher seinen Gegenbegriff in „vereinzelt" (*sporadikon*) lebend, der der Kennzeichnung von Lebewesen dient, die zur Bewerkstelligung ihres Lebens nicht dauerhaft auf die Kooperation mit den Artgenossen angewiesen sind (Mulgan 1974, 438 f.).¹³⁶

Wenn der Mensch daher in Pol. I.2, 1253a7–9, als „im höheren Grade politisch" (*mallon politikon*) bezeichnet wird als die anderen Herdentiere, dann bedeutet dies nach Mulgan also nicht, dass nur der Mensch ein politisches Lebewesen sei.¹³⁷ Nach der skizzierten zoologischen Verwendungsweise der *zôon politikon*-Formel besagt die Stelle lediglich, dass die Kooperation des Menschen mit seinen Artgenossen von größerer Intensität und Komplexität ist als bei den anderen gemeinschaftsbildenden Lebewesen. Der höhere Grad der Politisierung des Zusammenlebens der Menschen gegenüber den anderen Herdentieren wird von Aristoteles sodann durch Verweis auf die menschliche Fähigkeit zur Vernunft und Sprache (*zôon logon echon*) begründet.¹³⁸ Somit wird von Aristoteles nicht die

---

135 Die Unterscheidung zwischen einem weiten „zoologischen" und einem engen „politischen" Sinn der *zôon politikon*-Formel stammt von Mulgan 1974; vgl. 1990, 196–198. In seiner Diskussion dieser Stellen zeigt Kullmann (1980), dass diese allesamt auf die zoologische Verwendungsweise der *zôon politikon*-Formel zurückgeführt werden können. Eine nicht reduktionistische und stärker problematisierende Lesart dieser Stellen findet sich in Mulgan 1974.
136 Eine detaillierte Diskussion der Bestimmung des Menschen als *zôon politikon* in HA bietet Depew 1995.
137 Ich folge mit meiner Lesart Mulgan 1974, 442–445; Kullmann 1980 u. 1991; Cooper 1990, bes. 224 f.; Miller 1995, 32–35. Als Gegenposition werden von Kullmann Bodéüs 1985 und Sinclair 1951, 214, genannt, nach denen Pol. I.2, 1253a7–9, so zu verstehen ist, dass es sich an dieser Stelle bei *politikon* um ein exklusives Kennzeichen des Menschen handelt und nicht um ein komparatives Attribut, das der Mensch mit den anderen Herdentieren teilt. Ähnliche Interpretationen dieser Stelle finden sich in Ritter 2003a, 75–77; Ambler 1985, 170–172.
138 Cicero wird die aristotelische Bestimmung des Menschen als *zôon logon echon* so wiedergeben, dass der Mensch über *ratio et oratio* verfügt (vgl. De officiis 1, 50). Vgl. auch *De re publica* 3, 2, 3 ff.; *De legibus* 1, 8, 26 f.

politische Natur des Menschen als solche, wohl aber der höhere Grad ihrer Politisierung auf dessen Sprach- und Vernunftfähigkeit zurückgeführt. Denn während die anderen Spezies zwar über das Vermögen der Stimme (*phonê*) verfügen, das lediglich der Artikulation von situativem Lust- (*hedonê*) und Schmerzempfinden (*lypê*) dient (Pol.I.2, 1253a10–14), ermöglicht dem Menschen die ihm eigene Fähigkeit zu Vernunft und Sprache über die Artikulation von Lust- und Leidzuständen hinaus, sich über das langfristig Nützliche (*sympheron*) und Gute (*agathon*), dem seine Kooperation dienen soll, zu verständigen und sich zudem Gedanken darüber zu machen, wie die gemeinsamen Güter unter den Menschen zu verteilen sind (*dikaion*) (Pol. I.2, 1253a14–18).[139] Hinzu kommt, dass die Menschen nicht nur wie die anderen Herdentiere um des bloßen Lebens willen in Gemeinschaften zusammenkommen, sondern auch um des guten Lebens bzw. um des Glücks willen, an denen die anderen sublunaren Spezies nicht teilhaben. Das Zusammenleben der Menschen in den Gemeinschaften, die Bewerkstelligung des Lebens als gemeinsame Leistung, fällt somit bei ihnen hinsichtlich des Umfangs und der Komplexität weitaus umfangreicher aus als bei den übrigen Spezies. In diesem weiten zoologischen Sinn spricht Aristoteles vom Menschen auch als einem „gemeinschaftsbildenden Lebewesen" (*zôon koinônikon*: EE VII.10, 1242a25 f.).

Neben dieser weiten zoologischen Verwendung greift Aristoteles nach Mulgan auf die Formel des *pyhsei politikon zôon* zur Kennzeichnung des Menschen allerdings auch noch in einem engen „politischen" Sinn zurück. Mit dieser spezifischen Verwendungsweise der *zôon politikon*-Formel betont Aristoteles die besondere Bedeutung einer *bestimmten* Gemeinschaftsform, auf die der Mensch in seinem Streben nach Autarkie angewiesen ist: die Bedeutung der politischen Gemeinschaft der Polis.[140] In dieser engen Verwendungsweise findet das Attribut *politikon* nach Mulgan seinen Gegenbegriff in den Adjektiven *oikonomikon* und *syndiastikon*, die der Kennzeichnung weiterer spezifischer Gemeinschaftsformen dienen, die der Mensch zu seinem Überleben einzugehen genötigt ist. In dieser engen Verwendungsweise der *zôon politikon*-Formel handelt es sich *allein* beim Menschen um ein von Natur aus politisches Lebewesen. Denn keine andere Spezies lebt in dem hier intendierten engen Sinn in Poleis (Mulgan 1974, bes. 440 f.).

---

139 Vgl. auch NE VIII.11, 1160a21–23: „Denn die Polis zielt nicht nach dem gegenwärtigen Nutzen, sondern nach dem, was für das ganze Leben nützlich ist (*hapanta ton bion*)." Unglücklicherweise ist der Text an dieser Stelle korrupt.
140 Für die einschlägigen Referenzstellen dieser engen „politischen" Bedutung der *zôon politikon*-Formel s. Mulgan 1974, 440, und 1990, 196 f.

Die Bestimmung des Menschen als eines von Natur aus politischen Lebewesens ist nach Mulgan mithin nicht im Sinne einer naiven Sozialromantik zu verstehen, wie man sie Aristoteles vor dem ideengeschichtlichen Hintergrund des Siegeszugs von Konfliktanthropologien des hobbesschen Typs in der politischen Philosophie der Neuzeit gerne zum Vorwurf macht.[141] Aristoteles' *zôon politikon*-Anthropologie dient nicht dem Nachweis, dass die Menschen Gemeinschaft mit anderen suchen, unabhängig davon, wie hoch auch immer die Kooperationskosten für sie sein mögen. Die Bestimmung des Menschen als ein *physei politikon zôon* verweist in der weiten zoologischen Verwendungsweise in Pol. I.2 allein auf das simple anthropologische Faktum, dass der Mensch wie viele andere Lebewesen sein Leben nicht als Solitär, sondern nur in Kooperation mit anderen zu bewältigen vermag. In der engen „politischen" Verwendungsweise stellt die *zôon politikon*-Formel sodann die Bedeutung einer bestimmten Gemeinschaftsform für das menschliche Autarkiestreben heraus. Nur in der Gemeinschaft der Polis vermag der Mensch dauerhaft sein Überleben sicherzustellen und darüber hinaus gut zu leben (vgl. bes. Pol. I.2, 1252b27–30).

3.2 Gemeinschaft und Herrschaft

Ausgangspunkt der aristotelischen ‚Theorie von den natürlichen Herrschaftsformen' (TNH) bildet eine Phänomenologie der natürlichen Gemeinschaften. Der systematische Konnex von Gemeinschaft (*koinônia*) und Herrschaft (*archê*) beruht bei Aristoteles darauf, dass es sich bei „Herrschaft" um einen von drei Komplementärbegriffen zu „Gemeinschaft" handelt: Jede „Gemeinschaft" geht nach Aristoteles mit einer ihr eigentümlichen Form von „Gerechtigkeit" (*dikaiosynê*) – oder auch „Recht" bzw. „Gerechtem" (*dikaion*) –, „Freundschaft" (*philia*) und „Herrschaft" einher.[142] In den *Ethiken* sind der Freundschaft (NE VIII und IX) und

---

141 So etwa Ambler, dem zufolge Aristoteles' Lehre von der menschlichen Sozialnatur eine anti-liberale bzw. anti-individualistische Stoßrichtung besitzt: „man is not simply the selfish or possessive individual he seems to be in the seminal works of modern liberalism […]" (Ambler 1985, 170).
142 Vgl. NE VIII.11, 1159b25–27: „Freundschaft (*philia*) und Recht (*dikaion*) scheinen sich, wie wir zu Anfang gesagt haben, auf dieselben Dinge zu beziehen und zwischen denselben Menschen stattzufinden. Denn in jeder Gemeinschaft (*koinônia*) gibt es, so die übliche Meinung, eine bestimmte Art des Gerechten, aber auch Freundschaft." Vgl. ferner NE VIII.1, 1155a22–28; VIII.11, 1159b29–31; VIII.11, 1259b35–60a8; 1160a29 f.; EE VII.9, 1241b13–17. Aristoteles' Bestimmung der Gemeinschaft als Freundschaft wurde in der Geschichte des politischen Denkens immer wieder aufgegriffen. Gigon verweist u. a. auf Seneca (*Epist.* 6, 48, 3), Montaigne (*Essais* 1, 27) und Bodin (*Les six livres de la république* 6, 6, 1018).

Gerechtigkeit (NE V; EE IV) umfassende Erörterungen gewidmet. In Pol. I geht Aristoteles dem Komplementärbegriff der Herrschaft nach.[143]

Dass es sich bei „Herrschaft" um einen Komplementärbegriff zu „Gemeinschaft" handelt, besagt, dass das menschliche Zusammenleben notwendig hierarchisch organisiert ist und es in Gemeinschaften stets einen herrschenden und einen beherrschten Teil gibt.[144] Die Notwendigkeit von Herrschaft in einer Gemeinschaft ist dabei nicht auf auf die menschlichen Kooperationsverbände begrenzt. Nach Aristoteles lässt sich vielmehr eine jede Gemeinschaft, auch die zwischen unbelebten Dingen, in einen herrschenden und beherrschten Teil untergliedern.

> Allgemein: wo immer Eines aus Mehrerem zusammengesetzt ist und ein Gemeinsames (*koinon*) entsteht, entweder aus kontinuierlichen oder aus getrennten Teilen, da zeigt sich ein Herrschendes (*archon*) und ein Beherrschtes (*archomenon*), und zwar findet sich dies bei den beseelten Lebewesen auf Grund ihrer gesamten Natur. (Pol. I.5, 1254a28–31)

Jede Gemeinschaft ist also immer auch eine Form der *archein-archesthai*-Relation. Nennen wir dieses Theorem Aristoteles' ‚Satz von der Notwendigkeit der Herrschaft' (SNH). Die Universalität und Naturgemäßheit von SNH wird von Aristoteles sodann durch eine Reihe von Beispielen dargelegt (Pol. I.5, 1254a32ff.): Unter anderem finde man das Phänomen der Herrschaft sowohl im Zusammenklang von Tönen in einem Akkord, im Zusammenspiel von Körper und Seele im Gesamtorganismus wie auch in der Interaktion der einzelnen Seelenteile. Ebenso sind nach Aristoteles das Zusammenleben von Mensch und Tier sowie das von Mann und Frau durch das Bestehen natürlicher Hierarchien gekennzeichnet. Bei SNH handelt es sich mithin nicht so sehr um ein spezifisch praktisch-philosophisches als um ein universelles naturphilosophisches Prinzip.[145] Man kann dahingehend spekulieren, dass diese weitangelegte naturphilosophische Grundlegung von SNH von Aristoteles deshalb betrieben wird, um SNH und TNH ein möglichst breites, in der gesamten Natur verankertes Fundament zu geben. Die aus SNH resultierenden

---

[143] Dass es sich neben der Gerechtigkeit und der Freundschaft auch bei der Herrschaft um einen Komplementärbegriff zur Gemeinschaft handelt, wird in der Literatur oft übersehen. So etwa auch von Yack 2002, 21f., 25–32.
[144] Zur Unterteilung der Polis in Regierende und Regierte vgl. etwa Pol. VII.4, 1326b12–14; VII.14, 1332b12f. So auch schon Platon in Leg. III, 689e: „Der Athener: ‚Nun müssen aber doch wohl notwendig in jedem Staat Herrscher (*archontas*) und Beherrschte (*archomenous*) sein?' – Kleinias: ‚Wie anders?'"
[145] Für den Konnex von Gemeinschaft und Herrschaft als ein dezidiert praktisch-philosophisches Prinzip s. jedoch NE V.3, 1130a1f.

natürlichen Herrschaftsformen sollen als möglichst unumstößlich erwiesen werden, da sie in der gesamten Natur verankert sind.

Es sei dahingestellt, ob SNH ein adäquates naturphilosophisches Prinzip abgibt oder nicht. Grundsätzlich ist in der Theoretischen Philosophie jedem Anthropomorphismus von Natur und Kosmos, wie er durch SNH vorgenommen wird, mit äußerster Vorsicht zu begegnen. Dennoch hat der Satz in seiner praktisch-politischen Dimension einen guten Sinn, und das, obwohl sich für SNH in Aristoteles' ethischen und politischen Schriften keine genuin praktisch-philosophischen Argumente finden lassen, so dass es tatsächlich zunächst so scheint, als ob es sich bei ihm um ein bloßes Derivat seines metaphysischen Denkens handelt. So kann die aristotelische Annahme von der Naturgemäßheit hierarchischer Strukturen im menschlichen Zusammenleben in Gemeinschaften auf etliche Beispiele verweisen, in denen wir die Existenz von Herrschaft von Menschen über Menschen für legitim und sinnvoll halten. Dies gilt etwa für die Machtbefugnisse der Eltern über ihre Kinder. Dass Eltern ihren Kindern sagen, was sie zu tun und zu lassen haben, halten wir in aller Regel nicht nur für berechtigt, sondern auch für wünschenswert, weil es den Kindern zuträglich ist. Ein Kind sich vollkommen selbst zu überlassen, ihm keine Regeln vorzugeben und sämtlichen seiner Begehren und Wünsche (etwa denen nach Süßigkeiten, Hamburgern und Fernsehen) umstandslos nachzukommen, halten wir für grundfalsch und schädlich. Auch die Befehlsstrukturen beim Militär können – anders als die Existenz von Armeen selbst – kaum ernsthaft in Zweifel gezogen werden. Für das Funktionieren einer Armee ist es unumgänglich, dass Soldaten den Befehlen ihrer Vorgesetzten gehorchen. Ein Land, das eine Armee besitzt, in der jeder tun würde, was er für strategisch richtig erachtet oder wozu er Lust hat, würde vermutlich von anderen Völkern schnell erobert und unterdrückt werden. Die Liste sinnvoll und vorteilhafter sozialer Hierarchien ließe sich beliebig verlängern, so etwa durch das Verhältnis von Trainer und Spielern in einer Fußballmannschaft. Gut eingerichtete Befehlsstrukturen und Hierarchien spielen folglich sowohl im gelingenden Leben des Einzelnen (Eltern-Kind-Gemeinschaft) als auch als Strukturprinzipien effektiven gemeinschaftlichen Handelns (Armee, Fußballmannschaft) eine unverzichtbare Rolle. SNH besitzt also als praktisch-philosophisches Prinzip durchaus einige Plausibilität.

Die Behauptung von SNH macht Aristoteles also zu dem, was man einen Archisten nennen könnte.[146] Im Gegensatz zu Anarchisten wie Prodhoun oder Kropotkin, die die Herrschaft des Menschen über den Menschen als Unterdrückung und Verletzung individueller Freiheiten begreifen und deshalb den Staat

---

146 Zum Archismus bei Platon vgl. bes. Leg. X, 942a–943a.

und seine Institutionen ablehnen, ist Aristoteles von der Naturgemäßheit und Notwendigkeit der Herrschaft des Menschen über den Menschen zum Zweck seines Überlebens und Wohlergehens überzeugt. Wenn er daher in HA I.1 zwischen politischen Lebewesen unterscheidet, die *unter Herrschaft* leben, und politischen Lebewesen, die *ohne einen Herrscher* leben, dann rechnet er durch Einführung von SNH in Pol. I den Menschen zu den unter einem Herrscher lebenden politischen Lebewesen. Wie der Fortgang in Pol. I sodann zeigt, wird es Aristoteles zunächst darum gehen, die spezifische Beschaffenheit der Gemeinschaften darzulegen, auf die der Mensch zu seinem Überleben und Wohlergehen von Natur aus angewiesen ist, um auf dieseer Grundlage für die spezifische Beschaffenheit der ihnen eigentümlichen Herrschaftsformen zu argumentieren.[147] Die aristotelische Herrschaftsformenlehre setzt somit eine Erörterung von diesen Gemeinschaften voraus. Diese Diskussion leistet Aristoteles in seiner Phänomenologie der natürlichen Gemeinschaften in Pol. I.2. Wenn die *Politik* mit einer Definition der Polis (*polis*) bzw. politischen Gemeinschaft (*koinônia politikê*) als derjenigen Gemeinschaft einsetzt, der die höchste Macht und Befugnis zukommen und die die anderen Gemeinschaften umfasst (Pol. I.1, 1252a1–7), dann ist diese Staatsdefinition aufgrund des systematischen Konnexes von Gemeinschaft und Herrschaft also zugleich als Ankündigung einer Untersuchung über die der Polis sowie die der von ihr umfassten Gemeinschaften zugehörigen Herrschaftsformen zu begreifen.

3.3 Phänomenologie der natürlichen Gemeinschaften

3.3.1 Natürliche Gemeinschaften

Menschen sind also in ihrem Streben nach Autarkie von Natur aus auf bestimmte Gemeinschaften angewiesen. Eine aristotelische Gemeinschaft lässt sich nach der in Pol. I vertretenen, güterbasierten Gemeinschaftslehre in einer ersten Annäherung wie folgt konzeptionalisieren: Eine Gemeinschaft G ist ein Kooperationsverbund von mindestens zwei Individuen, X und Y, der um eines gemeinsamen Gutes Z willen eingegangen wird, dessen sie bedürfen, jedoch nicht allein teilhaftig werden können.[148] In seiner Agathologie unterschiedet Aristoteles sodann

---

147 Vgl. Deslauriers 2006.
148 Zur folgenden Skizze des Gemeinschaftsbegriffs vgl. Yack 1993, Kap. 1, und 2002. Yack stellt vier zentrale Merkmale des aristotelischen Gemeinschaftsbegriffes heraus (2002, 21f.): (i) Jede Gemeinschaft besteht aus *unterschiedlichen* Individuen; (ii) die Individuen kooperieren in Hinsicht auf ein Gut, an dem sie gemeinsam partizipieren – dabei kann es sich um so unterschiedliche Güter wie materiellen Wohlstand, Sicherheit und auch einen Teil der persönlichen

drei Arten von Gütern, die der Mensch für wählens- und erstrebenswert hält (NE II.2, 1104b30f.): das sittlich Gute (*kalon*), das Nützliche (*sympheron*) und das Angenehme (*hêdy*). Eine ähnliche Trias der Güter liegt auch den aristotelischen Freundschaftsabhandlungen zugrunde. Hier sind es der Nutzen (*chrêsimon*), die Lust (*hêdonê*) und die Tugend (*aretê*), aufgrund derer die Menschen Freundschaft und Gemeinschaft miteinander pflegen (NE VIII.2, 1155b17–21).[149] Auch wenn Aristoteles nicht streng terminologisch verfährt, sind es mithin moralisch-sittliche, materialistisch-prudentielle sowie hedonistische Motive, die den Menschen zur Bildung von Gemeinschaften führen. Eine Gemeinschaft zwischen zwei Individuen braucht dabei nicht exklusiv wegen einer dieser Güterklassen zu bestehen. So können Menschen die Gemeinschaft mit anderen sowohl um des materiellen Nutzens als auch um der aus ihr resultierenden Lust willen suchen.[150] Zudem kann es vorkommen, dass Menschen untereinander eine Gemeinschaft aus unterschiedlichen Motiven eingehen: So verspricht sich der eine aus ihr Lust, der andere einen Nutzen (was nach Aristoteles aufgrund der unterschiedlichen Erwartungshaltung auf Dauer zu Konflikten führen kann). Ein typisches Beispiel hierfür ist die Gemeinschaft von Liebhaber und Geliebten.

Da die von den Menschen in den Gemeinschaften angestrebten Güter somit von sehr unterschiedlicher Art sind, kann es nicht verwundern, dass der aristotelische Gemeinschaftsbegriff sehr weit gefasst ist und Aristoteles zu den Gemeinschaften Kooperationsverbände zählt, die wir nicht ohne weiteres als Gemeinschaften bezeichnen würden.[151] Aristoteles führt neben Haus und Polis so verschiedene Assoziationsformen wie Schiffsmannschaften, Reise- und Kriegsgefährten, Phylen, Demen und auch Kult- und Gastmahlverbände an (vgl. NE VII.11, 1160a14–20; 1159b27–29). Bei all diesen Kooperationsverbänden handelt es

---

Identität (sowie um eine Kombination dieser Kooperationsziele) handelt; (iii) die Kooperation der Gemeinschaftsmitglieder beschränkt sich auf das Gut, das sie miteinander teilen; (iv) die Mitglieder einer Gemeinschaft sind untereinander durch eine Form von Freundschaft und Gerechtigkeit miteinander verbunden.

149 Vgl. auch hierzu auch die Einteilung der Redegattung in der *Rhetorik* bzw. die sie begründende Agathologie.

150 Vgl. hierzu etwa Aristoteles' Aussage über die Gemeinschaft von Mann und Frau: „Darum findet sich nach verbreiteter Ansicht sowohl das Nützliche (*chrêsimon*) als auch das Angenehme (*hêdy*) in dieser Freundschaft (*philia*)" (NE VIII.14, 1162a24f.).

151 Vgl. hierzu die bei Yack aufgeführten Übersetzungsvarianten von *koinônia* (Yack 2002, 21f. Anm. 3 u. Anm. 5): Yack verweist u. a. auf Luhmann, der aufgrund der weiten Begriffsbedeutung von *koinônia* bei Aristoteles *koinônia* vorzugsweise mit dem umfassenden Ausdruck „soziales System" übersetzen würde, wenn dieser Ausdruck aufgrund seines hohen Abstraktionsgrades nicht zu falschen Konnotationen mit Blick auf Aristoteles' Gemeinschaftslehre führen würde.

sich nach Aristoteles um Gemeinschaften, weil in ihnen mindestens zwei Individuen wegen bestimmter Güter miteinander kooperieren. Die Besatzung eines Schiffes kooperiert um der aus ihrer Unternehmung resultierenden Besitztümer willen, die Kriegsgenossen, Demen- und Phylenangehörigen um Besitztümer, des Sieges und der Erweiterung der Polis willen, die Kult- und Speiseverbände existieren hingegen um der Lust und der Geselligkeit ihrer Mitglieder willen.[152] All diese Kooperationsverbände werden von Aristoteles als „Gemeinschaft" (*koinônia*) bezeichnet, weil ihren Mitgliedern das Gut, um dessentwillen sie sich in der Gemeinschaft zusammenfinden, gemeinsam (*koinon*) ist, insofern sie an ihm – in gleicher oder ungleicher Weise – teilhaben (Yack 2002, Anm. 4).[153]

Aristoteles glaubt nun, dass die grundlegende Struktur unserer sozialen Wirklichkeit keine zufällige ist. Nach Aristoteles ist das Grundgerüst unserer sozialen Welt vielmehr das notwendige Produkt der Bedürfnisnatur des Menschen, das Produkt des menschlichen Strebens nach vollkommener Autarkie. Von den Gemeinschaften, in denen sich die Menschen zusammenfinden, weil sie einen unerlässlichen Beitrag zur Befriedigung ihrer materiellen Reproduktionsbedingungen und ihres Strebens nach Glück leisten (Pol. I.2, 1252a29f.), spricht Aristoteles daher als „natürlichen" bzw. „naturgemäßen Gemeinschaften" (*koinônia kata physin*: Pol. I.2, 1252b13). Die Vereinigung der Menschen in den natürlichen

---

152 Yack weist darauf hin, dass Aristoteles im Gegensatz zu vielen modernen Soziologen seiner politischen Theoriebildung keine Dichotomie wie etwa die von Gesellschaft/Gemeinschaft (Ferdinand Tönnies) oder Vergemeinschaftung/Vergesellschaftung (Max Weber) zugrunde lege. Aristoteles glaube vielmehr, die Polis und die ihr untergeordneten Assoziationsverbände allein durch Rückgriff auf den einen Begriff der Gemeinschaft (und entsprechenden Analogisierungen) angemessen beschreiben zu können (Yack 2002, bes. 32f.). Nach Holmes kann Aristoteles' politische Philosophie aufgrund ihrer monistischen Lehre von der Gemeinschaft daher nicht mehr auf moderne Gesellschaften des westlichen Typs mit ihren weithin selbstständigen Subsystemen (Ökonomie, Politik, Religion usw.) angewendet werden. Einen ähnlichen Anachronismuseinwand gegenüber der aristotelischen Gemeinschaftslehre formuliert auch Bien (1973, 160f.). Yack betont hingegen die Stärken von Aristoteles' monistischer Gemeinschaftslehre (Yack 2002, 32–37): Ihm zufolge tendieren die modernen Sozialtheorien durch ihre Dichotomien, mittels derer sie das fundamental Neue in den modernen Gesellschaften herausarbeiten wollen, zu einer Übersimplifikation antiker Gesellschaften. Tatsächlich aber seien die von den dichotomischen Ansätzen getroffenen Unterscheidungen menschlicher Gruppen meist nur von gradueller und nicht kategorischer Art (was vom aristotelisch-monistischen Ansatz besser dargestellt werden könne). Ähnlich argumentiert auch Mulgan 1990, 196–199.
153 Mit Blick auf die Polis vgl. bes. Pol. II.1, 1260b37–40: „Notwendigerweise haben alle Bürger entweder alles gemeinsam, oder nichts, oder einiges. Dass sie nichts gemeinsam haben, ist offenbar unmöglich. Denn der Staat ist eine Gemeinschaft […]." Schütrumpf bezeichnet daher die Übersetzung von *koinônia* mit „Gemeinschaft" lediglich als einen „Notbehelf". Ihm zufolge wäre die Übersetzung „Teilhabegemeinschaft" zutreffender, wenn auch unschön (Schütrumpf I, 172).

Gemeinschaften beruht nicht auf einer freien Entscheidung des Einzelnen (*ouk ek prohaireseôs*: Pol. I.2, 1252a28), sondern ist das Resultat eines natürlichen Impulses (*physikon to ephiesthai*: Pol I.2, 1252a29; *physei* [...] *hormê*: 1253a29 f.). Anders als die Konstitution von Gemeinschaften, die auf einer freien Entscheidung ihrer Mitglieder gründen, bei denen man mithin die Wahl hat, sie einzugehen oder auch nicht, gilt die Konstitution der natürlichen Gemeinschaften Aristoteles daher als notwendig und unausweichlich (*anankê*: Pol. I.2, 1252a26).[154]

Insgesamt werden von Aristoteles in Pol. I.2 und ergänzt durch Pol. I.3 drei elementare (vgl. Kap. 3.3.2) und drei komplexe Formen von natürlichen Gemeinschaften (vgl. Kap. 3.3.3) genannt. Während in den Elementargemeinschaften lediglich ein Teilaspekt der materiellen Reproduktionsbedingungen des Menschen besorgt wird, zeichnen sich die komplexeren Gemeinschaftsformen ihrerseits durch ein mehr oder weniger umfassendes Maß an Autarkie aus. Dem Menschen ist somit das Überleben nicht in *einer* der Elementargemeinschaften möglich, wohl aber in *jeder* der komplexen Gemeinschaftsformen.[155] Damit eine Gemeinschaft aber überhaupt als ein effektives Instrument zur wechselseitigen Bedürfnisbefriedigung funktionieren kann, muss es sich bei ihr um ein heterogenes Gebilde handeln bzw. muss sie eine arbeitsteilige Struktur besitzen. Denn einer Sache zu bedürfen bedeutet, etwas zum Leben zu benötigen, über das man von sich aus nicht verfügt. Eine Gemeinschaft G mit dem Individuum Y einzugehen, ist für das Individuum X daher nur dann sinnvoll, wenn Y über das Gut G_1 verfügt, dessen X bedarf, das aber X selbst nicht besitzt. Umgekehrt hat es für Y nur dann Sinn, seinerseits die Gemeinschaft mit X zu suchen, wenn X über das Gut G_2 verfügt, dessen Y bedarf. Wären also sowohl X als auch Y ausschließlich im Besitz von G_1 (oder G_2), gäbe es für beide trotz des vorhandenen Bedürfnisses nach G_2 (oder G_1) keinen Grund, sich zusammenzutun. Dass es sich bei der Heterogenität der ein-

---

154 Vgl. hierzu die von Hobbes vertretene, auf Aristoteles bzw. die Scholastik gemünzte Gegenthese, dass der Mensch sein Leben nicht von Natur aus mit anderen in Gemeinschaft verbringt, sondern nur per Akzidenz: „Die meisten, welche über den Staat geschrieben haben, setzen voraus oder erbitten oder fordern von uns den Glauben, dass der Mensch von Natur ein zur Gesellschaft geeignetes Wesen sei, also das, was die Griechen ζῷον πολιτικὸν nennen. Auf dieser Grundlage errichten sie ihre Lehre von der bürgerlichen Gesellschaft [...]. Dieses Axiom ist jedoch trotz seiner weitverbreiteten Geltung falsch; es ist ein Irrtum, der aus einer allzu oberflächlichen Natur herrührt. Denn untersucht man genauer die Gründe, warum die Menschen zusammenkommen und sich gegenseitig an ihrer Gesellschaft erfreuen, so findet man leicht, daß dies nicht naturnotwendig, sondern nur zufälligerweise geschieht" (*De cive*, I.2).
155 Anders Kullmann, nach dem das dauerhafte Überleben des Menschen erst in der Polis möglich ist: Man fragt sich, „wie die Menschen überleben konnten, als sie die Polis noch nicht hatten" (Kullmann 1980, 423). Kullmann leitet diese Schlussfolgerung aus Aristoteles' Aussage ab, dass die Polis um des bloßen Lebens willen entstanden sei.

gebrachten Leistungen und Güter um ein für menschliche Gemeinschaften konstitutives Prinzip handelt, wird am Beispiel der elementaren Tauschsituation zwischen zwei Individuen deutlich, auf das Aristoteles gerne zurückgreift, um die Grundzüge menschlicher Gemeinschaften zu verdeutlichen. So wird nach Aristoteles eine Tauschgemeinschaft nicht zwischen zwei Ärzten zustande kommen, die beide ihr medizinisches Wissen gegen Lebensmittel eintauschen wollen. Auch zwischen zwei Bauern, die beide ihre Feldfrüchte gegen einen medizinischen Rat tauschen wollen, wird sich keine Tauschgemeinschaft konstituieren. Wohl aber wird sich ohne Weiteres eine Tauschgemeinschaft zwischen einem Arzt und einem Bauern mit den gerade beschriebenen Motivlagen einstellen.[156] Gemeinschaften sind also in ihrer Funktion als ein Instrument zur wechselseitigen Bedürfnisbefriedigung auf die Heterogenität der in sie eingebrachten Güter und Leistungen angewiesen. Gemeinschaften setzen daher das Prinzip der Arbeitsteilung bzw. der Funktionsdifferenzierung ihrer Mitglieder voraus.

Für Aristoteles' Phänomenologie der natürlichen Gemeinschaften ist dabei von zentraler Bedeutung, dass die eine Gemeinschaft kennzeichnende Heterogenität bzw. arbeitsteilige Funktionsweise einerseits auf den *natürlichen* Unterschieden zwischen den Mitgliedern und andererseits auf deren *professioneller* Spezialisierung beruht. Die natürlichen Unterschiede zwischen den Menschen erweisen sich als konstitutiv für das Haus bzw. die häuslichen Subgemeinschaften, während die Kooperation in den komplexen Gemeinschaften des Dorfes und der Polis aus der professionellen oder technischen Spezialisierung der Dorfangehörigen und Bürger resultiert.

3.3.2 Die natürlichen Elementargemeinschaften

Gemäß der von Aristoteles vertretenen bedürfnisbasierten Entstehungstheorie menschlicher Gemeinschaften bestehen die ersten Gemeinschaften um der notwendigsten Bedürfnisse willen (Pol. I.2, 1252a24–b9). Was die Sicherstellung der elementaren Reproduktionsbedingungen betrifft, so sind es nach Aristoteles vor

---

156 „Denn nicht aus zwei Ärzten entsteht eine (Tausch-)Gemeinschaft, sondern aus einem Arzt und einem Bauern und allgemein aus Menschen, die verschieden (*heterôn*) und nicht gleich (*ouk isôn*) sind" (NE V.8, 1133a16–18). Das Gebot der Heterogenität der in einer Gemeinschaft eingebrachten Güter bzw. Leistungen wird von Aristoteles mit Blick auf die politische Gemeinschaft eigens bestätigt: „Die Polis besteht außerdem nicht nur aus vielen Menschen, sondern auch aus solchen, die der Art nach verschieden (*ex eidei diapherontôn*) sind. Aus Gleichartigen (*ex homoiôn*) entsteht keine Polis" (Pol. II.2, 1261a22–24). Zur funktionalen Heterogenität der Polis vgl. auch Pol. III.4, 1277a5–12.

allem zwei naturgemäße Gemeinschaften, auf die jeder von uns angewiesen ist (Pol. I.2, 1252a26 f.). Zum einen nennt er die Gemeinschaft von Männlichem (*arren*) und Weiblichem (*thêly*) zur Befriedigung des Fortpflanzungstriebes. Diese natürliche Gemeinschaft entspricht beim Menschen der Gemeinschaft von Mann (*anêr*) und Frau (*gynê*). Zum anderen ist der Mensch auf die Gemeinschaft von „naturgemäß Herrschendem" (*archon* [...] *physei*: Pol. I.2, 1252a30; a31f.) und „naturgemäß Beherrschtem" (*archomenon physei*: Pol. I.2, 1252a31; a32–34) zur Sicherstellung der Lebensnotdurft angewiesen (*sôtêria*: Pol. I.2, 1252a31; *trophê*: Pol. I.9, 1258a18; *tanankaion*: Pol. I.4, 1253b24; I.5, 1254b25; I.13, 1260a34; III.4, 1277a33 f.; VII.3, 1325a26).[157] Diese Gemeinschaft entspricht beim Menschen der von Herr (*despotês*) und Sklave (*doulos*).[158]

Die natürliche Gemeinschaft von „Natur aus Herrschendem" und „Natur aus Beherrschtem" beruht auf der Annahme, dass es Lebewesen gibt, die der Mensch zur Sicherstellung der Nahrung und Lebensnotdurft einseitig instrumentalisieren darf. Dies sind nicht beliebige Lebewesen, sondern nach Aristoteles nur solche, denen „das von Natur aus Herrschende" fehlt und die deshalb zum „von Natur aus Beherrschten" gehören. „Das von Natur aus Herrschende" wird von Aristoteles sodann mit der Fähigkeit gleichgesetzt, mit dem Verstand fürsorgend vorauszuschauen (Pol. I.2, 1252a31 f.), während „das von Natur aus Beherrschte" es allein vermag, die vom Verständigen getroffenen Anweisungen mit dem Körper auszuführen (Pol. I.2, 1252a32 f.). Wie der weitere Text von Pol. I zeigt, handelt es sich beim „von Natur aus Herrschenden" um die praktische Vernunft in Gestalt des menschlichen Vermögens zur praktischen Deliberation (*bouleutikon*) und – damit verbunden – der menschlichen Fähigkeit, ein Leben aufgrund freier Entscheidung (*prohairesis*) führen zu können (vgl. hierzu ausführlich Kap. 4.3.2). Lebewesen, die in diesem Sinn keine praktischen Vernunftwesen sind, dürfen nach Aristoteles zur Sicherstellung des Lebensnotwendigen instrumentalisiert werden. Hierzu gehören unter anderem die Zucht- und Lasttiere (vgl. Pol. I.5, 1254b10–13). Wie Aristoteles jedoch in seiner Theorie vom naturgemäßen Sklaventum in Pol. I.4–7 deutlich macht, verläuft die Differenz zwischen „von Natur

---

157 Zu *tanankaia* bei Platon vgl. Rep. II, 373a5, 373b4, 373d10. Vgl. auch Rep. II, 369d 1f.: „Das erste und größte Bedürfnis ist die Beschaffung von Nahrung (*trophês*), um bestehen und überleben zu können." Als zweitwichtigstes Bedürfnis führt Platon das nach einer Wohnstätte (*oikêsis*) und als drittwichtigstes das nach Kleidung (*esthês*) an (Rep. II, 369d4; vgl. 373a). Die ersten Gemeinschaften bestehen nach Platon also um der Sorge für den Körper (*peri to sôma*: Rep. II, 369d9) und nicht um der Sorge für die Seele willen.

158 Anders Deslauriers, nach der Aristoteles kein Argument für die Natürlichkeit der häuslichen Subgemeinschaften entwickelt, sondern diese nur postuliert: „But the naturalness of conventional household relations was assumed by Aristotle, not demonstrated" (Deslauriers 2006, 68).

aus Herrschendem" und „von Natur aus Beherrschtem" aber auch innerhalb des Menschengeschlechts. Es gibt nach Aristoteles nicht nur Tiere, sondern auch Menschen, „welche von Natur aus zum Beherrschtwerden bestimmt sind" (Pol. I.8, 1256b25f.). In Pol. I.2 erwähnt Aristoteles die Barbaren, denen das von Natur aus Herrschende fehle und die deshalb dem von Natur aus Dienenden zugehörig seien (vgl. Pol. I.2, 1252a34ff.). Nach Aristoteles darf der Mensch also nicht nur die anderen Tiere, sondern auch solche menschlichen Individuen zur Sicherstellung des für ihn Lebensnotwendigen instrumentalisieren, denen das Vermögen zur Beratung und rationalen Planung fehlt (Pol. I.2, 1252b12). Diese Menschen sind für Aristoteles Sklaven von Natur (*physei douloi*: Pol. I.5, 1254b 19; 1255a 2; I.4, 1254a 15; I.5, 1254b 21; Pol. I.6, 1255a 30f.; 1255b 5).[159]

Aus der erfolgreichen Befriedigung des Fortpflanzungstriebs in der Gemeinschaft von Männlichem und Weiblichem resultiert schließlich die dritte natürliche Elementargemeinschaft, die Gemeinschaft von „Erzeuger" und „Erzeugtem" bzw. „Älterem/Erwachsenem" und „Jüngerem/Unentwickeltem". In ihr wird die Fürsorge für die nächste Generation und somit für die Arterhaltung getroffen. Beim Menschen entspricht ihr die Gemeinschaft von „Vater" (*patêr*) und „Kind" (*teknon*) (Pol. I.3, 1253b4ff.). Die drei Elementargemeinschaften, in denen die Menschen aufgrund ihres natürlichen Strebens nach Autarkie zusammenkommen, leisten also alle einen grundlegenden Beitrag zum Überleben des Menschen, indem sie den Einzelnen mit den zum Leben notwendigen Gütern versorgen. Sie können daher als die sozialen Manifestationsformen der Körperlichkeit und natürlichen Bedürftigkeit des Menschen betrachtet werden. Die Tätigkeiten, die diese basale Versorgungsleistung sicherstellen, zwingen den Menschen in einen Zustand der fortwährenden Geschäftigkeit (*ascholia*) und halten ihn so ab von der Muße (*scholê*), in der er der eigenen rationalen Selbstvervollkommnung durch den Erwerb der Tugenden nachgehen könnte (Gigon 1965, 272f.).

---

159 Platon nennt in seiner Staatsentstehungstheorie von Rep. II als funktionales Äquivalent zum von Natur aus Beherrschten, das der körperlichen Ausführung der zum Leben notwendigen Arbeiten dient, nicht den Sklaven von Natur, sondern die Lohnarbeiter (*misthôtoi*). Ebenso wie Aristoteles begründet Platon ihre soziale Funktion durch ihre natürlichen Anlagen: Die Lohnarbeiter erweisen sich hinsichtlich des Verstandes (*dianoia*) als zurückgeblieben, besitzen jedoch einen kräftigen und starken Körper (*sôma*) (Rep. II, 371e).

Tab. 1

Natürliche Gemeinschaft	Häusliche Subgemeinschaft	Gut, Kooperationsziel, Gemeinsame Leistung
das naturgemäß Herrschende das naturgemäß Beherrschte	Herr Sklave	Besorgung der Lebensnotdurft, Besorgung der zum Überleben notwendigen Güter
das Männliche das Weibliche	(Ehe-)Mann (Ehe-)Frau	Befriedigung des Fortpflanzungstriebs
das Ältere, Erwachsene, Erzeugende das Jüngere, Unentwickelte, Erzeugte	Vater Kind	[Arterhaltung; natürliche Konsequenz aus der Befriedigung des Fortpflanzungstriebs]

Die Einführung der natürlichen Elementargemeinschaften wird von Aristoteles augenfällig abstrakt gehalten. Diese Abstraktheit wird vor allem dadurch erzeugt, dass er zunächst nicht auf die spezifisch menschlichen Manifestationsformen zurückgreift, er in seiner Skizze also nicht unmittelbar von der Gemeinschaft von Mann und Frau, Herr und Sklave sowie Vater und Kind spricht, sondern Substantivierungen von Adjektiven im Genus des Neutrums zur Bezeichnung der sie konstituierenden Elemente verwendet. Ambler weist darauf hin, dass die Artbezeichnung „Mensch" (*anthropos*) in Aristoteles' genetischer Konstitutionsanalyse in Pol. I.2 nur einmal erwähnt wird, und auch da nur mit Blick auf die Vorzeit (Pol. I.2, 1252b27), und uns die Begriffe „Frau" (*gynê*) bzw. „Ehefrau" (*alochos*) ausschließlich in den beiden Hesiod- und Homerzitaten begegnen (Ambler 1985, 183 Anm. 14). Was die Gemeinschaft von Männlichem und Weiblichem betrifft, so weist Aristoteles eigens darauf hin, dass sie nicht nur den Menschen eigentümlich sei, sondern sich auch bei den Tieren und Pflanzen finde (Pol. I.2, 1252a28–30). Gleiches wird für die Gemeinschaft des von Natur aus Herrschenden und von Natur aus Beherrschten in Pol. I.5 betont: Aristoteles verweist hier allgemein auf das Verhältnis von Seele und Körper bei den Lebewesen (1254a34 ff.; 1254b2 ff.; 1254b14 ff.). Das Motiv für diese abstrakte Darstellung dürfte sein, die menschlichen Elementargemeinschaften in einem breiteren naturphilosophischen Kontext zu verorten und diese Gemeinschaften als quasi „natürliche Universalien" zu begründen, die nicht auf die soziale Welt des Menschen beschränkt sind. Aristoteles will somit von vornherein jeglichen Zweifel an ihrer Natürlichkeit vermeiden und für seine These von der Natürlichkeit dieser Gemeinschaften ein möglichst festes Fundament schaffen (Ambler 1985, 167 f.).

Ein weiteres Motiv für die Einbettung der häuslichen Elementargemeinschaften in einen allgemeinen naturphilosophischen Kontext besteht sodann darin, diese Gemeinschaften auf natürliche Bestimmungsmerkmale der sie konstituierenden Individuen zurückzuführen – und damit auch die Stellung des Einzelnen innerhalb des Hauses. Und nach Aristoteles liegt der Beweis für die Naturgemäßheit dieser Differenzen gerade darin, dass wir sie nicht nur beim Menschen, sondern in der gesamten belebten Natur vorfinden. So beruht die Gemeinschaft zwischen Mann und Frau auf geschlechtlichen Merkmalen (Männlich/Weiblich), die die gesamte Flora und Fauna durchziehen. Das Gleiche gilt für die Gemeinschaft von Vater und Kind als Gemeinschaft von Erzeuger und Erzeugtem. Die Gemeinschaft von Herr und Sklave als Gemeinschaft des von Natur aus Herrschenden und von Natur aus Beherrschten durchwaltet schließlich in Gestalt der Dichotomien von Psychischem und Physischem den Bereich der gesamten beseelten Natur. Die häuslichen Elementargemeinschaften sowie der Platz des Einzelnen innerhalb des Haushalts beruht mithin auf natürlichen Unterschieden (*physei*) zwischen den Menschen, nicht auf Konvention (*nomô*), Gewohnheit (*ethos*) oder Unterweisung (*didaskalia*). Die häuslichen Subgemeinschaften sind folgerichtig nach dem Prinzip der *natürlichen* Arbeitsteilung organisiert. Das Männliche und Weibliche, das Herrschende und Dienende besitzen von Natur aus eine je eigene Leistung (*ergon*), die sie in die Gemeinschaft mit ihrem sich ergänzenden und vervollständigenden Gegenstück einbringen und so zum Erhalt des Ganzen beitragen: Das Männliche steuert den Samen zur Fortpflanzung bei, das Weibliche das Menstruationsblut; das „von Natur aus Herrschende" stellt die planerische Weitsicht zur Verfügung, deren es zur Sicherstellung der zum Leben notwendigen Güter bedarf, das „von Natur aus Beherrschte" führt diese Arbeiten durch die Bereitstellung seiner physischen Arbeitskraft aus.[160]

---

[160] Zum Prinzip der natürlichen Arbeitsteilung in der Gemeinschaft von Mann und Frau vgl. NE VIII.14, 1162a22–24: „Denn die Aufgaben (*erga*) sind von Anfang an geteilt und für Mann und Frau verschieden. Sie helfen sich also gegenseitig, indem sie das, was jedem eigen (*idion*) ist, zum Gemeinsamen (*koinon*) beitragen." Für eine analoge Aussage mit Blick auf die Gemeinschaft von Herr und Sklave qua naturgemäß Herrschendem und naturgemäß Beherrschtem vgl. Pol. I.2, 1252a31–34. Zum Prinzip der natürlichen Arbeitsteilung in den Elementargemeinschaften vgl. auch Pol. I.2, 1252a34–b5. An der Parallelstelle NE VIII.14 ist interessant, dass nur die Gemeinschaften von Mann und Frau sowie die von Eltern und Kind als Teile der Haus-Gemeinschaft aufgeführt werden, die Gemeinschaft von Herr und Sklave hingegen unerwähnt bleibt. Die Aufgabe, die Hausangehörigen mit den zum Leben notwendigen Dingen zu versorgen, die ja als solche unerlässlich ist, wird in NE VIII.14 daher zur Teilfunktion der Gemeinschaft von Mann und Frau bestimmt. Aristoteles betont deshalb, dass sich die Gemeinschaft von Mann und Frau von ihren Äquivalenten im übrigen Tier- und Pflanzenreich unterscheidet, weil bei den anderen Lebewesen sich das Männliche und Weibliche allein um der Fortpflanzung willen vereinigen (vgl. NE VIII.14, 1162a17–29). Dass in NE VIII.14 die Gemeinschaft von Herr und Sklave nicht als eine der häuslichen Subgemeinschaften thematisiert wird, könnte der Tatsache geschuldet sein, dass Gegenstand von NE VIII die verschiedenen Formen von Freundschaft (*philia*)

Was das Streben des Individuums nach Autarkie betrifft, das den Motor der Vergemeinschaftung der Menschen bildet, so lässt sich mit Blick auf die natürlichen Elementargemeinschaften festhalten, dass zwar jede von ihnen einen Teil der unmittelbaren Bedürfnisnatur des Menschen abdeckt, keine von ihnen jedoch für sich allein genommen dem Menschen ein zum Überleben hinreichendes Maß an Autarkie bietet. Ein zum Überleben hinreichendes Maß an Autarkie wird erst von den komplexen Formen der natürlichen Gemeinschaften geleistet, die aus dem Zusammenschluss der Elementargemeinschaften hervorgehen.[161]

3.3.3 Die komplexen natürlichen Gemeinschaften

Da keine der drei natürlichen Elementargemeinschaften für sich allein genommen das Überleben des Menschen sicherzustellen vermag, weil durch jede von ihnen jeweils nur ein Teil der elementaren Bedürfnisnatur des Menschen abgedeckt wird, kommt es zu ihrem Zusammenschluss. Aus dieser Vereinigung resultieren die drei komplexen Formen von natürlichen Gemeinschafen: das Haus (*oikia*), das Dorf (*komê*) und die Polis (*polis*). Der unmittelbare Zusammenschluss der drei natürlichen Elementargemeinschaften führt zur ersten umfassenden natürlichen Gemeinschaft: dem Haus (Pol. I.2, 1252b9–15).

Unglücklicherweise bleibt Aristoteles' Darstellung der komplexen natürlichen Gemeinschaften in Pol. I.2 sehr schemenhaft. Der Text teilt uns nur sehr wenig darüber mit, wie der kommunale Ausdifferenzierungsprozess vom Haus hin zur Polis genau vonstattengeht. Um Aristoteles' Skizze von der Entstehung der Polis besser rekonstruieren zu können, werden daher im Folgenden die platonischen Staatsentstehungstheorien in Rep. II, 368e ff., und Leg. III, 676a ff., als Interpretamente zu Hilfe genommen.[162] Der Schwerpunkt der Rekonstruktion liegt dabei auf der Ausdifferenzierung der Gemeinschaften durch die sukzessive Entwicklung der menschlichen Fertigkeiten (*technai*), die sowohl nach Rep. II als auch nach

---

innerhalb des Hauses sind, zwischen Herrn und Sklaven jedoch keine Freundschaft im eigentlichen Sinn existiert. Denn ein konstitutives Merkmal des aristotelischen Freundschaftsbegriffs besteht darin, dass man dem Freund um seiner selbst willen wohlgesonnen ist. Dies setzt aber eine Form von Eigenständigkeit und Selbstzwecklichkeit eines Individuums voraus, die dem Sklaven als von Natur aus Beherrschtem gerade abgesprochen wird (vgl. Kap. 4.3.2).
161 Vgl. bes. Pol. II.2, 1261b11–13: „Das Haus ist mehr autark als der Einzelne, der Staat mehr als das Haus; und er wird erst dann wirklich zu einem Staat, wenn die Gemeinschaft der Menge autark geworden ist."
162 Nach Kullmann 1980, 421, spielt Aristoteles mit dem Potentialis in Pol. I.2, 1252a24, wörtlich auf Platon, Rep. II, 369a5 f., an, wobei Platons eigene Staatsentstehungstheorie durch Demokrit und hippokratische Lehren beeinflusst sei (Kullmann 1980, 422, 425).

Leg. III für die Entstehung der Polis verantwortlich ist. Die besondere Bedeutung, die Platon den menschlichen Fertigkeiten hinsichtlich der Entstehung der Polis und des in ihr erreichten Grades an Autarkie in seinen Staatsentstehungstheorien zuschreibt, wird von Aristoteles in Pol. II.2 affirmativ aufgegriffen. Aristoteles stimmt mit Platon darin überein, dass es die durch die Entwicklung der Künste voranschreitende Arbeitsteilung in den komplexen Gemeinschaften des Dorfes und der Polis ist, die den Menschen ein zunehmendes Maß an Autarkie ermöglicht. Dies erfordert nach Aristoteles eine gewisse Form der Heterogenität in der sozialen Struktur der Polis, die aus der *professionellen* Spezialisierung der Haushalte in Gestalt ihrer Hausvorsteher auf ein bestimmtes technisches Kompetenzfeld resultiert.[163] Es ist eben die Integration des einzelnen Haushalts in die komplexeren Organisationsformen des Dorfes und der Polis, die diese professionelle Spezialisierung der Hausvorsteher ermöglicht. Diese im Dorf und in der Polis stattfindende technische Ausdifferenzierung versetzt wiederum ihrerseits den Einzelnen in die Lage, der von ihm exklusiv wahrgenommenen Funktion angemessener, leichter und effektiver nachzukommen.[164] Durch die Arbeitsteilung der Hausvorsteher auf Dorf- und Polisebene sind daher eine neue Form von Gütervielfalt, individueller Arbeitsentlastung und eine insgesamt größere Gütermenge für den Einzelnen zu verzeichnen, als sie durch den isoliert existierenden Haushalt bereitgestellt werden könnten. Dieser Befund ist für die aristotelische Herrschaftslehre von absolut zentraler Bedeutung. Denn Aristoteles führt die Konstitution der komplexen natürlichen Gemeinschafen des Dorfes und der Polis als Zusammenschluss der Haushalte somit nicht mehr wie im Fall der häuslichen Elementargemeinschaften auf die die *natürlichen* Unterschiede ihrer Mitglieder

---

163 Ich lese Aristoteles' Kritik am platonischen Einheitsideal der *Politeia* in Pol. II.2 vor dem Hintergrund eben dieser sozialen Ausdifferenzierung durch die technisch-professionelle Spezialisierung der Hausvorsteher in den komplexen Gemeinschaften des Dorfes und der Polis. Diese Form von sozialer Heterogenität aufzuheben hieße, die technisch-professionelle Spezialisierung ihrer Mitglieder aufzuheben, die sich jedoch mit Blick auf das vollumfängliche Autarkiestreben des Menschen gerade als unverzichtbar erweist. Vgl. hierzu bes. Pol. II.2, 1261b10 – 15: „Es zeigt sich noch in anderer Weise, dass es nicht gut ist, den Staat allzu sehr vereinheitlichen zu wollen. Das Haus ist mehr autark als der Einzelne, der Staat mehr als das Haus; und er wird erst dann wirklich zu einem Staat, wenn die Gemeinschaft der Menge autark geworden ist. Wenn also die größere Autarkie das Wünschbarste ist, so ist auch die geringere Einheitlichkeit das Wünschbarere" (vgl. Pol. II.2, 1261a22 – 31).
164 Vgl. hierzu Rep. II, 370b–c: Durch die Arbeitsteilung und Spezialisierung übt der Einzelne seine Aufgabe „angemessener" (*kallion*: 370c3) und „leichter" (*rhaon*: 370c4) aus und besitzt eine „höhere Produktivkraft" (*pleiô*: 370c3), als wenn jeder sämtlichen notwendigen Teilaufgaben zur Bewältigung des Lebens nachgehen würde. Zur Bedeutung der Entwicklung der Künste für die voll entwickelte politische Gegenwart bei Platon vgl. auch Leg. III, 677a ff.

zurück. Bei allen Hausvorstehern handelt es sich um erwachsene Männer. Die Entstehung der „politischen" Gemeinschaften wird von Aristoteles stattdessen als eine *soziale* Ausdifferenzierung beschrieben, die sich dem Prinzip der technischen Spezialisierung verdankt. Die komplexen natürlichen Gemeinschaften des Dorfes und der Polis konstituieren sich als Zusammenschluss von Natur aus Gleicher, die jedoch unterschiedlichen Professionen nachgehen.

Die Gemeinschaft des Hauses hat insofern ein gewisses Maß an Autarkie erreicht, als in ihr durch die Vereinigung der drei Elementargemeinschaften für sämtliche Grundbedürfnisse des Menschen gesorgt wird. Dass die Hausgemeinschaft über diese unterste Schwelle von Autarkie verfügt, folgt aus Pol. I.2, 1252b15 f. Dort heißt es, dass das Dorf die erste Gemeinschaft sei, die nicht mehr nur um der alltäglichen Bedürfnisse willen bestehe, was voraussetzt, dass das Haus seine Angehörigen bereits mit dem für die Befriedigung der alltäglichen Bedürfnisse Notwendigen ausstattet.[165] Damit gleicht das Haus dem Entwicklungsstadium der „notdürftigsten Polis" (*anankaiotatê polis*: Rep. II, 369d11 f.) bzw. „Schweinepolis" (*hyôn polis*: Rep. II, 372d4) aus Rep II. Der Mensch strebt jedoch nicht nur nach dem bloßen Überleben, sondern auch nach dem guten Leben (Pol. VII.12, 1331b39 f.). Letztes Strebensziel des Menschen ist das Glück, das eine höhere Form von Autarkie erfordert. Aristoteles spricht diesbezüglich von *vollständiger* Autarkie (*pasa autarkeia*: Pol. I.2, 1252b28 f.).[166] Daher ist der Mensch auf weitere, komplexere Gemeinschaftsformen angewiesen.

Aus dem Zusammenschluss mehrerer Häuser entstehen zunächst erste Ansiedlungen und Dörfer (Pol. I.2, 1252b15–27). Das Dorf wird von Aristoteles als eine frühe Organisationsform der politischen Gemeinschaft während der archaischen Zeit beschrieben, die in der jüngeren Vergangenheit durch die Polis als voll entwickelten politischen Sozialverband abgelöst wurde. Indem in den Dörfern mehrere Häuser in Gestalt ihrer Hausvorsteher miteinander kooperieren, setzt unter ihnen die professionelle Arbeitsteilung ein, die mit der sukzessiven Entfaltung der Handwerke und Künste einhergeht. Musste sich der isoliert existierende Haushalt als Selbstversorger noch um sämtliche für das Überleben seiner Angehörigen notwendigen Güter unmittelbar selbst kümmern, ist es ihm als Teil der übergreifenden Kooperationsstruktur des Dorfes nun möglich, sich auf die Produktion von arbeitsintensiven Produkten zu konzentrieren. Aristoteles gibt in seiner skizzenartigen Beschreibung der Polisgenese für diese neue Gütervielfalt durch die Ausdifferenzierung der handwerklichen Künste nicht eigens Beispiele.

---

165 Vgl. auch die von Aristoteles in Pol. I.2 angeführten Zitate von Charondas (Pol. I.2, 1252b14) und Epimenides (Pol. I.2, 1252b14 f.), in denen mit „Tischgenossen" und „Troggenossen" auf die grundlegende Versorgungsfunktion des Hauses angespielt wird.
166 Zur Unterscheidung dieser beiden Autarkielevel s. Mayhew 1995.

Zu denken ist aber – unter Verweis auf die „gesunde" (*hygiês polis*: 372e7; 373b3) oder „wahrhaftige Polis" (*alêthinê polis*: 372e6) in Rep. II, deren funktionales Äquivalent das Dorf bildet – an die sogenannte „Zukost" (*opson*: Rep. II, 372c2), d. h. an so arbeitsintensive Produkte wie Wein, Öl, Oliven, Käse.[167] Die gemeinsame Leistung des Dorfes transzendiert damit die der ersten menschlichen Gemeinschaften, die auf die Bereitstellung der zum Leben notwendigen Gütern wie Wohnstätte, Nahrung und Fortpflanzung beschränkt ist. Das Dorf besteht daher nicht mehr nur um der alltäglichen Bedürfnisse willen (Pol. I.2, 1252b15 f.). Diese höhere Versorgungsleistung spricht jedoch nicht gegen den Status des Dorfes als natürlicher Gemeinschaft. Schließlich verdankt sich die Existenz des Dorfes demselben natürlichen Streben – dem menschlichen Streben nach Glück und vollendeter Autarkie –, das bereits für die Existenz der Elementargemeinschaften und des Hauses ursächlich ist. Beim Dorf handelt es sich deshalb um eine ebenso natürliche, wenn auch nicht im selben Maße „notwendige" (weil nicht so existenzielle) und deshalb „spätere" Gemeinschaft, wie es das Haus bzw. die häuslichen Subgemeinschaften sind.[168]

Durch die Ertragssteigerung und neue Gütervielfalt, die sich der professionellen Spezialisierung der Hausvorsteher auf Dorfebene verdanken sowie das höhere Maß an Sicherheit, das die Dorf-Gemeinschaft ihren Bewohnern gewährt, hält das Bevölkerungswachstum weiter an. Nach und nach bilden sich weitere Dorfgemeinschaften, die sich schließlich zu einer Polis zusammenschließen (Pol. I.2, 1252b27–1253a39). Von ihr spricht Aristoteles als der „vollkommenen Gemeinschaft" (*koinônia teleia*: Pol. I.2, 1252b28), die die „Grenze zur vollendeten Autarkie" (Pol. I.2, 1252b28 f.) erreicht hat.[169] In der Polis können endlich sämtliche für das Überleben und auch das gute Leben der Menschen erforderlichen Güter dauerhaft bereitgestellt werden. Die höhere Versorgungsleistung bzw. der höhere Autarkiegrad der Polis, durch die sie sich von den anderen Gemeinschaften abhebt, fasst Aristoteles terminologisch an verschiedenen Stellen auch so, dass er von ihr als „Autarkie hinsichtlich des guten Lebens" (*autarkês pros to eu zên*:

---

167 Vgl. Rep. II, 372a–d. Für das Güter- bzw. Nahrungsniveau der Bürger auf der Ebene der „gesunden" und „wahren Polis" verwendet Platon den Oberbegriff „Zukost" (*opson*: Rep. II, 372c2), für das pervertierte, luxuriöse Güter- und Nahrungsniveau der Bürger in der „üppigen" und „aufgedunsene Polis" den Oberbegriff „Genussmittel" (*tragmata*: 372e1).
168 In NE VIII.14 nennt Aristoteles das Haus „früher" (*proteron*) und „notwendiger" (*anankaioteron*) als die Polis bzw. den Menschen „von Natur (*physei*) ein im höheren Grade (*mallon*) Paar bildendes (*syndyastikon*) als ein Polis bildendes Lebewesen (*politikon*)", weil das Haus und die Gemeinschaft von Mann und Frau eine grundlegendere Rolle im Leben der Menschen spielen als dies die Polis tut (1162a16–19).
169 Zur Kennzeichnung der Polis als (vollkommen) autarker Gemeinschaft vgl. auch Pol. I.2, 1253a1; III.9, 1280b32–1281a2; VII.4, 1326b2–25; NE V.10, 1134a26 f.

Pol. VII.4, 1326b8 f.; vgl Pol. I.8, 1256b32; III.9, 1280b31–34; *autarkeia pros agathên zôên*: Pol. 1256b32) spricht und sie der „Autarkie zum (bloßen) Leben" (*pros zoên autarkês*: Pol. VII.8, 1328b17) bzw. der „Autarkie hinsichtlich der notwendigen Güter" gegenüberstellt (*en tois anankaiois autarkês*: Pol. VII.4, 1326b4), wobei der höhere Autarkielevel immer schon den niedrigeren einschließt, nicht jedoch umgekehrt.[170] Ebenso aber grenzt der Begriff der Autarkie die materielle Versorgungsleistung der Polis auch „nach oben" hin ab, insofern der für das gute Leben erforderliche materielle Wohlstand kein unbegrenzter ist.[171] Da das Glück als oberstes Gut einen abschließenden Zielcharakter besitzt, findet mit ihm das menschliche Streben seine Erfüllung. Mit der Polis gelangt deshalb auch der kommunale Wachstums- und Entwicklungsprozess zu seinem Abschluss. Mit ihr kommt der Motor der menschlichen Vergemeinschaftung, das Streben des Menschen nach Kompensation seines von Natur aus bestehenden individuellen Autarkiedefizits, zum Stillstand.[172] Aristoteles spricht daher der Polis als höchster Gemeinschaft in Bezug auf den kommunalen Wachstums- und Entwicklungsprozess die gleichen Attribute zu, die er dem Glück als höchstem Gut in Bezug auf das individuelle Streben attestiert, nämlich (a) einen abschließenden Zielcharakter (*teleios*: Pol. I.2, 1252b28; vgl. 1252b33) und (b) die vollständige Autarkie (Pol. I.2, 1252b28 f.).

In welchem Punkt geht nun aber die gemeinsame Leistung der Bürger in der Polis über die der Bewohner eines Dorfes hinaus? Worin besteht mithin der unverzichtbare Beitrag der Polis zum Autarkie- und Glücksstreben des Menschen, der sie als natürliche Gemeinschaft auszeichnet? Aristoteles' Antwort auf diese Fragen umfasst verschiedene Ebenen. Zum einen stellt erst die Polis die zum guten Leben

---

170 Die Unterscheidung dieser beiden Autarkielevel stammt von Mayhew (1995). Wie Mayhew zeigt, verfährt Aristoteles in seinen ethisch-politischen Schriften terminologisch allerdings nicht ganz sauber (vgl. hierzu Mayhew 1995, 490 f.).

171 Vgl. bes. Pol. I.8, 1256b30–32: „Aus diesen Dingen scheint auch der wahre Reichtum (*alêthinos ploutos*) zu bestehen. Denn der Bedarf an solchem Besitz zur Autarkie eines vollkommenen Lebens (*autarkeia pros agathên zôên*) ist nicht unbegrenzt (*ouk apeiros*)." Vgl. auch Pol. VII.1, wo Reichtum und materiellem Wohlstand der Status von Werkzeugen (*organa*) [zum guten Leben] zugesprochen wird und für die daher – anders als für die seelischen Tugenden als intrinsisch wertvollen Güter – eine natürliche Grenze existiert (1323b6–12).

172 Zur Bestimmung der *eudaimonia* als eines autarken Guts vgl. NE I.5, 1097b6–8; 15 f.; b20 f.; IX.9, 1169b5 f.; Rhet. I.6, 1362b9–12. Dies bedeutet jedoch noch nicht, dass das in der Polis lebende Individuum auch glücklich ist. Die vollkommene Autarkie der Polis besagt nur, dass die Bürger durch diese Gemeinschaft mit sämtlichen zum guten Leben notwendigen Gütern versorgt werden können. Das Glücklichsein beruht darüber hinaus auf einer bestimmten inneren Einstellung und persönlichen Anstrengungen des Handelnden (s. hierzu etwa Cooper 1975, 123–125).

der Bürger notwendigen materiellen Voraussetzungen dauerhaft und vollumfänglich bereit. Dies vermag sie zu leisten, indem sich die auf Dorfebene einsetzende soziale Ausdifferenzierung durch die Künste und Handwerke in ihr fortsetzt. Beim Zusammenschluss von einzelnen Häusern zu einem Dorf sowie beim Zusammenschluss von Dörfern zu einer Polis handelt es sich um einen kontinuierlichen Prozess. Erst auf der kommunalen Entwicklungsstufe der Polis findet sich jedoch ausreichendes Personal, um über *sämtliche* Künste und Handwerke zu verfügen, derer es zum guten Leben der Menschen bedarf. Während auf der Ebene des Dorfes zunächst nur den notwendigsten Künsten, wie dem Schreiner- und Schusterhandwerk oder dem Ackerbau, nachgegangen werden konnte, nennt Platon im Zuge seiner Skizze der „üppigen Polis" das Hinzukommen von Ärzten, Köchen, Bäckern, Jägern sowie das Auftreten der musischen Künste (Dichtung, Schauspiel, Musik) (vgl. Rep. II, 372d ff.). Was die materielle Versorgungsleistung der Polis betrifft, so spielt nach Aristoteles außerdem die durch eine Polis bereitgestellte öffentliche Infrastruktur eine wichtige Rolle. Hierzu gehört insbesondere die Institution eines durch die Polis finanzierten Seehafens, der durch den Import der benötigten sowie den Export der überschüssigen Waren zur umfassenden materiellen Versorgung der Bürger beiträgt (vgl. Pol. VII.6, 1327a18–20).[173] Ebenso leistet der Hafen der Polis einen unverzichtbaren strategischen Beitrag zur militärischen Sicherheit (ebd.). Erst die Polis stellt also eine öffentliche Infrastruktur in Form von Straßen, Markt- und Handelsplätzen sowie militärischen Einrichtungen bereit, die die materiellen Voraussetzungen des guten Lebens der Bürger dauerhaft garantieren kann. Erst sie erreicht jenes Kooperationsniveau, das die „Einwohner großzügig und maßvoll in Muße" leben lässt (Pol. VII.5, 1326b27).[174]

Genauso wichtig für Aristoteles' politische Philosophie ist es aber, dass jenseits des materiellen Versorgungsaspekts mit der politischen Gemeinschaft der Polis eine neue, bis dato unbekannte Dimension in das Zusammenleben der Menschen tritt: die gemeinsame Fürsorge für die Tugenden (*aretai*). Um diese gemeinsame Leistung der Bürger in der Polis geht es Aristoteles im verbleibenden Teil von Pol. I.2 (1253a1 ff.). Während die für sich bestehende Haus-Gemeinschaft von jedem Hausangehörigen erfordert, seine Tätigkeit voll und ganz in den Dienst

---

[173] Zur Bedeutung des Land- und Seehandels für den materiellen Wohlstand der Polis bei Platon vgl. Rep. II, 370e–371d.

[174] Zur Autarkie der Bürger als Maßstab für die Einrichtung der Polis vgl. bes. Pol. VII.4 (Bevölkerung) und Pol. VII.5–6 (Territorium). Vgl. zum Maßstab der Autarkie auch Pol. III.1, 1275b20 f.: „Polis aber [nennen wir] eine soweit ausreichende Anzahl an Bürgern, als es zur Autarkie zum Leben notwendig ist." Auch die funktionale Gliederung der besten Polis in Pol. VII und VIII wird duch Rekurs auf das Autarkieideal begründet (vgl. Pol. VII.8).

des gemeinsamen Überlebens zu stellen und damit in den zum bloßen Überleben notwendigen Tätigkeiten (*ascholia*) zu verharren, schafft erst das auf der Polisebene erreichte Niveau der Kooperation und Arbeitsteilung unter den Bürgern ein Maß an Wohlstand und Muße (*scholê*), das es den Bürgern erlaubt, im (partiellen) Freisein von den lebensnotwendigen Arbeiten ihrer rationalen Selbstvervollkommnung nachgehen zu können. Erst auf der Kooperations- und Zivilisationsstufe der Polis florieren daher die höheren Künste und Wissenschaften, die nach Aristoteles unzweifelhaften Symptome des guten menschlichen Lebens, insofern sie das „Produkt" des Tätigseins des rationalen Seelenteils gemäß der ihm eigenen Tugenden sind.[175] Zum anderen sorgt die Polis durch die ihr eigentümliche Institution der Gesetze für die charakterliche Erziehung der Menschen. Diese öffentliche Fürsorge um die ethischen Tugenden der Bürger geschieht insbesondere durch denjenigen Teil der Gesetzgebung, den Aristoteles als „Gerechtigkeit im allgemeinen Sinn" bezeichnet und der die charakterliche Erziehung der Bürger zum Gegenstand hat.[176]

> Das Gesetz ordnet aber auch an, die Taten des Tapferen zu tun (z. B. seinen Posten nicht zu verlassen, nicht zu fliehen, nicht die Waffen wegzuwerfen), ebenso die Taten des Mäßigen (z. B. nicht Ehebruch zu begehen oder Gewalttaten zu verüben) und des Sanftmütigen (z. B. andere nicht zu schlagen oder zu beleidigen), und ebenso für die anderen Tugenden und Laster, indem es das eine befiehlt, das andere verbietet – auf richtige Weise, wenn das Gesetz richtig festgelegt wurde, und weniger gut, wenn es flüchtig entworfen wurde. (NE V.3, 1129b19–25)

Die erzieherische Leistung der Polis besteht also darin, in Gestalt der Gesetze den Bürgern das ihnen angemessene Verhalten vorzuschreiben und sie so durch Gewöhnung zur Ausbildung einer guten charakterlichen Haltung zu führen. Insofern bestimmt die Gesetzgebung idealiter für jeden Lebensbereich das angemessene Verhalten und umfasst so die Anleitung zu sämtlichen ethischen Einzeltugenden. Diesen einzigartigen Beitrag, den die Polis für die rationale Selbstvervollkommnung der Bürger in Form ihrer charakterlichen Erziehung leistet, hält Aristoteles für das menschliche Glück für so zentral, dass er ihn zur primären Aufgabe des Gesetzgebers bestimmt. Dass der Gesetzgeber durch die von ihm erlassene öffentliche Ordnung Fürsorge für die seelischen Tugenden der Bürger treibt, macht

---

175 Vgl. hierzu vor allem Met I.1, 981b23–25. An dieser Stelle betont Aristoteles, dass zuerst die Priesterkaste der Ägypter die mathematischen Wissenschaften entwickelt hätte, weil sie aufgrund ihres Staatswesens als Erste das dazu notwendige Maß an Wohlstand und Muße erlangt hatte.
176 Zu Aristoteles' Bestimmung der „Gerechtigkeit im allgemeinen Sinn" vgl. NE V.3.; V.5, 1130b18–29. Eine kurze Diskussion dieses Begriffs findet sich in Miller 1995, 56–58.

ihn in Aristoteles' Augen zum „Urheber der größten Güter" (Pol. I.2, 1253a29–33). Erst in der politischen Gemeinschaft der Polis findet der Mensch somit jene materiellen und institutionellen Bedingungen vor, die er für die vollständige und gute Entfaltung seiner Vernunftnatur, d. h. sein Glück, benötigt. Die Angewiesenheit des Menschen auf die Gemeinschaft der Polis entspricht dabei der Bestimmung des Menschen als *physei politikon zôon* im engeren Sinn (s. Kap. 3.1).

Tab. 2

Komplexe natürliche Gemeinschaften	Bestandteile	Gut, Kooperationsziel, Gemeinsame Leistung
Haus	natürliche Elementargemeinschaften	Befriedigung elementarer Bedürfnisse, Überleben
Dorf	Häuser	„nicht nur um der augenblicklichen Bedürfnisse willen", Befriedigung höherer, nicht-elementarer Bedürfnisse
Polis	Dörfer	gutes Leben; selbständiges Leben, glückseliges und edles Leben

Das oberste Ziel der Polis transzendiert damit den Entstehungsgrund der ersten menschlichen Gemeinschaften, aus denen sie hervorgeht bzw. die sie als ihre Teile umfasst. Höchster Zweck der politischen Gemeinschaft ist nicht mehr nur das *bloße* Leben, sondern das *gute* Leben der Bürger:

> Endlich ist die aus mehreren Dörfern bestehende vollkommene Gemeinschaft (*koinônia teleios*) der Staat (*polis*). Er hat gewissermaßen die Grenzen der vollendeten Autarkie (*pasa* [...] *autarkeia*) erreicht, zunächst um des bloßen Lebens (*zên*) willen entstanden, dann aber um des guten Lebens (*eu zên*) willen bestehend. (Pol. I.2, 1252b27–30; vgl. Pol. III.9, 1280a 31–33; 1280b29–35; 1280b39–81a2)

In den folgenden politisch-philosophischen Untersuchungen bleibt von den komplexen Gemeinschaften das Dorf ohne größere Bedeutung. Aristoteles konzentriert sich im Fortgang der *Politik* sattdessen auf die Unterscheidung von „Haus" als Raum der ökonomischen Herrschaftsverhältnisse bzw. des privaten Rechts und „Polis" als Raum der politischen Herrschaftsverhältnisse bzw. des öffentlichen Rechts. Fragt man sich, warum Aristoteles in seiner Konstitutionsanalyse der Polis in Pol. I.2 überhaupt die Gemeinschaftsform des Dorfes einführt, so kann man dahingehend spekulieren, dass er neben der Existenz des Hauses auch die des Sozialverbandes des Demos als unterster Verwaltungseinheit der Polis, in der das Dorf seine historischen Spuren hinterlassen haben dürfte, als naturgegeben zu erklären beabsichtigt. Zudem ist Aristoteles daran gelegen zu zeigen, dass es sich bei der Entwicklung der menschlichen Gemeinschaften von den häuslichen Subgemeinschaften bis hin zur Polis analog zum Wachstums- und Entwicklungsprozess von Lebewesen um einen kontinuierlich verlaufenden Prozess handelt. Durch die Einführung der kommunalen Zwischenstufe des Dorfes wird so die Parallelität der Polisgenese zu natürlichen Wachstumsprozessen stärker betont. Auch die Entwicklung des Menschen vollzieht sich nicht schlagartig vom Kind zum Erwachsenen, sondern kontinuierlich über die Zwischenstufen der Pubertät und Adoleszenz.

3.3.4 Aristoteles' genetische Konstitutionsanalyse der Polis: Ergebnisse

Mit seiner genetischen Konstitutionsanalyse der Polis in Pol. I.2 verankert Aristoteles die Existenz der Polis im Überlebens- und Arterhaltungstrieb des Menschen. Ursprünglich kommen Menschen in Gemeinschaften zusammen, weil sie alleine nicht überlebensfähig sind. Dieser existenzielle Ursprung menschlicher Gemeinschaft bestimmt auch das Bild der Polis. Die Polis besitzt mit Blick auf die Bürger eine grundlegende materielle Versorgungs- und Schutzfunktion, die sie mit jenen ersten natürlichen Gemeinschaften, aus denen sie hervorgeht, teilt. Wer diese existenzielle Dimension aus Aristoteles' Staats- und Politikverständnis ausblendet, verkürzt es in unzulässiger Weise.[177] Die aristotelische Lehre von der Polis ist nicht als eine naive Form der Sozialromantik misszuverstehen. Zugleich bleibt Aristoteles nicht bei der materiellen Versorgungs- und Schutzfunktion der Polis als Staatsziel stehen. Richtig verstanden kann die Polis für den Menschen unendlich viel mehr sein. Denn aufgrund der komplexen Kooperationsnatur, die für Staaten charakteristisch ist, kann die Polis ihren Bürgern ein Maß an Muße gewährleisten, das es diesen erst ermöglicht, ihrer rationalen Selbstvervollkommnung nachgehen zu können. Darüber hinaus ist die Polis mit ihrer Gesetzgebung im Besitz eines öffentlichen Erziehungswesens, das die Bürger bei der Entwicklung guter charakterlicher Haltungen anleiten und somit maßgeblich zum Erwerb der ethischen Tugenden beitragen kann. Wenn Aristoteles daher als Ziel des Zusammenlebens der Bürger in der Polis das gute Leben bestimmt, so ist diese Bestimmung inklusivistisch zu verstehen: Ohne das Überleben der Bürger könnte

---

[177] So etwa die aristotelisch inspirierte Gegenüberstellung von Haus und Polis in Hannah Arendts *Vita activa* (2006).

die Polis schlichtweg nicht existieren, ohne die Fürsorge für das gute Leben wäre sie nicht eigentlich ein Staat.[178]

Das Verhältnis zwischen der Polis und den ihr untergeordneten Gemeinschaften, die sie als ihre Teile umfasst, ist dabei direktiver Natur (vgl. hierzu Kap. 3.6). Jede natürliche Gemeinschaft besitzt für das Gesamtziel der Polis eine notwendige Teilfunktion. Fortpflanzung, Sicherstellung der Lebensnotdurft und die „Aufzucht" der zukünftigen Staatsbürger sind nicht unmittelbar Aufgabe der Polis – verstanden als die politische Gemeinschaft der (Voll-)Bürger –, sondern bleiben den häuslichen Subgemeinschaften überlassen. Man könnte hier vom aristotelischen Subsidiaritätsprinzip sprechen. Allerdings hat die Polis als *koinônia kyriôtatê*, die alle anderen Gemeinschaften in sich umfasst, durch ihre Gesetzgebungskompetenz dafür zu sorgen, dass jede der ihr untergeordneten Gemeinschaften auch die ihr zukommende Leistung gut und auf die richtige Weise erfüllt. Die Bestimmungen über die anderen natürlichen Gemeinschaften, die einen funktionalen Beitrag zum übergreifenden Letztziel der Polis leisten, gehören deshalb zum genuinen Betätigungsfeld des politischen Gesetzgebers. Aristoteles' Bestimmungen über die Verteilung des Grundbesitzes, die Bestimmungen über Ehe und Kindererziehung haben hier ihren systematischen Ort.

Aristoteles argumentiert damit zugleich für die Notwendigkeit der synchronen Existenz sämtlicher natürlicher Gemeinschaften. Denn die Aufhebung einer dieser Gemeinschaften würde zu einer widernatürlichen sozialen Ordnung führen. Er kritisiert deshalb die von Platon in der *Politeia* eingeführte Frauen-, Kinder- und Besitzgemeinschaft für den Stand der Wächter, da diese gesetzlichen Regelungen der Abschaffung des Hauses bzw. der häuslichen Subgemeinschaften gleichkommen (Pol. II.1–5). So betrachtet ist es kein Zufall, dass Platon in seiner Staatsentstehungstheorie in Rep. II weder die Gemeinschaft von Mann und Frau noch die von Eltern und Kind erwähnt. Denn dies zu tun hieße – im aristotelischen Theorievokabular –, ihnen den Status einer natürlichen Gemeinschaft zuzuerkennen. Dann aber wäre es Platon unmöglich, diese in Rep. V für den Wächterstand zugunsten der Frauen-, Kinder- und Besitzgemeinschaft abzuschaffen, ohne die Polis in einen widernatürlichen Zustand zu bringen. Die Auflösung des Konfliktverhältnisses von Partikular- und Gemeininteresse, die sich Platon durch die Abschaffung des Privaten innerhalb der politischen Elite verspricht, ist daher nach Aristoteles vom Gesetzgeber auf anderem Weg zu leisten. Für Eintracht und Harmonie unter den Bürgern, die der Polis ihre Stabilität verleihen, indem sie

---

[178] Zu Aristoteles' inklusivistischer Staatszielbestimmung vgl. bes. das Argument von Pol. III.9 und NE VIII.11, 1160a8–29, ferner Pol. I.4, 1253b24f. Vgl. hierzu auch Mayhew 1995, bes. 490f.; Mulgan 2001, 99f.

Faktionen innerhalb der Bürgerschaft verhindern und so vor dem politischen Hauptübel des Bürgerkriegs (*stasis*) schützen, ist nach Aristoteles seitens des Gesetzgebers vielmehr durch das Stiften von Freundschaft zu sorgen. Erneut wird somit die richtige Erziehung zur vorrangigen Aufgaben gesetzgeberischen Tätigseins (vgl. bes. Pol. II.4, 1262b3–10; II.5, 1263a21–40). Sowohl Aristoteles als auch Platon dienen ihre Staatsentstehungstheorien also dazu, den inneren Bauplan der Polis, die ihr eigentümliche und von Natur aus zukommende Architektur, sichtbar werden zu lassen.

Für Aristoteles' Phänomenologie der natürlichen Gemeinschaften ist dabei von herausragender Bedeutung, dass es sich beim Haus und den häuslichen Subgemeinschaften – ebenso wie beim Dorf – noch nicht um eine Polis handelt. In seiner Anerkennung poliskonstitutiver und zugleich „vorstaatlicher" Gemeinschaften weicht Aristoteles signifikant von der platonischen Staatsentstehungstheorie aus Rep. II ab. In Rep. II ist bereits der Zusammenschluss von vier oder fünf Männern (369d11 f.), in dem für die elementaren Reproduktionsbedingungen des Menschen Fürsorge betrieben wird und der damit das funktionale Äquivalent zum aristotelischen Haus bildet, eine politische Gemeinschaft, nämlich „die notdürftigste *Polis*" (*anankaiotatê polis*). Im Gegensatz zu Aristoteles nimmt Platon in seiner Staatsentstehungstheorie also keine „vorstaatlichen" Gemeinschaften an. Für Aristoteles ist jedoch eine Gemeinschaft, die wie die platonische „notdürftigste Polis" ausschließlich um der Sorge für den Körper (Rep. II, 369d) und das Lebensnotwendige (Rep. II, 373a, b, d) willen besteht, noch keine Polis.[179] Da sich nun Herrschaft nach Aristoteles immer relativ zu einer bestimmten Form von Gemeinschaft verhält (vgl. Kap. 3.2), fehlt Platon aufgrund seiner mangelnden Differenzierung zwischen den „vorstaatlichen" häuslichen Gemeinschaften und der Polis von vornherein die Möglichkeit, zwischen den häuslichen und den politischen Herrschaftsverhältnissen im engeren Sinn zu unterscheiden. Die „vorstaatlichen" Herrschaftsformen des Hauses haben aufgrund der platonischen Gemeinschaftslehre in der politischen Philosophie der *Politeia* somit keinen Platz. Jegliche Form von Herrschaft ist für Platon immer schon politische Herrschaft.

Die Unterscheidung von häuslichen Elementargemeinschaften und der Polis ist aber auch noch aus einem weiteren Grund für Aristoteles' politische Philoso-

---

[179] Platon revidiert seine Gemeinschaftslehre im *Politikos* – vielleicht bewegt durch die Kritik des Aristoteles – dahingehend, dass er die Bereitstellung der Nahrung für die regierten Bürger nicht mehr als eine Aufgabe des Staatsmannes bezeichnet, es also „vorstaatliche" Gemeinschaften geben muss, die für die Ernährung und Aufzucht des Menschen sorgen (Plt. 275c–277a). Vgl. auch Leg. III, 678a, wo dem vereinzelt lebenden Menschengeschlecht in der Zeit unmittelbar nach der mythischen Urkatastrophe das Fehlen von Polis (*polis*), Verfassung (*politeia*) und Gesetzgebung (*nomothesia*) attestiert wird (sie aber dennoch überlebensfähig waren).

phie von herausragender systematischer Bedeutung. Das Haus als „vorstaatliche" Gemeinschaft beruht auf den natürlichen Unterschieden seiner Mitglieder: Herr – Sklave, Mann – Frau, Vater – Kind unterscheiden sich von Natur aus durch die ihnen eigentümlichen Anlagen und Leistungen, die sie zur Erhaltung des Menschengeschlechts beisteuern. Die häuslichen Subgemeinschaften basieren mithin auf der natürlichen Ungleichheit ihrer Mitglieder. Demgegenüber ist die Polis ein Zusammenschluss von Natur aus Gleicher, nämlich der Zusammenschluss der Hausvorsteher als Bürger, bei denen es sich um erwachsene Männer handelt. Die Unterschiede, die auf Polisebene zwischen den Bürgern existieren, sind rein *tätigkeitsbezogener* und nicht *natürlicher* Art. Sie beruhen allein auf der professionellen Ausdifferenzierung der Handwerke und Künste. Aristoteles kann also die Polis als eine Gemeinschaft der von Natur aus Gleichen bestimmen, indem er die natürliche Ungleichheit unter den Menschen zum spezifischen Merkmal der „vorstaatlichen" Elementargemeinschaften des Hauses erklärt.[180]

Vor dem Hintergrund seiner Unterscheidung von „vorstaatlicher" Haus-Gemeinschaft und Polis kritisiert Aristoteles deshalb in Pol. II erneut Platons politische Theoriebildung der *Politeia*. Indem Platon bereits die ersten menschlichen Gemeinschaften als „Polis" bezeichnet, mache er die das Haus kennzeichnende natürliche Ungleichheit seiner Mitglieder zu einem konstitutiven Prinzip des Staates. Tatsächlich verweist Platon bei der Einführung des Prinzips der Arbeitsteilung, das er der „notdürftigsten Polis" und den ihr folgenden Entwicklungsstadien der Polis als Organisationsstruktur zugrunde legt, wiederholt darauf, dass die Aufgabenteilung zwischen den Bürgern in einer Polis aufgrund von natürlichen Unterschieden bestehe (*kata physin*: 370c4; vgl. insgesamt Rep. II, 369e–370c). Jeder solle in einer Polis allein derjenigen Aufgabe nachkommen, zu der er von Natur aus veranlagt sei. So zeichnen sich die Lohnarbeiter, die die zum Leben notwendigen körperlichen Arbeiten ausführen, etwa von Natur aus durch einen starken Körper (*sôma*) aus, sind aber, was den Verstand (*dianoia*) betrifft, zurückgeblieben. Das Prinzip der natürlichen Arbeitsteilung dient Platon sodann auch zur Etablierung einer eigenen politischen Kaste, den Wächtern (*phylakes*). Denn da jeder nur der einen Aufgabe nachkommen darf, für die er von Natur aus geschaffen ist, muss man eine eigene Herrscherkaste postulieren, die die Regentschaft in der politischen Gemeinschaft ausübt (Rep. II, 374a ff.). Die natürliche Qualifikation eines Wächters beschreibt Platon dabei wie folgt: Ein Wächter muss,

---

[180] Dass die personalen Herrschaftsverbände innerhalb des Hauses auf der natürlichen Ungleichheit ihrer Mitglieder beruhen, während die soziale Heterogenität der Polis eine tätigkeitsbasierte ist, die aus der technischen Spezialisierung der Hausvorsteher resultiert, wird von Aristoteles etwa in Pol. I.13 betont: „Außerdem ist der Sklave von Natur (*physei*), was er ist: Schuster und ein sonstiger Handwerker ist aber keiner von Natur" (Pol. I.13, 1260b1 f.).

was die Seele betrifft, „von Natur aus (*physei*) philosophisch (*philosophon*) und wissbegierig (*philomathê*)" (Rep. II, 376c1 f.), aber auch „mutig" (*thymoeidês*: Rep. II. 375b7, e10) sein; was den Körper betrifft, so muss er „flink" (*tachys*) und „stark" (*ischyros*) sein. Aristoteles liest Platons Staatsentstehungstheorie aus Rep. II sowie dessen Aussagen rund um den Metallmythos (Rep. III, 415a–415c) folgerichtig so, dass Platon aufgrund der Nicht-Unterscheidung von „vorstaatlichem" Haus und Polis letztlich dazu tendiert, die natürliche Ungleichheit unter den Menschen zu einem konstitutiven Prinzip des Politischen zu erklären.[181] Damit verstößt er nach Aristoteles gegen das Wesen der Polis als Gemeinschaft von Natur aus freier und deshalb gleicher Individuen.[182] Auch wenn der letzte Teil der aristotelischen Platon-Kritik unsere Zustimmung findet, weil auch wir den Staat als eine Gemeinschaft von Natur aus Freier und (deshalb) von Natur aus Gleicher bezeichnen, lehnen wir doch seine Begründung für diese Wesensbestimmung des Staates ab. Denn für uns ist der Staat nicht deshalb eine Gemeinschaft von Natur aus Gleicher, weil die natürliche Ungleichheit zwischen den Menschen ihren Ort in der „vorstaatlichen" Gemeinschaft des Hauses hat, sondern weil unter moralischen und rechtlichen Gesichtspunkten alle Menschen von Natur aus frei und gleich sind. Im Hintergrund von Aristoteles' Platon-Kritik steht also bedauerlicherweise kein moralischer Universalismus, sondern lediglich eine andere Theorie der natürlichen Gemeinschaftsformen. Sowohl Platon als auch Aristoteles gehen von natürlichen Unterschieden zwischen den Menschen aus, die über ihren rechtlichen Status bestimmen – Platon in Bezug auf das „öffentliche" Recht der Polis, Aristoteles in Bezug auf das „private" Recht des Hauses.

Nachdem Aristoteles so durch die genetische Konstitutionsanalyse der Polis in Gestalt einer Phänomenologie der natürlichen Gemeinschaften die Bestandteile der Polis zutage gefördert hat, stellt sich nach SNH (vgl. Kap. 3.2) mithin die Frage,

---

181 Vgl. hierzu Pol. II.5, 1264b10 – 15: „Dass er [Platon] aber gezwungen ist, immer dieselben regieren zu lassen, ist klar. Denn ‚das von den Göttern kommende Gold' ist nicht bald diesen, bald jenen Seelen beigemischt, sondern stets denselben. Er sagt ja, gleich bei der Geburt habe die Gottheit den einen Gold, den andern Silber beigemischt und Erz und Eisen denjenigen, die Handwerker und Bauern zu werden bestimmt waren."

182 Im *Politikos* hat Platon – vielleicht erneut motiviert durch die Diskussion mit Aristoteles – seine Lehre von der *natürlichen* Überlegenheit der Regenten widerrufen, indem er in kritischer Absicht gegen den ersten Definitionsversuch des Staatsmannes bzw. der politischen Herrschaft den Mythos von den zwei Zeitaltern einbringt (Plt. 268d–274e). Nach diesem Mythos ist die politische Herrschaft unter Gegenwartsbedingungen (Zeitalter des Zeus) die Herrschaft von Menschen über Menschen und damit die Herrschaft über von Natur aus Gleiche, nicht die von Göttern bzw. Dämonen über Menschen (Zeitalter des Kronos). Platon revidiert damit seine Auffassung aus der *Politeia* dahingehend, dass er die politische Herrschaft nicht mehr auf die *natürliche* Superiorität der Regenten zurückgeführt wissen will.

welche natürlichen Herrschaftsverhältnisse ihnen zu eigen sind. Genau dies ist die Untersuchungsperspektive, die den Fortgang der *Politik* bestimmen wird. Pol. I.4 – 7 sowie 12 – 13 haben dabei die drei häuslichen Herrschafts- und Rechtsverhältnisse zum Gegenstand, die Bücher II-VIII sind den politischen Herrschafts- und Rechtsverhältnissen in der Polis gewidmet und bilden mithin Aristoteles' politische Philosophie im engeren Sinne. Insofern bildet Aristoteles' Phänomenologie der natürlichen Gemeinschaftsformen den systematischen Ausgangspunkt der gesamten politischen Abhandlungen, wie sie uns in der *Politik* überkommen sind.[183]

3.4 Die Natürlichkeit der Polis

Ein zentrales Argumentationsziel von Aristoteles' genetischer Konstitutionsanalyse der Polis in Pol. I.2 besteht darin, die Natürlichkeit der Grundstruktur unserer sozialen Welt darzulegen. Insbesondere der Beweis für die Natürlichkeit der höchsten und umfassenden menschlichen Gemeinschaft ist Aristoteles dabei von besonderer Bedeutung: Jede Polis (*pasa polis*), so Aristoteles, existiert von Natur aus (*physei esti*) (Pol. I.2, 1252b30).[184] Die These von der Natürlichkeit der Polis ist Aristoteles augenscheinlich so wichtig, dass er sie in Pol. I.2 nicht weniger als

---

[183] Aristoteles hat mir seiner Lehre von den natürlichen Gemeinschaften auch auf das politische Denken der Moderne gewirkt. Besonders stark beeinflusst von Aristoteles' Phänomenologie der natürlichen Gemeinschaften zeigt sich die politische Philosophie von John Locke, der diese in seiner *Zweiten Abhandlung über die Regierung* beinahe wortwörtlich aufgreift: „Gott hat den Menschen so geschaffen, daß es nach seinem eigenen Urteil nicht gut für ihn war, allein zu sein. Er stellte ihn unter den starken Zwang von Bedürfnis, Zweckmäßigkeit und Neigung, um ihn in die *Gesellschaft* zu lenken, und stattete ihn zugleich mit Verstand und Sprache aus, um in ihr zu verbleiben und sie zu genießen. Die *erste Gesellschaft* bildeten der Mann und die Frau. Sie setzte den Anfang für diejenige von Eltern und Kindern, dazu kam mit der Zeit die Gemeinschaft von Herr und Knecht. Und obwohl diese alle zusammenfallen konnten, in der Regel auch wirklich zusammenfielen und eine einzige Familie bildeten, in der der Herr oder die Herrin eine gewisse, der Familie angemessene Herrschaft ausübte, so kam doch keine von ihnen allein und auch nicht alle zusammen *einer politischen Gesellschaft* nahe. Wir werden das sehen, wenn wir deren verschiedene Ziele, Bedingungen und Grenzen näher betrachten" (*Zweite Abhandlung*, Kap. VII, § 77). Wie sich im weitern Verlauf der *Zweiten Abhandlung* zeigt, geht es Locke ebenso wie Aristoteles darum, aus der Darlegung der Verschiedenheit dieser Gemeinschaften die Eigentümlichkeit der ihnen zukommenden Herrschafts- und Rechtsverhältnisse aufzuzeigen.

[184] Ambler sieht in der Allgemeinheit dieser Aussage („*jede Polis*") eine antisokratisch-antiplatonische Stoßrichtung, indem Sokrates in der *Politeia* nur die Naturgemäßheit der Philosophenpolis behauptet – und damit die Widernatürlichkeit der bestehenden Poleis (Ambler 1985, 163).

dreimal wiederholt.[185] Die aristotelische Natürlichkeitsthese ruft in uns zunächst Verwunderung hervor, weil wir gewohnt sind, den Staat eher als ein artifizielles Konstrukt denn ein naturgegebenes Gebilde zu begreifen. Die Verfassung als Regelwerk des staatlichen Lebens ist nach unserer Vorstellung das Ergebnis von politischer Beratung und Verhandlung; sie ist das Werk des weisen Agierens unserer Verfassungsväter. Auch von den Griechen wird dies grundsätzlich nicht anders gesehen. Auch sie halten ihre Verfassungsväter und Gesetzgeber in höchsten Ehren: auf Lesbos Pittakos, in Sparta Lykurg und in Athen Solon. Pittakos und Solon werden von Platon sogar zu den sieben Weisen gezählt (Prot. 343a).[186] Umso mehr mag die aristotelische Natürlichkeitsthese überraschen. Doch dieser erste Eindruck täuscht. Denn was die allgemeine Hochschätzung der Griechen für ihre Gesetzgeber betrifft, bildet auch Aristoteles keine Ausnahme. In Pol. I.2 – also im selben Kapitel, in dem er mit seiner genetischen Konstitutionsanalyse für die Natürlichkeit der Polis argumentiert – werden von ihm die einzigartigen Verdienste des Verfassungs- bzw. Gesetzgebers herausgestellt:

> Alle Menschen haben also von Natur den Drang zu einer solchen Gemeinschaft [Polis], und wer sie als Erster aufgebaut hat, ist der Urheber größter Güter (*megistôn agathôn*). Wie nämlich der Mensch, wenn er vollendet ist, das beste der Lebewesen ist, so ist er abgetrennt von Gesetz und Recht das schlechteste von allen. (Pol. I.2, 1253a29–33)

Wie aber verträgt sich diese Lobpreisung des Wirkens des Gesetzgebers, durch die ein technisch-artifizielles Staatsverständnis[187] transportiert wird, mit der These von der natürlichen Existenz der Polis? Die gleiche Frage stellt sich sodann auch mit Blick auf die in Aristoteles' Schule angeblich vorhandene Sammlung von 158 Verfassungen.[188] Diese hat vermutlich zu einer frühen Form von vergleichender

---

185 Nämlich in Pol. I.2, 1253a2; 1253a25; 1253a29f.; vgl. auch 1253a18f. Von einigen Intrpreten wird Aristoteles' politische Philosophie daher geradezu mit seinem politischen Naturalismus gleichgesetzt. Vgl. Hierzu etwa Nederman 1994, 283: „There is perhaps no doctrine so closely associated with Aristotle's political philosophy as the claim of *Politics* 1253a1–3 that 'man is a political animal' (*zoon politikon*), in conjunction with statement at 1252b30 that the polis or political community exists by nature." Vgl. hierzu auch Kap. 1.3.
186 Zur Hochschätzung des Gesetzgebers und Politikers bei den Römern vgl. Cicero *De re publica* 1, 7, 12: „ [...] denn es gibt nichts, wobei menschliche Vollkommenheit näher an der Götter Walten heranreichte, als neue Staaten zu gründen oder schon gegründete zu bewahren."
187 Der technisch-artifizielle Charakter der Politik wird u.a. betont in Pol. II.12, 1273b32–34; 1274b18f.; VII.4, 1325b40–1326a5.
188 Aristoteles kündigt in NE X.10, 1181b13–20, an, dass ein Vergleich von Verfassungen die Grundlage der noch ausstehenden politisch-philosophischen Untersuchungen bilden soll, durch

Regierungslehre gedient. Und Aristoteles scheint selbst auf Teile dieser Sammlung in Buch II sowie in den „empirischen" Büchern Pol. IV–VI[189] der *Politik* zurückzugreifen. So diskutiert Aristoteles in Pol. II nicht weniger als sechzehn als besonders vorbildhaft geltende philosophische und historische Verfassungsentwürfe.[190] Wie aber kann Aristoteles die These von der Natürlichkeit der Polis gegenüber der von ihm registrierten Pluralität an historischen Verfassungen als Zeugnissen des mannigfaltigen Wirkens von Gesetzgebern aufrechterhalten? Handelt es sich bei der Natur nicht um einen invarianten Maßstab?[191] Wie, falls überhaupt, lassen sich diese konzeptionellen Spannungen beheben? Nach David Keyt bleiben die These von der Natürlichkeit der Polis einerseits sowie die Dar-

---

welche die „Philosophie der menschlichen Angelegenheiten" (NE X.10, 1181b15) zum Abschluss gebracht werden soll.
189 Zum Einfluss der Sammlung von 158 Verfassungen auf Pol. IV–VI s. Aalders 1965, 221, der auf Newman I, 491, und Jaeger 1955, 279, verweist.
190 Nämlich: Platons *Politeia* (Pol. II.1–5); Platons *Nomoi* (Pol. II.6); Pheidon aus Korinth (Pol. II.6); Phaleas von Chalkedon (Pol. II.7); Hippodamos aus Milet (Pol. II.8); die Verfassung von Sparta/Lykurg (Pol. II.9); die Verfassung von Kreta (Pol. II.10); die Verfassung von Karthago (Pol. II.11); die Verfassung von Athen/Solon (Pol. II.12); die Verfassung von Lokroi durch Zaleukos (II.12); die Verfassung von Kantane und anderen chalkidischen Städte in Italien und auf Sizilien durch Charondas (Pol. II.12); Onomakritos (Pol. II.12); die Gesetzgebung für Theben durch Philolaos von Korinth (Pol. II.12); die Gesetzgebung Drakons für Athen (Pol. II.12); die Verfassung des Pittakos (Pol. II.12); die Verfassung des Androdamas von Rhegion (Pol. II.12).
191 Zur Natur als invariantem Maßstab des „Verhaltens" eines Dinges bei Aristoteles vgl. bes. NE II.1, 1103a18–23: „Hieraus wird auch deutlich, dass keine der Tugenden des Charakters in uns von Natur aus (*physei*) entsteht. Denn kein natürliches Ding wird durch Gewöhnung geändert. Beispielsweise lässt sich ein Stein, der von Natur aus nach unten fällt, nicht daran gewöhnen, nach oben zu fliegen, selbst wenn jemand ihn dadurch daran gewöhnen wollte, dass er ihn zehntausendmal nach oben wirft. Ebenso wenig kann man das Feuer daran gewöhnen, sich nach unten zu bewegen, und man wird auch keines von den übrigen Dingen, das von Natur aus auf eine bestimmte Weise beschaffen ist, daran gewöhnen, sich auf eine andere Weise zu verhalten." Zur Natur als invariantem Maßstab für das Polisrecht vgl. NE V.10, 1134b24–28. Nach Gigon geht der Begriff der Natur als „invariante" Norm auf die sokratische Tradition zurück. Er nennt Aristipp von Kyrene (Xenophon, Mem. II.1, 8–13) sowie die Kyniker als wichtige Quelle dieses Naturverständnisses (Gigon 1971, 345). Auch Karneades bedient sich in seiner Rede gegen die Gerechtigkeit eines Arguments, das die Natur als eine „invariable" Norm für das Handeln der Menschen ausweist. Vgl. hierzu Cicero, *De re publica* 3, 8, 13: „Das Recht nämlich, worüber wir die Untersuchung führen, ist etwas von Staats wegen, nicht von Natur. Denn wäre es so, so wäre wie das Warme und das Kalte, das Bittere und das Süße gerecht und ungerecht für alle dasselbe." Cicero verteidigt die Norm der natürlichen Gerechtigkeit gegen den Einwand des Kultur- und Epochenrelativismus, indem er die Unterschiede in den historischen Gesetzeswerken auf die höhere bzw. niedere Einsicht der jeweiligen Verfassungsgeber in diese universelle, kosmische Norm zurückführt (vgl. hierzu auch *De re publica* 3, 22, 33; *De legibus* 1, 11, 31 ff.; 1, 17, 47 ff.; 2, 5, 11).

stellung der Polis als das Produkt des kunstmäßigen Wirkens des Gesetzgebers bzw. Politikers andererseits letztlich miteinander unvereinbar. Das hier skizzierte *physis-technê*-Dilemma sei nicht aufzulösen. Keyt glaubt deshalb, dass Aristoteles' politische Philosophie auf einem „grundlegenden Fehler" (*blunder*) beruhe (Keyt 1987 u. 1991a).[192] Aristoteles selbst scheint freilich die Natürlichkeit der Polis – will man ihm nicht vorwerfen, dass er einen solch fundamentalen Widerspruch in seiner politischen Theoriebildung auf rund einer Bekker-Spalte nicht gesehen hat – durchaus mit dem praktisch-rationalen Wirken des Gesetzgebers für vereinbar gehalten zu haben.

Was Aristoteles' These von der Natürlichkeit der Polis betrifft, so stellt sich im vorliegenden Untersuchungskontext noch ein weiteres Problem: In der Tradition des frühneuzeitlichen politischen Kontraktualismus, der das moderne Individualrechtsdenken maßgeblich geprägt hat, ist es die freiwillige und wechselseitige Zustimmung der Individuen in Form eines historischen (Locke) oder auch nur hypothetischen Vertragsschlusses (Hobbes), durch die die Bedingungen und Grenzen der politischen Machtausübung einerseits sowie die Bedingungen und Grenzen des bürgerlichen Gehorsams andererseits festlegt werden. Das vertragstheoretische Argument hat gerade die Rechtfertigung der individuellen Rechte und Pflichten nach dem Rechtsgrundsatz des „*volenti non fit iniuria*" im Zustand der Staatlichkeit (*status civilis*) zum Gegenstand. Das Individualrechtsdenken der frühen Neuzeit findet somit ausgerechnet in einem artifiziellen, konventionalistischen Staatsverständnis, das ihm eigentümliche Darstellungsmittel. Nun scheint Aristoteles mit seiner These von der Natürlichkeit der Polis genau gegen ein solch artifizielles und konventionalistisches Staatsverständnis zu polemisieren. Ist seine Polemik dann aber nicht als Angriff auf den normativen Individualismus des politischen Kontraktualismus zu verstehen, den wir als normatives Herzstück des Individualrechtsgedankens identifiziert haben?[193] Um Aufschluss über den exakten Gehalt von Aristoteles' These von der Natürlichkeit der Polis zu erhalten, ist es zunächst hilfreich zu klären, gegen wen er sich mit dieser überhaupt richtet.

---

192 Die Diagnose eines systematischen Spannungsverhältnisses zwischen diesen beiden Thesen ist jedoch schon wesentlich älter. Nederman verweist diesbezüglich auf den *Politik*-Kommentar des Thomas von Aquin (Nederman 1994, 285 Anm. 5).
193 So nennt etwa Wolfgang Kersting „die Ablösung der aristotelischen Naturrechtsteleologie" als eine der wichtigsten Bedingungen des Entstehens eines normativ-individualistischen Staatsdenkens (Kersting 2002, 104).

3.4.1 Sophistischer Konventionalismus vs. aristotelischer Naturalismus

Warum ist Aristoteles der Nachweis von der Natürlichkeit der Polis so wichtig? Die Antwort auf diese Frage ist in den zeitgenössischen politisch-philosophischen Debatten zu suchen, mit denen sich Aristoteles konfrontiert sieht. Was die klassische griechische Antike betrifft, so ist in ihr die Annahme von der natürlichen Soziabilität des Menschen die *opinio communis*. Von keinem der klassisch antiken Denker wird die menschliche Sozialnatur ernsthaft in Zweifel gezogen. Eine radikale Konfliktanthropologie wie die des hobbesschen Typs ist der Antike fremd (Yack 2002, 21 Anm. 8). Was jedoch von einigen antiken Autoren in Zweifel gezogen wird, ist, dass es einen natürlichen, objektiven Maßstab für die Einrichtung der Polis bzw. für das durch die Polis gesetzte Recht gibt. Nicht also die natürliche Soziabilität des Menschen als solche, auch nicht das Leben in der Polis, wohl aber die Naturgemäßheit des Polisrechts und der Polis als „politischer" Institution wurde attackiert (ebd.). Zu diesen Denkern gehören vor allem einige Sophisten, die mit der aufklärerischen These hervorgetreten sind, dass das Polisrecht weder eine göttliche noch eine naturgemäße Autorität für sich reklamieren kann, sondern allein aufgrund von Konvention (*nomô*) und Setzung (*thesei*) existiert.[194] Mit ihrer Überzeugung von der bloßen Konventionalität politischer Herrschafts- und Rechtsverhältnisse haben sie das griechische Staatsdenken nachhaltig erschüttert. Es ist exakt dieses von den Sophisten vertretene konventionalistische Gesetzesverständnis, gegen das sich Aristoteles mit seiner These von der Natürlichkeit der Polis richtet.[195]

Grundlage des sophistischen Angriffs auf die Naturgemäßheit des Polisrechts bildet die in der Sophistik vertretene Unterscheidung von *nomos* und *physis*.[196] Ihr zufolge gilt das Natürliche als das Unveränderliche und das Wesen einer Sache, während das Gesetzliche mit dem Gesetzten und Veränderlichen gleichgesetzt wird.[197] Diese *physis-nomos*-Antithese wird sodann von den Sophisten durch eine politische Anthropologie des egoistischen, selbstsüchtigen Vorteilsmehrers erweitert, die durchaus Ähnlichkeiten zur *homo oeconomicus*-Anthropologie des

---

[194] Anders Ambler, nach dem die Sophisten nicht nur die Existenz einer natürlichen Rechtsnorm, sondern auch die Autorität der Polis als solche in Frage gestellt haben (Ambler 1985, 163f.).
[195] Vgl. hierzu Yack 2002, 21 Anm. 8 und 9; Ambler 1985, 163. Kullmann denkt hingegen an ältere Denker wie die Atomisten um Demokrit (Kullmann 1980, bes. 427, 433).
[196] Zur *physis-nomos*-Antithese mit Blick auf die Polis und ihr Recht s. bes. die Position des Kallikles in Platons Gorg. 482c–484c; 491e–492c; 490a.
[197] Siehe hierzu Mulgan 1979, dessen Ausführungen ich in diesem und in den folgenden beiden Absätzen referiere.

hobbesschen Typs besitzt. Die Natur und das unveränderliche Wesen des Menschen sei es, in der (Polis-)Gemeinschaft eigensüchtig und auf Kosten anderer seinen Vorteil zu suchen. Gegenüber der egoistischen Natur des Menschen verhielten sich das Gesetz (*nomos*) und das Recht (*dikaion*) daher wie etwas Äußeres und Künstliches, weil sie der selbstsüchtigen Vorteilssuche des Einzelnen strikte Grenzen auferlegen. Denn die Gesetze und die Gerechtigkeit gebieten uns, den Vorteil und die Interessen anderer in unserem Sozialverhalten angemessen zu berücksichtigen, indem sie uns davon abhalten, Unrecht zu tun, d. h. uns Güter anzueignen, die rechtmäßig anderen zustehen. Gerechtigkeit und Recht setzen damit der von Natur aus angestrebten Optimierung des eigenen Nutzens Grenzen. Das durch die Polis gesetzte Recht existiere deshalb nicht von Natur, sondern aufgrund von Konvention und Setzung. Mulgan unterscheidet dabei zwei Varianten des sophistischen Konventionalismus: eine gesetzeskritische und eine gesetzesbegründende Spielart.

Nach der gesetzeskritischen Variante stehen die Gesetze und das Recht in einem unaufhebbaren Spannungsverhältnis zur Natur des Menschen als egoistischen Vorteilsmehrers. Diese gesetzeskritische Spielart des Kontraktualismus untergräbt die Autorität der Polis und des Polisrechts, insofern die Natur des Menschen es gebietet, wo immer nur unentdeckt möglich, und deshalb keine Strafe fürchtend, die durch das Gesetz und Recht künstlich gesetzten Grenzen bei der Verfolgung des eigenen Vorteils zu missachten. Vertreter dieser Variante sind unter anderen die Sophisten Antiphon und Hippias.[198] Eine ähliche Position liegt auch der Parabel vom Ring des Gyges zugrunde (Rep. II, 359c–360d), die als Messlatte an die Triftigkeit der platonischen Verteidigungsrede für die Gerechtigkeit angelegt wird. Ähnlich argumentieren auch die Sophisten Kallikles im *Gorgias* und Thrasymachos im ersten Buch der *Politeia*. Letzterer rät den Bürgern aufgrund seiner gesetzeskritischen Einstellung letztlich zur wahren „Tugend" der Ungerechtigkeit. Im Gegensatz zu Kallikles verzichtet Thrasymachos allerdings auf die *physis-nomos*-Antithese.

Anders die gesetzesbegründende Variante des sophistischen Konventionalismus. Eine solche Position finden wir u. a. im Referat eines anonymen Vertragstheoretikers durch Glaukon im zweiten Buch der *Politeia* (358e–359b). Auch nach diesem Argument beruhen die Autorität der Polis bzw. ihr Recht auf Konvention und Setzung, existieren also nicht von Natur aus. Allerdings gibt es nach Glaukon einen guten Grund für den kategorischen Gesetzesgehorsam. Denn obwohl der Mensch einen natürlichen Impuls dazu besitzt, seinen eigenen Vorteil

---

198 Mulgan verweist auf DK 87B44 (Antiphon) und Mem. IV.4, 14 (Xenophon). Aristoteles referiert Antiphons Naturverständnis in Phys. II.1, 193a9–17.

selbstsüchtig auf Kosten anderer zu verfolgen, d. h. Unrecht zu tun, kann es für ihn ratsam sein, sich selbst bestimmten Beschränkungen in seiner Vorteilssuche zu unterwerfen. Dies ist genau dann der Fall, wenn er in Form eines wechselseitigen Vertragsschlusses mit den anderen Polisangehörigen auf seine natürliche Freiheit verzichtet, seinen eigenen Vorteil selbstsüchtig auf Kosten anderer zu verfolgen, durch diesen Verzicht jedoch zugleich den Schutz erkauft, seinerseits nicht den Oppressionen der anderen ausgesetzt zu sein. Der Einzelne nimmt also von seinem natürlichen Trieb Unrecht zu tun Abstand, weil dieser Verzicht ihm den Schutz vor Unrechtleiden, die Benachteiligung durch das eigensüchtige Vorteilsstreben anderer, einbringt (wobei das Unrechtleiden (*adikeisthai*) als ein derart großes natürliches Übel angesehen wird, dass es nicht durch das natürliche Gut des Unrechttuns (*adikein*) kompensiert werden kann). Im Gegensatz zur gesetzeskritischen Variante des sophistischen Konventionalismus, die den Bürger letztlich dazu auffordert (um seiner Natur als egoistischer Vorteilsmehrer gerecht zu werden), wo immer nur unentdeckt möglich das Polisrecht zu verletzen, finden die Gesetze und das Recht der Polis also in der gesetzesbegründenden Variante des sophistischen Konventionalismus in der Natur des Menschen, möglichst gut dastehen zu wollen, ein festes Fundament. Diese gesetzesbegründende Variante des sophistischen Kontraktualismus macht dann Karriere bei Epikur und im Epikureismus.[199]

Wenn nun die Polemik des aristotelischen Naturalismus gegen den sophistischen Konventionalismus gerichtet ist, so würden wir dieser in der gesetzeskritischen Variante des sophistischen Konventionalismus gerne beipflichten. Demgegenüber würde eine grundsätzliche Kritik an der gesetzesbegründenden Variante des sophistischen Konventionalismus den Naturalismus des Aristoteles in einem fragwürdigen Licht erscheinen lassen. Da Aristoteles in seinen politischen Schriften jedoch nicht zwischen diesen beiden Formen des sophistischen Konventionalismus differenziert, haben wir davon auszugehen, dass die von ihm vertretene Natürlichkeitsthese auch gegen beide Varianten gerichtet ist. Polemisiert er mit seiner Natürlichkeitsthese mithin gegen ein normativ-individualistisches Rechtsverständnis, wie es der gesetzesfundierenden Variante des Konventionalismus zugrunde liegt? Dass diese Schlussfolgerung vorschnell gezogen wäre, wird deutlich, wenn man sich bewusst macht, worum es Aristoteles in seiner Kritik am sophistischen Kontraktualismus, sei es in der gesetzeskritischen, sei es in der gesetzesfundierenden Form, exakt geht. Es sind meiner Ansicht nach vor allem zwei Punkte, für die Aristoteles mit seinem politischen Naturalismus in Gestalt der Natürlichkeitsthese der Polis ins Feld zieht:

---

199 Mulgan verweist auf *Kyriai doxai* 31 f.

(i) *Existenz einer natürlichen Norm für das Polisrecht:* In seiner Phänomenologie der natürlichen Gemeinschaftsformen hat Aristoteles gezeigt, dass die Polis von Natur aus existiert (*physei esti*). Wie ein jedes von Natur aus existierendes Ding kann sich die Polis daher sowohl in einem ihrer Natur gemäßen (*kata physin*) als auch in einem naturwidrigen Zustand (*para physin/diephtharmena*) befinden (vgl. Miller 1995, 15).[200] Für die interne Ordnungsstruktur der Polis existiert mithin eine natürliche Norm. Die internen Organisationsprinzipien der sozialen Welt sind nach Aristoteles daher nicht in das Belieben der Menschen gestellt. Genau diesen Anspruch einer objektiven, natürlichen Norm für das Polisrecht, die den Gesetzgeber in seinem Tätigsein anleitet, sieht Aristoteles durch den sophistischen Konventionalismus in Frage gestellt, weil durch diesen die Gesetze und das Recht auf eine freie Übereinkunft der Bürger zurückgeführt werden. Denn diese Übereinkunft kann je nach den vorherrschenden Überzeugungen der Bürger und den faktisch vorliegenden Machtverhältnissen so oder anders getroffen werden. Die Berücksichtigung der faktisch vorherrschenden Interessen ist für Aristoteles nicht hinreichend, um die Rechtmäßigkeit einer Rechtsordnung zu garantieren, denn es kann sich bei ihnen um die Interessen von moralisch korrupten Individuen handeln.

Für die Auffassung, dass Aristoteles das Polisrecht nicht für etwas bloß Konventionell-Beliebiges erachtet, lassen sich neben Pol. I.2 weitere Belegstellen in seinen ethischen und politischen Schriften anführen. In Pol. III.7, 1279a17–20, unterscheidet er zwischen den richtigen (*orthai*) und den fehlerhaften (*hêmartêmenai*) Verfassungen bzw. Entartungen (*parekbaseis*) und behauptet sodann, dass Letztere wider die Natur bestehen (*para physin*: Pol. III.17, 1287b41). In NE V.10, 1134b18 ff., beginnt Aristoteles seine Ausführungen über das Polisrecht (*dikaion politikon*) damit, dass er dieses in einen „von Natur aus gegebenen" (*physikos*) und

---

200 Nach Miller beschränkt sich der Geltungsbereichsbereich der von Aristoteles behaupteten natürlichen Norm auf die Verfassung (*politeia*) einer Polis. Entspricht die Verfassung dem objektiven Standard der natürlichen Gerechtigkeit, dann befindet sich die Polis in einem natürlichen Zustand und ihre Verfassung gilt als korrekt; widerspricht die Verfassung dem Standard der natürlichen Gerechtigkeit, befindet sich die Polis in einem unnatürlichen Zustand und die Verfassung gilt als verkommen (Miller 1995, bes. 15). Die Grundlage von Millers Gleichsetzung des Geltungsbereichs der überpositiven Norm der natürlichen Gerechtigkeit mit dem Bereich der Verfassungsbestimmungen bildet die von ihm betriebene Analogisierung von Verfassung und Seele: Wie die Seele als Formursache der Lebewesen wirke, so die Verfassung mit Blick auf die Polis (Miller verweist für die Analogie von Seele und Verfassung auf Pol. II.3, 1276b7 f., und Pol. IV.4, 1291a24–8). Demgegenüber werde ich in den folgenden Kapiteln dafür argumentieren, dass der Geltungsbereich der von Aristoteles behaupteten natürlichen Norm der Herrschaftsverhältnisse (TNH) nicht auf die Verfassung beschränkt ist, sondern auch die „vorstaatlichen" Herrschafts- und Rechtsverhältnisse im Haus umfasst.

einen „auf Übereinkunft beruhenden" (*nomikos*) Teil gliedert (NE V.10, 1134b18 f.) und fährt sodann fort:

> Manche [der Sophisten] sind nun der Meinung, die Gerechtigkeit sei immer von dieser Art des gesetzten Rechts, weil das, was von Natur aus (*physei*) ist, unveränderlich (*akinêton*) ist und überall (*pantachou*) dieselbe Kraft hat (wie das Feuer sowohl hier als auch in Persien brennt), während sie sehen, wie die Dinge, die gerecht sind, sich verändern. Dies verhält sich jedoch nicht so, oder allenfalls auf gewisse Weise. Bei den Göttern allerdings ist es vielleicht niemals so, bei uns dagegen gibt es auch solches, was von Natur aus ist, jedoch ist dies alles veränderlich. Trotzdem ist das eine von Natur aus, das andere nicht von Natur aus. Was von dem, was anders sein kann, das von Natur aus Gerechte ist, und was vielmehr gesetzt ist und auf Übereinkunft beruht – wenn doch beides gleichermaßen veränderlich ist –, ist klar. (NE V.10, 1134b24–33).

Auch wenn diese Stelle – entgegen Aristoteles' Behauptung – alles andere als „klar" ist, so kann man ihr doch ganz allgemein einen guten Sinn abgewinnen: Was Aristoteles sagen möchte, ist, dass es, anders als die Sophisten es behaupten, ein von Natur aus Gerechtes gibt. Und die Natürlichkeit dieser Form von Gerechtem besteht gerade darin, dass es in seiner Geltung nicht von der Übereinkunft der Bürger abhängig ist. Dass Aristoteles mit der zitierten Passage aus NE V.10 die Existenz einer objektiven, natürlichen Norm für das Tätigsein des Gesetzgebers behaupten will, wird deutlich, wenn er seinen Gedankengang wie folgt resümiert:

> Ähnlich ist nun auch das, was nicht von Natur aus, sondern durch menschliche Setzung gerecht ist, nicht überall dasselbe, da auch die Staatsverfassungen (*poilteiai*) nicht dieselben sind; aber nur eine ist überall (*pantachou*) die der Natur nach (*kata physin*) beste (*aristê*). (NE V.10, 1135a3–5)

Auch in NE V.3, 1129b24 f., spricht Aristoteles von der Gerechtigkeit als einer Norm, die der einzelne Gesetzgeber besser und schlechter treffen kann. Die Natürlichkeitsthese aus Pol. I steht also im Zusammenhang mit einer Vielzahl weiterer Textstellen, in denen Aristoteles eine natürliche Norm für die Verfassung und das Polisrecht behauptet und damit einem rein konventionellen Rechtsverständnis, wie es der sophistische Konventionalismus behauptet, widerspricht.

(ii) *Kategorische Geltung des Polisrechts*: Mit dem ersten Kritikpunkt am sophistischen Konventionalismus ist ein weiterer eng verbunden, nämlich der Vorwurf, dass die Zurückführung des Polisrechts auf die freie Übereinkunft der Bürger zu dessen eingeschränkter, hypothetischer Geltung führen würde.[201] So ist

---

[201] Dieser Vorwurf gegenüber dem sophistischen Staatsdenken wird auch von Platon formuliert. Vgl. hierzu Rep. II, 358e–359b; Leg. X, 889b–890a.

die Gültigkeit des von Glaukon vorgetragenen kontraktualistischen Arguments von vornherein auf die Situation des Durchschnittsmenschen beschränkt, der nicht nur Unrecht tun kann, sondern zugleich auch verletzlich ist, indem er dem Unrechtleiden durch andere ausgesetzt ist. Für einen „Übermenschen", der aufgrund seiner individuellen Überlegenheit nicht die Oppressionen Dritter zu befürchten hat, wäre die Unterwerfung unter einen solchen Vertrag hingegen schlichtweg irrational. Für einen solchen „Übermenschen" gäbe es mithin keinen Grund, sich den konventionellen Beschränkungen durch die Gesetze zu unterwerfen. Dem entspricht in der platonischen Darstellung die Behauptung des Sophisten Kallikles, dass die Gesetze letztlich im Dienst der vielen verletzlichen und schwachen Individuen in ihrem Kampf gegen die wenigen von Natur aus Starken stehen (bes. Gorg. 482c – 484c; 490a). Aristoteles entwickelt hingegen mit seiner Natürlichkeitsthese, indem er die Entstehung der Polis auf die unmittelbare Bedürfnisnatur des Menschen zurückführt, ein Argument für die kategorische Geltung des Polisrechts. Weil die Polis ihren Entstehungsgrund in dem natürlichen Streben nach (vollendeter) Autarkie eines Menschen hat, hat jeder Einzelne, egal ob stark oder schwach, einen guten Grund, sich ihrer Autorität und ihrem Recht zu unterwerfen. Die Gesetze der Polis sind für alle, auch für die wenigen Starken, verbindlich. Wenn wir behaupten, dass Individualrechte in Gestalt der Grund- und Menschenrechte für die Ausübung politischer Herrschaft kategorisch gültige Normen abgeben, die von niemandem verletzt werden dürfen, so sind wir in geltungstheoretischer Hinsicht Alliierte des aristotelischen Naturalismus, nicht des sophistischen Konventionalismus.

Nachdem man sich diese beiden Argumentationsziele der aristotelischen Natürlichkeitsthese bewußt gemacht hat, wäre es daher voreilig, aus Aristoteles' Angriff auf den sophistischen Konventionalismus zu schließen, dass der von ihm vertretene politische Naturalismus in seiner normativen Struktur anti-individualistisch ist.[202] Ein solcher Schluss entpuppt sich letztlich als ein modernes Vorurteil, das auf dem enormen Einfluss der frühneuzeitlichen Vertragstheorien und ihres Rechtsgrundsatzes des „volenti non fit iniuria", auf dem das moderne Individualrechtsdenken fußt, gründet. Denn zum einen handelt es sich bei den kontraktualistischen Theorien der Sophisten nicht um Theorien, die der Begründung bürgerlicher Rechte und Freiheiten dienen. Die von den Sophisten vorgetragenen vertragstheoretischen Argumente zielen, anders als die ihrer frühneuzeitlichen Nachfolger, nicht auf die Begrenzung der politischen Autorität und die Macht der Gesetze. Die vollumfängliche Befugnisgewalt der Polis über ihre Bürger wird auch von ihnen nicht in Frage gestellt (Mulgan 1979). Die Frage, ob

---

[202] Zu diesem Vorwurf vgl. etwa Ambler 1985, 169.

und wenn ja, inwieweit Aristoteles' politische Theorie eine normativ-individualistische zu nennen ist, entscheidet sich einfach nicht an der Ablehnung des sophistischen Konventionalismus. Ausschlaggebend ist allein der genaue Gehalt der von Aristoteles behaupteten von Natur aus existierenden Norm für das Zusammenleben der Bürger in der politischen Gemeinschaft: Verpflichtet diese die politische Herrschaft bzw. die politischen Amtsträger auf das Wohl und den Vorteil eines jeden einzelnen regierten Bürgers, wäre Aristoteles' politische Philosophie trotz ihrer Gegnerschaft zum sophistischen Konventionalismus als normativ-individualistisch zu bezeichnen. Aus der These von der Natürlichkeit der Polis lässt sich kein Argument gegen eine Konzeption natürlicher subjektiver Rechte in Aristoteles' politischer Theorie entwickeln.

3.4.2 Die Natürlichkeit der Polis und die Gesetzgebung

Die genaue Interpretation von Aristoteles' Argument für die Natürlichkeit der Polis ist in der Literatur umstritten. Unglücklicherweise ist Aristoteles ausgerechnet in seiner Argumentation hinsichtlich dieses für seine politische Theorie so wichtigen Punktes nicht besonders luzide. Die entscheidende Passage ist Pol. I.2, 1252b30 – 1253a1:

> Darum existiert auch jede Polis (*pasa polis*) von Natur (*physei*), da es ja schon die ersten Gemeinschaften tun. Sie ist das Ziel (*telos*) von jenen, und das Ziel ist eben die Natur. Denn den Zustand, welchen jedes Einzelne erreicht, wenn seine Entwicklung zum Abschluss gelangt ist, nennen wir die Natur jedes Einzelnen, wie etwa des Menschen, des Pferdes, des Hauses. Außerdem ist der Zweck und das Ziel das Beste. Die Autarkie ist aber das Ziel und das Beste.

In der Literatur herrschen zwei Interpretationen dieser Schlüsselstelle vor, die sich am jeweils zugrunde liegenden Naturverständnis scheiden.[203] Die erste Lesart konzipiert den in Pol. I.2 im Spiel befindlichen Begriff von Natur im strikten Sinn von Phy. II.1 (bes. 192b13 – 15). Demnach existiert ein Ding X genau dann von Natur, wenn X über ein inhärentes Bewegungs- und Entwicklungsprinzip verfügt. Miller spricht deshalb von der internen Ursachen-Interpretation (*internal-cause interpretation*). Wenn Aristoteles in Pol. I.2 behauptet, dass die Polis von Natur aus existiere, attestiert er den Vertretern der internen Ursachen-Interpretation zufolge

---

[203] Siehe zum Folgenden Miller 1995, 37–45, dessen Argumentation ich in diesem Unterkapitel weitgehend übernehme.

der Polis mithin ein immanentes Bewegungs- und Entwicklungsprinzip.[204] Die Attraktivität der internen Ursachen-Interpretation liegt nach Miller vor allem darin, dass von ihr der Naturbegriff in Pol. I.2 in der Hauptbedeutung von „Natur" in Aristoteles' naturphilosophischen Schriften verwendet wird, so dass sie ein hohes Maß an Kohärenz und Kontinuität zwischen seinen naturphilosophischen und ethisch-politischen Schriften erzeugt. Allerdings ist es nicht ganz leicht zu verstehen, was es genau heißen soll, dass die Polis über ein inhärentes Bewegungs- und Entwicklungsprinzip verfügt.[205] Zudem neigt die interne Ursachen-Interpretation aufgrund des von ihr favorisierten strikten Naturbegriffs nach Miller dazu, die Polis zu substantialisieren, also sie als eine eigenständige natürliche Substanz zu betrachten. Gegen die Substantialisierung der Polis existieren jedoch zu Recht starke Vorbehalte (Kullmann 1980, 434–441).[206] Schließlich hat die interne Ursachen-Interpretation nach Miller erhebliche Schwierigkeiten, die Rolle des Gesetzgebers als Techniten bei der Gründung von Poleis angemessen erklären zu können. Denn nach Phy. II.1 handelt es sich bei Natur und Kunst um sich gegenseitig ausschließende Entstehungsprinzipien des Seienden: Während die von Natur aus seienden Dinge ihre Existenz einem immanenten Bewegungs- und Entwicklungsprinzip verdanken, geht die Existenz des Artifiziellen auf einen externen Formungsakt durch den Techniten zurück, der die in seiner Seele befindliche Form bzw. den in seiner Seele befindlichen Bauplan einem geeigneten Material von außen aufprägt. Die interne Ursachen-Interpretation scheitert nach Miller deshalb an der Schwierigkeit, die beiden von Aristoteles in Pol. I.2 konstatierten Thesen – die These von der Natürlichkeit der Polis einerseits und die These von der herausragenden Bedeutung des Gesetzgebers andererseits – zu harmonisieren.[207]

Um die konzeptionelle Spannung zwischen der These von der Natürlichkeit der Polis und der Bedeutung des Gesetzgebers in Pol. I.2 aufzulösen, wird daher von anderen Interpreten auf einen weiten, teleologischen Naturbegriff zurückgegriffen.[208] Miller spricht deshalb von der teleologischen Interpretation der

---

204 So etwa Keyt 1991a; Ambler 1985, 168f.; Nederman 1994, 303f.
205 Keyt deutet dies im Sinn einer Koloniegründung durch die Mutterpolis (Keyt 1991a).
206 In die Nähe einer natürlichen Substanz wird die Polis auch durch ihre Deutung nach der Vier-Ursachen-Lehre gebracht (s. etwa Hentschke 1971, 392–396; Miller 2008). Eine scharfe Kritik an diesem Deutungsansatz findet sich bei Schütrumpf I, 104–109.
207 Keyt hält aufgrund der von ihm vertretenen internen Ursachen-Interpretation das skizzierte *physis-technē*-Dilemma letztlich für nicht auflösbar (s. Keyt 1987 u. 1991a).
208 Ambler 1985, bes. 169f.; Miller 1995, 40–45; 2008; Nederman 1994, bes. 302f.; Dobbs 1994, bes. 75.

Natürlichkeitsthese (*teleological interpretation*).[209] Nach dieser Interpretation existiert ein Ding X nicht nur genau dann von Natur, wenn X ein immanentes Bewegungs- und Entwicklungsprinzip besitzt, sondern auch dann, wenn X der naturgemäßen Entwicklung und Entfaltung eines Organismus dient und seine Existenz – zumindest teilweise – auf einen natürlichen Impuls desjenigen Lebewesens zurückgeht, dessen natürliche Selbstentfaltung und Gedeihen es befördert.[210] Nach Miller besagt die teleologische Interpretation der These von der Natürlichkeit der Polis also lediglich, dass der Mensch als *zôon politikon* von Natur aus einen Impuls zur Bildung von Poleis besitzt und die Polis für die natürliche Selbstentfaltung des Menschen eine unverzichtbare Funktion übernimmt. Wie Aristoteles' Phänomenologie der natürlichen Gemeinschaften zeigt, ist dies tatsächlich der Fall. Da der von der teleologischen Interpretation zugrunde gelegte weite Naturbegriff lediglich erfordert, dass der natürliche Impuls des Menschen eine *Mitursache* für die Existenz der Polis abgibt, wird von ihr das praktisch-rationale, kunstmäßige Wirken des Gesetzgebers als eine zusätzliche Ursache also nicht ausgeschlossen. Die Natur des Menschen als *zôon politikon* und die praktische Vernunft des Gesetzgebers sind dieser Lesart zufolge sich gegenseitig ergänzende Teilfaktoren bei der Entstehung von politischen Gemeinschaften.[211] Die teleologische Interpretation, wie sie Miller vertritt, ist daher besser geeignet, die in Pol. I.2 angelegte konzeptionelle Spannung zwischen der Natürlichkeit der Polis und der Rolle des Gesetzgebers aufzulösen, und scheitert nicht an dem *physis-technê*-Dilemma. Was die teleologische Interpretation nach Miller zudem attraktiv macht, ist, dass sie im Gegensatz zur internen Ursacheninterpretation nicht dazu tendiert, in der Polis eine natürliche Substanz mit einer vom Menschen unabhängigen Natur zu sehen, und mithin nicht Gefahr läuft, diese zu substantialisieren. Folgt man der teleologischen Interpretation des aristotelischen Natürlichkeitsarguments ergeben sich daher keine Inkohärenzen. Natur und

---

209 Als Vertreter der teleologischen Interpretation nennt Miller Susemihl/Hicks 1894, 23 f.; Newman I, 20; Barker 1956, 218–225.

210 Miller verweist für die weite, teleologische Interpretation des aristotelischen Naturbegriffs auf Phys. II.8, 199a6–8, a29 f.: An diesen Stellen behauptet Aristoteles, dass auch die Nester der Vögel und die Netze der Spinnen von Natur aus existieren, da die Vögel und Spinnen einen natürlichen Impuls zum Bau von Nestern bzw. Netzen besitzen, insofern diese für das Gedeihen dieser Spezies eine unverzichtbare Rolle spielen.

211 Dass es sich bei *physis* und *technê* um ergänzende und nicht um sich gegenseitig ausschließende Seinsprinzipien handelt, betont Aristoteles in Pol. VII.17, 13367a1–3: „Denn jede Kunst und Erziehung (*pasa [...] technê kai paideia*) will ja nur die Natur (*physeôs*) ergänzen." Der Gedanke, dass es sich bei Natur und Kunst um komplementäre, sich gegenseitig ergänzende Entstehungsprinzipien handelt, wird von Cicero und der ihm nachfolgenden mittelalterlichen Tradition systematisch ausgebaut (Nederman 1994).

Gesetzgebung stellen vielmehr komplementäre Teilursachen der Polis-Existenz dar.

3.5 Die natürliche Priorität der Polis

Neben der Theorie vom naturgemäßen Sklaventum gilt die in Pol. I.2, 1253a18–29, von Aristoteles behauptete natürliche Priorität der Polis vor dem Individuum als das wohl umstrittenste Theoriestück seiner politischen Philosophie.[212] In diesem Abschnitt behauptet Aristoteles, dass „die Polis (*polis*) von Natur aus früher (*physei proteron*) ist als das Haus oder jeder Einzelne von uns" (Pol. I.2, 1253a18 f.; vgl. 1253a25 f.). Die These von der natürlichen Priorität der Polis erweckt stark den Anschein, als ob Aristoteles ein holistisches oder auch organizistisches Staatsverständnis vertreten wolle.[213] Dieser Verdacht wird dadurch gestärkt, dass Aristoteles das Prioritätsverhältnis der Polis gegenüber dem Individuum anhand des Beispiels der Teil-Ganzes-Relation und des Verhältnisses vom Gesamtorganismus zu seinen Organen erläutert (1253a20–23). Demnach scheint es sich beim Individuum lediglich um den Teil eines übergeordneten Staatsganzen zu handeln. Der Staat, so könnte man schlussfolgern, würden bei Aristoteles nicht vom Individuum her gedacht, sondern umgekehrt: der Einzelne und seine Pflichten vom Staat her. Was mithin allein zählen würde, wäre der gute Zustand des Ganzen, dem die Interessen und Bedürfnisse der Bürger als Teile dieses Ganzen unterzuordnen wären. Ein solch holistisches oder auch organizistisches Staatsverständnis wäre klarerweise nicht mit der dem Gedanken der Existenz von individuellen Rechten zu vereinbaren. Wären Aristoteles' Aussagen über das Verhältnis von Staat und Individuum daher als *normative* These zu lesen, würde Aristoteles' politische Theorie in ein unüberbrückbares Spannungsverhältnis zum normativen Individualismus treten und wäre somit als normativ inadäquat zu verwerfen. Um den genauen Gehalt der These von der natürlichen Priorität der Polis vor dem Individuum zu bestimmen, ist daher zunächst zu klären, was genau Aristoteles unter „natürlicher Priorität" versteht.

---

[212] Zu der folgenden Interpretation der aristotelischen Prioritätsthese s. Miller 1995, 45–53. In diesem Unterkapitel schließe ich mich erneut Millers Interpretation an und übernehme weitgehend seine Argumente.

[213] Eine solch anti-individualistische Lesart der Prioritätsthese vertritt etwa Collins 2006, 102–108. Nach Barnes leitet sich aus der Prioritätsthese „Aristotle's implicit totalitarianism" ab (Barnes 2005, 201). Für weitere Stellen, die bei Aristoteles nach einem organizistischen Staatsverständnis klingen, s. Kullmann 1980.

Cleary unterscheidet in Met. V.11 drei Hauptbedeutungen von „das Frühere" (*proteron*) und „das Spätere" (*hysteron*) (vgl. hierzu Cleary 1988, 33–52).[214] Da Aristoteles die *natürliche* Priorität der Polis gegenüber dem Individuum in Pol. I.2 behauptet, ist die dritte dieser drei Hauptbedeutungen von Interesse, die natürliche (*kata physin*) oder auch substantielle Priorität (*kat' ousian*). Zu diesem Prioritätsverhältnis heißt es zunächst allgemein: „anderes [wird] der Natur (*kata physin*) und der Substanz (*ousian*) nach [prioritär genannt]: [der Natur und der Substanz nach früher nämlich heißt] das, was ohne anderes sein kann, das andere aber nicht ohne es" (Met. V.11, 1019a1–4). Als Quelle dieses Prioritätsverhältnisses und des ihm zugehörigen Unterscheidungskriteriums wird Platon genannt (1019a4).[215] Das der natürlichen oder auch substantiellen Priorität zugrunde liegende Kriterium ist dabei das Prinzip der Nicht-Reziprozität, das in Cat. 12, 14a29–31, auch als Bestimmungsprinzip der Priorität von zwei Entitäten hinsichtlich des Seins (*einai*) genannt wird. In diesem Sinn gilt die Fläche gegenüber dem Körper als substantiell prioritär; die Linie als substantiell prioritär gegenüber der Fläche; die Einheit und der Punkt als substantiell prioritär gegenüber der Linie. Denn die jeweils erstgenannten Entitäten können ohne die letztgenannten existieren, nicht aber diese ohne jene (Met. III.5, 1002a4–8). Die Priorität gemäß der Natur oder Substanz erfährt dann wie bereits auch die ihr vorangehenden Hauptbedeutungen des Begriffspaares *proteron/hysteron* eine Binnendifferenzierung. Diese Feingliederung wird für Aristoteles notwendig, weil es sich bei dem Seienden um ein vielfach Ausgesagtes (*pollachôs legomenon*) handelt (vgl. Met. VI.2, 1026a33f.; 26b2; VII.1, 1028a10). Im Folgenden werden deshalb von Aristoteles zwei Unterbedeutungen von natürlicher bzw. substantieller Priorität unterschieden:

> Nachdem aber ‚Sein' (*einai*) in vielen Bedeutungen (*pollachôs*) verwendet wird, so ist zunächst [a] das Zugrundeliegende (*hypokeimenon*) ‚früher' und daher die Substanz (*ousia*), sodann [b] in anderem Sinn das der Möglichkeit (*kata dynamin*) und das der Wirklichkeit (*kat' entelecheian*) nach Seiende. Denn einiges ist der Möglichkeit nach früher, anderes der Wirklichkeit nach, z. B. ist der Möglichkeit nach die halbe Linie früher als die ganze und der Teil früher als das Ganze und die Materie früher als die Substanz, der Wirklichkeit nach aber sind sie später; denn die werden erst nach Auflösung des Ganzen der Wirklichkeit nach sein. (Met. V.11, 1019a4–10)

---

214 Im Gegensatz zu Cleary werden von Ross vier Hauptbedeutungen unterschieden (Ross I, 316f.). Met. V.11 hat eine wichtige Parallelstelle in Cat. 12, in der sich fünf Bedeutungen von *proteron* finden. Miller stützt sich auf Ross' Kommentierung dieses *Metaphysik*-Kapitels.
215 Nach Ross lässt sich eine entsprechende Unterscheidung in den platonischen Dialogen nicht ausmachen, weshalb er glaubt, dass Aristoteles sich an dieser Stelle auf „eine mündliches Äußerung seines Lehrers" (*oral utterance of his master*) beziehe (Ross I, 317). Nach Cleary denkt Aristoteles an das platonische Dihairesis-Verfahren aus dem *Sophistes* und dem *Politikos* (Cleary 1988, 45f.).

Demnach kann man von natürlicher bzw. substantieller Priorität in einem doppelten Sinn sprechen: zum einen in der Weise, in der das Zugrundeliegende (*hypokeimenon*) früher ist als das von ihm Ausgesagte ([a]). In diesem Sinne kommt der Substanz als Zugrundeliegendem natürliche oder auch substantielle Priorität gegenüber den Akzidens-Kategorien zu. Zum anderen kann einer Entität X gegenüber einer Entität Y natürliche bzw. substantielle Priorität gemäß dem Vermögen bzw. der Möglichkeit (*kata dynamin*) sowie gemäß der vollkommenen Wirklichkeit (*kat' entelecheian*) zukommen. Der Möglichkeit nach ist der Teil (*morion*) von Natur aus früher zu nennen als das Ganze (*holon*), die Materie (*hylê*) von Natur aus früher als die Substanz (*ousia*) sowie das Ganze von Natur später als der Teil sowie die Substanz von Natur aus später als die Materie. Gemäß der vollkommenen Wirklichkeit verhält es sich jedoch genau andersherum: Ihr zufolge kommt dem Ganzen natürliche Priorität gegenüber dem Teil sowie der Substanz natürliche Priorität gegenüber der Materie zu. Mit Blick auf die vollkommene Wirklichkeit sind der Teil und die Materie also später als das Ganze und die Substanz. Zwischen der natürlichen Priorität gemäß dem Vermögen und gemäß der vollkommenen Wirklichkeit besteht also ein inverses Bedingungsverhältnis. Die Frage ist nun, in welchem Sinn Aristoteles in Pol. I.2, 1253a18f., die von ihm behauptete natürliche Priorität der Polis gegenüber jedem Einzelnen von uns verstanden wissen will – im Sinn des *hypokeimenon* bzw. der Substanz-Akzidens-Relation [a] oder im Sinn der *dynamis/entelecheia*-Unterscheidung [b].[216]

Nach der *hypokeimenon*-Lesart [a] der Prioritätsthese von Pol. I.2 wäre der Einzelne lediglich ein von der Substanz „Polis" ausgesagtes Akzidens.[217] Das klingt nicht wirklich normativ-individualistisch. Allerdings hat man sich zu fragen, was es überhaupt bedeuten soll, dass der Einzelne von der Polis als Zugrundeliegendem ausgesagt wird. Was bedeutet es, dass der Einzelne von der Polis so prädiziert wird wie die Röte von Sokrates nach einem Sonnenbad? Der Sinn einer solchen Aussage ist nur schwer nachzuvollziehen. Eine mögliche Weise, die natürliche Priorität der Polis im Sinne der *hypokeimenon*-Lesart zu verstehen, wäre, ihr einen existenziellen Sinn zu geben. Demnach könnte das Individuum ebenso wenig ohne die Polis existieren wie das Akzidens ohne die Substanz. Man könnte die Prioritätsthese also dahingehend verstehen, dass der Einzelne ohne die

---

[216] Miller spricht von der *hypokeimenon*-Lesart der natürlichen oder substantiellen Priorität als „*priority in seperateness*", von der *entelecheia*-Lesart als „*priority in completeness*" (Miller 1995, 46f.). Das substantielle oder natürliche Prioritätskriterium der Nicht-Reziprozität wird von Miller dabei – gegen den Text von Met. V.11 – jedoch exklusiv für die *priority in seperateness* reserviert, nicht also der natürlichen Priorität als solcher zugrunde gelegt.

[217] Miller nennt als Vertreter dieser Lesart Newamn II, 125–127 (Miller 1995, 47 Anm. 53). Zu Millers Darstellung dieser Interpretation und seiner Kritik an ihr, s. Miller 1995, 47–50.

Polis schlichtweg nicht überlebensfähig ist. Für eine solche existenzielle Lesart der Prioritätsthese spricht sicherlich, dass der Mensch als Solitär nicht überlebensfähig ist. Überlässt man den Menschen sich selbst, wird er in kürzester Zeit sterben. Menschen bedürfen von Geburt an zum Überleben der intensiven Fürsorge anderer. Wie jedoch Aristoteles in seiner Phänomenologie der natürlichen Gemeinschaften gezeigt hat, ist dem Menschen das bloße Überleben bereits durch den Zusammenschluss der natürlichen Elementargemeinschaften im Haus und nicht erst in der Polis möglich (s. Kap. 3.3.3). Die existenzielle Deutung der *hypokeimenon*-Lesart ist daher nicht haltbar.

Eine andere Möglichkeit, der *hypokeimenon*-Lesart einen Sinn zu geben, könnte darin bestehen, sie als ein normatives Theoriestück zu verstehen. Aristoteles' These von der natürlichen Priorität der Polis vor dem Individuum wäre dann so aufzufassen, dass der Einzelne – weil er qua Prädikat in seiner Existenz von der Polis als zugrunde liegendem Subjekt abhängig ist, sie aber nicht von ihm (so das Nicht-Reziprozitätskriterium als allgemeines Bestimmungsprinzip von natürlicher Priorität) – sein Wohl dem der Polis unterzuordnen habe.[218] Handelte es sich bei der ins Normative gewendeten *hypokeimenon*-Lesart tatsächlich um die angemessene Interpretation der Prioritätsthese, dann wäre Aristoteles' politische Theorie zweifelsohne normativ-kollektivistisch zu nennen und nicht mit dem Gedanken natürlicher subjektiver Rechte zu vereinbaren. Dass Aristoteles bei der Formulierung der Prioritätsthese jedoch nicht die ins Normative gewendete *hypokeimenon*-Lesart vor Augen gehabt haben kann, wird durch einen Blick auf den argumentativen Kontext in Pol. I.2 deutlich. Dieser lässt sich wie folgt rekonstruieren: Der Mensch besitzt aufgrund seines von Natur aus bestehenden individuellen Autarkiedefizits einen natürlichen Impuls zur Bildung von Gemeinschaften. Da er in seinem Streben nach Autarkie auf die natürlichen Gemeinschaften angewiesen ist, deren Schlussstein die Polis bildet, gehört er zu den von Natur aus politischen Lebewesen (*physei politikon zôon*). In dem der Prioritätsthese unmittelbar vorangehenden Abschnitt betont Aristoteles sodann, dass der Mensch aufgrund seiner Vernunft- und Sprachfähigkeit ein im Vergleich zu den anderen politisch lebenden Herdentieren ein „im höheren Grade politisches Lebewesen" (*mallon politikon zôon*) sei, weil er durch die Vernunft über die Wahrnehmung und Artikulation des Guten und Schlechten, des Gerechten und Ungerechten sowie des Nützlichen und Schädlichen verfügt (Pol. I.2, 1253a7 ff.). Die nun folgende These von der natürlichen Priorität der Polis vor dem Einzelnen und der Haus-Gemeinschaft würde dann den höheren Grad der Politisierung der

---

[218] Eine solch anti-individualistische Bestimmung des Verhältnisses von Polis und Individuum hält Aristoteles Platon in Pol. II.5, 1264b15–24, vor.

menschlichen Natur dahingehend präzisieren, dass die Wahrnehmung des Nützlichen, Guten und Gerechten den Menschen darauf verpflichtet, sein eigenes Wohl dem der Polis unterzuordnen. Das Nützliche, Gute und Gerechte wäre dann dasjenige, was dem Wohl der Polis dient und nicht dem Wohl der Bürger. Der ins Normative gewendeten *hypokeimenon*-Lesart zufolge erweist sich also die Lebensweise einer Spezies als umso politischer, je mehr ihre Angehörigen darauf angelegt sind, ihre Partikularinteressen dem Kollektivinteresse unterzuordnen.

Diese zu einem normativen Kollektivismus tendierende *hypokeimenon*-Lesart der Prioritätsthese sieht sich jedoch den beiden folgenden Schwierigkeiten ausgesetzt: (i) In der eingangs der *Politik* gegebenen Staatsdefinition führt Aristoteles die Bildung menschlicher Gemeinschaften auf das Handlungsprinzip des *sub ratione boni* zurück („alle Wesen tun alles um dessentwillen, was sie für gut halten": Pol. I.1, 1252a2f.). Dieser allgemeine Handlungsgrundsatz, aus dem heraus auch die Entstehung der Polis erklärt wird, impliziert jedoch bereits eine im Wesentlichen individualistische Konzeption von Gemeinschaft. Menschen bilden Gemeinschaften, weil sie sich bestimmte Güter versprechen, derer sie allein nicht teilhaftig werden würden (sei es, dass es sich um ein tatsächliches oder auch nur um ein scheinbares, fälschlicherweise dafür gehaltenes Gut handelt). Sie bilden nicht Gemeinschaften, um dem Wohl anderer bzw. dem der Gemeinschaften zu dienen. Aus Sicht des einzelnen Gemeinschaftsmitgliedes wäre dies schlichtweg irrational. (ii) Zudem spricht gegen diese Lesart der Prioritätsthese die herausragende Bedeutung, die den beiden Konzepten des gemeinsamen Nutzens (*koinê symphéron*)[219] und des Gerechten (*dikaion*) im politischen Denken des Aristoteles zukommt, und die sich nach Aristoteles für jede Gemeinschaft als konstitutiv erweisen. Während das normative Prinzip des gemeinsamen Nutzens eine Gemeinschaft darauf verpflichtet, dass sie um des Vorteils eines jeden beteiligten Individuums willen besteht (wenn auch nicht notwendigerweise im gleichen Maße), handelt es sich bei der Gerechtigkeit im speziellen Sinn um eine Verteilungsnorm zwischen zwei Güterpaketen auf der einen und zwei Individuen auf der anderen Seite (vgl. Pol. II.9, 1280a16–18). Politische Gerechtigkeit wird dementsprechend von Aristoteles als die angemessene Verteilung von öffentlichen Gütern (Ämtern, Ehre etc.) zwischen zwei Bürgern konzeptionalisiert (vgl. NE V.6–7 u. 10). Weder der gemeinsame Nutzen noch die Gerechtigkeit sehen eine Verteilung zwischen Individuum und Gemeinschaft vor. Nach der aristotelischen Gerechtigkeitstheorie gibt es kein Kollektivsubjekt „Gemeinschaft" jenseits der Gemeinschaftsmitglieder: Die Polis ist eine Menge von Bürgern (vgl. u. a. Pol. III.1, 1274b38, III.6, 1279a21). Das oberste Strebens- und Handlungsziel des Staates und

---

[219] Zum Begriff des gemeinsamen Nutzens als Verfassungskriterium vgl. Kap. 5.1.1.

des Individuums sind identisch: Es besteht im Glück des Einzelnen bzw. jeden einzelnen Bürgers.

Dies sind schwerwiegende Interpretationsprobleme, die die ins Normative und damit ins Kollektivistische gewendete *hypokeimenon*-Lesart zu beantworten hat. Es liegt daher näher – wie Miller dies tut –, die von Aristoteles in Pol. I.2, 1253a18 – 29, behauptete natürliche Priorität der Polis gegenüber dem Individuum im Sinne von [b], der *dynamis/entelecheia*-Unterscheidung, zu lesen.[220] Dies würde bedeuten, dass die Polis gemäß der vollkommenen Wirklichkeit von Natur aus früher ist als der Einzelne und der Einzelne von Natur aus später als die Polis; gemäß dem Vermögen hingegen wäre der Einzelne von Natur aus früher als die Polis und die Polis von Natur aus später als der Einzelne. Auch hier hat man sich freilich zu fragen, was Aristoteles' Prioritätsbehauptung genau besagen will. Erneut lohnt der Blick auf den argumentativen Kontext: Wie wir in Aristoteles' Phänomenologie der natürlichen Gemeinschaften gesehen haben, lebt der Mensch nicht aus Zufall, sondern von Natur aus in der Polis (vgl. Kap. 3.3). Er tut dies, weil er in seinem natürlichen Streben nach vollendeter Autarkie auf die Gemeinschaft der Polis angewiesen ist. Neben der vollständigen und dauerhaften Versorgung mit den zum Glücklichsein notwendigen materiellen Gütern ist es vor allem die erzieherische, sittliche Leistung der Polis, auf die der Mensch zur vollständigen und guten Entwicklung seiner Artnatur in Gestalt der seelischen Tugenden angewiesen ist. Der Beitrag, den die Polis durch ihre Gesetze zur rationalen Selbstvervollkommnung des Menschen zu leisten vermag, bildet sodann auch den Gegenstand der abschließenden Reflexion von Pol. I.2, die der aristotelischen Prioritätsthese unmittelbar folgt:

> Wie nämlich der Mensch, wenn er vollendet ist, das beste der Lebewesen ist, so ist er abgetrennt von Gesetz und Recht das schlechteste von allen. Das Schlimmste ist die bewaffnete Ungerechtigkeit. Der Mensch besitzt von Natur als Waffen die Klugheit und Tüchtigkeit, und gerade sie kann man am allermeisten in verkehrtem Sinne gebrauchen. Darum ist der Mensch ohne Tugend das gottloseste Wesen und in Liebeslust und Essgier das schlimmste. Die Gerechtigkeit dagegen ist der staatlichen Gemeinschaft eigen. Denn das Recht ist die Ordnung der staatlichen Gemeinschaft, und die Gerechtigkeit urteilt darüber, was gerecht ist. (Pol. I.2, 1253a31 – 39)[221]

---

220 Vgl. hierzu Millers Ausführungen zur „*priority in completeness*" (Miller 1995, 50 – 53). Miller nennt Thomas von Aquin als wichtigen Vertreter dieser Lesart (Miller 1995, 50 Anm. 61). Vgl. auch Yack 2002, 22: „Aristotle does [...] insist on the priority of the political community [...] to the individual [...]. But in doing so, he is illustrating the necessary role that communities play in the full development of the natural capacities of human beings [...]."
221 Auch Hobbes beschreibt den apolitischen Zustand des Menschen als einen verwahrlosten und sittlich verkommenen, insofern der Mensch in ihm kriegslüstern ist (vgl. *Leviathan*, Kap. 13).

Nur durch die der Polis zugehörigen Institutionen des Rechts und der Gesetze vermag der Mensch die ihm eigentümliche Leistung auf gute Weise zu erfüllen. Die politische Gemeinschaft ist für die vollkommene Wirklichkeit der menschlichen Artnatur unverzichtbar. Damit aber ist die Antwort, wie wir die aristotelische These von der natürlichen Priorität der Polis vor dem Einzelnen zu lesen haben, gefunden. Die Priorität der Polis vor dem Einzelnen ist nicht als Ausdruck eines organizistischen Staatsverständnisses oder gar des Totalitarismus misszuverstehen. Alles, was die Prioritätsthese in der *entelecheia*-Interpretation besagt, ist, dass dem Individuum die vollkomme und gute Verwirklichung seiner Artnatur nicht als Solitär möglich ist, sondern es dazu der materiellen und erzieherischen Leistungen der Polis bedarf. Sie betont erneut den aristotelischen Grundgedanken, dass der Mensch in seinem Glücksstreben auf die vielfältige Kooperation mit seinen Artgenossen angewiesen ist.

3.6 Die Polis als oberste rechtsetzende Instanz

In der eingangs der *Politik* gegebenen Staatsdefinition bestimmt Aristoteles die Polis als diejenige Gemeinschaft, „die von allen [Gemeinschaften] die bedeutendste" (*pasôn kyriôtatê*: Pol. I.1, 1252a5) ist und „alle anderen in sich umschließt" (*pasas periechousa tas allas*: Pol. I.1, 1252a5 f.). Worin besteht der genaue Sinn dieser doppelten Kennzeichnung? Hierzu lohnt ein vergleichender Blick in das Anfangskapitel der *Nikomachischen Ethik*. Analog zur Polis und ihrem Verhältnis zu den anderen natürlichen Gemeinschaften behauptet Aristoteles in NE I.1, dass die Politik die „bedeutendste und im höchsten Grade architektonische" (*kyriôtatês kai malista architektonikês*: NE I.1, 1094a26 f.) Wissenschaft sei und dass ihr Ziel, das für den Menschen Gute (*anthrôpinon agathon*: NE I.1, 1094b7), das Glück bzw. gute Leben, die Ziele und Güter der anderen praktischen Wissenschaften und Künste – Aristoteles nennt exemplarisch Kriegskunst, Hausverwaltung und Redekunst – als ihre Teile „umfasse" (*periechoi* [...] *tôn allôn*: NE I.1, 1094b6). Die Politik „umfasst" die Ziele und Güter der anderen praktischen Wissenschaften und Künste, weil sie als Wissenschaft vom guten Leben ein Wissen vom höchsten Gut als letztem und abschließendem Strebensziel des Menschen ist. Auf dieses letzte und abschließende Strebensziel sind die Güter der anderen praktischen Wissenschaften teleologisch-funktional hingeordnet. Alle anderen Güter und Ziele werden stets *auch* um des Glückes willen gewählt, nur das Glück wird *ausschließlich* um seiner selbst willen gewählt (NE I.1, 1094a18 f.; vgl. bes. I.5, 1097a15 – 97b6). Das Glück allein besitzt also einen abschließenden Zielcharakter (*teleios*: NE I.5, 1097a29; *teleiotatos*: NE I.5, 1097a30), insofern das menschliche Streben mit ihm seine Erfüllung findet. Das Glück ist mithin das Worumwillen (*hou heneka*) von sämtlichen anderen von uns erstrebten Gütern. Damit aber kommt dem Glück im Verhältnis zu den anderen Gütern – und somit für das menschliche Handeln und Streben insgesamt – eine „architektonische" und „direktive" Funktion zu: Das Glück als letztes und abschließendes Strebensziel bestimmt darüber, (a) was von den anderen Dingen überhaupt ein Gut ist (nämlich insofern diese Dinge teleologisch-funktional zum Glück beitragen und damit überhaupt erst Ziele unseres Strebens, d. h. Güter, werden),[222] (b) in welchem Ausmaß ein bestimmtes Gut zu verfolgen ist (oft ist die Glücksfunktionalität eines Guts begrenzt, so dass es irrational wäre, mehr Zeit und Mühen auf dessen Besitz zu verwenden als zum Glück notwendig),[223] sowie (c) auf welche Weise jedes der Güter anzustreben ist (denn es gibt Wege, Güter anzustreben, die sich mit dem Besitz anderer Güter als inkompatibel und damit als glücksdysfunktional erweisen).[224] Aufgrund der teleologischen Struktur des menschlichen Strebens mit einem einheitlichen Fluchtpunkt kommt dem Glück als abschließendem Strebensziel für das menschliche Leben daher eine architektonische und direktive Funktion zu und verleiht diesem Struktur, Kohärenz und Ordnung – Eigenschaften, die nach Aristoteles Bedingungen für eine rationale Lebensführung sind.[225]

Diese direktive und architektonische Funktion, die das Glück im Verhältnis zu den anderen Gütern besitzt, vererbt sich auf die Politik als die ihm zugehörige Wissenschaft. Die Politik steht also in dem gleichen Verhältnis zu den anderen praktischen Wissenschaften wie das Glück zu den anderen Gütern. Die Politik als Wissenschaft vom höchsten Gut und abschließenden Strebensziel des Menschen hat es mithin mit der übergreifenden Struktur des menschlichen Strebens zu tun und weiß, welchem Gut welcher Platz und welche Relevanz in einem gelingenden

---

[222] Vgl. hierzu Aristoteles' Definition des Guts (*agathon*) in NE I.1, 1094a2 f., „als das, wonach alles strebt". Vgl. auch Aristoteles' Defnition des Guts in Rhet. I.6, 1362a21–24: „‚Gut' sei als dasjenige bestimmt, was um seiner selbst willen gewählt wird, und als das, um dessentwillen wir anderes wählen, und als das, wonach alles strebt oder vielmehr alles, was Wahrnehmung oder Vernunft hat, oder (was von allen erstrebt werden würde), wenn sie Vernunft erlangen würden."
[223] So etwa Aristoteles' Ausführungen zum Reichtum sowie allgemein zur begrenzten Glücksfunktionalität der äußeren Güter (vgl. hierzu Anm. 97).
[224] Dies gilt etwa für das Verhältnis von äußeren und seelischen Gütern: Ein hinreichendes Maß an Wohlstand kann ich auf verschiedene Weisen erlangen, aber nicht jede Weise, dieses hinreichende Maß an Wohlstand zu erlangen, ist mit dem Besitz der seelischen Güter kompatibel und daher glücksfunktional – nämlich dann, wenn ich einen hinreichenden materiellen Wohlstand auf ungerechte Weise erlange.
[225] Zur einheitlichen Zielgerichtetheit als praktischem Rationalitätsgebot s. EE 1214b6–11; 1214b10 ff.

Leben zukommen und auf welche Weise diese anderen Güter anzustreben sind. Es ist diese Weisungsbefugnis gegenüber den anderen Wissenschaften und Künsten, die die Politik in Aristoteles' Augen zu der „bedeutendsten" und „im höchsten Grade architektonischen" Wissenschaft macht. Aristoteles beschreibt diese anleitende Funktion der Politik gegenüber den anderen praktischen Wissenschaften auch so, dass diese die anderen praktischen Künste und Wissenschaften „verwendet" (*chraô*: NE I.1, 1094b4). Ihre architektonische Funktion übt die Politik gegenüber den anderen praktischen Wissenschaften und Künsten dabei durch ihre Teildisziplin der Gesetzgebung (*nomothetikê*) aus.[226] Durch den Erlass von Gesetzen bestimmt sie, welche Wissenschaft bzw. welches Gut in welchem Umfang und in welcher Weise vom Einzelnen wie von der Polis insgesamt erstrebt werden soll (NE I.1, 1094a26–b7).

Wenn Aristoteles also in Pol. I.1 die Polis als „die bedeutendste Gemeinschaft" bezeichnet, die sämtliche anderen Gemeinschaften[227] „umschließt", dann behauptet er mithin, dass die Polis zu den anderen Gemeinschaften in demselben Verhältnis steht wie die Politik bzw. das Glück zu den übrigen praktischen Künsten und Wissenschaften bzw. der ihrer Obhut anvertrauten Güter.

> Alle diese Gemeinschaften aber scheinen der staatlichen Gemeinschaft untergeordnet zu sein. Denn die Staatsgemeinschaft sucht nicht nach dem gegenwärtigen Nutzen, sondern nach dem, was für das ganze Leben nützlich ist. […] Folglich scheinen alle Gemeinschaften Teile der staatlichen Gemeinschaft zu sein. (NE VIII.11, 1160a21–29)

Der Polis kommt mit Blick auf die von ihr umfassten Gemeinschaften damit ebenso eine architektonische und gesetzgeberische Funktion zu. Die Polis bestimmt darüber, in welchem Umfang und auf welche Weise die Güter in den sie konstituierenden Gemeinschaften anzustreben sind, indem sie diese am Ziel des guten Lebens der Bürger ausrichtet. Das Glück verleiht also nicht nur dem Leben des Einzelnen, sondern auch der sozialen Welt Struktur und Kohärenz. Für diese Ordnungsfunktion bedient sich die Polis der Wissenschaft der Politik und ihrer Teildisziplin der Gesetzgebung. Die Beschreibung der Polis als *koinônia kyriôtatê* dient Aristoteles also dem Zweck ihrer Kennzeichnung als oberster gesetzgeben-

---

[226] Zur Bestimmung der Gesetzgebung (*nomothetikê*) als Teil der politischen Wissenschaft (*politikê/politikê epistêmê*) s. NE VI.8, 1141b23–33; X.10, 1180b30 f.

[227] Wenn Aristoteles von „allen anderen Gemeinschaften" spricht, die von der politischen Gemeinschaft umschlossen werden, dann ist davon auszugehen, dass hierzu nicht nur die natürlichen Gemeinschaften, sondern auch alle anderen Formen von Gemeinschaften wie die Tauschgemeinschaften, die Geschäftspartnerschaften, die Kult- bzw. Speisegemeinschaften usw. zählen. Auch diese Gemeinschaften sind in gewisser Weise als Teile der Polis anzusehen und unterstehen damit ihrer Autorität bzw. Rechtsetzung.

der Instanz. Dass Aristoteles mit der Bestimmung der Polis als *koinônia kyriôtatê* eine rechtstheoretische Kennzeichnung der politischen Gemeinschaft intendiert, wird auch dadurch nahegelegt, dass das Wortfeld *kyros/kyrios/krateô* sich im Griechischen auf den Inhaber der (rechtlichen) Befugnisgewalt bezieht. In den politischen Wortschöpfungen *demokratia* und *dêmos kyrios* bezeichnet *krateô* bzw. *kyrios* etwa den Besitz der politisch-legislativen Macht. Im Privat- und Familienrecht bezeichnet *kyros* den Rechtsvorstand, der dem *pater familias* im Römischen Privatrecht entspricht. Das Adjektiv *kyrios* besitzt mithin eine dezidiert rechtliche Verwendungsweise. Entsprechend ist die Polis als *koinônia kyriôtatê* diejenige Gemeinschaft, der die höchste politisch-legislative Macht zukommt.[228]

Eine wichtige Aufgabe des Gesetzgebers und Politikers hat folgerichtig darin zu bestehen, unter Rückgriff auf das Wissen um das gute Leben die richtigen Bestimmungen über die ihrer Gewalt unterstehenden Gemeinschaften zu treffen. Vor diesem Hintergrund fordert Aristoteles in Pol. I.13, 1260b8–20, dass die rechtlichen Bestimmungen über die natürlichen Gemeinschaften von Mann und Frau (Eherecht) sowie von Vater und Kind (Elternrecht) Teil einer umfassenden Gesetzgebung zu sein haben. Aristoteles führt die Gesetzgebungskompetenz der Polis über die sie konstituierenden Gemeinschaften in Pol. VII.16 exemplarisch am Beispiel der gesetzlichen Bestimmungen über die Ehe (*gamikê*) aus. Zu diesen Bestimmungen gehören das richtige Alter von Mann und Frau bei Eheschließung (ein zu frühes Verheiraten der Mädchen wie bei den Troizeniern hält Aristoteles für unzuträglich), das richtige Alter der Eheleute bei der Geburt ihrer Kinder durch Festlegung eines Mindest- und Maximalalters für die Kinderzeugung, eine Frühform der Schwangerschaftsgymnastik (durch die Vorschrift zu täglichen Opfergängen für Schwangere), die Reglementierung der Kinderzahl durch pränatale Eingriffe. Nach Ablauf des offiziell vorgesehenen Zeugungsalters dürfe man zwar noch aus gesundheitlichen Gründen und zur Befriedigung des Sexualtriebes miteinander Beischlaf pflegen, aber nicht mehr mit dem Ziel der Kinderzeugung. Zudem wird der sexuelle Verkehr mit anderen verboten, solange noch der Ehepartner am Leben bzw. man nicht geschieden ist. Genauso fällt es in den Kompetenzbereich des Gesetzgebers, Regelungen über die Verteilung des Grundbesitzes zu treffen, so dass die einzelnen Häuser der ihr zugedachten Aufgabe, die Hausmitglieder mit den zum Leben notwendigen Gütern zu versorgen, nachkommen können und zudem die materiellen Voraussetzungen zur Ausübung bestimmter Tugenden wie der Freigiebigkeit geschaffen werden.[229]

---

228 Dass der Einzelne der Autorität der Polis aufgrund ihres Status als *koinônia kyriôtatê* untersteht, gibt Miller als *principle of community* wieder, das er zu den wichtigsten Prinzipien des politischen Denkens des Aristoteles zählt (Miller 1995, 19 f.).
229 Vgl. hierzu Aristoteles' Ausführungen zum Grundbesitz in Pol. VII.10.

Angesichts der einheitlichen teleologischen Struktur des menschlichen Strebens ist die Gesetzgebungskompetenz der Polis mit Blick auf das Leben der Bürger daher universell.[230] Sie erstreckt sich prinzipiell auf jeden Lebensbereich und jede Lebensphase des Bürgers (und damit auf sämtliche Gemeinschaften, in denen er sein Leben verbringt). Denn nur durch die universelle Gesetzgebungskompetenz der politischen Gemeinschaft kann sichergestellt werden, dass das gesamte Streben und Handeln der Bürger am Ideal des guten Lebens ausgerichtet ist und kein Lebensbereich und Lebensabschnitt diesbezüglich dysfunktional wirkt. So fordert Aristoteles zum Ende von Pol. VII ein öffentliches Erziehungs- und Ausbildungswesen, das sämtliche Lebensbereiche und Lebensphasen der Bürger abdeckt und dessen Grundzüge uns in Pol. VIII fragmentarisch überliefert sind. Zur Polis als oberster rechtsetzender Instanz gehört es auch, dass sie bei Verstößen gegen das von ihr gesetzte Recht dazu berechtigt ist, Sanktionen zu erlassen. Dazu dienen ihr die politischen Institutionen der Bürgergerichte (Dikasterien).

Die Bestimmung der Polis als oberste rechtsetzende Instanz, deren Regelungskompetenz sich grundsätzlich über jeden Lebensbereich und Lebensabschnitt ihrer Bürger erstreckt, klingt zunächst sehr autoritär und scheint mit dem Gedanken bürgerlicher Freiheiten und Rechte nicht vereinbar zu sein. Aus der Beschreibung der Polis als „die bedeutenster Gemeinschaft" lässt sich daher ebenso der Vorwurf eines autoritären, anti-individualistischen Staatsverständnisses formulieren wie aus Aristoteles' These von der natürlichen Priorität der Polis vor dem Individuum. Sollte Aristoteles keine Grenzen der staatlichen Gewalt anerkennen, die sich aus dem unverfügbaren, moralischen Besitz des Individuums, seiner natürlichen Rechte, ergeben, wäre Barnes' Vorwurf eines „impliziten Totalitarismus", den er gegenüber Aristoteles' politischer Philosophie erhebt, zuzustimmen (Barnes 2005). Dass dies nicht der Fall ist, sondern eine individualistische natürliche Norm zur rechtmäßigen politischen Herrschaftsausübung im Denken des Aristoteles existiert, die das rechtmäßige Handeln der Regierenden limitiert, kann ich an dieser Stelle noch nicht zeigen, sondern nur postulieren. In den beiden folgenden Kapiteln werde ich anhand meiner Rekonstruktion der aristotelischen Herrschaftsformenlehre jedoch dieses Postulat einzulösen versuchen. Dieser Rekonstruktion zufolge gibt es nach Aristoteles ein natürliches Freiheitsrecht des Individuums, das als natürliche Norm über die rechtmäßige Ausübung politischer Herrschaftsbefugnisse bestimmt.

---

230 Zur Universalität der Gesetzgebungskompetenz der Polis vgl. NE V.3, 1129b14 f.: „Die Gesetze (*nomoi*) geben Bestimmungen über alles (*peri hapantôn*) [...]."

3.7 Ergebnisse

Den Ausgangspunkt von Aristoteles' politischer Philosophie bildet der Begriff der Gemeinschaft. Denn der Mensch ist nach Aristoteles in seinem Streben nach Autarkie und Glück auf die vielfältige Kooperation mit seinen Artgenossen angewiesen. Dass der Menschen als Solitär kein autarkes Lebewesen ist, sondern nur in der Gemeinschaft mit anderen die zu seinem Überleben notwendigen Güter dauerhaft sicherstellen kann, teilt er mit einer Vielzahl anderer Spezies, die deshalb von Aristoteles ebenso als „von Natur aus politische Lebewesen" bezeichnet werden (vgl. Kap. 3.1). In seiner Phänomenologie der natürlichen Gemeinschaften führt er sodann sechs Gemeinschaften auf, die für das menschliche Streben nach vollkommener Autarkie und Glück unabdingbar sind (vgl. Kap. 3.3): die drei elementaren Gemeinschaften von Herr und Sklave, Mann und Frau sowie Vater und Kind sowie die drei komplexen Gemeinschaften Haus, Dorf und Polis. In jeder dieser Gemeinschaften wird für ein für das bloße Überleben bzw. das gute Leben des Menschen notwendiges Gut gesorgt. Zugleich fungiert diese Phänomenologie der natürlichen Gemeinschaften als eine genetische Konstitutionsanalyse der Polis, die den natürlichen Bauplan unserer sozialen Welt und die innere Struktur der Polis sichtbar werden lässt. Da nach Aristoteles jede Gemeinschaft mit einer Form von Herrschaft einhergeht (vgl. Kap. 3.2), stellt sich mithin die Frage, wie in diesen natürlichen Gemeinschaften regiert werden soll. Es ist genau diese Fragestellung, die den Fortgang der *Politik* bestimmen wird. Aristoteles' Ausführung über die den natürlichen Gemeinschaften eigentümlichen Herrschaftsformen werden den Gegenstand der folgenden Kapitel bilden. Zugleich haben wir sehen können, dass weder die „These von der Natürlichkeit der Polis" (vgl. Kap. 3.4), noch die „These von der natürlichen Priorität der Polis vor dem Individuum" (vgl. Kap. 3.5) und auch nicht die „Bestimmung der Polis als die von allen bedeudendste Gemeinschaft" (Kap. 3.6) Aristoteles auf ein holistisches oder kollektivistisches Staatsverständnis, das der Idee subjektiver natürlicher Rechte widersprechen würde, festlegen.

4. Natürliche Herrschaftsformen

Mit seiner Phänomenologie der natürlichen Gemeinschaften in Pol. I.2 hat Aristoteles die Grundstruktur der Polis aufgezeigt: Jede Polis besteht aus einer Anzahl von Dörfern (Pol. I.2, 1252b27f.), jedes Dorf aus einer Vielzahl von Häusern (Pol. I.2, 1252b15f.) und diese wiederum setzen sich aus den drei elementaren Personalverbänden von (1) Herr – Sklave, (2) Vater – Kind und (3) Mann – Frau zusammen. Nach dem „Satz von der Notwendigkeit der Herrschaft" (SNH) (Kap. 3.2) handelt es sich bei diesen poliskonstitutiven Gemeinschaften um personale Herrschaftsverbände. Dies evoziert die Frage, wie in diesen Gemeinschaften regiert werden soll.[231] Ist die Herrschaft in diesen Personalverbänden der Willkür des Einzelnen zu überlassen, oder existiert für sie eine objektive Norm? Aristoteles votiert für die zweite Option und formuliert durch seine „Theorie der natürlichen Herrschaftsformen" (TNH) die naturgemäßen Beschaffenheiten der verschiedenen Formen von Herrschaft in diesen Gemeinschaften. Wie sich zeigt, bildet somit die Bestimmung der verschiedenen Formen von Herrschaft eines der Kerngeschäfte der aristotelischen *Politik*.[232]

Lange Zeit glaubten die Griechen – wie viele vorderasiatische Hochkulturen –, dass es sich bei den Normen, die die Ausübung der Herrschaft in den menschlichen Gemeinschaften anleiten, um göttliche Vorschriften handelt. Als göttliche Gebote waren die Sitten und Gesetze sakrosankt und unveränderlich.[233] Durch die großen Gesetzgebungswerke des 7. und 6. Jahrhunderts v. Chr. – von Lykurg in Sparta, von Charondas in Katane (Ende 6. Jh.) sowie von Drakon (ca. 624) und Solon in Athen (594/593) –, die durch die Krise der alten Adelsgesellschaften bzw. durch die Verarmung großer Teile der Landbevölkerung notwendig wurden, sowie

---

[231] Anders Schütrumpf, nach dem Aristoteles' Phänomenologie der natürlichen Gemeinschaften aus Pol. I.2 nicht als Referenzpunkt für die Abhandlungen über die häuslichen Herrschaftsverhältnisse in Pol. I.4–7 und I.12–13 in Frage kommt. Denn in Pol. I.2 fehle zum einen die Gemeinschaft von Vater und Kind, zum anderen hätten sich in Pol. I.2 die Individuen und nicht die häuslichen Subgemeinschaften als letzte „Teile" der Polis gezeigt (Schütrumpf I, 226). Da Aristoteles den Begriff der *koinônia* jedoch so verwendet, dass durch ihn die Kooperation von mindestens zwei *Individuen* um eines gemeinsamen Gutes willen bezeichnet wird (vgl. hierzu Kap. 3.3.1), halte ich Schütrumpfs zweiten Einwand nicht für überzeugend. Von „Gemeinschaften" zu sprechen heißt nach Aristoteles, über die Kooperation von Individuen zu sprechen. Insofern scheint mir hier kein sachlicher Widerspruch vorzuliegen. Zum ersten Einwand vgl. Kap. 3.3.2.
[232] Vgl. hierzu bereits schon Gigon: „Grundsätzlich gehört die Unterscheidung der verschiedenen Herrschaftsformen zu den zentralen Aufgaben, die sich Aristoteles in der Pol. stellt" (Gigon 1971, 340). Ebenso Schofield 2005 und Deslauriers 2006.
[233] Zur Vorstellung von der Göttlichkeit des Nomos vgl. etwa Heraklit DK 22B114 (= KRS 250).

durch die demokratischen Verfassungsreformen des ausgehenden 6. und frühen 5. Jahrhunderts wurde den Griechen jedoch zunehmend bewusst, dass die sittlichen und rechtlichen Normen der menschlichen Setzung offen stehen. Dieser Eindruck verschärfte sich durch die Entdeckung des Kulturrelativismus.[234] Durch die Expansion ihres Herrschaftsbereiches stellten die Griechen fest, dass die Völker unterschiedliche Sitten und Verfassungen hatten. Recht und Moral besaßen deshalb fortan nicht mehr die Unwandelbarkeit, die ihnen als göttliche oder naturgegebene Normen hätten zukommen müssen. Die große Entdeckung der Griechen war, dass die menschliche Ordnung verfügbar ist.[235] In dem Maße, in dem die Einsicht von der Wandelbarkeit und Verfügbarkeit der Sitten und des Rechts Fuß fasste, hatte man sich daher zu fragen, welche aus der Fülle denkbarer Möglichkeiten die richtigen Normen des gegenseitigen Umgangs festlegen. Diese Entdeckung bildet den Ausgang der abendländischen Moral- und Rechtsphilosophie.

Dieses Kapitel geht Aristoteles' Bestimmung der häuslichen Herrschaftsformen nach, wie er sie in Pol. I vornimmt. In Pol. I.4–7 diskutiert Aristoteles die Despotie als naturgemäße Herrschaftsform über den Sklaven als von Natur aus unfreien Menschen, in Pol. I.12–13 die Rechtsformen der Ehe und Vaterschaft als naturgemäße Herrschaftsformen über Gattin und Kind als von Natur aus freie Menschen.

4.1 Die natürlichen Gemeinschaften als Rechtsgemeinschaften

Dass es sich bei Pol. I um einen Beitrag zur antiken Rechtsphilosophie handelt, erschließt sich uns nicht intuitiv. Wenn wir nach über 2300 Jahren an Aristoteles' Text herantreten, haben wir uns deshalb zunächst die Besonderheiten antiker Rechtstheorien bewusst zu machen. Nur dann sind wir in der Lage, den Gegenstand von Pol. I angemessen zu erfassen und die argumentative Funktion dieses Textstücks richtig zu bestimmen. Hierzu lohnt es, einen vergleichenden Blick auf den prominentesten Fall einer antiken Rechtstheorie zu werfen: das Römische Recht. Als eine der wesentlichen historischen Leistungen des Römischen Rechts gilt es, den Begriff der individuellen Rechtsfähigkeit bzw. der individuellen

---

234 Durch die Ausweitung der griechischen Machtsphäre – sei es durch Krieg, sei es durch Kolonisation – kamen die Griechen mit anderen, insbesondere den orientalischen Kulturen in Kontakt. Vgl. hierzu vor allem die Ethnologien in den *Historien* des Herodot.
235 So die These von Meier 1995.

Rechtstellung eines Menschen entwickelt zu haben.[236] Die individuelle Rechtstellung einer Person wurde dabei durch die (unrömischen) Termini des *status libertatis*, des *status civitatis* und des *status familiae* festgelegt. Mit Blick auf Pol. I sind vor allem vier Charakteristika der Rechtstellungslehre im Römischen Privatrecht von Interesse: (1) *Gradualität der Rechtsfähigkeit*: Dem Römischen Recht liegt nicht die Vorstellung der gleichen, universellen Rechtsfähigkeit aller Menschen zugrunde (moralischer Universalismus), sondern die der graduellen Rechtsfähigkeit. Die wichtigste Unterscheidung mit Blick auf die individuelle Rechtsfähigkeit bildet dabei die Unterscheidung zwischen Freien und Unfreien (*status libertatis*).[237] (2) *Der Einzelne als Verbandsmitglied*: Der Einzelne wird vom Römischen Recht primär als „Glied von Verbänden" und nicht so sehr als „Einzelwesen" betrachtet (Kaser 1992, 68). Ausschlaggebend für die Rechtsfähigkeit einer Person ist dabei vor allem die Stellung des Einzelnen innerhalb des kleinsten Verbands, der Familie. (3) *Familiäre Subgemeinschaften*: Im Römischen Recht wird der monokratisch auf den Familienvater (*pater familias*) hingeordnete Familienverband in die drei Subgemeinschaften von (a) Ehegatte – Ehefrau, (b) Vater – Kind und (c) Herr – Sklave aufgegliedert. (4) *Konnex von Gemeinschaft und Rechtsverhältnis*: Den drei familiären Subgemeinschaften werden drei verschiedene Rechtsverhältnisse zugeordnet. Die allgemeine Herrschaftsgewalt (*manus, potestas*) des Familienvaters unterteilt sich gemäß dieser drei familiären Subgemeinschaften in (a) die *uxor in manu* als Gewalt über die Ehefrau, (b) die *patria potestas* als Gewalt über die Kinder und (c) das *Eigentum (dominium)* als Gewalt über den Sklaven. Entsprechend dieser vier Merkmale fasst Max Kaser die Bestimmung der rechtlichen Stellung des Individuums durch das Römische Recht wie folgt zusammen:

> Die römische Kleinfamilie (*familia*) bildet einen monokratisch aufgebauten Rechtsverband, bestehend aus dem *paterfamilias* als Oberhaupt und den Personen, die seiner umfassenden Hausgewalt unterworfen sind: seiner Ehefrau (sofern sie *uxor in manu* ist, [...]), seinen Kindern (solange sie nicht aus seiner Gewalt ausgeschieden sind), seinen Hörigen und Sklaven. [...] Die Gliedstellung in diesem Hausverband unterwirft den einzelnen Menschen einer nahezu unbeschränkten Vollgewalt des *paterfamilias*, die gleichwohl je nach ihren

---

[236] Die folgende Darstellung der Rechtstellungslehre im Römischen Privatrecht entnehme ich Kaser 1992.

[237] „Während aber heutzutage die Rechtsfähigkeit aus der Freiheit aller Menschen und aus ihrer Gleichheit vor dem Gesetz als eine einheitliche verstanden wird, beantworten die Römer die Frage, welcher Rechte jemand teilhaftig sein kann, für jede Menschengruppe besonders. Dabei treten drei Gesichtspunkte hervor, nach denen die Rechtstellung des Menschen abgestuft sein kann: nach der Freiheit (*libertas*), nach dem Bürgerrecht (*civitas*) und nach der Stellung im Familienverband" (Kaser 1992, 72).

> Gegenständen gewisse Abstufungen zeigt. Diese Hausgewalt heißt *potestas*, ursprünglich auch *manus* [...] nach dem Symbol der beherrschenden und zugleich schützenden Hand. Später wird *manus* nur noch für die Gewalt über die Ehefrau (*uxor in manu*) gebraucht, sofern sie (was nicht notwendig ist) dem Hausverband des Mannes angehört [...]. Die Gewalt über die Hauskinder (*filii, filiae familias*) ist patria potestas [...], die über Sklaven ist Eigentum.
>
> Die *uxor in manu* und die Hauskinder sind zwar frei (anders als die Sklaven), aber, wie gesagt, einer Herrschaft ihres Hausvaters unterworfen, die bis zum Recht über Leben und Tod reicht. [...] Nähert diese starke rechtliche Abhängigkeit die Hauskinder den Sklaven an, so genießen sie doch nicht nur die soziale Anerkennung ihres Freiheitsstandes, sondern auch die rechtliche Anwartschaft, künftig – etwa mit dem Tod des Hausvaters – einmal unabhängig und selbst Oberhaupt eines neuen Hausverbandes zu werden; eine Aussicht, die den Sklaven versagt ist, denn auf künftige Freilassung haben diese keine Anwartschaft. [...]
>
> Gewaltfrei (*sui generis, suae potestatis*) ist, wer unter keiner Hausgewalt steht: der *paterfamilias*, der alleinstehende Mann, die alleinstehende Frau. Alle anderen sind gewaltunterworfen (*alieno iuri subiecti, alieni iuris*); nicht nur die *uxor in manu* und die *filii* und *filiae*, sondern auch die Sklaven; [...]." (Kaser 1992, 68–70)

Wie die folgende Interpretation von Pol. I zeigt, bestimmen die vier genannten Charakteristika der Rechtstellungslehre im Römischen Recht auch Aristoteles' Theorie der natürlichen Herrschaftsformen. Nimmt man daher die besser erschlossene Lehre von der rechtlichen Stellung des Individuums im Römischen Recht als Interpretament zu Hilfe, wird deutlich, dass Aristoteles in Pol. I mit TNH ein zu ihr analoges Anliegen verfolgt. Aristoteles geht es in Pol. I also um die Bestimmung der rechtlichen Stellung des Individuums innerhalb des Hauses und – unter Rückgriff auf die Konstitutionsanalyse der Polis, die das Haus bzw. die häuslichen Subgemeinschaften als die Elemente des Staates ausweist – innerhalb der Polis. Dabei unterscheidet sich Aristoteles' „philosophische" Rechtstellungslehre von der „juridischen" des Römischen Privatrechts dadurch, dass er die geltenden Rechtsverhältnisse nicht unreflektiert in seine politische Theorie übernimmt, sondern diese für rechtfertigungsbedürftig erachtet. So entwickelt er in Gestalt von TNH ein philosophisches Begründungsmodell für die häusliche Herrschafts- und Rechtsverhältnisse, das sich an der individuellen praktischen Vernunftnatur der Hausangehörigen orientiert.

Dass Pol. I in einem rechtsphilosophischen Kontext zu verorten ist, findet sodann ein weiteres Indiz in der Tatsache, dass Aristoteles bereits in Pol. I.2, unmittelbar nach Abschluss seiner Staatsentstehungstheorie, darauf hinweist, dass es sich bei den aufgeführten natürlichen Gemeinschaften immer auch um Rechtsgemeinschaften handelt. Denn nach Aristoteles inhäriert – das Römische Recht wird ihm hierin folgen – jeder natürlichen Gemeinschaft eine ihr eigentümliche Form von Recht (*dikaion*) (vgl. hierzu Kap. 3.2). Diese rechtliche Dimension der natürlichen Gemeinschaft wird von Aristoteles durch Rückgriff auf ein naturteleologisches Argument behauptet (Pol. I.2, 1253a7–18). Dieses Argument lässt sich wie folgt rekonstruieren:

> (1): Die Natur macht nichts vergebens. D.h., alles von Natur aus Seiende hat ein Ziel (*telos*) bzw. eine eigentümliche Leistung (*ergon*); jedes naturale Vermögen drängt auf seine Verwirklichung.
> (2): Der Mensch ist von Natur aus als einziges Lebewesen mit Sprache bzw. Vernunft (*logos*) ausgestattet.
> (3): Die der Sprache bzw. Vernunft eigentümliche Leistung besteht im Fassen und in der Artikulation von sittlichen/rechtlichen Konzepten wie dem Guten (*agathon*), dem Rechten (*dikaion*) und dem Vorteilhaften (*sympheron*).
> (4): Aus (1), (2) und (3) folgt, dass der Mensch von Natur aus auf ein Leben, in dem Recht und Sitte von zentraler Bedeutung sind, angelegt ist. D.h., die von der Vernunft im Medium der Sprache transportierten Konzepte des Gerechten bzw. Ungerechten sowie des Guten bzw. Schlechten erweisen sich für das menschliche Leben als charakteristisch. Weil nur der Mensch von Natur aus das Vermögen zur Vernunft und Sprache besitzt (2), stellt eine an Sitte und Recht orientierte Lebensführung ein anthropologisches Spezifikum dar.
> [(5): Das Recht bzw. das Gerechte hat die rechtmäßigen Ansprüche der Mitglieder einer Gemeinschaft zum Gegenstand.]
> (6): Aus (4) und (5) folgt, dass die Ansprüche anderer im Leben des Menschen eine wichtige Rolle spielen.
> [(7): Der Mensch verbringt sein Leben von Natur aus in verschiedenen Gemeinschaften.]
> (8): Aus (6) und (7) folgt, dass das Zusammenleben in den elementaren und komplexen natürlichen Gemeinschaften von den wechselseitigen Ansprüchen ihrer Mitglieder bestimmt ist. Das Haus und der Staat sind deshalb Gemeinschaften, in denen das Zusammenleben von Natur aus eine genuin sittliche und rechtliche Dimension besitzt.

Problematisch an Aristoteles' Argument für die Bestimmung der natürlichen Gemeinschaften als Rechtsgemeinschaften ist sicherlich dessen naturteleologische Einbettung in (1). Denn die Zuschreibung inhärenter Zwecke und Ziele, die die Natur als ein planvolles, zielgerichtetes Ganzes erscheinen lassen, ist vor dem Siegeszug des szientistischen Naturbegriffs, wie er sich seit der frühen Neuzeit in den Wissenschaften vollzogen hat, nicht zu halten. Jedoch kann man Aristoteles' Argument auch ohne die hinter ihm stehende Naturteleologie durchaus einen guten Sinn geben. Indem Aristoteles den Menschen als ein (praktisches) Vernunftwesen beschreibt, geht er davon aus, dass er der Erkenntnis des Guten und Gerechten fähig ist und dass diese Fähigkeit das menschliche Zusammenleben maßgeblich mitbestimmt. In unserem Zusammenleben mit anderen Menschen, insbesondere in jenen Gemeinschaften, auf die wir von Natur aus zu unserem Überleben angewiesen sind, spielen sittliche und rechtliche Standards eine zentrale Rolle. Damit aber ist es uns nicht ins Belieben gestellt, wie wir uns unseren Kindern, Ehepartnern und Mitbürgern gegenüber verhalten. Nicht jedes Verhalten ist ihnen gegenüber erlaubt. Unser gegenseitiger Umgang hat sich naturgemäß an Recht und Sitte zu orientieren. Nach Aristoteles ist es nun eben diese sittlich-rechtliche Dimension, die ein Proprium der menschlichen Gemeinschaften bildet, durch das sich das Zusammenleben der Menschen von dem der arationalen Pflanzen und Tiere unterscheidet. In Pol. I.2, 1253a7–18, attestiert Aristoteles den Menschen also einen „Rechts-" bzw. „Gerechtigkeitssinn". Und tatsächlich müsste man wohl ein ausgemachter Amoralist sein, um an dieser basalen Tatsache unserer sozialen Welt zu zweifeln.

Nachdem Aristoteles in Pol. I.2 die Naturgemäßheit der Polis und der sie konstituierenden Subgemeinschaften dargelegt hat, gilt es daher in einem nächsten Schritt zu fragen, nach welchen sittlichen und rechtlichen Normen das Zusammenleben in ihnen zu gestalten ist. Dieser Aufgabe wendet sich Aristoteles mit Blick auf die häuslichen Gemeinschaftsformen in Pol. I.3ff. zu. Aristoteles beginnt damit, dass er die drei häuslichen Subgemeinschaften von Herr (*despotês*) und Sklave (*doulos*) (b6), Ehemann (*posis*) und Ehefrau (*alochos*) (b6f.) sowie von Vater (*patêr*) und Kind (*teknon*) (b7) als kleinste Bestandteile der Polis aufführt (Pol. I.3, 1253b4–12). In einem zweiten Schritt fragt er sodann, „was jedes [von ihnen] sei und von welcher Art es sein soll". Mit der ersten Teilfrage ist der deskriptiv-explanatorische, mit der zweiten der dezidiert normative Charakter der folgenden Untersuchung gemeint. Weil es sich bei den Elementargemeinschaften um Teile des Hauses (*oikia*) handelt, haben wir es mit einer Abhandlung über die Hausverwaltung (*peri oikonomias*: I.3, 1253b2) zu tun.

Was die Gemeinschaft von Herr und Sklave ist und von welcher Art sie sein soll, ist Gegenstand der despotischen Herrschaft (*despotikê*: Pol. I.3, 1253b9; Pol. I.12, 1259a37f.); was die Gemeinschaft von Ehemann und Ehefrau ist und wie beschaffen sie sein soll, Gegenstand der ehelichen Herrschaft (*gamikê*: Pol. I.3, 1253b9; Pol. I.12, 1259a39); schließlich ist die Gemeinschaft von Vater und Kind, was sie ist und wie sie sein soll, Gegenstand der väterlichen Herrschaft (*teknopoiêtikê*: Pol. I.3, 1253b10; *patrikê*: Pol. I.12, 1253b38). Vervollständigt wird das Wissen um die Hausverwaltung durch die Erwerbskunst (*chrêmatistikê*: Pol. I.3, 1253b14), der die Kapitel Pol. I.8–11 gewidmet sind. Die despotische Herrschaft, die väterliche Herrschaft und die eheliche Herrschaft bilden somit nach Aristoteles die drei personalen Herrschaftsverbände, die unter das häusliche Recht (*oikonomikon dikaion*: NE V.10, 1134b17) fallen. Wie die Familie im Römischen Recht wird das Haus dabei von Aristoteles als ein monokratischer Herrschaftsverband konzipiert, dem der Hausherr (*oikonomos*) in seiner dreifachen Funktion als Herr, Vater und Gatte als Rechtsvorstand (*kyros*) vorsteht.[238]

---

238 Zur monokratischen Organisation des Hauses vgl. Pol. III.14, 1285b31f.

4.2 Die Bestimmung der menschlichen Herrschaftsverhältnisse vor Aristoteles

Wie also ist die Herrschaft in den natürlichen Gemeinschaften auszuüben? Aristoteles stellt TNH nicht auf unbebauten Boden. Vielmehr knüpft er mit ihr an eine Diskussion an, die er in Platons politisch-philosophischen Dialogen vorgezeichnet findet. Denn bereits Platon streitet in seinen Schriften mit den Sophisten, die als erste Denker die politisch-soziale Ordnung umfassend philosophisch reflektiert haben, darüber, wie die Herrschaft über den Menschen in Haus und Polis auszuüben sei. Die auf sie zurückgehende rechtsphilosophische Diskussion ist vor allem durch eine doppelte Fragestellung gekennzeichnet: (1) Wer hat in der Polis – wie auch über die Menschen im Allgemeinen – gerechtfertigter Weise Anspruch auf Herrschaft? (2) Zu wessen Vorteil ist die Herrschaft über Menschen auszuüben: zum Vorteil der Regierenden oder zum Vorteil der Regierten? Frage (1) kann als die nach dem *Herrschaftsprinzip*, Frage (2) als die nach dem *Herrschaftsnutzen* verstanden werden. Einige der Sophisten vertreten nach Platon in diesen Fragen einen bloßen Machtpositivismus (Kap. 4.1). Gegen sie richtet sich Platon mit seiner Lehre von den menschlichen Herrschaftsverhältnissen (Kap. 4.2). Aristoteles knüpft mit TNH an diese Diskussion seiner philosophischen Vorgänger an. Sie liegt als Negativfolie seiner Bestimmung der naturgemäßen Herrschafts- und Rechtsverhältnisse im Haus und in der Polis zugrunde.

4.2.1 Sophistischer Machtpositivismus

Die Sophistik ist eine Bildungsreformbewegung, die sich um die Mitte des 5. Jahrhunderts v. Chr. in Griechenland ausbreitet.[239] Die Sophisten verstanden sich als professionelle Erzieher und Tugendlehrer. Zu ihrem Erziehungsprogramm gehört dabei vor allem die Unterweisung in der Kunst der Rhetorik. Eine Leistung der Sophistik besteht darin, das bürgerliche Leben in der Polis als Gegenstand für das philosophische Denken entdeckt zu haben. Obwohl es allgemeine Merkmale ihrer Lehre gibt – hierzu zählen etwa die Skepsis gegenüber den tradierten Sitten sowie die Zuwendung zum Individuum –, ist die Bewegung der Sophistik weit davon entfernt ein in sich homogenes Lehrgebilde darzustellen. Unter dem Sammelbegriff der Sophistik ist vielmehr eine Vielzahl von Denkern mit sehr

---

[239] Zu ihren wichtigsten Vertretern gehören u. a. Protagoras aus Abdera, Gorgias aus Leontinoi, Thrasymachos aus Chalkedon, Prodikus aus Keos, Hippias aus Elis, Antiphon aus Athen, Kritias aus Athen (und Kallikles aus Acharnai). Zur Bewegung der Sophistik vgl. Zeller I/2, 1278–1459; Kerferd 2001. Zur ihrer politischen Bedeutung vgl. etwa Ottmann I/1, 212–254.

4.2 Die Bestimmung der menschlichen Herrschaftsverhältnisse vor Aristoteles — 137

unterschiedlichen philosophischen Lehrmeinungen vertreten.[240] Im Rahmen ihres *practical turn* wurde von den Sophisten auch die Begründung der menschlichen Herrschafts- und Rechtsverhältnisse zum Gegenstand der philosophischen Reflektion erhoben. Nach Platon haben dabei einige von ihnen die Ansicht vertreten, dass die Herrschaft über andere Menschen ihre oberste Norm im Recht des Stärkeren findet, zum eigenen Vorteil über den Schwächeren herrschen zu dürfen. Allerdings ist hierbei zu beachten, dass die zentralen Referenzstellen für dieses sophistische Theoriestück selbst den platonischen Dialogen entstammen. Damit ist es fraglich, ob diese Lehre tatsächlich jemals in dieser Form von einem Sophisten vertreten wurde. Denn Platons Darstellung seiner philosophischen Kontrahenten dürfte nicht zuletzt durch seine eigenen Erkenntnis- und Beweisabsichten beeinflußt sein. Im Extremfall hätte man sogar davon auszugehen, dass Platon die „sophistische" Lehre vom Recht des Stärkeren durch die Figuren in seinen Dialogen nicht mehr oder weniger wirklichkeitsgetreu referieren lässt, sondern er ihnen diese bloß unterstellt, um vor diesem Hintergrund seine eigene Position deutlicher werden zu lassen. Wie dem auch sei: Die platonische Darstellung dieses Theoriestücks dient als die Negativfolie, vor der Platon seine eigene Herrschaftstheorie entwickelt, und diese wiederum bildet den Referenzpunkt für TNH in der aristotelischen *Politik*. Die folgende Diskussion erhebt daher keinen Anspruch auf eine historisch getreue Rekonstruktion eines sophistischen Lehrstücks. In ihr geht es allein um die Rekonstruktion jener Position, die Platon – und indirekt Aristoteles – zum Ausgang nehmen, um ihre eigenen Herrschaftslehren zu entwickeln.[241]

Vom Sophisten Kallikles wird im platonischen *Gorgias* – unter Berufung auf die *physei-nomô/thesei*-Antithese (*Gorg.* 482e ff.)[242] – die Herrschaft des Menschen über den Menschen durch das natürliche Recht des Stärkeren gerechtfertigt.[243] Seiner Auffassung zufolge ist es von Natur aus gerecht, dass der Überlegene und Fähigere über den Unterlegenen und weniger Fähigen herrscht.

---

240 Die Verschiedenheit der sophistischen Lehren wird bereits von Zeller (I/2, 1423) betont. Ottmann gruppiert die Sophistik politisch in die Lager der „Linken" (Alkidamas, Hippias, Antiphon, Lykophron), der „Rechten" (Thrasymachos, Kallikles, Anonymus Iamblichi, Pseudo-Xenophon, Kritias) sowie der „Mitte" (Protagoras, Gorgias) (Ottmann I/1, 216–230).
241 Ich danke Anna Schriefl für den Hinweis, dass eine deartige Präzisierung der Funktion dieses Unterkapitels vorzunehmen ist.
242 Die *physis–nomos*-Antithese gehört nach Aristoteles zum wichtigsten argumentativen Repertoire der Sophisten (Soph. el. 12, 173a7–18). Vgl. hierzu auch die „Naturrechtskapitel" der *Rhetorik* (I.10, I.13–15). Zur Entstehung und Bedeutung der *physis–nomos*-Antithese vgl. Heinimann 1945.
243 Zu weiteren antiken Quellen dieser Rechtsvorstellung s. Schütrumpf I, 275.

‚Die Natur (*physis*) selbst aber, denke ich, beweist dagegen, dass es gerecht (*dikaion*) ist, wenn der Überlegene gegenüber dem Unterlegenen und der Fähigere gegenüber dem Unfähigeren mehr erhält (*pleon echein*). Sie zeigt aber vielfältig, dass sich dieses so verhält – sowohl an den übrigen Tieren als auch an ganzen Staaten und Geschlechtern der Menschen –, dass das Gerechte (*dikaion*) so bestimmt ist, dass der Stärkere über den Schwächeren herrsche (*archein*) und mehr erhalte (*pleon echein*). Denn nach welchem Recht (*dikaiô*) führte Xerxes Krieg gegen Hellas, oder dessen Vater gegen die Skythen? Und tausend andere Bespiele dieser Art könnte man anführen. Also, meine ich, tun sie dieses der Natur gemäß (*kata physin*), und, beim Zeus, sogar nach dem Recht der Natur (*dikaiou* [...] *physeôs*), aber freilich nicht nach dem von uns willkürlich aufgestellten (*kata nomon*).' (Gorg. 483c–484e)

Der Anspruch, über andere zu herrschen, leitet sich für Kallikles demnach aus der individuellen Überlegenheit eines Menschen ab. Diese wird je nach Kontext unterschiedlich bestimmt: Kallikles unterscheidet hierbei zwischen einer „völkerrechtlichen", d. h. die Herrschaftsverhältnisse von Staaten betreffenden, und einer „polisrechtlichen", d. h. die Herrschaftsverhältnisse in einer Polis betreffenden, Form von Überlegenheit. Für das zwischenstaatliche Verhältnis bzw. das Verhältnis zwischen einzelnen Völkern will Kallikles das „stärker" bzw. „besser" und „schwächer" bzw. „schlechter" im Sinne der physischen bzw. militärischen Überlegenheit verstanden wissen (vgl. auch Gorg. 488b–d). Von Natur aus gerecht sei es daher, wenn der militärische überlegene Staat über den ihm unterlegenen herrsche. Was den Anspruch auf Herrschaft *in* der Polis betrifft, setzt Kallikles das „stärker" und „fähiger" hingegen mit der Tüchtigkeit als Staatsmann gleich. Der Überlegene und Bessere ist also derjenige, der in der Redekunst unterwiesen und somit fähig ist, sich in die höchsten Staatsämter zu bringen (vgl. Gorg. 489b–491d). Kallikles rät Sokrates deshalb, von der Philosophie abzulassen und sich der Rhetorik zuzuwenden, um ein tüchtiger Bürger und Staatsmann zu werden und so nicht der Willkür anderer hilflos ausgeliefert zu sein (Gorg. 484c–486d). Das von Kallikles vertretene natürliche Recht des Stärkeren ermächtigt den Überlegenen jedoch nicht nur zur Herrschaft über die ihm unterlegenen Individuen, sondern verleiht ihm zugleich die Befugnis, diese Herrschaft zu seinem Vorteil auszuüben (*pleon echein*). Dem Überlegenen steht es von Natur aus zu, sich vom gemeinsamen Kooperationsertrag mehr bzw. von den gemeinsamen Kooperationskosten weniger zuzuteilen als den von ihm Beherrschten. Es ist somit von Natur aus gerecht, wenn der Überlegene den Unterlegenen zu seinem Vorteil instrumentalisiert. Kallikles beantwortet damit die Frage nach dem Herrschaftsprinzip durch das natürliche Recht des Stärkeren, die Frage nach dem Herrschaftsnutzen zugunsten der Regierenden.[244]

---

[244] Dies ist freilich nicht immer der Fall. Oft ist es so, dass sich die Unfähigen aufgrund ihrer numerischen Überlegenheit zusammentun und in ihrem Interesse über die Geschicke der Polis

4.2 Die Bestimmung der menschlichen Herrschaftsverhältnisse vor Aristoteles

Die Frage, zu wessen Vorteil menschliche Herrschaftsverhältnisse auszuüben sind – zum Vorteil des Herrschenden (*archôn*) oder zum Vorteil des Beherrschten (*archomenon*) –, wird auch ausführlich zwischen Sokrates und dem Sophisten Thrasymachos im ersten Buch der *Politeia* diskutiert. Auf die Frage, was die Gerechtigkeit sei, antwortet Thrasymachos zunächst mit einer empirisch gewonnenen Definition: In aller Regel erlassen politische Systeme Gesetze zum Vorteil (*sympheron*) der herrschenden Klasse. Da Gerechtigkeit mit der Befolgung der geltenden Gesetze gleichzusetzen ist, sei das Recht (*dikaion*) letztlich nichts anderes als das für den Regenten Beste. Da Thrasymachos – ebenso wie Kallikes – den Regenten mit dem Starken und Überlegenen identifiziert, besteht auch ihm zufolge der Nutzen menschlicher Herrschaftsverhältnisse im Vorteil des Stärkeren.

> ‚Höre nun!', sagte er [Thrasymachos], ‚Denn ich behaupte dies: Das Gerechte (*dikaion*) ist nichts anderes als der Vorteil (*sympheron*) des Stärkeren.' [...] ‚Jede Herrschaft (*archê*) gibt die Gesetze (*nomous*) zu ihrem Vorteil, die Demokratie demokratische, die Tyrannis tyrannische usw. Nach diesen Gesetzen erklären sie diesen ihren eigenen Vorteil für die Regierten (*archomenois*) als gerecht (*dikaion*), und jeden, der sie übertritt, bestrafen sie, weil er das Gesetz und die Gerechtigkeit verletze. Und dies ist, mein Bester, was – so behaupte ich – in allen Poleis in gleicher Weise ‚gerecht' ist: nämlich der Vorteil der bestehenden Herrschaft. Diese aber hat die Macht inne, so dass für jeden, der nur richtig überlegt, daraus folgt: Überall (*pantachou*) ist das Recht dasselbe, nämlich der Vorteil des Stärkeren (*kreittonos sympheron*).' (Rep. I, 338c–339a; vgl. 340e–341a; 343a–344c)

Politische Herrschafts- und Rechtsverhältnisse kommen nach dem nüchternen Blick des Thrasymachos den Regierenden zugute. Gerechtigkeit – verstanden als Pflicht zum Gesetzesgehorsam – ist daher ein Instrument im Dienste der Herrschenden. Der gerechte, nicht-regierende Bürger, der die geltenden Gesetze befolgt, nimmt deshalb nicht seinen eigenen Vorteil wahr, sondern wird durch Gesetze und Recht zum Nutzen der Regierenden instrumentalisiert und so von der Verfolgung seiner eigenen Ziele abgehalten. Gerechtigkeit kann deshalb aus der Perspektive der Regierten – durchaus negativ – als „fremdes Gut" (*allotrion agathon*: Rep. I, 343c) beschrieben werden bzw. spiegelbildlich als Schaden (*blabê*) des Gehorchenden und Dienenden (Rep. I, 343c). Thrasymachos rät daher (den Regierten) zur Ungerechtigkeit, weil nur so der eigene Vorteil wahrgenommen werden kann. Er geht dabei sogar soweit, dass er die Ungerechtigkeit zur wahren

---

bestimmen. Was diesen Fall betrifft, nimmt Kallikles die Stellung eines moralischen Zynikers ein, der – wie später Nietzsche in seiner *Genealogie der Moral* – die Gerechtigkeit als ein bloßes soziales Konstrukt und Machtinstrument der vielen Schwachen gegenüber den wenigen Starken bestimmt (vgl. etwa Horn/Scarano 2002, 20 f.).

Tüchtigkeit (*aretê*) und Wohlberatenheit (*euboulia*) des Menschen und die Gerechtigkeit zur Einfältigkeit (*euêtheia*) erklärt (Rep. I, 348b–349a).

Aufgrund seiner Gerechtigkeitsdefinition wird Thrasymachos daher oft eine ideologiekritische Position attestiert (vgl. etwa Horn/Scarano 2002, 20 f.). Dies ist zwar insofern richtig, als Thrasymachos zeigt, dass Regierungen in aller Regel dem Partikularinteresse der herrschenden Klasse dienen und nicht dem Wohl aller Bürger. Jedoch zieht Thrasymachos aus diesem Befund keine systemkritischen Schlussfolgerungen. Er sagt nicht, dass die selbstsüchtige Ausübung von Herrschaft über die Mitmenschen moralisch verwerflich sei. Vielmehr rät er indirekt dazu, sich selbst – mittels der Unterweisung in der Rhetorik durch ihn oder einen anderen Sophisten – in eine regierende Position zu bringen, um so ein maximal glückliches Leben führen zu können.[245] Dass Thrasymachos' Gerechtigkeitsbestimmung ihrer Intention nach nicht im strikten Sinn ideologiekritisch ist, wird ferner deutlich, wenn er behauptet, dass der Tyrann das glücklichste Leben führe, weil er als Alleinherrscher über sämtliche Bürger nach seinem Belieben regiere und sie – ohne Angst vor Strafverfolgung – zu seinen Zwecken und Zielen instrumentalisieren kann (Rep. I, 344a–c). Der Tyrann wird bewundert, nicht kritisiert.[246] Ebenso wie Kallikles beantwortet Thrasymachos also die Frage nach dem Herrschaftsprinzip durch das Recht des Stärkeren, die Frage nach dem Nutzen menschlicher Herrschaftsverhältnisse zugunsten der Regierenden.

Wie kommen Thrasymachos und Kallikles zu einer derart provokanten Bestimmung der Herrschafts- und Rechtsverhältnisse in menschlichen Gemeinschaften? Im Hintergrund steht eine politische Anthropologie, die den Menschen als einen Egoisten beschreibt, der selbstsüchtig seinen eigenen Vorteil verfolgt.[247] Anders als bei Aristoteles bleiben die Ansprüche der anderen somit für das eigene Verhalten ohne normative Bedeutung, da deren angemessene Berücksichtigung keine Forderung der menschlichen Natur darstellt. Dabei wird von beiden das höchste Gut mit der Lust (*hedonê*) identifiziert, die um so größer ist, je größer die ihr zugrunde liegenden Begierden und Wünsche sind (ohne dass dabei qualitativ

---

245 Vgl. hierzu Zeller I/2, 1415 f.: Zeller weist darauf hin, dass das Lehrangebot des Sophisten Protagoras von Platon und Aristoteles bezeichnenderweise dahingehend zusammengefasst wird, dass er seine Schüler lehre, die „schwächere Rede" zur „stärkeren Rede" zu machen, so dass derjenige, der eigentlich der Sache nach rechtmäßig unterlegen ist, letzten Endes reüssiert (Zeller verweist auf Apol. 18b und Rhet. II.24). Wer die Rhetorik beherrscht, hat die anderen in seiner Gewalt. Nach Ottmann ist der Titel von Protagoras' Schrift *Kataballontes logoi* (*Niederwerfende Reden*) in diesem Sinn als programmatisch zu verstehen (Ottmann I/1, 214 f.).
246 Treffender daher Ottmanns Kennzeichnung des Thrasymachos als eines „zynischen Analytiker[s] der Macht" (Ottmann I/1, 216).
247 Zeller spricht daher von Kallikles als einem exemplarischen Vertreter der „sophistische[n] Theorie des Egoismus" (Zeller I/2, 1286 Anm. 2).

zwischen verschiedenen Lüsten unterschieden würde). Folglich besteht die wahre Natur des Menschen darin, den eigenen Nutzen, die Mittel zur Lustbefriedigung, wo immer man es nur ungestraft tun kann, selbstsüchtig auf Kosten anderer zu verfolgen. Sobald man sich gegenüber anderen in einer Machtposition befindet, wird man daher unvermeidlich versuchen, diese Befugnis rücksichtslos zu seinem Vorteil zu nutzen, indem man die Untergebenen zur eigenen Lustbefriedigung instrumentalisiert. Altruismus und Machtausübung zugunsten der Herrschaftsunterworfenen sind Kallikles und Thrasymachos zufolge schlichtweg praktisch irrational. Weil es sich bei der egoistischen Vorteilnahme auf Kosten anderer um einen Äußerungsakt der menschlichen Natur handelt, gilt sie Kallikles daher als von Natur aus gerecht (*physei dikaion*). Folgerichtig führt der Tyrann nach Kallikles und Thrasymachos das glücklichste Leben, weil er sich in der optimalen Machtposition befindet, sämtliche anderen Polismitglieder für die Befriedigung seiner ins Unermessliche gewachsenen Bedürfnisse und Begierden unterworfen zu haben, ohne dass er dafür rechtliche Sanktionen befürchten müsste.[248] Der Tyrann, so Kallikles und Thrasymachos, tut damit kein Unrecht, weil die Instrumentalisierung der anderen Menschen ja gerade Ausdruck seiner Überlegenheit und Stärke ist und dem naturgemäßen Verhalten des Menschen entspricht.

Kallikles' und Thrasymachos' Bestimmungen menschlicher Herrschafts- und Rechtsverhältnisse laufen dabei auf einen bloßen Machtpositivismus hinaus. Denn wer seine Interessen durchzusetzen vermag, erweist sich als überlegen, weshalb es gerecht ist, dass er andere zu seinem Vorteil instrumentalisiert. Gelingt es nicht, die höchsten Staatsämter innezuhaben, so ist man eben nicht fähig (und verdient es daher, von einem überlegenen Individuum zu dessen Zwecken beherrscht zu werden). Was auch immer die Regierenden zu ihrem eigenen Vorteil durchzusetzen fähig sind, ist mithin gerecht. Kurz: Gerecht und erlaubt ist, was möglich und durchsetzbar ist. Die bestehenden Rechtsverhältnisse sind immer schon gerechtfertigt, weil sie Manifestationen des (natürlichen) Rechts des Stärkeren sind. Und tatsächlich zieht Kallikles aus dem von ihm skizzierten „Naturrecht" keine herrschaftskritischen Konsequenzen. Tatsächlich behauptet er nirgends, dass dort, wo die vielen Schwachen über die wenigen Starken herrschen, diese Herrschaft Unrecht sei, sondern erklärt rein positivistisch, dass die wenigen Starken in diesem Fall eben nicht stark genug sind bzw. sich die Menge den Wenigen gegenüber als überlegen erweist. Beide Denker sind somit jener Fraktion

---

248 Zur Hochschätzung des Lebens des Tyrannen vgl. Gorg. 469c, 470c–471d, 472c–d; Rep. I, 334a–b, 348b–e u. ö.

von Sophisten zuzurechnen, die, wie es Zeller formuliert, Fürsprecher „der starken Persönlichkeit, des Herrenmenschen" sind (Zeller I/2, 1296).[249]

Sowohl Kallikles als auch Thrasymachos betonen zudem, dass die von ihnen herausgestellten Herrschaftsprinzipien universeller Natur sind. Glaubt man ihnen, bilden sie nicht nur die Normen für die Herrschaft in einer Polis (und damit die des Polisrechts), sondern diejenigen jeglicher Form von Herrschaft des Menschen über den Menschen. So weist Kallikles darauf hin, dass das natürliche Recht des Stärkeren auch das Recht zwischen den Staaten und Völkern bestimme sowie auch für die Hierarchien im Tierreich konstitutiv sei. Als Beweis für die Allgemeingültigkeit dieser Herrschaftsnorm führt Kallikles ferner Beispiele aus dem „Zusammenleben" der Staaten an: Der Angriff von Xerxes I. auf die Griechen sowie der seines Vaters Dareios I. auf die Skythen seien eben durch das Recht des Stärkeren erfolgt (weshalb sie kein Unrecht seien). Ebenso bekräftigt Thrasymachos, dass es sich beim Recht des Stärkeren um eine Norm für politische Herrschaftsverhältnisse in sämtlichen Poleis handle, unabhängig von ihrer jeweiligen Verfassungsform (Rep. I, 338c–339a). Beiden Denkern zufolge erweist sich das Recht des Stärkeren also als eine universelle Herrschafts- und Rechtsnorm, die für sämtliche Ebenen des menschlichen Zusammenlebens Gültigkeit beanspruchen kann: vom Zusammenleben zweier Individuen bis hin zu dem ganzer Staaten.

Die von der Sophistik vertretene Lehre vom (natürlichen) Recht des Stärkeren vermag als politisch-philosophische Doktrin freilich nicht zu überzeugen. Denn als Herrschafts- und Rechtsnorm läuft diese Lehre letztlich auf die Legitimation der kontingenten, faktisch gegebenen Machtverhältnisse hinaus. Selbst die Instrumentalisierung der regierten Bürgerschaft zum Vorteil weniger Machthaber wird – solange nur die dazu benötigte Stärke vorhanden ist – durch sie gerechtfertigt. Positiv betrachtet, könnte man jedoch davon sprechen, dass Kallikles und Thrasymachos die Politik als freies Spiel der individuellen bzw. klassenspezifischen Interessen entdeckt und sie als ein solches legitimiert haben. Insofern können in ihnen die Begründer eines modernen, interessenbasierten und amoralischen Politikbegriffs gesehen werden, der auf Denker wie Machiavelli, Nietzsche und Carl Schmitt traditionsbildend gewirkt hat.

---

249 Eine eher demokratische Stoßrichtung besitzt nach Platon die Lehre des Sophisten Protagoras. Vgl. hierzu insbesondere den Mythos des Protagoras in Prot. 320c ff., demzufolge jeder Mensch von Natur aus am Recht (*dikē*) und an der Scham (*aidos*) teil hat, d. h. jeder Mensch von Natur aus Teil der Sitten- und Rechtsgemeinschaft ist.

4.2.2 Platonische Fürsorge

Platon verwirft die von ihm präsentierte „sophistische" Lehre des Machtpositivismus in seinen politisch-philosophischen Hauptwerken (*Politeia*, *Politikos*, *Nomoi*) und entwickelt in Abgrenzung zu ihr seine eigene Herrschaftstheorie. Mit Kallikles und Thrasymachos teilt Platon dabei zunächst die Überzeugung, dass für die Ausübung der Herrschaft über den Menschen eine objektive und allgemeine Norm existiert. Allerdings wird diese Norm von ihm diametral bestimmt, insofern er die Ausübung von Herrschaft gerade auf den Vorteil (*sympheron*) der Regierten und die Fürsorge (*epimeleia*) für die Regierten verpflichtet. Herrschaft über andere berechtigt nach Platon nicht dazu, seinen eigenen Vorteil selbstsüchtig, auf Kosten der Herrschaftsunterworfenen zu verfolgen. Wer sich an Kallikles und Thrasymachos orientiert, indem er seine Weisungsbefugnis über andere Menschen zu seinem eigenen Vorteil ausübt, pervertiert nach Platon gerade das Wesen menschlicher Herrschafts- und Rechtsverhältnisse und tut somit Unrecht.

Zu seiner Neubestimmung menschlicher Herrschaftsverhältnisse gelangt Platon in der *Politeia* durch Berufung auf eine *technê*-Analogie. Sokrates hält seinem Kontrahenten Thrasymachos bzw. dessen Bestimmung der Gerechtigkeit als Vorteil des Stärkeren in Rep. I entgegen:

> ‚Die Künste (*technai*), mein Thrasymachos, herrschen (*archousi*) und gebieten doch über Objekte ihres Gebietes?' – Das gab er zu, wenn auch nur ungern. – ‚Somit forscht und befiehlt keine Kunst und Wissenschaft (*epistêmê*) nach dem Vorteil des Stärkeren (*kreittonos sympheron*), sondern nach dem des Schwächeren, von ihm Beherrschten (*archomenou*)?' – Auch das gab er schließlich zu, versuchte aber noch, es zu bestreiten. Als er nachgegeben hatte, fragte ich: ‚Kein Arzt also, soweit er Arzt ist, forscht und befiehlt nach dem Vorteil des Arztes, sondern nach dem des Kranken? Denn zugestandenermaßen ist der richtige Arzt ein Regent (*archôn*) des Körpers und nicht ein Erwerbsmann. Oder nicht?' – Das gab er zu. – ‚Ebenso ist auch der richtige Steuermann Regent der Seeleute, nicht einfacher Seemann?' – ‚Zugegeben!' – ‚Ein solcher Steuermann und Regent hat nicht seinen Vorteil im Auge und befiehlt danach, sondern den des Schiffes und der Regierten?' – Das gab er nur mit Mühe zu. – ‚Also, mein Thrasymachos, auch kein anderer Mensch in irgendeiner Machtstellung (*archê*) forscht und befiehlt, soweit er ein richtiger Herrscher (*archôn*) ist, nach dem eigenen Vorteil, sondern nach dem des Regierten (*archomenô*), für den er die Geschäfte führt. All sein Reden und Handeln achtet nur darauf, auf Vorteil und Frommen des Beherrschten.' (Rep. I, 342c–e)

Diese Stelle zeigt, wie Platon streng terminologisch, beinahe formelhaft, durch Rückgriff auf *technê*-Analogien die Ausübung von Herrschaft (*archê*) auf den Vorteil (*sympheron*) des Beherrschten (*archomenon*) verpflichtet. Dass diese anhand von Analogien zu *technai* gewonnene Bestimmung für sämtliche menschlichen Herrschafts- und Rechtsverhältnisse gilt, also für die politischen (*politikê*) (öffentliches Recht) wie die häuslichen (*idiôtikê*) (Privatrecht), wird sodann noch einmal eigens von Sokrates im Anschluss an diese Stelle betont:

> ‚Die Hirtenkunst (*poimenikê*) hat doch nur die eine Aufgabe, für das ihr anvertraute Gut aufs beste zu sorgen (*melei*), da ja für ihr eigenes Wohl alles aufs Beste bestellt ist, solange sie in nichts ihres Hirtenamtes vergisst. Und so mussten wir doch wohl dahin uns einigen, dass jede jede Herrschaft (*pasan archên*), insofern sie Herrschaft ist, das Beste (*beltiston*) für nichts anderes vorsorgt als für das Beherrschte (*archomenô*) und Betreute, in der Polis (*politikê*) wie im Privaten (*idiôtikê archê*). (Rep. I, 345d)

Auch diese Stelle besticht durch ihr streng terminologisches Vokabular. Erneut wird Herrschaft (*archê*) durch Sokrates so bestimmt, dass der Herrschende (*archôn*) zum Vorteil (*sympheron*) und zum Besten (*beltiston*) des Beherrschten (*archomenon*) und nicht zu seinem eigenen Vorteil zu agieren hat. Die Herrschaft über den Menschen findet damit bei Platon ihre Norm im Wohl der ihr unterstehenden Personen. Der Vorteil der Regierten ist Zweck und Ziel der Herrschaftsausübung.

Da es sich gemäß der vollzogenen Analogiebildungen bei der Herrschaft um eine Kunst (*technê*) bzw. Wissenschaft (*epistêmê*) handelt, bedarf es zu ihrer Ausübung folgerichtig eines bestimmten Wissens. Wie der Fortgang der *Politeia* zeigt, besteht dieses Herrschaftswissen letztlich im Wissen von den Ideen, insbesondere von der höchsten Idee, der Idee des Guten. Denn erst die Idee des Guten scheint einen wissen zu lassen, wem was in welcher Situation zuträglich (*sympheron*) ist. Nur wer sie geschaut hat, qualifiziert sich daher zum wahren und guten Herrscher. Weil Platon das Erlangen dieses Herrschaftswissens an besondere natürliche Veranlagungen des Individuums knüpft[250] und zudem einen langen Ausbildungsweg für notwendig hält, der Ausdauer und höchste Selbstdisziplin erfordert, zeigen sich zum wahren Staatsmann letztlich nur wenige geeignet. Die Konsequenz bildet eine insgesamt stark elitäre Konzeption politischer Herrschaft. Da poltische Herrschaft bzw. die Staatskunst in der *Politeia* im Wissen von den Ideen grundgelegt ist, macht Platon das Zusammenfallen von politischer Macht und Philosophie zur *conditio sine qua non* der guten und gerechten Polisordnung. Mit dem Philosophenherrschersatz hat Platon dieser Bestimmung politischer Herrschaftsverhältnisse in der *Politeia* eine eingängige Formulierung gegeben (Rep. V, 473c–e). Die Frage nach dem Herrschaftsprinzip beantwortet

---

250 Zu den natürlichen Anlagen der Wächter über die *kallipolis* – insbesondere zu ihrem von Natur aus philosophischen (*philosophos*) und wissbegierigen (*philomathês*) Charakter – vgl. Rep. II, 374d ff.

Platon also in der *Politeia* durch Verweis auf das Wissen von den Ideen, die Frage nach dem Herrschaftsnutzen durch den Vorteil der Herrschaftsunterworfenen.

Die in der *Politeia* getroffene Bestimmung politischer und menschlicher Herrschaftsverhältnisse wird von Platon im *Politikos* zunächst *grosso modo* beibehalten. Ebenso wie in der *Politeia* konzipiert Platon auch in diesem Spätdialog politische Herrschaft analog zu den Künsten, genauer: als Unterform der Kunst der Herdenzucht (*agelaiotrophia*) oder auch der Gemeinschaftszucht (*koinotrophikê*) (Plt. 261e). Kurz – die Herrschaft des Staatsmannes, so die provokante These des Fremden aus Elea, sei nichts anderes als die Herden- und Gemeinschaftszucht des Menschen.[251] Dieser Definition politischer Herrschaft zufolge wird die zentrale Aufgabe des wahren Staatsmannes darin gesehen, sich um die Aufzucht (*threptikê*) der seiner Herrschaft anvertrauten Individuen zu sorgen. Ziel der Staatskunst ist mithin die Fürsorge (*epimeleia*) für die Bürger. Die Bestimmung der politischen Herrschaft als Fürsorge wird sodann auch für die anderen menschlichen Herrschaftsverhältnisse übernommen, so dass es eingangs des *Politikos* Platon in der Person des Fremden aus Elea möglich ist, die These von der qualitativen Identität jeglicher Form von Herrschaft über den Menschen zu behaupten (Plt. 258e–259c).[252] Nach der platonischen Identitätsthese unterscheidet sich demnach die despotische Herrschaft des Herrn über den Sklaven ihrer Form nach weder von der häuslichen Herrschaft des Mannes über die Frau bzw. der Eltern über die Kinder noch von der politischen Herrschaft des regierenden über den regierten Bürger. Politische, königliche, despotische und häusliche Herrschaft sind also für den Fremden zunächst qualitativ identisch: Stets geht es um das Wohl der Regierten und die Fürsorge für sie. Unterschieden werden von ihm diese Herrschaftsverhältnisse lediglich durch quantitative Aspekte, nämlich durch die Anzahl der dem jeweiligen Herrschaftsverband angehörigen Personen: Der Gemeinschaft der Polis gehören in aller Regel mehr Personen an als einem Hausverband.

> Fremder: ‚Setzen wir nun den Politiker (*politikon*), den König (*basilea*), den Herrn (*despotên*) und noch den Hausvorsteher (*oikonomon*) alles als Eins unter eine Benennung? Oder sollen wir sagen, dies wären so viele Künste als wir Namen genannt haben? […] – Fremder: ‚Aber die Erkenntnis und Kunst des wahren Königs ist doch die königliche (*basilikê*)?' – Sokrates der Jüngere: ‚Ja.' – Fremder: ‚Und wer diese besitzt, wird der nicht, er mag nun ein Herrscher (*archôn*) sein oder ein Privatmann (*idiôtês*), doch seiner Kunst (*technên*) nach mit Recht (*orthôs*) ein Herrscher genannt werden?' – Sokrates der Jüngere: ‚Billig wäre es wohl.' –

---

251 Vgl. hierzu die Zusammenfassung des ersten Definitionsanlaufs in Plt. 267a–c.
252 Deslauriers verweist für die platonische Identitätsthese zudem auf den pseudo-platonischen Dialog *Die Liebhaber* 138c (Deslauriers 2006, 58). Für eine ähnliche Identitätsthese, die Aristoteles' Herrschaftsformenlehre als Negativfolie zugrunde liegt, verweist sie auf Xenophon Mem. 3.4.6 und 3.4.12 (ebd., 55f.).

> Fremder: ‚Und Hausvorsteher (*oikonomos*) und Herr (*despotês*) ist doch dasselbe?' – Sokrates der Jüngere: ‚Wie anders?' – Fremder: ‚Und wie? Sollten wohl ein Hauswesen von weitläufigem Umfang und eine Polis von geringem Umfang sich bedeutend voneinander unterscheiden, was die Herrschaft (*archên*) derselben betrifft?' – Sokrates der Jüngere: ‚Wohl gar nicht.' (Plt. 258e–259b).

Der Fremde hält also die menschlichen Herrschaftsverhältnisse in Haus und Polis letztlich für qualitativ, d. h. ihrer Form nach, identisch, weil sie für ihn lediglich verschiedene Applikationsfelder ein und derselben Form von Wissen (*epistêmê*) bzw. Kunst (*technê*) darstellen, nämlich der des königlichen Wissens bzw. der königlichen Kunst (*basilikê*) von „der Herrschaft über die Menschen" (*peri anthrôpôn archê*: Plt. 292d3 f.).[253]

> Fremder: ‚Also ist, was wir eben in Erwägung zogen, deutlich, dass es nur die eine Erkenntnis (*epistêmê mia*) für dies alles gibt. Diese mag nun einer die königliche Kunst (*basilikên*) oder die Politik (*politikên*) oder die Wirtschaftskunst (*oikonomikên*) nennen, wir wollen nicht mit ihm darüber streiten.' (Plt. 259c)

Die Bestimmung des Herrschaftsnutzens und des Herrschaftsprinzips bleiben somit in der Herrschaftstheorie der *Politeia* und des *Politikos* weitgehend identisch. Dabei bringt die Verpflichtung menschlicher Herrschafts- und Rechtsverhältnisse auf das Wohl der Regierten Platons politische Philosophie in die Nähe zum normativen Individualismus.

Im Fortgang des *Poltikos* wird die Analogie von Staats- und Herdenkunst jedoch in mehreren Hinsichten durchbrochen. Um das Zukurzgreifen der Bestimmung politischer Herrschaft als einer Form der Herdenzucht zu illustrieren, bedient sich der Fremde aus Elea des Mythos von den zwei Weltaltern, dem Zeitalter des Kronos (das vergangene goldene Zeitalter der Menschheit) und dem Zeitalter des Zeus (die nüchterne politische Gegenwart) (Plt. 268d – 274e). Ein wesentlicher Kritikpunkt an der ersten Definition der Politik als menschlicher Herdenzucht besteht darin, dass in den zeitgenössischen Staaten nicht mehr von Natur aus superiore Wesen über von Natur aus inferiore Wesen herrschen, wie es noch zur Zeit des Kronos der Fall war, als das menschliche Geschlecht von den Göttern und den Dämonen als Mittelwesen gelenkt wurde. Denn in den zeitgenössischen

---

[253] Die These von der Identität der Herrschaftsformen im *Politikos* weist damit in ihrer Begründungsstruktur eine starke Ähnlichkeit zur „sokratischen" These von der Einheit der Tugenden im Wissen um das Gute in Platons Frühdialogen (*Laches*, *Charmides*, *Protagoras*) auf. Die „platonische" Identitätsthese kann man daher als Transfer der „sokratischen" These von der Einheit der Individualtugenden auf den Bereich der intersubjektiven Herrschafts- und Rechtsverhältnisse betrachten.

Staaten herrschen Menschen über Menschen. Die Herrscher und Beherrschten sind sich „ihrer Natur nach viel mehr ähnlich" als in den Formen der Herdenzucht, durch die der Mensch über niedere Lebewesen herrscht, und in der göttlichen Herrschaft, durch die – wie im Zeitalter des Kronos – Götter über Menschen herrschten (Plt. 275b–c). Mit dieser Korrektur bringt Platon den Gedanken der natürlichen Gleichheit der Menschen als konstitutives Merkmal politischer Herrschaft ins Spiel. Ob und wenn ja, inwieweit diese Korrektur gegenüber dem Paradigma der Herdenzucht jedoch eine Revision gegenüber der Position der *Politeia* darstellt, bleibt letztlich unbeantwortet. Der Text selbst legt nahe zu vermuten, dass die natürlichen Unterschiede zwischen Staatsmann und regiertem Bürger schließlich nur von gradueller und nicht von kategorischer Art wie im Fall der göttlichen Herrschaft sind, sie aber nichtsdestoweniger existieren. Der Aspekt der natürlichen Gleichheit oder auch nur Ähnlichkeit der Menschen wird im *Politikos* jedenfalls nicht systematisch zu einem umfassenden Theoriestück Platons politischer Philosophie ausgebaut.

Ein weiterer wichtiger Punkt, nach dem die Analogie von Politik und Herdenzucht zu kurz greift, ist dem Fremden zufolge durch das Moment der Freiwilligkeit markiert. So unterscheidet Platon den Tyrannen vom König dadurch, dass die Bürger in die Herrschaft des Königs und wahren Staatsmanns freiwillig (*hekousios*) einwilligen, der Tyrann seine Herrschaft hingegen durch Gewalt (*biaios*) sichert. Politische Herrschaft impliziert demnach die freiwillige Unterordnung der Regierten und grenzt sich so von der Tyrannis und auch der Herdenzucht ab (276d–e).[254] Spätestens damit aber ist die Identitätsthese von Plt. 259c nicht mehr aufrechtzuerhalten, insofern nämlich die despotische Herrschaft des Herrn über den Sklaven nicht auf freiwilliger Zustimmung, sondern auf Gewalt beruht.

Im vorliegenden Untersuchungskontext ist es nun von besonderer Wichtigkeit, dass Platon sowohl in der *Politeia* als auch im *Politikos* die Verpflichtung politischer Herrschaft auf das Wohl der regierten Personen nicht wie im modernen Verfassungs- und Rechtsdenken durch Rekurs auf den natürlichen Status bzw. die natürliche Dignität des Menschen gewinnt. Ausschlaggebend für seine Bestimmung ist die Analogie zu den *technai*. Letztlich gilt für die Herrschaft über Menschen – unter Berücksichtigung der genannten Modifikationen – nichts anderes als für die Herdenhaltung von Schafen. Auch die Leitung der Schafsherde durch den Hirten hat nach Platon qua Kunst primär zum Wohl und Gedeihen der ihm anvertrauten Subjekte zu erfolgen. Staatskunst und politische Herrschaft haben

---

[254] Eine starke Interpretation dieser Stelle, nämlich im Sinne eines Konsensprinzips, findet sich in Cooper 1996.

also den Vorteil der Regierten zur Aufgabe, weil es sich bei ihnen um eine Kunst bzw. Wissenschaft handelt, nicht weil den Bürgern von Natur aus ein herausgehobener moralisch-rechtlicher Status zukommen würde.

Auch wenn Platon in der Spätphase seine politische Philosophie in einer Vielzahl von Hinsichten überabreitet – wozu insbesondere die Preisgabe der Fundierung politischer Herrschaftskompetenz im Ideenwissen und damit in einer Zwei-Welten-Metaphysik gehört –, so hält er doch auch in den *Nomoi* an den grundlegenden Zügen seiner Herrschaftslehre aus den mittleren Dialogen fest.[255] In Leg. III, 690a–c, zählt Platon in einer listenartigen Zusammenstellung sieben gängige Ansprüche auf, auf die sich „in den großen und kleinen Staaten und ebenso in den Häusern" das Herrschen (*archein*) und das Beherrschtwerden (*archesthai*) stützt: (1) Der Anspruch der Eltern auf Herrschaft über die Kinder; (2) der Anspruch des Adels auf Herrschaft über den Pöbel; (3) der Anspruch der Älteren auf Herrschaft über die Jüngeren; (4) der Anspruch des Herrn auf Herrschaft über den Sklaven; (5) der Anspruch des Stärkeren auf Herrschaft über den Schwächeren (also das von Thrasymachos und Kallikles als naturgemäß bestimmte Herrschaftsprinzip); (6) der Anspruch des Verständigen auf Herrschaft über den Unverständigen und schließlich (7) die Herrschaft aufgrund des Loses bzw. der göttlichen Fügung (wie sie in der attischen Demokratie durch die Ämterlosung praktiziert wurde). Zwar bescheinigt der Athener unter Berufung auf ein Pindar-Wort, dass das von den Sophisten favorisierte Herrschaftsprinzip des Rechts des Stärkeren tatsächlich oft in der Natur zu finden sei, kritisiert dieses jedoch aufgrund des ihm inhärenten Gewaltmoments. Er selbst favorisiert stattdessen als naturgemäßes Herrschaftsprinzip den Anspruch des Verständigen (*phronountôn*) auf Herrschaft über den Unverständigen (*anepistêmôn*), weil dieses Herrschaftsprinzip gerade nicht durch Zwang und Unterdrückung, sondern durch das Moment der freiwilligen Unterordnung gekennzeichnet sei. Damit greift Platon die Bestimmung politischer bzw. königlicher Herrschaft aus Plt. 276d–e auf.

---

255 Dies hat nach Stark auch Aristoteles so gesehen (Stark 1965a, 12). Die Bestimmung des Verhältnisses der drei politischen Hauptwerke Platons ist umstritten. Idealtypisch lassen sich diesbezüglich drei Autorenlager auseinanderhalten (Horn 2009a, 178; 2013a): (1) Es existiert ein Bruch zwischen der politischen Philosophie der mittleren (*Politeia*) und späten Dialoge (*Politikos, Nomoi*), der sich an einer zunehmend pessimistischen Anthropologie und der mit ihr verbundenen Revision von Platons überzogenem Utopismus festmachen lässt (so etwa Popper, Kelsen u. a.). (2) Es existieren keine grundlegenden Unterschiede zwischen den Staatsentwürfen in den verschiedenen Werkphasen (so etwa Saunders, Laks). (3) Zwischen der *kallipolis* und *Magnesia* herrschen grundlegende programmatische Unterschiede, jedoch nicht die, die von der älteren Lesart (1) geltend gemacht werden, nämlich etwa das Verbot monetär entlohnter Arbeit auf die Gesamtpolis und die radikalere Gleichstellung der Frauen (so etwa Bobonich).

4.2 Die Bestimmung der menschlichen Herrschaftsverhältnisse vor Aristoteles — 149

> Der Athener: ‚Und eine solche [Herrschaft des Stärkeren], die sich am meisten unter den lebenden Wesen findet und der Natur gemäß ist (*kata physin*), wie einst Pindar der Thebaner sprach. Der gewichtigste Anspruch aber, glaube ich, wird der sechste sein, welcher verlangt, dass der Unverständige (*anepistêmona*) Folge leistet, der Verständige (*phronounta*) aber leite und herrsche (*archein*). Und von dem möchte ich meinesteils, weisester Pindar, denn doch vielmehr behaupten, dass er nicht wider die Natur sei (*para physin*), sondern dass im Gegenteil diejenige Herrschaft des Gesetzes, der man sich freiwillig (*hekontôn*) unterwirft, und nicht die, welche in Gewalttätigkeiten besteht, die naturgemäße (*kata physin*) ist.' (Leg. III, 690b–c)

Bereits unmittelbar zuvor ist von dem fremden Athener das Kriterium der Klugheit und Einsicht als naturgemäßes Herrschaftsprinzip herausgestellt worden.

> Der Athener: ‚Dies mag denn nun so festgestellt und ausgesprochen sein, dass Bürgern (*politôn*), welche in diesem Stück unverständig und ungeschickt (*amathesin*) sind, nichts, was mit der Regierung (*archês*) zusammenhängt, anvertraut werden darf, sondern dass sie vielmehr als unverständige und ungeschickte Leute verachtet zu werden verdienen, […] und dass man dagegen die Leute von entgegengesetztem Verhalten […] als weise und verständig (*sophous*) bezeichnen und ihnen als solchen die Ämter (*archas*) übertragen muss.' (Leg. III, 689c–d)

Auch in den *Nomoi* werden von Platon die rechtmäßigen und guten Herrscher also durch ähnliche Wissensprädikate charakterisiert wie zuvor in der *Politeia* und dem *Politikos*. Das Herrschaftsprinzip der Einsicht und Verständigkeit leitet sodann als politisches Organisationsprinzip das Institutionendesign der wohlgeordneten Polis in allen drei politisch-philosophischen Hauptschriften Platons an: In der *kallipolis* der *Politeia* herrschen die einsichtsgeleiteten Philosophen. Im *Politikos* favorisiert Platon in seiner Orientierung am Ideal der göttlichen Herrschaft über die Menschen im Zeitalter des Kronos die politische Herrschaft eines maximal einsichtsgeleiteten Regenten, dem königlichen Mann, während die Gesetzesherrschaft nur als Surrogat im Fall von dessen Abwesenheit, d.h. als die zweitbeste Fahrt (*deuteros plous*), vorgesehen ist. In den *Nomoi* schließlich besteht das oberste Gesetzesgremium in der sogenannten „Nächtlichen Versammlung" – das ist das Kolleg der klugen, erfahrenen und einsichtsgeleiteten Bürger. Weil Platon sein Verständnis von politischer Herrschaft nach dem Paradigma der Künste entwickelt und die gute politische Herrschaft bei einigen wenigen Experten, den Klugen und Einsichtigen, liegt, kann man mit Blick auf seine politische Philosophie auch vom Ordnungsideal einer Expertokratie sprechen. Aus ihr leiten sich die stark elitären Züge Platons politischer Philosophie ab.[256]

---

[256] Einer Schätzung im *Politikos* zufolge können von tausend Menschen maximal ein oder zwei das erforderliche Herrschaftswissen erreichen (Plt. 292e–293a).

Im Vergleich zu dem von ihm den Sophisten zugeschriebenen Machtpositivismus liefert Platon mit seiner Bestimmung der menschlichen Herrschaftsverhältnisse die moralphilosophisch ambitioniertere Theoriebildung. Während der Machtpositivismus des Kallikles und Thrasymachos in seiner politischen Dimension letztlich auf die Legitimation des politischen *status quo* im Staat hinausläuft, unternimmt Platon in seinen politisch-philosophischen Dialogen das Unterfangen, die politische und häusliche Herrschaft über den Menschen vom Eigen- und Partikularinteresse der Regierenden zu entkoppeln. Für ihn sind der Staat und das Haus keine Selbstbedienungsläden, in denen sich die Regenten auf Kosten der von ihnen Beherrschten frei nach Lust und Laune bedienen dürfen. Diametral zur Herrschaftslehre des Kallikles und Thrasymachos verpflichtet Platon die Herrschaft über den Menschen auf das Wohl der Herrschaftsunterworfenen. Platon stellt der nüchternen, tendenziell deskriptiven Analyse der politischen Wirklichkeit durch die Sophisten somit eine normative, kontrafaktische Bestimmung der politischen Herrschaftsausübung gegenüber. Denn klarerweise wird nach Platon in vielen realen Poleis gegen die von ihm ausgewiesene Herrschaftsnorm verstoßen. Aus seiner Bestimmung des Herrschaftsnutzen erklären sich die normativ-individualistischen Züge seines politischen Denkens. Allerdings wird die Verpflichtung der Regierenden, ihre Macht zum Vorteil der Regierten auszuüben, von Platon nicht auf die natürliche Dignität des Menschen zurückgeführt, sondern beruht allein auf der Bestimmung von Herrschaft als Kunst (*technê*) bzw. Wissenschaft (*epistêmê*). Folgerichtig besteht das platonische Herrschaftsprinzip in der Einsicht und Verständigkeit, worauf sich die elitären Tendenzen des platonischen Staatsdenkens zurückführen lassen. Die von Platon betriebene Gleichsetzung der verschiedenen menschlichen Herrschaftsverhältnisse mit dem „königlichen Wissen" führt daher zur Identitätsthese des Fremden aus Elea, nach der sich die verschiedenen Herrschaftsverhältnisse unter den Menschen nur in quantitativer Hinsicht – eine Polis umfasst mehr Personen als ein Haushalt –, nicht aber unter qualitativen Aspekten unterscheiden.

4.3 Aristoteles

Wie positioniert sich nun Aristoteles innerhalb dieser Debatte um die Natur der menschlichen Herrschaftsverhältnisse? Durch SNH wissen wir (Kap. 3.2), dass es sich bei den natürlichen Gemeinschaften um personale Herrschaftsverbände handelt. Wie wird von Aristoteles aber nun die Herrschaft in Haus und Polis gerechtfertigt, und wem hat sie zugute zu kommen? Ist nach Aristoteles die Herrschaft durch das Wissen des Regenten gerechtfertigt oder durch das Recht des Stärkeren und Fähigeren? Und wessen Vorteil hat die Herrschaft über den Menschen zu dienen? Dem Wohl des Herrschenden oder dem Wohl des Beherrschten? Die Antworten, die Aristoteles auf diese Fragen gibt, fallen im Vergleich zu den Positionen seiner Vorgänger differenzierter aus. Wie wir gesehen haben, geht es Aristoteles in seiner Phänomenologie der natürlichen Gemeinschaften darum, qualitative Unterschiede zwischen den poliskonstitutiven Gemeinschaften herauszuarbeiten, um sodann mit TNH für die qualitative Verschiedenheit der ihnen eigentümlichen Herrschafts- und Rechtsverhältnisse zu argumentieren (vgl. Kap. 3.3).[257] Aristoteles vertritt also mit TNH eine Differenzthese, nach der qualitativ differente Herrschafts- und Rechtsverhältnisse – verschiedene Formen (*eidê*) von Herrschaft – in den natürlichen Gemeinschaften zu unterscheiden sind (Kap. 4.3.1). Dabei richtet sich die Form von Herrschaft, die über einen Menschen zu etablieren ist, vor allem danach, ob es sich bei ihm um einen von Natur aus freien Menschen (*physei elutheros*) oder einen von Natur aus unfreien Mensch (*physei doulos*) handelt. Wie nach ihm das Römische Recht macht Aristoteles somit den *status libertatis* zur wichtigsten Kategorie der individuellen Rechtsfähigkeit (Kap. 4.3.2). Entsprechend differenziert Aristoteles zwischen zwei Haupttypen von Herrschaft: despotische Herrschaft als naturgemäße Herrschaft über die von Natur aus Unfreien und politische Herrschaft als Herrschaft über die von Natur aus Freien (Kap. 4.3.3).[258] Wird über ein Individuum eine Form von Herrschaft und Recht etabliert, die seiner Natur als freiem bzw. unfreiem Menschen entspricht, so sind diese Herrschafts- und Rechtsverhältnisse nach Aristoteles zuträglich und gerecht. Wird ein Individuum in einer seiner Natur nicht gemäßen Weise beherrscht, ist dies Unrecht (Kap. 4.3.4). Da Aristoteles mit seiner Differenzthese von qualitativ verschiedenen menschlichen Herrschafts- und Rechtsverhältnissen ausgeht, liegt es methodisch nahe, davon auszugehen, dass wir vieles über die

---

257 Vgl. zu diesem Argumentationsziel von Pol. I insbesondere Deslauriers 2006. Dieses Unterkapitel ist wesentlich von ihrem Aufsatz „The Argument of Aristotle's *Politics*, Book I" (2006) und von Schofields Aufsatz „Ideology and Philosophy in Aristotle's Theory of Slavery" (1990) beeinflußt und greift deren Untersuchungsergebnisse auf.

258 Hierbei ist es wichtig zu sehen, dass Aristoteles das klassifikatorische Adjektiv „politisch" (*politikos*) in der Verknüpfung mit „Herrschaft" (*archê*) in einem engen und einem weiten Sinn verwendet. Es gilt mithin zwischen einem engen und einem weiten Sinn von „politischer Herrschaft" (*archê politikê*) – analog zur allgemeinen und spezifischen Verwendungsweise des Begriffs der „Verfassung" (*politeia*) – zu unterscheiden. Mit dem Ausdruck *politeia* bezieht sich Aristoteles einerseits auf den gemeinsamen Oberbegriff für die verschiedenen Verfassungsformen, andererseits auf eine bestimmte Verfassungsform, die Politie. Ebenso unterscheidet er zwischen politischer Herrschaft als Oberbegriff für die verschiedenen Formen von Herrschafts- und Rechtsverhältnissen, die naturgemäß über Freie auszuüben sind, und politischer Herrschaft als eine spezifische Form politischer Herrschaft, nämlich die Herrschafts- und Rechtsverhältnisse in einer Politie.

beiden Hauptformen von Herrscahft nur mittelbar bzw. *ex negativo* erfahren. Wir werden mithin nur dann Aristoteles' Begriff der politischen Herrschaft als Herrschaft über von Natur aus freie Menschen angemessen und vollständig rekonstruieren können, wenn wir herausarbeiten, was sie gerade nicht ist: Sie ist nicht mit der despotischen Herrschaft über die von Natur aus unfreien Menschen identisch. *Omnis determinatio est negatio.*

4.3.1 Die aristotelische Differenzthese

Sowohl die „sophistische" als auch die platonische Herrschaftslehre sind Aristoteles bekannt und werden von ihm als die beiden theoretischen Standardpositionen in der Diskussion um die naturgemäße Beschaffenheit der Herrschafts- und Rechtsverhältnisse genannt: „Der Streit betrifft [...] die rechtmäßige Ausübung der Gewalt; so scheint nämlich den einen das Recht (*dikaion*) im Wohlwollen zu bestehen, den anderen aber gerade die Herrschaft des Stärkeren gerecht (*dikaion*) zu sein" (vgl. Pol. I.6, 1255a16–19). Allerdings stimmt Aristoteles keiner der beiden Positionen seiner Vorgänger unumschränkt zu. Vielmehr positioniert er sich auch in dieser Diskussion so, wie er es oft in einer philosophischen Debatte tut, die vor ihm begonnen hat. Er nennt zunächst die anerkannten Meinungen (*endoxa*) seiner Vorgänger und integriert diese sodann in eine umfassende, von ihm selbst entwickelte Systematik – wobei es nicht ausbleibt, dass er die Lehren seiner Vorgänger durch den von ihm gewählten systematischen Zugriff modifiziert.[259] Dasselbe methodische Vorgehen liegt in Pol. I auch TNH zugrunde. Aristoteles greift die als Standardpositionen genannten Lehren der Sophisten und Platons auf, indem er ihnen unterschiedliche Bereiche in seiner eigenen umfassenden Theorie zuweist, unterzieht die Lehren seiner Vorgänger jedoch dadurch zugleich einer grundlegenden Revision.

Aristoteles stellt mit TNH den Identitätsthesen seiner Vorgänger eine Differenzthese gegenüber, indem er davon ausgeht, dass eine Viezahl verschiedener Formen von Herrschaft existiert. Die menschlichen Herrschaftsverhältnisse unterscheiden sich nach Aristoteles also nicht nur in quantitativer, sondern auch in qualitativer Hinsicht. Bereits im Eingangskapitel der *Politik* polemisiert Aristoteles gegen die von seinen Vorgängern vertretene Identitätsthese:

---

[259] So etwa in der *Metaphysik* mit Blick auf die vor ihm beginnende philosophische Auseinandersetzung um die Ursachen des Seienden: In Met. I.3 ff. reorganisiert Aristoteles die von den vorsokratischen Naturphilosophen und Platon genannten stofflichen und materiellen Ursachen des Seienden zu seiner eigenen, umfassenden Position des Hylemorphismus.

> All diejenigen nun, die meinen, dass ein Staatsmann (*politikon*), ein König (*basilikon*), ein Hausvorsteher (*oikonomikon*) und ein Herr (*despotikon*) dasselbe seien, irren sich; sie meinen nämlich, der Unterschied bestünde nur in der größeren und geringeren Zahl und nicht in der Form (*eidei*) jedes einzelnen, so dass etwa, wer über wenige regiert, ein Herr (*despotên*) sei, wer über mehrere, ein Hausvorsteher (*oikonomon*), und wer über noch mehr, ein Staatsmann (*politikon*) oder König (*basilikon*); denn zwischen einem großen Hause und einer kleinen Polis sei kein Unterschied vorhanden; was den Staatsmann (*politikon*) und den König (*basilikon*) beträfe, so sei einer ein König (*basilikon*), wenn er allein regiere, wenn er es aber nach den Regeln einer Wissenschaft (*epistêmês*) tue und abwechselnd regiere und gehorche, dann sei er ein Staatsmann (*politikon*). Aber dies ist nicht wahr. (Pol. I.1, 1252a7–18; vgl. Pol. I.3, 1253b18–20)

Der Wortlaut legt nahe, dass es sich bei der Referenzstelle um Plt. 258e–259b handelt, Aristoteles sich also gegen die eingangs des *Politikos* formulierte Identitätsthese richtet.[260] Seine Kritik trifft qua Identitätsthese aber auch auf den sophistischen Machtpositivismus, wie wir ihn in den platonischen Dialogen dargestellt finden, zu. Denn auch Thrasymachos und Kallikles nehmen nach Platon ebenfalls für sich in Anspruch, durch das Recht des Stärkeren eine allgemeingültige Bestimmung der Herrschaftsverhältnisse in sämtlichen menschlichen Gemeinschaften geleistet zu haben. Aristoteles kündigt sodann an, dass es ihm in der folgenden Untersuchung im Wesentlichen darauf ankommt, den Fehler der Unitarier darzulegen (Pol. I.1, 1252a17f.), indem er zeigt, dass sich die Herrschaftsverhältnisse in den natürlichen Gemeinschaften auch ihrer Form (*eidos*) nach unterscheiden: Eine Polis von geringem Umfang ist für Aristoteles eben gerade nicht, wie es der Fremde aus Elea behauptet, mit einem Hauswesen von großem Umfang identisch (Plt. 259b). Beide Gemeinschaften unterscheiden sich für ihn – ungeachtet ihrer möglichen quantitativen Identität – immer schon durch die ihnen eigentümlichen Herrschafts- und Rechtsverhältnisse. Eines der zen-

---

[260] Nach Gigon polemisiert Aristoteles mit seiner Differenzthese nicht gegen *Politikos* 258e ff., sondern gegen einen anonymen Theoretiker, von dem sich Platon hat inspirieren lassen. Denn andernfalls müsse man Aristoteles eine bewusste Manipulation des platonischen Textes unterstellen, da der eleatische Fremde letztlich ja gerade nicht die Identät sämtlicher Formen von Herrschaft behauptet (Gigon 1971, 340; vgl. Kap. 4.2.2). Ähnlich argumentiert Salkever (2007, 39): Auch nach ihm richtet sich Aristoteles mit seiner Herrschaftsformenlehre nicht gegen Platons *Politikos*, sondern gegen das *endoxon* von der qualitativen Identität der menschlichen Herrschaftsverhältnisse, das auch den Ausgangspunkt des *Politikos* markiert. Demgegenüber scheint mir der Wortlaut nahezulegen, dass sich Aristoteles sehr wohl auf die *Politikos*-Passage bezieht. Für Aristoteles scheint allein ausschlaggebend gewesen zu sein, dass die Identitätsthese vom Fremden im Dialog geäußert worden ist, nicht, dass sie Platons endgültige Lehrmeinung wiedergibt. Einen ähnlichen Umgang mit den platonischen Dialogen können wir in Aristoteles' Platon-Kritik in Pol. II mit Blick auf Sokrates' Aussagen in der *Politeia* beobachten (vgl. hierzu Gallagher 2011).

tralen Anliegen von Aristoteles in der *Politik* ist somit, die rechtsphilosophische These von der qualitativen Identität der menschlichen Herrschafts- und Rechtsverhältnisse seiner Vorgänger durch eine Differenzthese zu ersetzen. Oder anders formuliert: Die Identitätsthese, wie sie eingangs des *Politikos* vom Fremden aus Elea formuliert wird, bildet als Negativfolie eine wichtige Verständnisvoraussetzung von Aristoteles' politischer Theorie.[261]

Dass es Aristoteles im ersten Buch der *Politik* im Wesentlichen um die Unterscheidung verschiedener Formen von Herrschaft geht[262] und insbesondere um die Unterscheidung von despotischer Herrschaft als Herrschaft über von Natur aus unfreie Menschen und politischer Herrschaft als Herrschaft über von Natur aus freie Menschen, macht Aristoteles wiederholt deutlich.

> Es gibt aber viele Formen (*eidê polla*) von Herrschenden (*archontôn*) und Beherrschten (*archomenôn*) [...]. (Pol. I.5, 1254a24 f.)

> Es ergibt sich auch hieraus, dass die Despotie (*despoteia*) und politische Herrschaft (*politikê*) nicht identisch sind, und dass überhaupt nicht alle Formen der Herrschaft einander gleich sind, wie einige meinen. Die eine besteht über von Natur aus Freie (*eleutherôn physei*), die andere über von Natur aus Unfreie (*doulôn*) [...]. (Pol. I.7, 1255b16–18)

> Also gibt es von Natur (*physei*) mehrere Arten von Herrschendem (*archonta*) und Beherrschtem (*archomena*). Denn auf andere Weise (*allon* [...] *tropon*) herrscht das Freie (*eleutheron*) über das Unfreie (*doulou*), das Männliche (*arren*) über das Weibliche (*thêleos*) und der erwachsene Mann (*anêr*) über das Kind (*paidos*) [...]. (Pol. I.13, 1260a8–10)[263]

Wie Aristoteles' Herrschaftsformenlehre zeigen wird, kritisiert er an der Herrschaftslehre der Sophisten, dass (1) die Herrschaft über Menschen durch faktische, kontingent bestehende Machtverhältnisse nicht angemessen gerechtfertigt ist sowie (2) man Unrecht tut, wenn man Herrschaftsbefugnis *stets* zu seinem eigenen Vorteil ausübt. Er widerspricht also sowohl deren Bestimmung des Herrschaftsprinzips als auch des Herrschaftsnutzens. In beiden Kritikpunkten an der sophistischen Lehre weiß Aristoteles sich mit Platon einig. Für beide stellt die bloße physisch-militärische Überlegenheit eines Individuums oder einer Gruppe für sich

---

261 Zur platonischen Identitätsthese als Negativfolie für Aristoteles' eigene Herrschaftsformenlehre vgl. auch Pol. I.3, 1253b18–20 (mit Rückverweis auf Pol. I.1, 1252a7–18): „Die einen meinen nämlich, das Herrenverhältnis (*despoteia*) sei eine Wissenschaft (*epistêmê*), und zwar sei dieselbe Kunst die des Hausvorstehers (*oikonomia*), des Herrn (*despoteia*), des Staatsmannes (*politikê*) und des Königs (*basilikê*), wie wir eingangs bemerkt haben." Die Beschreibung der verschiedenen Herrschaftsformen als Wissen bzw. Wissenschaft scheint mir für den platonischen Ursprung der Identitätsthese zu sprechen (vgl. hierzu auch die vorangegangene Anmerkung).
262 Dies ist, wie gesagt, auch die These von Deslauriers 2006.
263 Zur Differenzthese vgl. auch NE VIII.12, 1260b31 f.

genommen keine Rechtfertigung dar, um andere Menschen zu unterwerfen und über sie zum eigenen Vorteil zu herrschen. Wie es so oft bei Allianzen jedoch der Fall ist, werden sie von den Beteiligten aus sehr heterogenen Motiven eingegangen. Denn Aristoteles' Kritik am Machtpositivismus der Sophisten speist sich aus vollkommen anderen normativen Quellen. So kritisiert Aristoteles die sophistische Herrschaftslehre im Gegensatz zu Platon nicht, weil sie die Herrschaft über den Menschen nicht nach dem Paradigma einer Kunst (*technê*) bzw. Wissenschaft (*epistêmê*) konzipiert. Denn für Aristoteles ist die Herrschaft über Menschen nicht in einem Herrschaftswissen begründet. Herrschaftsprinzip bildet nach ihm vielmehr die Natur der Individuen, die sich in einem Herrschaftsverband zusammenfinden.

> Herr (*despotês*) heißt einer nicht aufgrund einer Wissenschaft (*kat' epistêmên*), sondern aufgrund seines Wesens (*tô toiosd' einai*), und ebenso der Unfreie (*doulos*) wie der Freie (*eleutheros*). (Pol. I.7, 1255b20–22; vgl. Pol. I.13, 1260a3 f.)

Aus diesem alternativen Begründungsansatz resultiert sodann eine Pluralität von Herrschaftsformen, weil für Aristoteles – was den relevanten Aspekt der menschlichen Natur betrifft – nicht alle Menschen gleich sind. Die verschiedenen Formen von Herrschaft unterscheiden sich anhand ihrer Bestimmung des Herrschaftsnutzens: Anders als für Platon, der gemäß dem *technê*-Paradigma Herrschaft allgemein als Fürsorge für die Herrschaftsunterworfenen bestimmt, gibt es nach Aristoteles sehr wohl Herrschaftsverhältnisse, in denen die einseitige Instrumentalisierung eines Menschen legitim ist. Diese „despotische" Form von Herrschaft ist für Aristoteles dann gerechtfertigt, wenn es sich bei dem Regierten um einen von Natur aus unfreien Menschen handelt (hierin liegt für ihn der Wahrheitsanspruch der sophistischen Herrschaftslehre aus den platonischen Dialogen). Die einseitige und dauerhafte Instrumentalisierung von Menschen ist aber da Unrecht, wo es sich um von Natur aus freie Menschen handelt. Die Herrschaft über von Natur aus Freie, d. h. politische Herrschaft in einem weiten Sinn, ist nach Aristoteles stets zum Wohl der Regierten auszuüben (hierin liegt für ihn das Wahrheitsmoment der platonischen Herrschaftslehre). Im Fokus der aristotelischen Herrschaftsformenlehre stehen somit die natürlichen Status des von Natur aus freien und des von Natur aus unfreien Menschen.

4.3.2 Der natürliche Status des freien und unfreien Menschen

Aristoteles nimmt die Bestimmung des rechtlichen Status der Polisangehörigen – wie später das Römische Recht durch den *status familiae* – anhand ihrer Stellung in der Hausgemeinschaft vor. Die grundlegende und zugleich wichtigste Unterscheidung hinsichtlich der rechtlichen Stellung der Hausmitglieder ist dabei die zwischen von Natur aus Freien (*physei eleutheroi*) und Unfreien (*physei douloi*).[264] Entsprechend beginnt Aristoteles seine Abhandlung über die verschiedenen Herrschafts- und Rechtsformen in Pol. I.3 – unter Rückverweis auf seine Phänomenologie der natürlichen Gemeinschaften aus Pol. I.2 – mit dieser kategorialen Unterscheidung:

> Es ist also klar, aus welchen Teilen die Polis (*polis*) besteht. Sprechen wir nun zuerst über die Hausverwaltung (*peri oikonomias*). Denn jede Polis ist aus Häusern (*ex oikiôn*) zusammengesetzt. Die Teile der Hausverwaltung sind wiederum jene, aus denen sich das Haus zusammensetzt. Das vollständige Haus setzt sich aus Sklaven (*ek doulôn*) und Freien (*eleutherôn*) zusammen. (Pol. I.3, 1253b1–4; vgl. I.5, 1255a1f.; I.13, 1259b21)

Damit macht Aristoteles wie nach ihm das Römische Recht den *status libertatis*, die Unterscheidung zwischen Freien und Unfreien, zum wichtigsten Kriterium der rechtlichen Stellung des Einzelnen innerhalb des Hausverbandes.

Dass es sich bei der eingangs von Pol. I.3 getroffenen Unterscheidung zwischen Freien und Sklaven nicht um eine bloß konventionelle Bestimmung handelt, sondern dass sie von Natur aus besteht, wird von Aristoteles in Pol. I.5, 1254a23f., betont: „Einiges trennt sich gleich von Geburt an, das eine zum Beherrschtwerden (*archesthai*), das andere zum Herrschen (*archein*)" (vgl. Pol. I.6, 1255b4–6). Nicht Gesetz, Gewöhnung oder individuelles Verdienst, sondern die natürlichen Eigenschaften, die der Einzelne von Geburt an mitbringt, entscheiden also nach Aristoteles darüber, ob er ein von Natur freier oder unfreier Mensch ist. Mit der Kennzeichnung „von Natur aus" bringt Aristoteles somit zum Ausdruck, dass der Status des Freien und Unfreien von Geburt an besteht, prinzipiell irreversibel und keine Bestimmung des bloßen positiven Rechts ist. Damit ist der Status des von Natur aus freien und unfreien Menschen zugleich universell und überpositiv: „Denn man muss sagen, dass es Menschen gibt, die unter allen

---

[264] Aristoteles' Theorie des naturgemäßen Sklaventums (Pol. I.4–7) gilt nicht gerade als ein Musterbeispiel an explanatorischer Klarheit. Smith (1991) hält Aristoteles' Theorie der natürlichen Sklaverei gar für inkonsistent. Demgegenüber attestieren ihr Schofield (2005) und Kraut (2002) logische Konsistenz und halten sie mit Blick auf die politische Philosophie des Aristoteles für mehr oder minder theoriekonstitutiv: „Although nothing could be farther from my agenda than to defend slavery, I believe that Aristotle's framework for thinking about this subject was internally consistent and even contained a limited amount of explanatory power" (Kraut 2002, 278). Auch die folgende Interpretation bemüht sich, Aristoteles' Aussagen über den von Natur aus unfreien bzw. freien Menschen als eine weitgehend konsistente Theoriebildung zu rekonstruieren. Vgl. hierzu auch Kap. 1.3.

Umständen (*pantachou*) Sklaven sind, und solche, die es niemals sind (*oudamou*)" (Pol. I.6, 1255a31–32).²⁶⁵

Worin aber besteht nun die Natur des freien und des unfreien Menschen? Nach Aristoteles' hylemorphistischem Weltbild kommen hierfür grundsätzlich zwei Kandidaten in Frage: Zum einen der menschliche Körper, zum anderen die menschliche Seele. Was den Körper betrifft, so glaubt Aristoteles tatsächlich, dass die Natur die Tendenz aufweist, die Körper von Freien und Sklaven unterschiedlich zu gestalten.²⁶⁶ Sie weist aber eben nur die Tendenz auf. So ist es nach Aristoteles immerhin möglich, dass Sklaven von Natur aus die Körper von Freien haben, und es Menschen gibt, die den Körper eines Sklaven haben, jedoch die Seele eines Freien besitzen. Das Körperliche allein kann also – auch wenn ihm nach Aristoteles *prima facie* ein gewisses explanatorisches Gewicht hinsichtlich des moralisch-rechtlichen Satus des Menschen zukommt – aufgrund der ihm eigentümlichen Varianz keine zufriedenstellende Rechtfertigungsbasis für ein asymmetrisches Herrschaftsverhältnis abgeben.²⁶⁷ Würde man sich bei der Bestimmung des Sklaven von Natur aus allein auf körperliche Eigenschaften verlassen, wäre es möglich, den von Natur aus Freien irrtümlich zu einem Leben in Unfreiheit zu zwingen. Die gesuchte natürliche Differenz zwischen Freien und Unfreien ist deshalb im Bereich des Seelischen zu suchen.²⁶⁸

Aristoteles greift zur Unterscheidung des natürlichen Status des freien und des unfreien Menschen in Pol. I folgerichtig auf seine Moralpsychologie zurück.²⁶⁹ Diese finden wir vor allem in NE I.13, 1102a26–1103a3.²⁷⁰ In NE I.13 weist Aristoteles zunächst darauf hin, dass die folgenden Ausführungen zu seiner Seelen-

---

265 Zur Universalität und Überpositivität des natürlichen Status des Freien vgl. auch die sich unmittelbar anschließende Passage Pol. I.6, 1255a32–b4.
266 „Die Natur (*physis*) hat die Tendenz, auch die Körper (*sômata*) der Freien und der Sklaven verschieden zu gestalten, die einen kräftig für die Beschaffung des Notwendigen, die anderen aufgerichtet und ungeeignet für derartige Verrichtungen, doch brauchbar für das politische Leben (*politikon bion*)" (Pol. I.5, 1254b27–31). Vgl. hierzu auch Pol. I.5, 1254b27–55a1; vgl. VII.14, 1332b16–25.
267 Anders als Frank (2004, 95) bin ich der Überzeugung, dass Aristoteles dem Körperlichen durchaus eine gewisse Erklärungskraft hinsichtlich der Unterscheidung von freien und unfreien Menschen zuerkennt.
268 Vgl. hierzu Schofield, dem zufolge uns Aristoteles den Eindruck vermitteln will, als ob es sich bei der physischen Robustheit des Sklaven von Natur und dessen deliberativer Unfähigkeit um „two sides of a single coin" handle, die zusammen die Angemessenheit seiner despotischen Beherrschung durch den Hausherrn rechtfertige. Letztlich stellt nach Schofield die Betonung der physischen Komponente jedoch eine „expository exaggeration" dar (Schofield 2005, 103).
269 Mit der folgenden Skizze der aristotelischen Moralpsychologie folge ich Wolf 2002, bes. 45– 47 u. 141–143.
270 Vgl. ferner NE I.6, 1097b33 ff.; Pol. VII.14, 1333a16–30.

lehre den exoterischen Schriften entnommen sind (NE I.13, 1102a26f.). Er will damit sagen, dass es sich bei dieser Skizze nicht um eine streng wissenschaftliche Seelenlehre handelt – so wie sie uns in *De anima* überliefert ist –, sondern um eine populärphilosophische Darstellung, die eigens auf die Belange der zu diskutierenden ethisch-politischen Fragestellungen zugeschnitten ist. Zunächst nimmt Aristoteles eine Zweiteilung der menschlichen Seele vor: Die menschliche Seele ist in einen vernunftlosen (*alogon*) und einen vernunftfähigen Seelenteil (*logon echon*) zu unterteilen (NE I.13, 1102a27f.; vgl. I.6, 1097b33–98a7; EE II.1, 1219b28–32; Pol. VII.14, 1333a16–18).

Der vernunftlose Seelenteil ist zum einen Sitz des vegetativen Vermögens (*threptikon*) (NE I.13, 1102a32–1102b12), d.h. desjenigen Teils der Seele, welcher für die basalen Lebensfunktionen wie Stoffwechsel, Wachstum und Fortpflanzung zuständig ist. Da sich das vegetative Vermögen der rationalen Steuerbarkeit entzieht, bleibt es für ethische Fragestellungen irrelevant. Zum anderen umfasst der nicht-rationale Seelenteil das menschliche Strebevermögen (*oretikon*), das Sitz unserer Affekte, Wünsche und Begierden ist. Es ist dem nicht-rationalen Seelenteil zuzurechnen, insofern es seiner Natur nach – wie Aristoteles anhand des Konfliktszenarios zwischen den Affekten und der Vernunft im Falle des Unbeherrschten (*akratês*) deutlich macht – nicht unmittelbar mit der Vernunft identisch ist. Jedoch kann das Strebevermögen beim Menschen – wie der Fall des Beherrschten (*enkratês*) zeigt – anders als bei den Tieren sehr wohl auf die praktischen Vernunfterwägungen des rationalen Seelenteils hören. Aufgrund seiner rezeptiven Vernunftfähigkeit zählt Aristoteles das Strebevermögen des Menschen daher auch zum vernunftfähigen Seelenteil.[271] Neben dem Strebevermögen nennt Aristoteles in NE I.13 sodann noch einen zweiten Teil der menschlichen Seele, der an der Vernunft Anteil hat. Dieser ist der vernünftige Seelenteil im engeren Sinne (*logos*).

Der vernünftige Seelenteil im engeren Sinne gliedert sich selbst wiederum in zwei Subvermögen: (i) das deliberativ-abwägende Vermögen (*logistikon, bouleutikon*), das ist jener Teil, auf dessen praktisch-vernünftige Überlegungen und Entscheidungen das Strebevermögen zu hören fähig ist, wenn es gut eingerichtet ist; (ii) das spekulative Vermögen (*epistêmonikon*) (NE VI.2, 1139a11f.). Aristoteles gewinnt die beiden Subvermögen des rationalen Seelenteils durch ein ontologisches Kriterium, nämlich anhand der Zuweisung unterschiedlicher Reflexions-

---

[271] Wie Wolf herausstellt, fristet das menschliche Strebevermögen aufgrund der Tatsache, dass es zwar unmittelbar selbst keine Vernunft besitzt, jedoch fähig ist, sich an der Vernunft auszurichten, bei Aristoteles ein merkwürdiges „Zwischendasein": Zunächst wird es in NE I.13 noch dem vernunftlosen (*alogon*) Seelenteil zugerechnet, während es zum Ende von NE I.13 als Teil des vernunftfähigen (*logon echon*) Seelenteils beschrieben wird (Wolf 2002, 46).

bereiche: Das deliberativ-abwägende Vermögen hat dasjenige Seiende zum Gegenstand, das eine Veränderung durch den Menschen zulässt (VI.5, 1140a31–31b4); das spekulative Vernunftvermögen hat das Allgemeine, Notwendige und Ewige zum Gegenstand. Das vom Menschen Beeinflussbare, also das, was seiner Kontrolle unterliegt, gliedert sich seinerseits in die beiden Bereiche der Herstellung (*poiêsis*) und des selbstzwecklichen Handelns (*praxis*). Aus dieser Zweiteilung des deliberativ-abwägenden Verstandesvermögens ergeben sich als die ihm zugehörigen Tugenden: (i) die verschiedenen Formen der *technê* als feste Haltung des Erkennens des Richtigen und Wahren im Bereich des Herstellens (NE VI.4); (ii) die Klugheit (*phronêsis*) als feste Haltung des Erkennens des Richtigen und Wahren im Bereich des selbstzwecklichen Handelns (NE VI.5).

Als Tugenden des deliberativen Vernunftvermögens entsprechen der *technê* und der *phronêsis* daher zwei Formen der Wohlberatenheit (*euboulia*), die Aristoteles in NE VI.10 unterscheidet.[272] Der Technit ist nach Aristoteles in einem qualifizierten Sinn wohlberaten, indem er es versteht, zuverlässig und schakundig ein bestimmtes Einzelziel (Produkt) hervorzubringen (NE VI.10, 1142b28–31). Der Kluge (*phronimos, spoudaios*) ist hingegen wohlberaten in einem uneingeschränkten Sinne (*haplôs*), d.h. er versteht sich darauf, das Gesamtziel des menschlichen Strebens, also das Glück und das gute Leben, hervorzubringen. In NE VI.5, 1140a28, bestimmt Aristoteles den *phronimos* entsprechend als eine Person, die sich mit Blick auf das gute Leben als Ganzes (*pros to eu zên holôs*) vortrefflich zu beraten versteht. Der Klugheit kommt somit im Bereich der menschlichen Praxis eine architektonische und leitende Funktion zu (NE VI.8, 1141b22f.). Folgerichtig bezeichnet Aristoteles die Klugheit als gebietend: Sie ist diejenige Kompetenz, die im Bereich der menschlichen Praxis darüber bestimmt, was zu tun und was zu unterlassen ist, damit der Mensch sein abschließendes Strebensziel, das Glück, erreicht (NE VI.11, 1143a8f.). Die Tugend des anderen Subvermögens des rationalen Seelenteils, des spekulativen Verstandesvermögens, wird von Aristoteles als philosophische Weisheit (*sophia*) bezeichnet (vgl. bes. NE VI.7 u. 13).

Nach Aristoteles' Moralpsychologie ist es somit das deliberativ-abwägende Vernunftvermögen (*logistikon, bouleutikon*), das für die Ethik und Politik als die beiden Teile der Philosophie der menschlichen Angelegenheiten (*peri ta anthrôpeia philosophia*: NE X.10, 1181b15) zuständig ist. Denn durch das Vernunftvermögen ist uns die einsichtsgeleitete Planung und Steuerung unseres Lebens, der häuslichen und der öffentlichen Angelegenheiten möglich. Da das deliberativ-abwägende Vernunftvermögen für die gute Ordnung der menschlichen Angelegenheiten verantwortlich ist, entscheidet nach Aristoteles die Teilhabe an ihm,

---

[272] Zu diesen beiden Formen der Wohlberatenheit s. Kraut 2002, 286.

welche Stellung einem Individuum innerhalb eines menschlichen Sozialverbandes zukommt. Der natürliche Status des von Natur aus freien und des unfreien Menschen bestimmt sich also danach, inwieweit man an der praktischen Vernunft partizipiert (Pol. I.2, 1252a31–34; I.13, 1260a12). Ist ein Mensch aufgrund seiner naturalen Vermögen dazu fähig, über das Leben als Ganzes zu beraten und einsichtsgeleitet zu entscheiden, ist er ein von Natur aus Freier. Er ist frei, weil es ihm möglich ist, durch Beratung und „willentliches" Handeln sein Leben und das der anderen Menschen einsichtsgleitet zu gestalten und an längerfristigen, als gut erkannten Zielen auszurichten, indem er seine Affekte, Begierden und Ängste der emotionalen Selbstkontrolle durch die Vernunft unterwerfen kann. Derjenige, dem eine solche freie, rationale Lebensführung unmöglich ist, weil ihm dieses Vermögen zur Einsicht und appetitiven Selbstkontrolle fehlt, so dass er nur auf die vernünftigen Einsichten eines anderen zu hören vermag, ist der von Natur aus unfreie Mensch. Die Unfreiheit des Sklaven von Natur aus besteht also in einem ihm angeborenen praktischen Rationalitätsdefizit.[273]

Zu dieser moralpsychologischen Bestimmung des von Natur aus unfreien Menschen passt es, dass Aristoteles in seiner Moralphilosophie den vernünftigen Seelenteil wiederholt mit dem von Natur aus Herrschenden und das Strebevermögen mit dem von Natur aus Beherrschten gleichsetzt. Der Unfreie untersteht deshalb ebenso von Natur aus der Herrschaft des von Natur aus Freien wie das *orektikon* dem *logistikon* bzw. *bouleutikon*.[274]

---

[273] Nach Nussbaum besteht das natürliche Defizit des Sklaven darin, nicht die Fähigkeit zu besitzen, „Vorsätze nach der praktischen Vernunft zu fassen" (Nussbaum 1999b, 109; vgl. ebd., 111). Als Referenzstellen nennt Nussbaum Pol. I.5, 1254b22; I.13, 1260a12, a37; NE VII.6, 1149a7 ff.

[274] Dies scheint zunächst Aristoteles' Bestimmung des Menschen als eines *zôon logon echon* zu widersprechen (vgl. Kap. 3.1). Doch dieser Eindruck trügt. Zwar haben für Aristoteles alle Menschen *qua* Gattungswesen an der Vernunft und Sprache Anteil, jedoch haben sie dies in sehr unterschiedlicher Weise. Der Sklave ist zwar vernunftfähig, hat aber an der Vernunft nur *mittelbar* teil, nämlich insofern er sein Verhalten an den an ihn herangetragenen praktisch-rationalen Überlegungen auszurichten vermag. Auch das *orektikon* gehört ja zum vernunftfähigen Seelenteil, kann die Vernunft aber nur rezeptiv aufnehmen. Wichtig ist deshalb zu sehen, dass Aristoteles in seiner biologischen Definition der menschlichen Spezies nicht den *selbständigen* Besitz von zielerkennender und zwecksetzender Vernunft zum Definitionskriterium erhebt, wodurch der von Natur aus Unfreie tatsächlich von ihr ausgeschlossen wäre. Kriterium der Spezieszugehörigkeit ist vielmehr nur die *allgemeine* Teilhabe an Sprache und Vernunft, was auch die rezeptive Vernunftfähigkeit einschließt (vgl. Pellegrin 2001, 53). In der Litratur wird das *orektikon* jedoch ebenso wie der Sklave von Natur aus fälschlicherweise oft als „irrational" anstatt „arational" beschrieben (so etwa Schütrumpf I, 376). Dass der Sklave qua Rezeptivität an der Vernunft teilhat, wird von Aristoteles in Pol. I.13, 1259b27f., eigens herausgestellt (vgl. auch Pol. I.13, 1260a10f.).

> Von Natur aus ist also jener ein Sklave (*physei doulos*), [...] der so weit an der Vernunft teilhat, dass er sie annimmt, aber sie nicht selbständig besitzt. Die anderen Lebewesen dienen so, dass sie nicht die Vernunft annehmen, sondern nur Empfindungen gehorchen. Doch ihre Verwendung ist nur wenig verschieden: Denn beide helfen dazu, mit ihrer körperlichen Arbeit das Notwendige zu beschaffen, die Sklaven wie die zahmen Tiere. (Pol. I.5, 1254b20 – 26; vgl. Pol. I.5, 1254b16–20)[275]

> Denn was mit dem Verstand vorauszuschauen vermag, ist von Natur aus das Herrschende (*archon physei*) und Herrische (*despozon physei*), was aber mit seinem Körper das Vorgesehene auszuführen vermag, ist das von Natur Beherrschte (*archomenon*) und Sklavische (*physei doulon*). (Pol. I.2, 1252a31–34; vgl. Pol. I.5, 1255b16–20)

Aristoteles' Rechtfertigung der Lehre vom naturgemäßen Sklaventum, der einseitigen und dauerhaften Instrumentalisierung des von Natur aus unfreien Menschen, ist somit letztlich eine handlungstheoretische: Weil der unfreie Mensch aufgrund seines praktischen Vernunftdefizits nicht zu den Tugenden fähig ist, hat er auch keinen Anteil an der *praxis*, dem sittlich schönen und selbstzwecklichen Handeln. Er gehört daher zusammen mit den arationalen Tieren in jene Gruppe von Individuen, die nur zu den das selbstzweckliche Handeln ermöglichenden instrumentellen Tätigkeiten fähig sind. Unter handlungstheoretischen Gesichtspunkten kommt ihm daher nur ein ein instrumenteller Wert zu. Das Beste, was er zu leisten vermag, ist, die vorausschauende Planung eines praktischen Vernunftwesens, die das selbstzweckliche Handeln (*praxis*) zum Ziel hat, mit seiner Arbeitskraft auszuführen und so zumindest indirekt an einem vernunftgeleiteten und deshalb guten Leben teilzuhaben.

> Welches die Natur (*physis*) und Vermögen (*dynamis*) des Sklaven ist, wird hieraus klar. Der Mensch (*anthrôpos*), der von Natur (*physei*) nicht um seiner selbst willen (*mê hautou*), sondern um eines anderen willen (*allou*) existiert, ist von Natur aus ein Sklave (*physei doulos*). (Pol. I.4, 1254a13–15)

Der Sklave von Natur existiert aufgrund seines praktischen Vernunftdefizits nicht um seiner selbst willen (*mê hautou esti*), sondern um eines anderen willen (*allou esti*). Bedauerlicherweise finden wir in Pol. I keine korrespondierende Definition des natürlichen Status des freien Menschen. Nach dem Interpretationsgrundsatz, dass wir vieles in TNH *ex negativo* erschließen müssen,[276] weil die Herrschaft über

---

275 Zur Annäherung des moralisch-rechtlichen Status des Unfreien mit dem der Tiere vgl. auch Pol. I.2, 1252b10–13. Unter Berufung auf ein Hesiod-Zitat wird dem Sklaven in wohlsituierten Haushalten dieselbe Funktion zugeschrieben wie dem Ochsen in armen Haushalten.
276 Vgl. hierzu Pohlenz 1955, 5: „Freiheit ist ein Kontrastbegriff. Freie gibt es nur, wo es auch Unfreie gibt, nur da konnte das Bewußtsein der Freiheit erwachen, wo der Mensch mit anderen

Freie gerade nicht eine über Unfreie ist, können wir jedoch schlussfolgern, dass der von Natur aus freie Mensch um seiner selbst willen existiert (*hautou esti*) und gerade nicht wie der Unfreie um eines anderen willen (*mê allou esti*). Kurz: Der von Natur aus Freie ist ein eigenständiges und um seiner selbst willen existierendes Individuum! Tatsächlich findet sich in Met. I.2 eine Passage, in der der Status des freien Menschen exakt in dieser Terminologie beschrieben wird. Der freie und um seiner selbst willen existierende Mensch kann daher als Beispiel für die Selbstzwecklichkeit der zu suchenden ersten Wissenschaft, der *sophia*, dienen.

> Es ist also klar, dass wir sie [die erste Wissenschaft] nicht um irgend eines anderen Nutzens willen suchen, sondern wie wir sagen, dass ein Mensch frei (*eleutheros*) ist, der um seiner selbst willen (*hautou heneka*), nicht eines anderen willen existiert (*mê allou ôn*), so sagen wir auch, dass diese die einzige freie (*eleutheran*) unter den Wissenschaften ist; denn allein diese ist um ihrer selbst willen (*hautês heneken estin*). (982b24–27)

Das Freisein eines Menschen besteht in der Selbstzwecklichkeit seiner Existenz.

Bei der Kooperation des von Natur aus freien Menschen und des von Natur aus unfreien Menschen handelt es sich daher nicht um die Gemeinschaft von zwei selbständigen praktischen Vernunftwesen, die um ihrer selbst willen existieren, sondern um eine Art von Kollektivsubjekt, dem die gleiche natürliche Arbeitsteilung zugrunde liegt, wie sie im Einzelsubjekt zwischen Seele und Körper stattfindet (vgl. Pol. I.6, 1255b10 f.). Aufgrund seines instrumentellen Werts (Leib) für den Freien (Seele) kann der Sklave daher als ein „beseelter, aber getrennter Teil des Leibes" des Herrn bezeichnet werden (Pol. I.6, 1255b11 f.). Am Ende von Pol. I.5, wo Aristoteles durch eine Vielzahl von Beispielen natürlicher Hierarchien für die Naturgemäßheit der Unterscheidung von einem von Natur aus Herrschenden und einem von Natur aus Beherrschten argumentiert, hält er schließlich den Unterschied zwischen von Natur aus Freien und von Natur aus Unfreien für hinreichend erwiesen: „Es ist klar, dass es von Natur aus (*physei*) Freie (*eleutheroi*) und Unfreie (*douloi*) gibt und dass das Dienen für diese zuträglich (*sympherei*) und gerecht (*dikaion*) ist" (Pol. I.5, 1255a1–3).

Was den natürlichen Status der freien Hausmitglieder betrifft, so wird er von Aristoteles einer weiteren Binnendifferenzierung unterzogen. Denn nach Aristoteles unterscheiden sich das Männliche, das Weibliche und das Kindliche

---

zusammenlebte, die nicht selbst über sich verfügen konnten, sondern einen Herrn über sich hatten, dem sie dienten und der ihr Leben bestimmte. Wir sprechen heute von Freien und Unfreien, und so haben es schon die Griechen getan. Historisch ist die Begriffsentwicklung aber so verlaufen, daß erst das Vorhandensein von Unfreien, von Sklaven, bei den anderen das Gefühl der Freiheit weckte."

hinsichtlich der Art und Weise, in der sie am praktisch-deliberativen Vermögen teilhaben.

> Bei allen finden sich die Teile der Seele (*moria tês psychês*), aber in verschiedener Weise. Der Sklave (*doulos*) besitzt das beratende Vermögen (*bouleutikon*) überhaupt nicht (*holôs ouk echei*), das Weibliche (*thêly*) besitzt es zwar (*echei*), aber ohne Herrschaftsanspruch (*akyron*), das Kind (*pais*) besitzt es (*echei*), aber noch unvollkommen (*ateles*). (Pol. I.13, 1260a10–14)

Die weitere Aufgliederung der Gruppe der von Natur aus Unfreien in Mann, Frau und Kind erübrigt sich für Aristoteles, weil ihm zufolge der Sklave von Natur aus ja gerade *schlechthin* nicht am deliberativen Vermögen teilhat (Pol. I.13, 1260a12; vgl. Pol. I.2, 1252a34–1252b9). Dagegen ist eine Binnendifferenzierung innerhalb der Gruppe der von Natur aus freien Hausangehörigen notwendig, weil unter ihnen Unterschiede mit Blick auf die Entwicklung und Leistungsfähigkeit des praktischen Vernunftvermögens bestehen, und damit auch ein natürlicher Unterschied hinsichtlich ihrer Fähigkeit, die menschlichen Angelegenheiten in guter Weise zu leiten. Wie der obige Text zeigt, verläuft diese Binnendifferenzierung zwischen den von Natur aus freien Hausangehörigen ebenso wie die Unterscheidung zwischen von Natur aus Freien und Unfreien entlang von natürlichen Diäresen: (1) Von Natur aus frei sind die Menschen, die das *bouleutikon* besitzen, von Natur aus unfrei die Menschen, die es nicht besitzen. (2) Die Erwachsenen besitzen das *bouleutikon* vollständig entwickelt, das Kind besitzt es unvollständig entwickelt.[277] (3) Der Mann besitzt das *bouleutikon* vollständig entwickelt und es verfügt bei ihm über die natürliche Kapazität, über sämtliche Aspekte des eigenen Lebens und des Lebens anderer gut beraten zu können, die Frau besitzt es ebenso vollständig entwickelt, es verfügt bei ihr aber nur über eine eigeschränkte natürliche Kapazität.

Unglücklicherweise fallen Aristoteles' Äußerungen, was die Binnendifferenzierung innerhalb der Gruppe der von Natur aus Freien betrifft, äußerst knapp aus und bleiben daher größtenteils opak. Die Unterscheidung von Erwachsenem und Kind hinsichtlich des Besitzes des praktischen Vernunftvermögens lässt sich zunächst noch gut nachvollziehen: Zwar ist das Vermögen zu einer selbständigen rationalen Lebensführung in den Kindern angelegt, aber noch nicht vollständig entwickelt (*atelês*), weshalb wir die Kinder der Obhut bzw. Herrschaft der Eltern unterstellen. In NE V.10 heißt es demgemäß, dass das Kind, bis es erwachsen geworden ist (*pêlikos*: NE V.10, 1134b11), ebenso wie der Sklave von Natur nicht

---

[277] Vgl. zur sukzessiven natürlichen Entwicklung des praktischen Vernunftvermögens und seiner Tugend beim Menschen NE VI.12, 1143b6–14. Zum natürlichen Status des Kindes und der sukzessiven Vernunftentwicklung des Menschen vgl. Pol. I.12, 1259b 10–17.

selbständig (*chôriston*: NE V.10, 1134b11) ist. Die Aussagen zur praktischen Vernunftnatur der Frau sind hingegen chronisch kryptisch. Einerseits wird das Weibliche von dem von Natur aus Beherrschten (*physei archomenon*) und Sklavischen (*physei doulon*) abgegrenzt (Pol. I.2, 1252a30 f.). Die Frau gehört nicht zu den von Natur aus Unfreien, weil sie im Gegensatz zu diesen über das deliberative Vermögen verfügt. Darüber hinaus ist das praktische Deliberationsvermögen der erwachsenen Frau ebenso wie das des Mannes vollständig entwickelt, wodurch sich beide vom Kind abgrenzen. In Pol. I.12 relativiert Aristoteles jedoch den natürlichen Unterschied zwischen Mann und Frau mittels einer Analogie zu den politischen Herrschaftsverhältnissen dahingehend, dass dieser nicht in einer qualitativen Verschiedenheit der Geschlechter bestehe, sondern allein durch das *Amt* des Hausvorstehers begründet sei (Pol. I.12, 1259b4–10). Demnach scheint keine wirkliche natürliche Differenz zwischen Mann und Frau zu bestehen. Betont man hingegen Aristoteles' Aussagen zur Bestimmung der praktischen Vernunftnatur der Frau in Pol. I.13, nämlich dass sie das Vermögen zur Deliberation zwar vollständig entwickelt, aber nicht herrschend (*akyron*) besitzt, dann scheint er eben einen solchen natürlichen Unterschied unterstellen zu wollen. Der genaue Sinn dieser knappen Äußerung ist deshalb umstritten. Nach Fortenbaugh unterstellt Aristoteles der Frau eine natürliche Tendenz zur Akrasie (vgl. Fortenbaugh 1977, 138 f.). In diese Interpretation fügen sich Aristoteles' Ausführung über die Zügellosigkeit der spartanischen Frauen in Pol. II.9, 1269b12 ff., sowie seine Forderungen der Einrichtung eines Amtes für die Aufsicht über die Frauen in wohleingerichteten Staaten (*gynaikonomia*: Pol. VI.8, 1322b39; vgl. IV.15, 1299a22 f.) ein. Nach Nussbaum besitzen Frauen die praktische Vernunft in einem solchen defizitären Maß, „daß sie von Natur unfähig sind, ihr Leben selbst zu bestimmen" (Nussbaum 1999b, 109). Ebenso wie die Sklaven seien daher auch die Frauen nicht glücksfähig.[278] Nach Kraut besteht das kognitive Defizit der Frau darin, dass ihr Vermögen zur Beratung zwar für die häuslichen, nicht aber für die Angelegenheiten der Polis ausreicht.[279] Laut Swanson sind Frauen im Bereich des Privaten nach Aristoteles ebenso perfektionierbar wie Männer, besitzen also letztlich die

---

[278] Dagegen scheint es mir so, dass Aristoteles' Beschreibung der Frau als Freie gerade deren (graduelle) Glücksfähigkeit impliziert, insofern sie zur Ausbildung ihr eigentümlicher selbständiger Tugenden fähig ist.

[279] „I take Aristotle to mean that women cannot deliberate about matters that are removed from the sphere of the household. They can oversee slaves and the work that must be done in the house, but cannot become skilled as political deliberators, because, like slaves, their reason has a natural deficiency. Free women are in possession of only one part of the deliberative faculty (the part that lacks authority), whereas slaves (male and female) entirely lack it. Their deliberative faculty is without authority because the sphere in which they can develop competence as deliberators is subordinate to the authority of the polis" (Kraut 2002, 286 Anm. 22).

gleiche Form der Tugend und damit die gleichen naturalen rationalen Anlagen (Swanson 1992, 55–57). Wie auch immer der Unterschied in der praktischen Vernunftfähigkeit von Mann und Frau exakt zu bewerten ist, aufgrund seiner überlegenen Vernunftnatur ist der Mann letztlich zur Herrschaft über die Frau berechtigt.[280]

Aus Aristoteles' Aufgliederung der Gruppe der Freien geht zugleich hervor, dass im vollen Sinn frei – und damit dem Sklaven von Natur im Vollsinn gegenüberzustellen – nur der erwachsene griechische Mann ist (vgl. Pol. I.12, 1259a39–1259b4;I.13, 1260a8–10). Allein der erwachsene Mann besitzt als Regent (*archôn*) und oberster Werkleiter (*architektôn*) des Hauses die Vernunft (*logos*) in vollkommener Weise (Pol. I.13, 1260a17–19). Als vollkommen praktisches Vernunftwesen steht es ihm daher zu, als Hausvorsteher (*oikonomos*) über die anderen, nicht vollkommenen Vernunftwesen zu herrschen. Dass Aristoteles zu der Binnendifferenzierung innerhalb der Gruppe der freien Hausangehörigen – im Gegensatz zur kategorialen Unterscheidung zwischen Freien und Unfreien – so wenig zu sagen hat, mag, wie gesagt, daran liegen, dass es ihm in Pol. I primär um die Differenzierung von despotischer Herrschaft als naturgemäßer Herrschaft über von Natur aus Unfreie und politischer Herrschaft als naturgemäßer Herrschaft über von Natur aus Freie geht. Gegenüber dieser grundlegenden Differenz bleiben die Unterschiede zwischen den Freien von sekundärer Bedeutung.

Ebenso wie das praktische Vernunftdefizit der Frau wird auch das des von Natur aus Unfreien von Aristoteles in Pol. I nur unzureichend erklärt. Grundsätzlich sind hier zwei Lesarten möglich. Nach der strikten Lesart wäre das Fehlen des *bouleutikon* dahingehend zu verstehen, dass sich der Unfreie in einem solchen Maße kognitiv beeinträchtigt zeigt, dass er geradezu hilflos jeglicher Art von Tätigkeit ausgeliefert ist, die ihrem Akteur auch nur ein minimales Maß an Eigenständigkeit und rationaler Voraussicht abverlangt. Auf sich alleingestellt wäre er daher schon mit der bloßen Daseinsvorsorge überfordert.[281] Dieser strikten Interpretation nach könnte der Unfreie somit ohne die Herrschaft durch einen

---

[280] Dagegen ist Schofield der Auffassung, dass sich Aristoteles, anders als im Fall des Sklaven, erst gar nicht um eine hinreichende Begründung der Unterordnung der Ehefrau unter den Ehemann bemühe. Schofield zieht daraus den Schluss, dass Aristoteles sich bei der Bestimmung der rechtlich-sozialen Stellung der Frau tatsächlich einen Ideologievorwurf gefallen lassen muss. Was die Stellung der Frau betreffe, so folge Aristoteles – aufgrund mangelnder philosophischer Reflektion – dem inegalitären, sexistischen Geist seiner Zeit (Schofield 2005, 100; ähnlich auch Saxonhouse 1985, 74–76). Zur natürlichen Superiorität (der Tugend) des Mannes gegenüber der Frau vgl. auch Rhet. I.9, 1367a16 f. wo Aristoteles den Mann im Vergleich zur Frau als „von Natur aus vortrefflicher" (*physei spoudaioteros*) beschreibt.
[281] So etwa Schofield 2005, 103: „[...] they need some else to deliberate on their behalf if they are to survive."

Freien sein Überleben nicht hinreichend sicherstellen. Diese Interpretation kann sich vor allem auf Pol. I.2, 1252a26 – 31, stützen. Nach der moderateren Lesart wäre das praktische Vernunftdefizit des Unfreien nicht ganz so groß. Das Fehlen des *bouleutikon* wäre ihr zufolge damit gleichzusetzen, dass der Unfreie nicht zu jenen höheren Formen von technischen Fertigkeiten fähig ist, die ein nicht unerhebliches Maß an leitender und planerischer Kompetenz erfordern. Versagt bliebe ihm ferner auch jeder Anteil an der menschlichen *praxis* in Gestalt der ethischen Tugenden, da nach Aristoteles die rationale Selbstvervollkommnung des appetitiven Seelenteils, die Ausrichtung der Begierden, Wünsche und Affekte an praktischen Vernunftüberlegungen, dem Menschen ein sehr hohes Maß an praktischer Rationalität abverlangt. Jedoch wäre der Unfreie dieser moderaten Lesart zufolge sehr wohl zu Formen von niederen „technischen" Fertigkeiten wie Ackerbau, Kochen, Weben usw. in der Lage, die sich auf das Lebensnotwendige beziehen und die von Aristoteles in Pol. III.5, 1278a, 11 – 21, als „banausisch" bezeichnet werden. Unter Anleitung eines Freien könnte er vermutlich sogar einige der höheren technischen Fertigkeiten ausführen.[282] Diese moderate Interpretation kann sich darauf stützen, dass Aristoteles den Sklaven in Pol. I.4 als ein „Werkzeug zur Praxis" (*organon praktikon*: 1254a17) des Herrn verstanden wissen will. Nur was die Praxis und die rationale Lebensführung als Ganze betrifft, kommt dem von Natur aus Unfreien die Stellung eines Mittels und Werkzeugs zu. Die moderatere Lesart des natürlichen Vernunftdefizits des Unfreien würde zudem besser zu Aristoteles' Aussagen über die Asiaten passen. Denn einerseits gehören nach Aristoteles die Asiaten als Barbaren zum von Natur aus Beherrschten und Dienenden (Pol. I.2, 1252b5 – 9; III.14, 1285a15 – 29), andererseits haben sie jedoch einen gewissen Anteil am Verstand (*dianoia*) und an den technischen Fähigkeiten (*technai*) (Pol. VII.7, 1327b27 f.). Beide Aussagen sind mit der strikten Lesart des Vernunftdefizits des Unfreien letztlich nicht zur Deckung zu bringen, wohl aber mit der moderaten, nach der sich Aristoteles an dieser Stelle auf die „banausischen" technischen Fertigkeiten und das für sie notwendige Maß an Verstand beziehen könnte. Zudem sieht sich die strikte Interpretation der Schwierigkeit ausgesetzt, erklären zu müssen, wie die Barbaren, die Perser und Europäer, ohne die Herrschaft der Griechen dazu fähig sind, zu überleben.

---

[282] Dies ist die Lesart von Pellegrin 2001, 52, 54, und Kraut 2002, 287– 290.

4.3.3 Die Herrschaft über von Natur aus freie und von Natur aus unfreie Menschen

Die praktische Vernunftnatur eines Menschen entscheidet bei Aristoteles darüber, welche Form von Herrschaft über ihn auszuüben ist. Der Konnex von individueller praktischer Vernunftnatur und Herrschaftsform wird von Aristoteles in Pol. I.6 formuliert: „[...] und zwar muss (*dei*) jedes nach der Herrschaft beherrscht werden (*archesthai*) oder herrschen (*archein*), wie es seiner Natur entspricht" (1255b7f.; vgl. I.7, 1255b16–18; I.13, 1260a8–10). Da nach Aristoteles nicht alle Menschen von Natur aus in derselben Weise an der praktischen Vernunft Anteil haben (vgl. Kap. 4.3.2), resultiert aus dem Konnex von individueller praktischer Vernunftnatur und Herrschaftsform eine Pluralität von Herrschaftsverhältnissen, die sich durch ihre Bestimmung des Herrschaftsnutzens voneinander unterscheiden. Damit stellt Aristoteles in Form von TNH der Identitätsthese seiner Vorgänger, die die qualitative Identität sämtlicher Herrschafts- und Rechtsverhältnisse behaupten, eine Differenzthese gegenüber (vgl. Kap. 4.3.1).

> Es ergibt sich hieraus, dass die Despotie (*despoteia*) und die politische Herrschaft (*politikê*) nicht identisch sind, und dass überhaupt nicht alle Formen der Herrschaft einander gleich sind, wie einige meinen. Die eine besteht über von Natur aus Freie (*eleutherôn physei*), die andere über von Natur aus Unfreie (*doulôn*) [...]. (Pol. I.7, 1255b16–18)

> Dagegen zu glauben, dass jede Art von Herrschaft (*pasan archên*) eine Despotie (*despoteian*) sei, ist nicht richtig. Denn die Herrschaft (*archê*) über Freie (*eleutherôn*) ist von derjenigen über Sklaven (*doulôn*) ebenso verschieden wie das von Natur aus Freie (*physei eleutheron*) selbst von dem von Natur aus Unfreien (*physei doulon*). (Pol. VII.3, 1325a27–30)

Obwohl es Aristoteles in TNH primär um die Unterscheidung von despotischer Herrschaft als naturgemäßer Herrschaft über von Natur aus Unfreie und politischer Herrschaft als natürlicher Herrschaft über von Natur aus Freie geht, differenziert er zugleich zwischen verschiedene Unterformen „politischer"[283] Herrschafts- und Rechtsverhältnisse, weil sich die freien Hausmitglieder ihrerseits hinsichtlich ihres praktischen Vernunftstatus unterscheiden (vgl. Pol. I.12, 1259a37–59b4; I.5, 1254b13f.).

Da es sich beim Haus ebenso wie bei der Familie im Römischen Recht um einen monokratisch regierten Komplex von drei personalen Herrschafts- und Rechtsverhältnissen handelt, der vom erwachsenen Mann als Rechtsvorstand

---

283 „Politische" Herrschaft wird hier in einem weiten Sinne als naturgemäße Herrschaft über von Natur aus Freie verwendet, nicht im engen Sinn der Herrschaft, wie sie durch die Verfassung der Politie (*politeia*) bestimmt ist (vgl. hierzu oben Anm. 258).

(*kyros*) und Hausvorsteher (*oikonomos*) geleitet wird, gilt es mithin zu fragen, wie diese häuslichen Herrschaftsverhältnisse beschaffen sind bzw. beschaffen sein sollen.[284] Gemäß der Unterscheidung der natürlichen Status des von Natur aus freien und unfreien Menschen (vgl. Kap. 4.3.2) soll im Folgenden zunächst Aristoteles' Konzeption der despotischen Herrschaft diskutiert werden, durch die der Hausvorsteher als Herr über den Sklaven als einen von Natur aus unfreien Menschen herrscht (Kap. 4.3.3.1). Im Anschluss soll Aristoteles' Bestimmung der Herrschaft des Hausvorstehers als die des Gatten über die Gattin, des Rechtsverhältnisses der Ehe (*gamikê*), sowie der Herrschaft des Vaters über das Kind, der väterlichen Herrschaft bzw. des väterlichen Rechts (*patrikê*), nachgegangen werden. Über beide hat der Hausvorsteher als von Natur aus freie Individuen zu herrschen (Kap. 4.3.3.2).

4.3.3.1 Die Herrschaft über von Natur aus unfreie Menschen

Auch seine Ausführungen über die despotische Herrschaft beginnt Aristoteles damit, jene Ansichten aufzuführen, die zu seiner Lebzeit die rechtsphilosophische Diskussion um diese häusliche Herrschaftsform dominieren. Eine Lehrmeinung über die Despotie, die Aristoteles hier nennt, ist die der „Egalitaristen".[285] Diesem Autorenlager nach sind alle Menschen von Natur aus gleich. Der von Aristoteles skizzierte Unterschied zwischen von Natur aus Freien und von Natur aus Unfreien existiert ihnen zufolge also nicht. Die Despotie als Herrschaft über von Natur aus Unfreie stelle somit Unrecht dar, weil es keine von Natur aus unfreien Menschen gebe. Die Despotie bestehe daher nicht von Natur aus (*physei*), sondern nur

---

284 Zur monokratischen Verfassung des Hauses vgl. bes. Pol. I.7, 1255b18f.: „[...] denn die häusliche Herrschaft (*oikonomikê*) ist eine Monarchie (*monarchia*), denn jedes Haus wird monarchisch regiert."

285 Gigon denkt an „bestimmte Sokratiker", deren Kenntnis sich uns aber entzieht (Gigon 1971, 351). Schütrumpf verweist auf Lykophron, nach dem vor der Etablierung einer Rechtsordnung keine natürlichen Unterschiede zwischen den Menschen bestehen (Schütrumpf I, 273 Anm. zu Pol. I.6, 1255a3). Kraut nennt als mögliche Vertreter der Lehre von der natürlichen Gleichheit der Menschen die Sophisten Alkidamas und Antiphon sowie den Komödiendichter Philemon (Kraut 2002, 278 Anm. 3). Nach Kraut werden in Aristoteles' Wiedergabe der Lehre von der Unrechtmäßigkeit der Despotie und der natürlichen Gleichheit der Menschen zwei normative Theoreme miteinander verknüpft, die zusammen vermutlich nie vertreten wurden: (1) Die Lehre von der natürlichen Gleichheit der Menschen; (2) die Forderung nach der Abschaffung der Despotie als einer Unrechtsinstitution. Zwar können wir für die Lehre von der natürlichen Gleichheit der Menschen verschiedene antike Denker als Quellen ausmachen (s.o.), jedoch werde von ihnen nicht die Forderung nach der Abschaffung der Despotie als einer unrechtmäßigen Herrschafts- und Rechtsform über von Natur aus gleiche Menschen erhoben (Kraut 2002, 278 Anm. 4).

aufgrund von Konvention und Gesetz (*nomô*), die Ausdruck der faktischen Machtverhältnisse sind.

> Andere behaupten, das Herrenverhältnis (*despozein*) sei gegen die Natur (*para physin*); nur durch Konvention (*nomô*) sei der eine ein Sklave (*doulon*), der andere ein Freier (*eleutheron*), der Natur nach (*physei*) bestünde dagegen kein Unterschied. Darum sei es auch nicht gerecht (*oude dikaion*), sondern gewaltsam (*biaion*). (Pol. I.3, 1253b20–23; vgl. Pol. I.6, 1255a3–11)

Der egalitaristischen Sichtweise zufolge ist die Unterscheidung zwischen Freien und Sklaven also keine naturgemäße, sondern nur eine konventionelle. Die Despotie sei folgerichtig Unrecht, weil durch sie ein Herrschaftsverhältnis etabliert wird, das gegen die Natur ist, insofern es die natürliche Gleichheit der Menschen verletzt. Die Despotie beruhe daher auf nichts anderem als Gewalt (*bia*), den kontingenten faktischen Machtverhältnissen in einem Sozialverband. Zielscheibe der egalitaristischen Kritik bildet nach Aristoteles' Referat die Lehre vom Recht des Stärkeren, nach der die despotische Beherrschung von Menschen hinreichend durch die bloße physisch-militärische Überlegenheit der siegenden Partei, und damit durch Gewalt, gerechtfertigt ist (vgl. hierzu Kap. 4.2.1). Denn schließlich wäre es „schrecklich, wenn das Überwältigte der Sklave und Beherrschte dessen sein sollte, der es überwältigen könne und stärker ist" (Pol. I.6, 1255a9–11). Eine solche willkürliche Unterdrückung von Menschen wird von den Egalitaristen jedoch explizit als „nicht gerecht" (Pol. I.3, 1253b22) gebrandmarkt. Aristoteles versucht nun in seiner Theorie der despotischen Herrschaft erneut zu zeigen, dass die Positionen seiner Vorgänger, die der Machtpositivsiten und die der Egalitaristen, ein gewisses Wahrheitsmoment für sich beanspruchen können. Beide, so Aristoteles, treffen aber eben nur einen Teil der Wahrheit. Die vollständige Wahrheit wird nach Aristoteles erneut nur durch seine eigene Theorie der Despotie eingeholt.

Wie wir im vorangegangenen Unterkapitel gesehen haben, besteht der moralisch-rechtliche Status des von Natur aus unfreien Menschen darin, kein um seiner selbst willen existierendes Individuum zu sein, sondern um eines anderen willen zu existieren (vgl. Kap. 4.3.2). Das Beste, was er zu leisten vermag, ist die körperliche Ausführung der vernünftigen Planung des um seiner selbst willen existierenden, von Natur aus freien Menschen. Dieser natürliche Status macht den Unfreien nach Aristoteles zu einem Teil des Besitzes (*ktêsis*: Pol. I.4, 1253b23) des Hausstandes. Denn als Besitzstück ist der Sklave nichts anderes als ein Werkzeug des Hausverwalters, das ihm zum Leben (*organon pros zôên*: Pol. I.4, 1253b31) und Handeln (*organon praktikon*: Pol. I.4, 1254a17) dient. Von den anderen Besitzstücken wie dem Pflug oder dem Karren, die ebenfalls Werkzeuge zum Leben darstellen, grenzt sich der Sklave zum einen dadurch ab, dass es sich bei ihm um ein beseeltes Besitzstück (*ktêma empsychon*: Pol. I.4, 1253b32) handelt, während jene zum unbeseelten Besitz zählen. In NE VIII.13, 1161b4, wird der Sklave entsprechend als ein „beseeltes Werkzeug" (*empsychon organon*) bezeichnet. Zum anderen grenzt er sich von den anderen Besitzstücken dadurch ab, dass er multifunktional ist: Der Sklave ist ein „Werkzeug, das viele andere Werkzeuge vertritt" (Pol. I.4, 1253b33). Die Rechtsform über den Sklaven ist also die des Besitzstücks (*ktêma*: Pol. I.4, 1253b31). Sie entspricht damit dem Rechtsstatus des Sklaven als Eigentum im Römischen Recht.

Als Besitzstück ist der Sklave, wie es seinem natürlichen Status entspricht, kein eigenständiges Rechtssubjekt, sondern unterliegt der absoluten Gewalt des Herrn. Der Herr hat grundsätzlich dem Sklaven gegenüber keine Verpflichtungen, sondern kann ihn wie einen Pflug oder einen Ochsen nach Belieben verwenden, während der Sklave gegenüber seinem Herrn keinerlei Rechtsansprüche geltend machen kann und zum absoluten Gehorsam ihm gegenüber verpflichtet ist. Ihr Rechtsverhältnis ist also nicht reziprok von Rechten und Pflichten bestimmt, sondern erlaubt die einseitige, dauerhafte und vollständige Instrumentalisierung des von Natur aus Unfreien:

> Von einem Besitzstück (*ktêma*) redet man gleich wie von einem Teil (*morion*). Der Teil (*morion*) ist nun nicht nur der Teil eines anderen (*allou esti*), sondern gehört vollständig einem anderen (*haplôs allou*). Ebenso das Besitzstück. Darum ist der Herr (*despotês*) bloß Herr des Sklaven (*doulou*), gehört ihm aber nicht; der Sklave dagegen ist nicht nur Sklave des Herrn, sondern gehört ihm vollständig. (Pol. I.4, 1254a8–13)

Die einseitige Instrumentalisierung des Sklaven durch den Herrn ist nach Aristoteles rechtens, weil, wie wir gesehen haben, es sich bei der Kooperation des von Natur aus Herrschenden und des Beherrschten nicht um die Gemeinschaft von zwei freien Individuen handelt, die um ihrer selbst willen existieren. Ihre Zusammenarbeit gleicht vielmehr dem Tätigsein eines Kollektivsubjekts, bei der dem Sklaven aufgrund seines Vernunftdefizits die Funktion des Körpers zukommt, der die vernünftigen Pläne der Seele in Gestalt der Weisungen durch seinen Herrn auszuführen hat (vgl. Pol. I.6, 1255b10 f.). Ebenso wie das Zusammenwirken von Seele und Körper im Individuum findet daher auch die Kooperation von Herr und Sklave nicht zum wechselseitigen Vorteil beider statt, sondern zum alleinigen Vorteil des von Natur aus Herrschenden.[286]

---

[286] „Tyrannisch ist ebenso die Herrschaft (*tyrannikê*) des Herrn über seine Sklaven; denn in ihr wird das für den Herrn Nützliche erreicht" (NE VIII.12, 1160b29 f.; vgl. VIII.13, 1161a33–b5).

> Die Despotie (*despoteia*) etwa herrscht (*archei*) (obschon der Wahrheit nach der Nutzen dessen, der von Natur Herr (*physei despotê*) ist, und der Nutzen dessen, der von Natur Sklave (*physei doulô*) ist, einer und derselbe (*tautou sympherontos*) ist) vorzugsweise zum Nutzen des Herrn und nur akzidentell zu demjenigen des Sklaven, sofern nämlich die Despotie nicht aufrecht erhalten werden kann, wenn der Sklave zugrunde geht. (Pol. III.6, 1278b32–37)

> Regiert (*archê*) wird, wie wir am Anfang gesagt haben, bald zugunsten des Regierenden (*archontos*), bald zugunsten des Regierten (*archomenou*). Das eine ist die despotische Herrschaft (*despotikên*), das andere diejenige über Freie (*eleutherôn*). (Pol. VII.14, 1333a3–6)

Aristoteles formuliert die einseitige Zuweisung des Herrschaftsnutzens in der Despotie zugunsten des Freien auch so, dass der Nutzen für Herrn und Sklaven *derselbe* ist.[287] Was Aristoteles damit meint, ist, dass der Kooperationsertrag der Gemeinschaft von Herr und Sklave exklusiv dem Herrn zusteht. Denn dieser existiert als von Natur aus freier Mensch um seiner selbst und nicht wie der Sklave um eines anderen willen. Folgerichtig existiert zwischen ihnen kein gemeinsamer bzw. wechselseitiger Nutzen (*koinê sympheron*). Lediglich aus prudentiellen Gründen, um die Herrschaft über den Sklaven zu seinen Gunsten dauerhaft aufrecht zu erhalten, ist der Herr wohlberaten, seinen Sklaven nicht durch allzu schweres Arbeiten frühzeitig dahinsiechen zu lassen und einen gewissen Teil des Kooperationsertrags für dessen Lebenserhaltung aufzubringen. Insofern partizipiert auch der Sklave zumindest in einem akzidentellen Sinn am Nutzen ihrer Gemeinschaft. Akzidentell deshalb, weil der Herr diese Leistungen für den Sklaven nicht um dessentwillen aufbringt, sondern allein um seinen eigenen Vorteil bestmöglich zu verfolgen. Die gleiche Fürsorgeempfehlung gilt grundsätzlich jedoch auch für den Umgang mit den anderen Besitzstücken. Auch einen Pflug und eine Egge sollte man regelmäßig warten. Eine wirkliche Pflicht des Herrn gegenüber dem Sklaven bzw. ein robuster Anspruch des Sklaven auf Fürsorge gegenüber seinem Herrn existieren hingegen nicht.

Nach Aristoteles existiert ein wechselseitiger und mithin gemeinsamer Nutzen also nur dort, wo es sich um die Kooperation von zwei um ihrer selbst willen existierenden Individuen, d. h. um die Gemeinschaft von Freien, handelt. Herr und Sklave stehen jedoch in einer Zweck-Mittel-Relation zueinander. Damit gibt es keine gerechtfertigten Ansprüche des Sklaven, gegen die der Herr in seiner Herrschaft über den Sklaven verstoßen könnte. Dementsprechend gibt es für Aristoteles zwischen Herrn und Sklaven auch kein Recht (*dikaion*) im eigentlichen Sinn. Denn das Recht existiert nach Aristoteles nur dort, wo zwischen Menschen Unrecht möglich ist (vgl. bes. NE VIII.13, 1160a30–60b10). Das Recht setzt also

---

[287] „Darum ist auch der Nutzen (*sympherei*) für Herrn und Sklave derselbe" (Pol. I.2, 1252a34).

immer schon das selbstzweckliche Dasein derjenigen Individuen voraus, deren Umgang miteinander es regelt. Da der Sklave aufgrund seines natürlichen Vernunftdefizits kein selbständiges (Rechts-)Subjekt (*chôriston*: NE V.10, 1134b11) ist, gibt es folgerichtig nichts, was sich der Herr ihm gegenüber widerrechtlich aneignen könnte. Denn er ist der einzige Zweck ihrer Kooperation, so dass ihm schon immer alles gehört. Recht (*dikaion*) und Gesetz (*nomos*), die die Beziehung zwischen freien und selbstzwecklichen Individuen regeln, finden daher zwischen Herr und Sklave nicht wirklich statt. Ihre Beziehung ist den vollwertigen Rechtsbeziehungen unter von Natur aus Freien daher nur ähnlich (*homoiotês*: NE V.10, 1134a30; *homoion*: NE V.10, 1134b9).[288]

Dass die Herrschafts- und „Rechtsform" der Despotie überhaupt unter den Menschen existiert, wird von Aristoteles – wie in seiner Phänomenologie der natürlichen Gemeinschaften deutlich geworden ist (vgl. Kap. 3.3.2) – durch das ihr zugrunde liegende notwendige Bedürfnis (*anankaia chreia*: Pol. I.3, 1253b16) erklärt, nämlich das Bedürfnis des Menschen zu überleben. Dass die Institution der Sklaverei – oder, allgemein, des Besitzes als Sammelbegriff für die zum Leben notwendigen Werkzeuge –, ihren Sitz im Leben in der menschlichen Bedürfnisnatur hat, die der Körperlichkeit geschuldet ist, verdeutlicht Aristoteles an einem merkwürdig futuristisch anmutenden, kontrafaktischen Gedankenspiel:

> Wenn nämlich jedes einzelne Werkzeug (*organôn*) auf einen Befehl hin, oder einen solchen schon voraus ahnend, seine Aufgabe (*ergon*) erfüllen könnte, wie man das von den Standbildern des Daidalos oder den Dreifüßen des Hephaistos erzählt, von denen der Dichter sagt, sie seien von selbst zur Versammlung der Götter erschienen, wenn also auch das Weberschiffchen so webte und das Plektron die Kithara schlüge, dann bedürften weder die Baumeister Gehilfen, noch die Herren (*despotais*) Sklaven (*doulôn*). (Pol. I.4, 1253b33 – 54a1)

Sollte also die Automation in den Herstellungsprozessen der zum Leben notwendigen Güter soweit fortgeschritten sein, dass man zu ihr keiner menschlichen Arbeitskraft mehr bedürfte, wäre die Institution des Sklaventums nicht mehr notwendig, weil ein Surrogat für die lebensnotwendigen Arbeiten des Sklaven gefunden wäre. Das Überleben der Menschen wäre auf diese Weise ebenso gesichert wie das erfordeliche Maß an Muße, dessen er zu seiner rationalen Selbstvervollkommnung bedarf. Aber selbst für diesen Fall bliebe die Despotie aufgrund der natürlichen Inferiorität des von Natur aus unfreien Menschen eine gerechtfertigte Institution. Entfallen würde lediglich ihre praktische Notwendigkeit.

---

[288] Vgl. hierzu insgesamt NE V.10, 1134a23 – 32; 1134b8 – 18.

Die Bestimmung der „Rechtsform" über einen Menschen als „Besitzstück" und „Werkzeug zum Leben" eines anderen Menschen ist zutiefst menschenverachtend. Umso überraschender ist es, dass Aristoteles einige Hinweise liefert, die dennoch auf eine naturgemäße Grenze der Verwendung des Sklaven schließen lassen. Diese limitativen Züge der despotischen Herrschaftslehre speisen sich aus der materiellen Bestimmung der natürlichen Gemeinschaft von Herr und Sklave. Das Ziel der Kooperation von Herr und Sklave wird in Aristoteles' Phänomenologie der natürlichen Gemeinschaften als die Bereitstellung der zum Leben notwendigen Güter festgesetzt (vgl. Kap. 3.3.2). Diese materielle Zielbestimmung gibt somit jenen Rahmen an Arbeiten vor, zu denen der Sklave rechtmäßig herangezogen werden darf. Wird der Sklave durch seinen Herrn hingegen zu Tätigkeiten verwendet, die dem bloßen Profitstreben des Herrn dienen, stellt dies nach Aristoteles eine nicht gerechtfertigte Form der Verwendung des von Natur aus unfreien Menschen dar. Diese Begrenzung der legitimen Verwendung eines Sklaven wird von Aristoteles in Termini der Rechtsform des Besitzstückes wie folgt reformuliert: Als Besitzstück ist der Sklave ein „Werkzeug zum Leben". Als solches dient er dem „Handeln" (*praxis*) der freien Hausangehörigen, nicht der „Produktion" (*poiêsis*). Denn das „Leben" (*bios*), so Aristoteles, sei ein „Handeln" (*praxis*) und kein „Herstellen" (*poiêsis*) (Pol. I.4, 1254a7).[289] Der Sklave sei deshalb ein „Gehilfe zum Handeln" (Pol. I.4, 1254a8), nicht ein „Gehilfe zur Produktion".[290]

In seiner Abhandlung über die Despotie betont Aristoteles wiederholt, dass er die rechtmäßige Verwendung des Sklaven qua Besitzstück auf diesen Zweck hin eingeschränkt wissen will. Dazu grenzt er den Sklaven als „Besitzstück" von den „produzierenden Werkzeugen" (*organa poiêtika*: Pol. I.4, 1254a2) ab:

> Die Werkzeuge (*organa*) im geläufigen Sinn sind produzierende Werkzeuge (*poiêtika organa*), der Besitz (*ktêma*) dagegen dient dem Handeln (*praktikon*). Denn durch das Weberschiffchen wird etwas hergestellt, was von seinem Gebrauch verschieden ist; das Kleid und das Bett sind aber ausschließlich zum Gebrauch (*chrêsis*) da. (Pol. I.4, 1254a1–5)

Der Einsatz von Sklaven zur profitorientierten Produktion von Waren, die über die Bereitstellung der zum Leben notwendigen Güter hinausgeht, stellt nach Aristoteles also eine nicht rechtmäßige Form der Despotie dar, die durch seine Lehre von den natürlichen Herrschaftsformen nicht gedeckt ist. Insofern man mit Blick auf

---

289 Zu Aristoteles' Unterscheidung von *poiêsis* und *praxis* vgl. bes. NE VI.4–5.
290 Zu den limitativen Zügen von Aristoteles' Lehre vom naturgemäßen Sklaventum vgl. auch Smith 1991, 142: „In Book I of the *Politics*, Aristotle develops a theory of natural slavery that is intended to serve two purposes: to secure the morality of enslaving certain human beings and to provide the foundation for the uses of slaves that he advocates in later books."

einen von Natur aus unfreien Menschen, der nicht um seiner selbst willen existiert, überhaupt davon sprechen kann, ist eine solche Verwendung des Sklaven nach Aristoteles „Unrecht" – dies aber nicht, weil dem Sklaven so etwas wie Würde zukäme oder sein Dasein letztlich doch selbstzwecklichen Charakter hätte, sondern allein deshalb, weil die Gemeinschaft von Herr und Sklave zu falschen Zwecken missbraucht würde. Wenn man sich jedoch vor Augen hält, dass viele Sklaven in Athen zu Lebzeiten des Aristoteles – in aristotelischer Terminologie gesprochen – „der Produktion dienende Werkzeuge" und nicht „dem Handeln dienende Werkzeuge" waren (man denke besonders an den massenhaften Einsatz der Sklaven in den Silberminen des Laureion, die ein wichtiger Faktor des attischen Wohlstands waren), verleiht dieser limitative Zug Aristoteles' Lehre von der Despotie einen gegenüber der zeitgenössischen Institution der Sklaverei leicht revisionären Charakter und wirft auf sie ein „humaneres" Licht. Harte und lebensdedrohliche Arbeiten wie die in den Silberminen und in anderen Fertigungsbereichen sind jedenfalls nicht durch die aristotelische Bestimmung der naturgemäßen Herrschaftsform der Despotie gedeckt. Ein weiterer „humaner" Zug wird Aristoteles' Lehre von der Despotie dadurch verliehen, dass den Sklaven als Lohn für ihre Arbeit die Freiheit in Aussicht gestellt werden soll (Pol. VII.10, 1330a31–33).[291] Nach Aristoteles erfährt die Despotie damit nicht nur eine materielle, sondern auch eine zeitliche Begrenzung. Insofern trägt selbst die Rechts- und Herrschaftsform der Despotie marginal limitative Züge, die dafür sorgen, dass nicht alles im Umgang mit den von Natur aus unfreien Menschen erlaubt ist.[292]

Aristoteles' Theorie der Despotie sieht sich jedoch einem schwerwiegenden interpretatorischen Problem ausgesetzt: Der praktische Vernunftstatus des Sklaven wird in Pol. I durchgängig mit der rezeptiven Vernunftfähigkeit des menschlichen Strebevermögens (*oretikon*) identifiziert. Durch sie wird der Sklave einerseits „nach unten" von den Tieren abgegrenzt, die nicht dazu fähig sind, die

---

291 Nach Diogenes Laertios V.14–15 hat Aristoteles in seinem Testament die Freilassung seiner Sklaven verfügt. Nach den *Oikonomika* I.5, 1344b15–17, soll die Aussicht auf Freilassung die Sklaven motivieren, ihre Aufgaben gut zu erfüllen. Zur Interpretation dieser Aussage vgl. Kraut 2002, 297f.

292 Ob und wenn ja, inwieweit es sich bei Aristoteles' Lehre von der naturgemäßen Despotie um eine praktisch-revisionäre Theorie handelt, gilt als umstritten. Nach Schofield geht es Aristoteles allein um die theoretische Untersuchung der Herr-Sklave-Relation. Die Anwendung der Theorie auf die zeitgenössische Praxis der Sklaverei werde von ihm nicht angestrebt (Schofield 2005). Nach Kraut ist sie minimal revisionistisch, da die große Mehrzahl der in der attischen Gesellschaft existierenden Fälle von Sklaverei durch sie gerechtfertigt wird (Kraut 2002, 284f.; ähnlich auch Newman I, 151f.). Nach Ambler ist sie revisionistisch, aber ohne Implikation für die Praxis (Ambler 1985, 173).

vernünftige Planung des Hausvorstehers aufzunehmen und ihr entsprechend zu handeln. Andererseits dient der natürliche Status des Sklaven der Abgrenzung „nach oben". Er unterscheidet sich vom von Natur aus Freien, weil er zwar auf die Vernunft eines anderen zu hören vermag, nicht aber eigenständig zur vernünftigen Planung fähig ist. In Pol. I.5 wird nun aber die Herrschaft der Vernunft (*nous*) über das Streben (*orexis*) als politisch oder auch königlich angegeben, also als Formen von Herrschaft, die über von Natur aus Freie auszuüben sind (1254b5 f.).[293] Nach Pol. I.5 entspricht die despotische Herrschaft nicht der Herrschaft der Vernunft über das Streben, sondern der Herrschaft der Seele (*psychê*) über den Körper (*sôma*) (Pol. I.5, 1254b4 f.). Wenn nun nach TNH die praktische Vernunftnatur eines Individuums darüber bestimmt, welche Form von Herrschaft und Recht über es zu etablieren ist, müsste dann nicht der Sklave, dessen Vernunftfähigkeit der des Strebevermögens entspricht, nach Pol. I.5 dann aber durch den Herrn politisch oder königlich regiert werden, nicht aber despotisch?

Tatsächlich ist dieser Einwand nur schwer zu entkräften. Grundsätzlich sehe ich hier zwei Lösungsstrategien. Zum einen könnte man durch die Verortung dieser Äußerung innerhalb des Argumentationsgangs und Beweisziels von Pol. I darauf verweisen, dass es Aristoteles in diesem Buch um die Rechtfertigung despotischer Herrschaft geht und er diese an den anderen Stellen nach dem Paradigma der Kooperation von Seele und Körper konzipiert. So betrachtet, könnte man vermuten, dass er in Pol. I.5, 1254b5 f., einfach terminologisch unsauber verfährt. Diese Erklärung ist in sachlicher Hinsicht jedoch nicht zufriedenstellend. Eine sachlich zufriedenstellendere Lösung scheint mir jedoch durch die folgende Interpretation möglich: Aristoteles intendiert mit seinen Äußerungen in Pol. I.5 keine strikte Analogie von innerseelischen und zwischenmenschlichen Herrschaftsverhältnissen. So könnte man darauf verweisen, dass es sich bei der königlichen oder politischen Herrschaft der Vernunft (*nous*) über das Streben (*orexis*) um die naturgemäße Herrschaftsform in der Seele eines von Natur aus Freien handelt. Denn das Individuum, dessen innerseelischen Herrschaftsverhältnisse das Paradigma für die königliche und politische Herrschaft geben, hat qua *nous*-Besitz eigenständig an der Vernunft teil. In der Seele des von Natur aus Unfreien finden sich hingegen die königliche und politische Herrschaft der Vernunft über das Streben gerade nicht. Aufgrund seines von Natur aus bestehenden Vernunftdefizits hat der von Natur aus Unfreie als Individuum an diesen innerpsychischen Herrschaftsverhältnissen überhaupt keinen Anteil. Als Individuum partizipiert er ausschließlich an der despotischen Herrschaft, nämlich allein an der Herrschaft seiner (affektgesteuerten)

---

[293] Vgl. hierzu etwa Schütrumpf I, 376: „Die einzige Unstimmigkeit liegt darin, daß dieser Seelenteil nicht despotisch regiert wird [...]."

Seele über den Körper. Nur derjenige, der aufgrund seiner Vernunftfähigkeit zu einer selbständigen, vernünftigen Lebensplanung fähig ist, an der sich das Streben ausrichten kann, d.h. der von Natur aus Freie, hat als Individuum Anteil an der politischen und königlichen Herrschaft. Weil der Sklave von Natur aus als Individuum nur an der Despotie partizipiert, ist es daher nach Aristoteles gerechtfertigt, über ihn despotisch zu regieren. Ebenso hat die Herrschaft über von Natur aus Freie königlich oder politisch zu sein, weil diese aufgrund ihrer seelischen Beschaffenheit immer schon an diesen Herrschafts- und Rechtsformen Anteil haben. Entgegen dem ersten Eindruck würde TNH durch Pol. I.5, 1254b2–9, somit nicht in Frage gestellt, sondern bietet ein weiteres Argument dafür, weshalb Menschen, die von Natur aus nicht die kognitive Fähigkeit zur praktischen Deliberation besitzen, legitimierweise despotisch regiert werden dürfen.

4.3.3.2 Die Herrschaft über von Natur aus freie Menschen

Aufgrund seiner vollkommenen praktischen Vernunftnatur kommt es dem freien erwachsenen Mann innerhalb des Hauses zu, nicht nur despotisch über den Sklaven als über den von Natur aus Unfreien, sondern auch über die Frau und die Kinder als über von Natur aus Freie zu herrschen. Die Herrschaft des Hausvorstehers über die freien Hausmitglieder ist Gegenstand von Pol. I.12–13.

> Da wir nun drei Teile der Leitung des Haushalts unterschieden haben, die despotische Herrschaft (*despotikê*), von der vorhin gesprochen wurde [Pol. I.4–7], die väterliche Herrschaft (*patrikê*) und drittens die eheliche Herrschaft (*gamikê*), <so steht dem Hausvorsteher zu>, über die Frau (*gynaikos*) und die Kinder (*teknôn*) zu herrschen, über beide als Freie (*eleutherôn*), aber nicht in derselben Herrschaftsweise, sondern über die Frau in der Weise von Bürgern (*politikôs*) und über die Kinder in der Weise eines Königs (*basilikôs*). Denn das Männliche ist von Natur (*physei*) zur Leitung mehr geeignet (*hêgemonikôteron*) als das Weibliche (wenn nicht etwa ein Verhältnis gegen die Natur (*para physin*) vorhanden ist), und ebenso das Ältere und Erwachsene mehr als das Jüngere und Unerwachsene. (Pol. I.12, 1259a37–59b4; vgl. Pol. I.5, 1254b13 f.)

Leider fallen Aristoteles' Aussagen in Pol. I über die Herrschafts- und Rechtsformen der *patrikê* und *gamikê* äußerst fragmentarisch aus. Die Knappheit seiner Ausführungen in Pol. I.12–13 hat mehrere Gründe. Zum einen geht es Aristoteles, wie bereits gesagt, in seiner Herrschaftsformenlehre in Pol. I vor allem um die Unterscheidung von despotischer Herrschaft (als naturgemäße Herrschaft über von Natur aus Unfreie) und politischer Herrschaft im weiten Sinn (als naturgemäße Herrschaft über von Natur aus Freie). Gegenüber dieser für TNH grundlegenden Unterscheidung bleiben die Differenzierungen innerhalb der verschiedenen Formen von politischer Herrschaft für ihn von untergeordneter Bedeutung.

Zum anderen wird die eingehendere Untersuchung der *patrikê* und *gamikê* von Aristoteles bis zu seiner Untersuchung über die Verfassungen (*peri tas politeias*: Pol. I.13, 1260b12) zurückgestellt. Dies ist deshalb der Fall, weil es sich bei der Polis als Gemeinschaft der Bürger um die Gemeinschaft von Natur aus Freier im vollsten Sinn handelt. Die Verfassung, die die obersten Normen für das Zusammenleben der Bürger in der Polis umfasst, bildet damit den paradigmatischen Ort der Herrschaft und des Rechts über Freie.[294] Aus den verfassungsrechtlichen Bestimmungen können daher Rückschlüsse auf die *patrikê* und *gamikê* als Herrschaft über die von Natur aus freien Hausmitglieder gezogen werden.

Dieser systematische Zusammenhang von der Herrschaft über Frau und Kind im Haus mit der Herrschaft über die Bürger in der Polis hat mehrere interpretatorische Konsequenzen: (i) Eine vollständige Bestimmung der ehelichen und väterlichen Herrschaft hat auf Aristoteles' Ausführungen über die politischen Herrschaftsverhältnisse im Rahmen seiner Verfassungslehre zurückzugreifen. (ii) Aristoteles' Abhandlungen über die häusliche Herrschaft über Frau und Kind und über die Herrschaft über die Bürger in der Polis stehen nicht isoliert nebeneinander, sondern ergänzen sich gegenseitig, insofern es sich stets um die Herrschaft über von Natur aus freie Menschen handelt. Interpretationen von Aristoteles' politischer Philosophie, die die strikte Trennung zwischen Haus und Polis zu ihrer Grundlage machen und die ihnen eigentümlichen Herrschaftsformen als Antipoden einander gegenüberstellen, werden daher der aristotelischen Herrschaftsformenlehre nicht gerecht.[295] Denn durch sie werden *alle* häuslichen Herrschaftsverhältnisse zu Despotien erklärt, da diese ihr Gegenstück in der politischen Herrschaft über die freien Bürger in der Polis finden. Diese Interpretationen verkennen jedoch den generellen Geltungsanspruch, den in Aristoteles' politischer Philosophie die Natur des Freien besitzt. Die Natur des Freien leitet nicht nur die Herrschaft über die freien Bürger in der Polis normativ an, sondern auch die Herrschaft über die Freien im Haus.[296] Nach Aristoteles' Herrschaftsformenlehre lautet die entscheidende Frage also nicht, ob in der Polis oder im Haus regiert wird, sondern ob wir es mit der Herrschaft über von Natur aus freie oder unfreie Menschen zu tun haben. (iii) Bei den Bestimmungen der Herrschaft

---

294 „Über Mann und Frau aber, Kind und Vater, über ihre jeweilige Tugend und ihren gegenseitigen Verkehr, und was darin richtig (*kalôs*) und falsch ist (*mê kalôs*), und wie man das Richtige (*eu*) aufsuchen und das Falsche (*kakôs*) meiden soll, darüber muss in den Untersuchungen über die Verfassungen (*peri tas politeias*) gesprochen werden" (Pol. I.13, 1260b8–13).
295 Für eine Interpretation, die mit einem strikten Antagonismus von Haus und Polis arbeitet, vgl. etwa Arendt 2006.
296 Wie Kap. 5.1.1 zeigen wird, bestimmt die Natur des freien Menschen nach Aristoteles zudem auch die Herrschaft und das Recht zwischen Staaten.

über Frau und Kind handelt es sich um „vorstaatliche" Herrschafts- und Rechtsphänomene. Die ihnen zugrunde liegende Norm, das selbstzweckliche Dasein des von Natur aus freien Menschen, ist also insofern eine allgemeine, als ihre Gültigkeit nicht von einer bestimmten Gemeinschaftsform abhängig ist.

Dass Aristoteles die Formen von Herrschaft über die freien Hausmitglieder und die verschiedenen Formen von Herrschaft über die freien Bürger durch ihren wechselseitigen Abgleich zu erläutern versucht, geht auch aus NE VIII.12–14 hervor. Analog zu Pol. I.12 glaubt Aristoteles in NE VIII, in den familiären Gemeinschaften und den ihnen eigentümlichen Formen von Freundschaft und Recht bzw. Gerechtigkeit ein Abbild (*homoiôma*: NE VIII.12, 1160b22) und Muster (*paradeigma*: NE VIII.12, 1160b23) für die unterschiedlichen Formen von Freundschaft und Recht bzw. Gerechtigkeit der freien Bürger in einer Polis ausfindig machen zu können. Sowohl in der *Nikomachischen Ethik* als auch in der *Politik* unterscheidet Aristoteles dabei in seiner Verfassungslehre drei verschiedene Herrschaftsordnungen, die dem Zusammenleben der Bürger als von Natur aus Freien gerecht werden: Königtum, Aristokratie, Timokratie/Politie (vgl. Kap. 5.1.1). Während Aristoteles jedoch in Pol. I nur mit zwei häuslichen Gemeinschaften zwischen Freien operiert (Gatte – Gattin, Vater – Kind) ergänzt er in NE VIII.12–14 das Zusammenleben der Freien im Haus um die Gemeinschaft zwischen Brüdern (*adelphoi*) (bes. NE VIII.12, 1161a3–9; VIII.13, 1161a25–30). Durch die Erweiterung um diese dritte Gemeinschaft von Freien im *oikos* wird in NE VIII eine strikte Zuordnung von den Herrschaftsformen über Freie in Haus und Polis möglich, die Aristoteles in Pol. I.12 so nicht vornehmen kann. Nach NE VIII.12–14 entsprechen (i) die väterliche Freundschaft der Freundschaft des Königs zu seinen Untertanen bzw. das väterliche Recht dem Recht zwischen König und Untertanen, (ii) die eheliche Freundschaft der Freundschaft zwischen Regierenden und Regierten in einer Aristokratie bzw. das ehliche Recht den aristokratischen Verfassungbestimmungen, (iii) die Freundschaft und das Recht unter Brüdern der Freundschaft und dem Recht unter den Bürgern in einer Politie bzw. Timokratie. Diese Ausführungen von NE VIII sollen im Folgenden als Interpretament zu Hilfe genommen werden, um Aristoteles' knappe Äußerungen über die eheliche und väterliche Herrschaft in Pol. I.12–13 besser zu verstehen.

In der Beschreibung der väterlichen Herrschaft als königlich (*basilikôs*: Pol. I.12, 1259b1) stimmen Pol. I und NE VIII miteinander überein, in ihrer Beschreibung der ehelichen Herrschaft weichen sie jedoch voneinander ab. In Pol. I.12 wird diese als *politikôs*, also in der Weise der Herrschaft eines Staatsmannes oder in der Weise der Herrschaft unter Bürgern, beschrieben (1259b1). In NE VIII.12–14 wird die Rechtsform der Ehe hingegen mit der Aristokratie gleichgesetzt. Für diese konzeptionelle Spannung lassen sich zwei gegenläufige Erklärungen denken: (i) Da Aristoteles in Pol. I nur von zwei Gemeinschaften von Freien im Haus ausgeht, findet sich also kein häusliches Muster für die Verfassungs- und Rechtsform der Aristokratie. Dies mag Aristoteles auch nicht weiter gestört haben, weil die Verfassungslehre der *Politik grosso modo* von einer engen systematischen Verbindung von Königtum und Aristokratie ausgeht.[297] Es könnte Aristoteles deshalb schon gereicht haben, ein vorstaatliches Abbild für die königliche Herrschaft in der naturgemäßen Einrichtung der Gemeinschaft von Vater und Kind gefunden zu haben, womit er die Existenz der Aristokratie für ebenso gerechtfertigt hält. (ii) Aristoteles könnte aber auch die Kennzeichnung der ehelichen Herrschaft als *politikôs* in einem weiten Sinn verstanden haben, so dass die Herrschaft des Mannes über die Frau gleichermaßen das vorstaatliche Abbild für die Politie und Aristokratie bildet. Die *gamikê* wäre mithin das häusliche Abbild der naturgemäßen Herrschaft zwischen Bürgern (*politai*), die hier primär durch ihren Gegensatz zu der Herrschaft des Königs (*basileus*) über die Untertanen (*basileuomenoi*) konzipiert ist. Allerdings will die Kennzeichnung der ehelichen Herrschaft als eines vorstaatlichen Musters der Politie aufgrund der natürlichen Inferiorität der Frau nicht so recht zu jenem Grad an Gleichheit und Homogenität passen, den Aristoteles in Pol. IV.11 für die Bürgerschaft in einer Politie und in NE VIII.12–14 für die sie repräsentierende Gemeinschaft zwischen (gleichaltrigen) Brüdern für charakteristisch erachtet. Die Formulierung des wechselseitigen Abgleichs der drei rechtmäßigen Verfassungsformen über die freien Bürger und deren Abbild in der häuslichen Herrschaft über die freien Hausangehörigen in NE VIII scheint somit den konzeptionellen Schwierigkeiten in Pol. I Rechnung zu tragen.

Da es sich bei der ehelichen Herrschaft, sei es als Paradigma der Aristokratie, der Politie oder als Paradigma dieser beiden Verfassungsformen, und der väterlichen Herrschaft als Paradigma der königlichen Herrschaft um die Herrschaft über von Natur aus Freie handelt, sind beide Herrschafts- und Rechtsformen im Gegensatz zur Despotie zum Wohle der Regierten auszuüben (vgl. bes. Pol. VII.14, 1333a3–6). Denn bei ihnen handelt es sich qua Freie um Individuen, die um ihrer selbst willen existieren. Dies lässt sich nicht nur *ex negativo* aus Aristoteles' Bestimmung der Despotie als Herrschaft über von Natur aus Unfreie in Pol. I.4–7 schlussfolgern, sondern wird auch von der folgenden Abhandlung über die Verfassungen in Pol. II–VIII bestätigt, in der Aristoteles nach Auskunft von Pol. I.13 seine Bestimmungen über die väterliche und eheliche Herrschaft weiterführen will. So verläuft die Demarkationslinie zwischen den guten Verfassungen (Kö-

---

297 Vgl. hierzu vor allem Aristoteles' Aussage in Pol. IV.2, 1289a30–32, dass die beste Verfassung die Aristokratie und das Königtum sind, wodurch er sogar die Identität der verfassungsrechtlichen Bestimmungen von Aristokratie und Königtum zu unterstellen scheint, insofern beide Verfassungen die Ämter nach der (vollkommenen) Tugend der Bürger vergeben und dem Wohl der Regierten verpflichtet sind.

nigtum, Aristokratie und Politie/Timokratie) und ihren Entartungen (*parekbaseis*) bzw. Verfallsformen (*phtorai*) nach Aristoteles eben exakt entlang des Kriteriums, ob die Herrschaft zum Vorteil der Herrschenden oder der Beherrschten ausgeübt wird.[298]

> Dagegen [im Gegensatz zur Despotie] vollzieht sich die Herrschaft (*archê*) über die Kinder, die Frau und das ganze Haus [als Gemeinschaft der freien Hausangehörigen], die wir die Hausverwaltung (*oikonomikên*) nennen, entweder dem Beherrschten (*archomenôn*) zum Nutzen, oder zum gemeinsamen (*koinou*) Nutzen beider, an sich aber für den der Beherrschten (*archomenôn*) [...]." (Pol. III.6, 1278b37–40)

Dem wechselseitigen Abgleich der Herrschaftsverhältnisse über die freien Hausmitglieder mit den rechtmäßigen Herrschaftsformen über die Bürger kommt dabei eine doppelte explanatorische Funktion zu: Zum einen sind die häuslichen Herrschaftsverhältnisse „in Kleinbuchstaben" geschriebene Abbilder der gerechten Verfassungen, wobei wir ihre spezifische Beschaffenheit aufgrund ihrer geringeren Komplexität und größeren Nähe zu unserer Lebenswelt besser erkennen können.[299] Zum anderen können wir anhand des Umgangs, den die Bürger in den gut eingerichteten Staaten miteinander pflegen, einsehen, dass dem Hausvorsteher in seinem Verhalten gegenüber der Frau und dem Kind nicht alles Beliebige erlaubt ist.

Was aber bedeutet es genau, dass dem Hausvorsteher in seiner Herrschaft über Frau und Kind als über Freie nicht alles Beliebige erlaubt ist und er diese – im Gegensatz zur Despotie – zu ihrem Wohl und Nutzen auszuüben hat? Welche konkreten Aufgaben und Pflichten ergeben sich für den Ehemann und Vater aus seiner Herrschaftsbefugnis über die freien Hausangehörigen? Welche berechtigten Ansprüche können Gattin und Kind als von Natur aus Freie gegenüber dem Mann als Hausvorsteher geltend machen? Die konkrete inhaltliche Bestimmung der Pflichten des Hausvorstehers gegenüber Gattin und Kind und der ihnen korrespondierenden Ansprüche der Herrschaftsunterworfenen speist sich klarerweise aus der materiellen Bestimmung des Nutzens und Wohlergehens, die sich wiederum aus einer Theorie des guten Lebens herleitet.[300] Allgemein besteht daher

---

[298] Vgl. bes. NE VIII.12, 1160a36–60b9; vgl. ebenso Pol. III.6, 1279a17–21; III.7, 1279a28–32, sowie Kap. 5.1.1.
[299] Diese funktionale Nähe der aristotelischen Lehre von den häuslichen Herrschaftsverhältnissen zur Analogie von Individuum und Polis in Platons *Politeia* betont Deslauriers (2006, 66 f.). Vgl. auch Kraut 2002, 244 f.
[300] Besonders deutlich ist in diesem Punkt Rhet. I.6, 1362a17–21. Aristoteles bestimmt hier den Nutzen (*sympheron*), der Gegenstand der Beratung ist, als Mittel zur Glückseligkeit (*eudaimonia*) sowie ihrer Bestandteile.

nach Aristoteles die primäre Aufgabe des Hausvorstehers darin, die seiner Herrschaft anvertraute Frau und das ihm anvertraute Kind zu dem ihnen möglichen Grad an Tugend (*aretê*: Pol. I.13, 1259b20, b22, b30 u. ö.) und Vollkommenheit (*kalokagathia*: Pol. I.13, 1259b34f.) zu führen. Optimalerweise orientiert sich das Vollkommenheitsideal an Aristoteles' Theorie des guten Lebens, wie es uns in seinen *Ethiken* überliefert ist. Allerdings variiert in der Realität, wie Aristoteles betont, die Konzeption des Guten mit der Verfassung einer Polis (Pol. I.13, 1260b13–20).[301] Denn nach Aristoteles bildet das axiologische Fundament einer jeden Verfassung eine bestimmte Lebensform (vgl. Kap. 5.2). Damit variieren aber klarerweise auch die konkreten Pflichten des Hausvorstehers als des Ehemanns und Vaters. Unter einem demokratischen Regime werden sie andere sein als unter einer aristokratischen Verfassungsordnung. Ganz allgemein kann man jedoch festhalten, dass Aristoteles' „politischem" Perfektionismus auf Polisebene auf der Mikroebene des Hauses eine Form des „ökonomischen" Perfektionismus entspricht. Herrschaft über von Natur aus freie Menschen verpflichtet den Machtinhaber stets dazu, seine Herrschaftsbefugnisse so zu nutzen, dass die Herrschaftsunterworfenen soweit als möglich ein gutes Leben führen (wie auch immer dieses letztlich genau konzipiert ist).

Diese oberste Herrscherpflicht gilt zwar grundsätzlich auch für die Herrschaft des Herrn über den Sklaven. Allerdings besteht die „Tugend" des Sklaven allein in seiner Tauglichkeit als Instrument für den Herrn. Was die Erziehung des Sklaven und die dazu erforderlichen Mittel betrifft, so hat der Herr sich zu fragen: Was macht den Sklaven zu einem tauglichen Werkzeug zum Erreichen *meiner* Ziele und Zwecke? Durch welche Charaktereigenschaften trägt er am besten zum Gelingen *meines* Lebens und des der anderen freien Hausmitglieder bei? In der Herrschaft des Herrn über den Sklaven geht es nicht um die Tugenden des Sklaven als einen konstitutiven Bestandteil dessen Glücks. Wäre dies der Fall, würde der von Natur aus unfreie Mensch um seiner selbst willen existieren, was er ja gerade aufgrund seines praktischen Vernunftdefizits nicht tut. Entsprechend sind nach Aristoteles die Tugenden, zu denen der Herr den Sklaven zu führen hat,[302] nur von unselbständiger Art. Sie umfassen allein feste Charakterhaltungen, die ihn für die vernünftige Planung des Herrn empfänglich machen und ihn nicht aus Unbeherrschtheit (*akolasia*: Pol. I.13, 1260a36) und Trägheit (*deilia*: Pol. I.13, 1260a36)

---

301 Zur Relativität der Erziehung hinsichtlich der Verfassung vgl. auch NE X.10, 1180a30–b28.
302 Vgl. hierzu Pol. I.13, 1260b3–5: „Klar ist demnach, dass der Herr den Sklaven zu der diesem entsprechenden Tugend bringen muss, und nicht etwa derjenige, der ihm den Unterricht in den Dienstverrichtungen erteilt."

seine Arbeit versäumen lassen (Pol. I.13, 1260a33–36).[303] Was die Herrschaft über Frau und Kind als freie und damit um ihrer selbst willen existierende Wesen betrifft, so hat der Hausvorsteher sich bei seinen Anweisungen hingegen daran zu orientieren, was *deren* Leben gelingen lässt und was für *sie* förderlich und zuträglich ist. Die Tugenden, zu denen er Frau und Kind zu führen hat, dienen ihrem Wesen nach nicht der Beförderung seines eigenen Strebens nach Glückseligkeit, sondern dienen der Vervollkommnung eigenständiger Vernunftwesen und deren Glück. Als Ehegatte und Vater hat der Hausvorsteher daher einen Teil der im Haushalt erwirtschafteten Güter für das Wohl der seiner Herrschaft anvertrauten Personen einzusetzen. Ein Nutzen ergibt sich für ihn aus dieser Pflicht nur indirekt, insofern er sich am Gedeihen seiner Frau und Kinder erfreut.

Was die königliche Herrschaft über das Kind betrifft, so hat der Vater also durch eine angemessene Erziehung dafür Sorge zu tragen, dass die im Kind angelegte Vernunftnatur sich auf gute Weise entwickelt. In der Idealpolis von Pol. VII–VIII ist der Vater bis zum siebten Lebensjahr exklusiv für das Kind verantwortlich (Pol. VII.17, 1336a41–36b2). Er hat für eine der Entwicklung des Kindes zuträgliche Nahrung zu sorgen (Pol. VII.17, 1336a3–8) sowie die Mittel für eine angemessene körperliche und musische Ausbildung aufzubringen (Pol. VII.16, 1335b2ff.). Als Kennzeichen der königlichen Herrschaft gelten Aristoteles deshalb vor allem die Fürsorge (*epimeleia*) und das Wohltun (*euergesia*). Dabei empfängt das Kind die Wohltaten des Vaters, ohne diese im gleichen Maße erwidern zu können. Demgemäß gelten die Fürsorge für die Regierten und das Erweisen von Wohltaten nach Aristoteles auch als Kennzeichen der Herrschaft des Königs (*basileus*) über seine Untertanen (*basileuomenoi*) in der Polis: „Denn der König tut seinen Untertanen Gutes, wenn er als ein Guter wirklich für sie sorgt (*epimeleitai*), damit es ihnen gut geht, so wie der Hirte für seine Schafe" (NE VIII.13, 1161a12–14). Dabei übertrifft der Vater den König jedoch durch den Umfang der von ihm erwiesen Wohltaten, weil er sich über die Fürsorge des Königs für seine Untertanen hinaus auch noch für das Sein (*einai*), die Ernährung (*trophê*) und die Erziehung (*paideia*) des Kindes verantwortlich zeigt (NE VIII.13, 1261a15–17; VIII.14, 1162a6f.).[304] Neben der väterlichen Herrschaft im Haus sowie der des Königs in der Polis gilt Aristoteles auch die Herrschaft von Zeus über die Götter und Menschen als weiterere Instanziierung dieser Herrschaftsform, weil er den Menschen und Göttern ebensolche Wohltaten erweist – sie nährt, erzieht und zeugt – wie der

---

303 Nach Kraut liegt in dieser Erziehungsleistung des Herrn die Erklärung für die Zuträglichkeit der Despotie für den Sklaven. Ohne seinen Herrn würde dem von Natur aus Unfreien diese minimale Form von Tugend und gutem Leben verwährt bleiben (vgl. Kraut 2002, 297f.).
304 Mit dieser Unterscheidung von Vater und König bzw. väterlicher und königlicher Herrschaft folgt Aristoteles Platon (Plt. 276a–277a).

Vater dem Kind. Zeus, so Aristoteles, werde daher von Homer zu Recht als „Vater der Götter und Menschen" bezeichnet.[305] Die königliche Herrschaft hat also überall dort zwischen Freien ihren natürlichen Platz, wo (a) zwischen ihnen eine große Ungleichheit hinsichtlich ihres Vernunftvermögens besteht (das Kind besitzt das praktische Vernunftvermögen nur unentwickelt, der Vater besitzt es voll entwickelt und im vollen Umfang) sowie (b) sich daraus zwischen ihnen eine große Disproportionalität hinsichtlich der erwiesenen bzw. empfangenen Wohltaten einstellt. Als Verfassungsform hat das Königtum nach Aristoteles deshalb vor allem in gentilen Herrschaftsverbänden sein Recht, da in ihnen Herrscher und Beherrschte im Rang von Erzeuger/Älterem und Erzeugtem/Jüngerem zueinander stehen.[306] Aufgrund des Bevölkerungsreichtums in den zeitgenössischen Poleis und der Vielzahl von Häusern und Familien, die in ihnen zusammengeschlossen sind, hält Aristoteles daher das Königtum für eine tendenziell antiquierte Verfassungsform (Pol. III.15, 1286b8–13).

Die Tugend und Vollkommenheit, zu der der Hausvorsteher als Gatte die Ehefrau zu führen hat, unterscheiden sich grundsätzlich nicht von seinen eigenen, da auch sie über ein vollständig entwickeltes Vernunftvermögen verfügt. Sie divergieren jedoch hinsichtlich ihres Grades. Die der Frau eigentümliche Form von Besonnenheit (*sôphrosynê*), Tapferkeit (*andreia*) und Gerechtigkeit (*dikaiosynê*) ist eine dienende (*hypêretikê*), die dem Mann eigentümliche Tapferkeit und Gerechtigkeit hingegen ist eine herrschende (*archikê*) (vgl. Pol. I.13, 1260a21–23). Weil die Vernunft der Frau ohne Herrschaftsanspruch (*akyron*) ist, d. h., nicht vollständig wirkt, stehen ihre Charaktertugenden letztlich hinter denen des Mannes zurück (Pol. I.13, 1260a20–31).[307] In seiner Regentschaft über die Gattin darf der

---

305 Aristoteles beruft sich auf Il. I.544. Zur königlichen Herrschaft des Zeus bzw. der Götter im Allgemeinen vgl. ferner NE VIII.12, 1160b25–27; VIII.13, 1161a10–20; Pol. I.12, 1259b10–17.
306 Vgl. hierzu Pol. I.2, 1252b19 f., wo Aristoteles die Dörfer als Vorläufer der voll entwickelten Staaten, die seiner Ansicht nach noch stark von gentilen Strukturen bestimmt waren, als von Natur aus unter königlich Herrschaft stehend beschreibt.
307 Mit der These von den unterschiedlichen Formen von ein und derselben Tugend (herrschend/männlich – beherrscht/weiblich), die sich nach der individuellen Vernunftnatur eines Menschen unterscheiden, widerspricht Aristoteles nach eigenen Angaben Sokrates, den er dafür zitiert, dass es für die einzelnen Tugenden nur eine einzige und allgemeine Definition gebe, so dass sich die Tapferkeit und Gerechtigkeit des Mannes und der Frau nicht voneinander unterscheiden (Pol. I.13, 1260a22–24). Aristoteles will seine eigene Position hier der des Sophisten Gorgias angenähert wissen, der in Aristoteles' Augen die einzelnen Tugenden nicht durch eine allgemeine Definition erfasst hat, sondern sie stattdessen rhapsodisch in offenen Tugendkatalogen auflistet, die sich an den jeweiligen Personen und Affektkontinua orientieren (Pol. I.13, 1260a24–31). Analog zur „dienenden Form" einer Tugend bei der Frau und ihrer „herrschenden Form" beim Mann innerhalb des Hauses will Aristoteles in der Polis diese beiden Formen einer Tugend mit Blick auf den regierenden und regierten Bürger unterschieden wissen (vgl. bes.

Ehemann sich jedoch nicht derjenigen Kompetenzfelder bemächtigen, derer sie von Natur aus fähig ist. Aristoteles denkt vermutlich an die Aufsicht über die Produktion der Kleidung am Webstuhl und andere häusliche Tätigkeitsbereiche. Bemächtigt sich der Hausvorsteher auch dieser ihr zustehenden Aufgabenfelder, verkommt die eheliche Herrschaft von einer Aristokratie zur Oligarchie, weil die von ihm vorgenommene Verteilung der häuslichen Aufgaben und Ämter gegen die Würdigkeit (*para axian*) der Frau verstößt und nicht gemäß der ihr eigentümlichen Tüchtigkeit vorgenommen wird (NE VIII.12, 1160b32–61a3).

Obwohl es sich bei den Gemeinschaften von Mann und Frau sowie Vater und Kind um Gemeinschaften von Freien handelt, sind sie doch keine Gemeinschaften zwischen von Natur aus Freien im Vollsinn. Denn die praktische Vernunftnatur der Frau und die des Kinds sind nicht im gleichen Maße wirksam wie die des Mannes. Für Aristoteles bilden das eheliche und väterliche Recht daher letztlich Privationsformen des Rechts unter den Bürgern. Denn das Wesen des Rechts besteht darin, das Zusammenleben von freien und um ihrer selbst willen existierenden Individuen zu regeln. Dabei kommt das eheliche Recht der Vollform des Rechts zwischen den Bürgern näher als das väterliche Recht, weil die natürliche Differenz zwischen Mann und Frau aufgrund der vollständigen Entwicklung ihres praktischen Vernunftvermögens geringer ist (sie also im höheren Maß ein freier Mensch ist) als diejenige zwischen Vater und Kind, in dem das praktische Vernunftvermögen noch unentwickelt vorliegt (vgl. hierzu NE V.10, 1134a23–32; 1134b8–18).

4.3.4 Satz von der Gerechtigkeit und Zuträglichkeit der natürlichen Herrschaftsformen

Aristoteles hält Herrschaft nicht nur für ein notwendiges Phänomen im menschlichen Zusammenleben („Satz von der Notwendigkeit der Herrschaft" (SNH): Kap. 3.2), sondern er hält Herrschaft auch für zuträglich (*sympheron*) und gerecht (*dikaion*). Zuträglich und gerecht ist die Herrschaft über einen Menschen dann, wenn über ihn eine Form von Herrschaft ausgeübt wird, die seiner Natur entspricht. Wird er hingegen nicht in einer seiner Natur gemäßen Form regiert, so ist dieses Herrschaftsverhältnis schädlich (*blaberon*) und ungerecht (*adikon*).

> Denn es gibt Menschen, die von Natur (*physei*) unter despotischer (*despotikon*), andere, die unter königlicher Herrschaft (*basileutikon*) stehen müssen, und andere, für die die po-

---

Pol. III.4, 1277b16–30). Zur Gradualität der Tugenden bei Aristoteles vgl. auch Kraut 2002, 433–437. Kraut verweist auf Phaid. 68d–69c als Gegentheorem bei Platon.

litische Herrschaft (*politikon*) gerecht (*dikaion*) und zuträglich (*sympheron*) ist. (Pol. III.17, 1287b37–39)

Nennen wir dieses Theorem Aristoteles' „Satz von der Gerechtigkeit und Zuträglichkeit der natürlichen Herrschaftsformen" (SGH).[308] Mit SGH betont Aristoteles die normative Dimension seiner Herrschaftsformenlehre, wie er sie bereits zu Beginn der Untersuchung in Pol. I.3 angekündigt hat (vgl. Kap. 4.1). SGH macht deutlich, dass für ihn eine natürliche Norm für die Herrschaft über Menschen existiert, selbst wenn diese von der Realität nicht immer eingeholt werden sollte.

Die Beschaffenheit der naturgemäßen Herrschaft über die freien und unfreien Hausangehörigen wurde im vorangehenden Unterkapitel diskutiert. Gerechte und zuträgliche Formen von Herrschaft bestehen also dann, wenn über von Natur aus Unfreie despotisch und über von Natur aus Freie „politisch", d. h. je nachdem, in welchem Verhältnis sie zueinander stehen, königlich, aristokratisch oder „politisch" im engeren Sinne – nämlich im Sinn der Verfassung der Politie – regiert wird. Ungerechte und nicht zuträgliche Formen von Herrschaft liegen dementsprechend dann vor, wenn ein von Natur aus freier Mensch despotisch und ein von Natur aus unfreier Mensch politisch regiert wird. Was es heißt, dass eine widernatürliche, d. h. ungerechte und nicht zuträgliche, Form von Herrschaft über die freien Hausangehörigen ausgeübt wird, lässt sich leicht nachvollziehen. Eine solche ungerechte Form von Herrschaft würde bedeuten, dass der Hausvorsteher die ihm zukommende Gewalt über Frau und Kind nicht zu deren Wohl ausübt, sondern sie wie Unfreie despotisch regiert, indem er sie etwa für sich arbeiten lässt, sie willkürlich misshandelt, sich nicht um die ihnen angemessene Erziehung kümmert und die Frau jeglicher Mitbestimmung in den häuslichen Angelegenheiten beraubt. Eine solch widernatürliche Herrschaft des Vaters über die Kinder glaubt Aristoteles bei den Persern vorzufinden. Sie gilt ihm daher als verfehlt, da durch sie die königliche Herrschaft des Vaters zu einer tyrannischen Herrschaft (*tyrannikê*) verkommt (NE VIII.12, 1260b27–32). Die verfehlte Herrschaft über die Frau – also eine solche, die der Mann nicht zu ihrem, sondern zu seinem Wohl ausübt – ist nach Aristoteles eine Form der Oligarchie (NE VIII.12, 1160b35 f.). In beiden Fällen werden von Natur aus freie und um ihrer selbst willen existierende Menschen in einer widernatürlichen Weise regiert. Die tyrannische Herrschaft über das Kind und die oligarchische Herrschaft über die Frau sind deshalb nach Aristoteles ungerecht und unzuträglich.

---

308 Vgl. zu SGH auch Pol. I.5, 1254a21 f.; 1254b6–9; 1254b10–13; 1254b19 f.; I.5, 1255a1–3; I.6, 1255b6 f.; 1255b9 ff.; VII.14, 1333b38–34a2.

Was allerdings irritiert, ist die Vorstellung, dass die Despotie eine von Natur aus gerechte und zudem noch zuträgliche Herrschaftsform über einen Mensch sein soll. Noch verwirrender: Nach SGH müsste es ungercht und nicht zuträglich sein, wenn ein von Natur aus unfreier Mensch „politisch", d. h. zu seinem Wohl, regiert wird. Doch die Irritation resultiert aus unserer moralischen Überzeugung einer allgemeinen Würde des Mesnchen, die Aristoteles offenkundig nicht teilt, und sie verkennt, was es nach Aristoteles bedeutet, ein von Natur aus unfreier Mensch zu sein, der nicht um seiner selbst willen existiert. Weil dem Sklaven von Natur aus das Vermögen zur Beratung (*bouleutikon*) fehlt, kann er auch keinen bewussten Vorsatz (*prohairesis*) fassen, dem stets eine Beratung (*bouleusis*) vorauszugehen hat (vgl. hierzu bes. NE III.5).[309] Da die ethischen Tugenden in einer *hexis prohairetikê* bestehen, d. h. in einer festen Entscheidungshaltung (NE II.6, 1106b36), hat er somit an ihnen keinen Anteil. Damit ist der von Natur aus unfreie Mensch nicht glücksfähig, weil es sich bei den Tugenden um die höchsten menschlichen Güter handelt, in deren aktiver Verwirklichung das für den Menschen gute Leben liegt.[310] Die ihm eigene Glücksbilanz ist daher immer nahe gleich Null, weshalb man ihm auch nicht schadet, wenn man ihn einseitig und dauerhaft zugunsten eines anderen instrumentalisiert. Unter eudaimonistischen Gesichtspunkten stellt die Instrumentalisierung eines von Natur aus unfreien Menschen kein Unrecht dar. Dies erklärt auch, warum nach Aristoteles zwischen Freien und Unfreien letztlich keine substantielle Form des Rechts existiert, da dem von Natur aus unfreien Menschen gegenüber eben kein Unrecht möglich ist. Dann aber ist auch klar, warum nach Aristoteles die despotische Herrschaft über den von Natur aus Unfreien nicht als Unrecht aufzufassen ist. Allerdings ist damit noch nicht die Frage beantwortet, warum eine politische Form der Herrschaft nicht zuträglich sein sollte. Tatsächlich tut sich SGH mit Blick auf den von Natur aus unfreien Menschen schwer. Sein volles normatives Potential entwickelt SGH nur dort, wo auch Unrecht im eigentlichen Sinne möglich ist, d. h. im Umgang von Natur aus freier und um ihrer selbst willen existierender Individuen miteinander. SGH dient also primär dazu, die Rechtmäßigkeit und Zuträglichkeit der Herrschafts- und

---

309 Vgl. hierzu die Bestimmung der *prohairesis* als „das vorher Überlegte" (*probebouleumenon*) in NE III.4, 1112a15, und die abschließende Definition der *prohairesis* als „ein mit Überlegung verbundenes Streben (*bouleutikê orexis*) nach den Dingen, die in unserer Macht stehen (*tôn eph' hêmin*)" in NE III.5, 1113a10 f.

310 „Wenn man aber nicht bloß um des Lebens (*zên*), sondern vielmehr um des guten Lebens (*eu zên*) willen beisammen ist (denn sonst gehörten auch Sklaven und andere Lebewesen zur Polis (*polis*); dies trifft aber nicht zu, da diese weder an der Glückseligkeit (*eudaimonias*) noch an einem Leben aufgrund freier Entscheidung (*kata prohairesin*) teilhaben (*mê metechein*) [...]" (Pol. III.9, 1280a31–34). Vgl. auch Pol. VII.13, 1331b39–32a3; NE X.6, 1177a6–11.

Rechtsverhältnisse über Freie zu beurteilen. Immerhin besteht jedoch, wie wir sehen konnten, auch die Möglichkeit einer gewissen Form von „Missbrauch" des von Natur aus Unfreien (vgl. Kap. 4.3.1 u. 4.3.4). Denn dem Sklaven wird dann „Unrecht" getan, wenn er von seinem Herrn nicht als ein „Werkzeug zur Praxis", sondern als ein „Werkzeug zur Produktion" verwendet wird, so dass er zur Herstellung von Waren herangezogen wird, die nicht dem unmittelbaren Gebrauch der Hausmitglieder dienen, sondern dem Profitstreben des Herrn. Eine solche widernatürliche Verwendungsweise wäre nach Aristoteles' Herrschaftsformenlehre dem Unfreien gegenüber weder gerecht noch zuträglich. Zudem könnte man nach Aristoteles auch etwas Widernatürliches und Nicht-Zuträgliches darin sehen, dass man dem Sklaven eine Erziehung zuteilwerden lässt und ihn mit jenen Mitteln ausstattet, die einem Freien die gute Entwicklung seiner Vernunftnatur ermöglichen. Denn schließlich hat der von Natur aus Unfreie nicht an jenen naturalen Vermögen teil, um deren gute Entwicklung es in der Herrschaft über die Freien primär geht. Eine solche Erziehungs- und Fürsorgeleistung, wie sie für die Herrschaft über von Natur aus Freie charakteristisch ist, wäre für Unfreie nach Aristoteles ebenso widernatürlich und nicht zuträglich (wenn vermutlich auch nicht unbedingt schädlich) wie einem Blinden einen Bildband zu geben, mittels dessen er seinen ästhetischen Sinn durch die Betrachtung der Farben und der Schönheit der Natur auf den in diesem enthaltenden Fotos schulen soll.[311]

Grundsätzlich scheint es mir jedoch so zu sein, dass sich bereits die Frage, weshalb die despotische Herrschaft für den Sklaven zuträglich sei, sich für Aristoteles in der hier skizzierten Weise gar nicht stellt. Denn wer so fragt, behandelt den Sklaven als ein eigenständiges Rechtssubjekt, das er aber gerade nicht ist. Aristoteles hat dies so formuliert, dass der Nutzen in der Gemeinschaft von Herr und Sklave derselbe ist, nämlich der des Herrn. Die Despotie ist also deshalb nach Aristoteles eine zuträgliche Herrschaftsform, weil der Herr ohne sie schlechter dastände als mit ihr und somit auch der Sklave, der nur ein unselbständiger, erweiterter Teil dessen Körpers bildet. Denn genau dies heißt von Natur aus unfrei zu sein: in der Gemeinschaft mit anderen keine gerechtfertigten Ansprüche gegenüber ihnen erheben zu können und von ihnen einseitig instrumentalisiert werden zu dürfen.

---

[311] Kraut verweist auf die Deutung von Garnesy, nach dem die Zuträglichkeit und Gerechtigkeit der Despotie in der Verbesserung der subjektiven Lebensbedingungen des Sklaven bestehen. Zur Kritik an diesem Deutungsversuch s. Kraut 2002, 296f. Kraut sieht im Gegensatz zu Garnsey die Zuträglichkeit der Despotie nicht auf der Ebene des *zên*, sondern auf der Ebene des *eu zên*, insofern der Sklave durch den Herrn zu der ihm möglichen Form von minimaler Tugend geführt wird (Kraut 2002, 297f.). Nach Krauts Lesart müsste der Sklave dann aber auch minimal glücksfähig sein, was mir nach Aristoteles jedoch nicht der Fall zu sein scheint.

Eine ungerechte und schädliche Form von Herrschaft besteht also vor allem dort, wo ein von Natur aus freier und um seiner selbst willen existierender Mensch, der *physei eleutheros*, durch die geltenden Rechtsverhältnisse zum Vorteil eines anderen einseitig instrumentalisiert wird. Anders als den von Natur aus unfreien Menschen würde man ihm durch seine Versklavung Unrecht tun. Da es aber auch von Natur aus unfreie Menschen gibt, die nicht um ihrer selbst, sondern um eines anderen willen existieren, führt TNH bedauerlicherweise nicht zu der rechtsphilosophischen Position der Egalitaristen, die Aristoteles in Pol. I.3, 1253b20–23, referiert. Diesen Gleichheitstheoretikern zufolge besteht eine jede Despotie grundsätzlich wider die Natur (*para physin*) und nur durch Konvention (*nomô*) bzw. Gewalt (*kata bian*) (vgl. Kap. 4.3.3.1).[312] Nachdem Aristoteles gezeigt hat, welches die Natur des Unfreien ist (Pol. I.4) und dass es tatsächlich von Natur aus unfreie Menschen gibt (Pol. I.5), unterzieht er in Pol. I.6 die Position der Egalitaristen sodann einer abschließenden Betrachtung. Er kommt zu dem Schluss, dass die Vertreter dieser Lehrmeinung zwar „in gewisser Weise" (*tropon*: Pol. I.6, 1255a3) Recht haben, aber eben nicht schlechthin (*haplôs*). Denn „das Sklaventum" und „der Sklave" werden nach Aristoteles in zweifacher Weise ausgesagt (*dichôs* [...] *legetai*): zum einen in der von ihm dargelegten Weise, d.h. von Natur aus, und zum anderen nach dem Gesetz (Pol. I.6, 1255b4–6).

> Dass aber auch jene [Rechtsphilosophen], die das Gegenteil behaupten [nämlich dass die gewaltsame Versklavung von Menschen Unrecht sei], in einer gewissen Weise recht haben, ist nicht schwer einzusehen. Denn Sklaverei und Sklave werden in einem doppelten Sinn ausgesagt (*dichôs* [...] *legetai*). Es gibt nämlich [nicht nur das naturgemäße Sklaventum, sondern] auch Sklaven und Sklaverei gemäß dem Gesetz (*kata nomon*). Das Gesetz ist ja eine Vereinbarung darüber, dass, wie man sagt, das im Kriege Besiegte Eigentum des Siegers wird. Gegen dieses Recht (*dikaion*) erheben viele von denen, die sich theoretisch mit den Gesetzen beschäftigen, Klage auf Gesetzwidrigkeit (*paranomôn*), als gingen sie gegen einen Redner in der Volksversammlung vor: Es wäre schrecklich, wenn das Überwältigte der Sklave und Beherrschte dessen sein sollte, der es überwältigen könne und es an Macht übertreffe. So haben sogar unter den Weisen die einen diese, die andern jene Meinung. (Pol. I.6, 1255a3–12)

Nach Aristoteles haben die Egalitaristen mit ihrer Kritik an der Despotie also dann Recht, wenn sie bloß nach dem Gesetz und aufgrund von Gewalt besteht. Wird ein von Natur aus Freier versklavt, so ist dies wider die Natur und damit Unrecht, weil es der Selbstzwecklichkeit seines Daseins als eines praktischen Vernunftwesens widerspricht. Besteht die Despotie über einen Menschen jedoch nicht nur nach dem positiven Recht, sondern auch von Natur aus, so ist sie gerecht.

---

312 Zur Gegenüberstellung von „naturgemäß" und „durch Gewalt" bei Aristoteles sowie in der ihm vorausgehenden Tradition s. Schütrumpf I, 233 Anm. zu Pol. I.31253b22.

> Darum gibt es auch etwas Zuträgliches (*sympheron*) und eine gegenseitige Freundschaft (*philia*) zwischen einem Sklaven und einem Herrn, die dieses ihr Verhältnis von Natur aus (*physei*) verdienen. Besteht es aber nicht auf diese Weise, sondern nach Gesetz (*kata nomon*) und Gewalt (*biastheis*), so gilt das Gegenteil. (vgl. Pol. I.6, 1255b12–15)[313]

Aristoteles stimmt den Kritikern der Institution der Sklaverei also insofern zu, dass die physische Überlegenheit eines Einzelnen bzw. die militärische Überlegenheit eines Volkes für sich genommen keine hinreichenden Gründe für die Unterwerfung und Versklavung darstellen. Denn die Versklavung der von Natur aus Freien bestünde in diesem Fall nur durch das Gesetz. Wenn ein *physei eleuteros* zum *nomô doulos* gemacht wird, ist dies jedoch Unrecht.[314] Dennoch, so Aristoteles, gebe es Fälle, in denen die Versklavung von Menschen durch die individuelle Stärke und militärische Überlegenheit einer anderen Person oder eines Volkes legitim sei, nämlich in solchen Herrschaftsszenarien, in denen Tüchtigkeit und Stärke einerseits sowie Schlechtigkeit und physische bzw. militärische Unterlegenheit andererseits zusammenfallen. Dies ist genau dann der Fall, wenn despotisch über von Natur aus Unfreie geherrscht wird, d. h. der *nomô doulos* auch *physei doulos* ist (Pol. I.6, 1255a12–16). Mit Blick auf diese Herrschaftskonstellation ist Aristoteles durchaus bereit, der „sophistischen" Lehre vom Recht des Stärkeren ein Wahrheitsmoment zuzuerkennen. Aufgrund ihrer Theorie der natürlichen Gleichheit der Menschen sehen die Egalitaristen nicht, dass es Menschen gibt – wie es Aristoteles in Pol. I.5 dem eigenem Anspruch nach hinreichend bewiesen hat –, die kognitiv so beeinträchtigt sind, dass es aufgrund ihrer Natur für sie tatsächlich gerecht und zuträglich ist, despotisch regiert zu werden. Aristoteles glaubt daher, dass die gegen das von den Sophisten vertretene Recht des Stärkeren gerichtete Kritik der Egalitaristen, wenn sie nur richtig verstanden wird, mit seiner Lehre vom naturgemäßen Sklaventum zusammenfällt (Pol. I.6, 1255a29–31). Denn die Gleichheitstheoretiker haben Recht, was den von Natur aus freien Menschen betrifft, und verkennen lediglich, dass es auch von Natur aus unfreie Menschen gibt.

Das normative Potenzial von TNH wird somit nur dann sichtbar, wenn man den natürlichen Status eines Menschen (von Natur aus Freier (*physei eleutheros*)/ von Natur aus Unfreier (*physei doulos*)) und seinen rechtlichen Status (Herr

---

[313] Vgl. jedoch Aristoteles' Aussagen, dass die Despotie im Wesentlichen zum Vorteil des Herrn stattfindet und nur akzidentell zum Vorteil des Sklaven, insofern der Herr wohlberaten ist, das Lebens des Sklaven zu erhalten (vgl. Kap. 4.3.3.1).

[314] Zur Zurückweisung des *nur* durch das Gesetz und die Gewalt bestehenden Sklaventums bei Platon vgl. Leg. X, 889e–890a. Anders Annas 1996, 740: „Notoriously, he [Aristotle] never gives theoretical attention to the injustice of enslaving those who are not natural slaves [….]."

(*despotês*)/Sklave (*doulos*)) hinreichend auseinanderhält.[315] Dass Aristoteles zwischen dem Rechtstitel und dem natürlichen Status eines Menschen unterschieden wissen will, wird deutlich, wenn er behauptet, dass Sklaverei (*to douleuein*) und Sklave (*doulos*) in zweifacher Weise (*dichôs*) ausgesagt werden: nämlich einmal naturgemäß (*kata physin*) und einmal dem Gesetz nach (*kata nomon/nomô*) (Pol. I.6, 1255a4–6). In der Literatur wird das normative Potential von Aristoteles' Lehre von den natürlichen Herrschaftsformen oft verkannt, weil die Unterscheidung zwischen dem Rechtstitel und dem natürlichen Status des Menschen nicht immer akkurat vorgenommen wird. So kontrastiert bspw. Frank den Sklaven von Natur aus durchgängig mit dem Bürger (*politês*) (Frank 2004).[316] Niemand ist aber von Natur aus Bürger – und nur bedingt ein Herr –, sondern wie Aristoteles in Pol. III.1 zeigt, ist man dadurch ein Bürger, dass einem die bestehende Verfassung das Recht einräumt, an den beratenden und richtenden Instanzen teilzunehmen. Der Status des Bürgers ist ebenso wie der des Herrn ein rechtlicher, kein natürlicher. Jedoch kann ich von Natur aus ein freier und um seiner selbst willen existierender Mensch sein und deshalb das Recht besitzen, dass die über mich ausgeübte Form von Herrschaft der Selbszwecklichkeit meiner Person entspricht, indem man über mich nicht despotisch, sondern „politisch", also zu meinem Wohl regiert.

---

315 Zur der Unterscheidung von „von Natur aus Freier" (natürlicher Status) und „Herr" (rechtlicher Status) vgl. bes. Pol. I.7, 1255b20–22.
316 Eine mangelnde Differenzierung zwischen dem natürlichen Status und dem Rechtstitel liegt auch bei Pellegrin vor, wenn er behauptet: „Wenn man Kapitel 7 des siebten Buchs Glauben schenkt, spielt das Klima, das die Charaktere der Menschen prägt, eine bestimmende Rolle für deren Fähigkeit, tatsächlich Poleis zu bilden: Die Barbaren, die entweder (westlich Griechenlands) dumm oder (östlich Griechenlands) feige sind, werden sich niemals zu Bürgern entwickeln" (Pellegrin 2001, 48). Die Barbaren westlich und östlich von Griechenland werden sich nach Aristoteles jedoch nicht niemals zu Bürgern, sondern niemals zu Freien entwickeln. Denn freilich gibt es unter den Barbaren Bürger bzw. das Bürgerrecht (Rechtstitel). Nur kommt ihnen nach Aristoteles dieser Rechtstitel – anders als erwachsenen griechischen Männern – nicht naturgemäß zu, weil es sich bei ihnen um von Natur aus Unfreie handelt, über die despotisch und nicht politisch zu regieren ist. Kraut kontrastiert den „Sklaven von Natur aus" vorzugsweise mit dem „Herrn von Natur aus" (*natural master*) (Kraut 2002, Kap. 8). An dieser Lesart finde ich problematisch, dass man zwar von Natur aus am „Herrschenden" teilhaben kann, indem man ein praktisches Vernunftwesen ist, man aber nicht „Herr" von Natur aus ist, sondern „Herr" ist man erst dann, wenn man sich Sklaven angeeignet hat.

4.4 Ergebnisse

In diesem Kapitel konnten wir sehen, dass in der griechischen Klassik eine intensive rechtsphilosophische Diskussion darüber stattfindet, wie die Herrschaft und das Recht über Menschen beschaffen zu sein haben. Im Mittelpunkt stehen dabei die beiden Fragen, welche Eigenschaften den Anspruch auf Herrschaft begründen und zu wessen Wohl Herrschaft auszuüben ist. Die Antworten des Aristoteles auf diese Fragen fallen dabei differenzierter aus als bei seinen Vorgängern. Was die poliskonstitutiven Gemeinschaften betrifft, so sind die ihnen eigentümlichen Formen von Herrschaft und Recht qualitativ danach zu unterscheiden, ob in ihnen über von Natur aus freie oder von Natur aus unfreie Menschen geherrscht wird. Der von Natur aus freie und um seiner selbst willen existierende Mensch wird nur dann gerecht und zuträglich regiert, wenn die über ihm etablierte Herrschaft zu seinem Wohl ausgeübt wird. Wird hingegen über ihn despotisch regiert, d. h., wird er durch die über ihn erlassen Machtbefugnisse zum Vorteil der Regierenden instrumentalisiert, so ist dieses Herrschaftsverhältnis ungerecht und schädlich, weil es nicht seiner Natur gemäß ist. Der von Natur aus unfreie Mensch steht hingegen nicht unter einem solchen natürlichen Instrumentalisierungsverbot. Seine einseitige Instrumentalisierung erweist sich als rechtmäßig. Die Tabelle mit den natürlichen Elementargemeinschaften aus Kap. 3.3.2 ist hinsichtlich der natürlichen Herrschaftsformen somit wie folgt zu ergänzen (s. Tab. 3).

Gegen Aristoteles' Theorie vom naturgemäßen Sklaventum wird oft der Vorwurf der Ideologie erhoben.[317] Mit der vorliegenden Interpretation wurde versucht zu zeigen, dass dieser Vorwurf nur bedingt zutrifft. Dazu wurde die normative Theorie, die hinter Aristoteles' Aussagen über den rechtlichen Status des von Natur aus Unfreien steht, systematisch rekonstruiert. Das Ergebnis ist eine Theorie der natürlichen Rechtstellung, die den rechtlichen Status eines Individuums durch seine praktische Vernunftnatur bestimmt: So leitet die praktische Vernunftnatur eines Menschen die Form der über ihn rechtmäßig zu etablierenden Herrschaftsverhältnisse normativ an. Die Vernunftnatur des Individuums wird bei Aristoteles zur Norm von Herrschaft und Recht unter den Menschen. Aristoteles trifft seine Aussagen über das naturgemäße Sklaventum also nicht ideologisch, sondern betreibt einen nicht unerheblichen argumentativen Aufwand, um die Despotie als eine natürliche Herrschaftsform über den Menschen zu rechtfertigen. Dies zeigt, dass Aristoteles – anders als viele Denker vor und auch nach ihm – die Instrumentalisierung von Menschen nicht als selbstverständlich akzeptiert,

---

317 Vgl. hierzu Kap. 1.3.

Tab. 3

Natürliche Gemeinschaft	Natürlicher Status	Rechtstitel	Herrschaftsform/ Rechtsform	Herrschaftsnutzen
Naturgemäß Herrschendes	von Natur aus Freier	Herr	Despotie	zum Wohl des Herrschenden (Herrn)
Naturgemäß Beherrschtes	von Natur aus Unfreier	Sklave		
Männliche, Mann	von Natur aus Freier	Gatte	eheliche Herrschaft	zum Wohl der Beherrschten (Gattin)
Weibliche, Frau	von Natur aus Freie	Gattin		
das Ältere, Erwachsene, Erzeugende	von Natur aus Freier	Vater	väterliche Herrschaft	zum Wohl des Beherrschten (Kind)
das Jüngere, Unentwickelte, das Erzeugte	von Natur aus Freier	Kind		

sondern sie für rechtfertigungsbedürftig hält.[318] Des Weiteren konnten wir sehen, dass Aristoteles' Theorie vom naturgemäßen Sklaventum nur *einen* Teil einer umfassenden Theorie der natürlichen Herrschaftsformen (TNH) bildet. Der andere Teil von TNH besteht in Aristoteles' Theorie des von Natur aus freien Menschen in seinem selbstzwecklichen Dasein und der ihm gegenüber gebotenen Form von „politischer" Herrschaft.

Ideologisch an Aristoteles' Theorie vom naturgemäßen Sklaventum ist jedoch, dass er die Barbaren mit den von Natur aus Beherrschten und von Natur aus Unfreien identifiziert, weil sie als Ethnien, sei es als Europäer oder als Asiaten, nicht eigen-

---

[318] Kraut weist darauf hin, dass es in der Antike eine nicht unbedeutende Tradition von Denkern gibt, die über Philo, die römischen Juristen bis hin zu den frühchristlichen Denkern reicht, die sehr wohl an der Despotie festhält, sie aber nicht wie Aristoteles auf natürliche Unterschiede zwischen den Menschen zurückgeführt wissen will (Kraut 2002, 278 Anm. 4). Gegenüber dieser Theorietradition scheint mir der aristotelische Ansatz zumindest insofern „problembewusster" zu sein, als er die Versklavung von Menschen durch Menschen nur dann für gerechtfertigt hält, wenn zwischen ihnen auch tatsächlich natürliche Unterschiede existieren. Eine willkürliche Versklavung durch das Gesetz wäre nach Aristoteles hingegen Unrecht.

ständig Anteil an der praktischen Vernunft haben, ihnen also das von Natur aus Herrschende fehlt.[319] Aufgrund der unterstellten natürlichen Inferiorität dieser Völker nähert er ihren moralisch-rechtlichen Status dem von Tieren an (vgl. Pol. III.11, 1281b15 – 21), weshalb es kein Unrecht sei, wenn die Griechen despotisch über sie herrschten. In Pol. VII.7 versucht Aristoteles zwar, die natürliche Inferiorität dieser Völker naturphilosophisch zu erklären (Pol. VII.7, 1327b20 – 36). Hierbei handelt es sich allerdings ausschließlich um die Rationalisierung und Naturalisierung von Vorurteilen – und nichts anderes ist Ideologie.[320] Ebenso ideologisch ist die Annahme von der griechischen Superiorität, die Überzeugung, dass die Griechen als Ethnos das von Natur aus Herrschende besitzen und deshalb von Natur aus zur Herrschaft über die Barbaren bestimmt sind (Pol. I.2, 1252b7– 9; VII.7, 1327b29 – 33). Den Vorwurf der Ideologie muss sich Aristoteles auch mit Blick auf die natürliche Inferiorität der Frau gefallen lassen. Die Gleichsetzung von bestimmten Ethnien mit dem von Natur aus Herrschenden bzw. Beherrschten sowie seine Aussagen über das natürliche Vernunftdefizit der Frau sind die Folge eines rassistischen und sexistischen Weltbilds. Die hinter diesen Ideologien stehende normativ-philosophische Theorie wird jedoch durch sie nicht affiziert. Zudem könnte Aristoteles für diesen ideologischen Anteil in seiner Herrschaftsformenlehre das folgende Argument anbringen: Ein naturgegebenes Vermögen (*dynamis*) drängt – sollte seiner Entwicklung nicht dauerhaft etwas entgegenstehen – immer auf seine Verwirklichung (*energeia*). Nun zeigt sich aber für Aristoteles, dass unter den Barbaren, den Persern und Europäern, sich nie so etwas wie eine öffentliche Deliberationskultur entwickelt hat. Die politische Beratungskultur der Polis war für ihn ein auf Griechenland beschränktes Phänomen. Was also liegt für ihn aufgrund seiner Naturphilosophie näher, als anzunehmen, dass diesen Ethnien von Natur aus das zugrunde liegende Deliberationsvermögen fehlt? Und was liegt näher, als anzunehmen, dass die griechischen Männer, die sich regelmäßig in den Volksversammlungen treffen, um über die Angelegenheit der Polis zu beraten, dieses von Natur aus besitzen? Ein analoges Argument ließe sich aus Aristoteles' Sicht auch für die natürliche Inferiorität der griechischen Frau gegenüber dem griechischen Mann entwickeln. Die griechische Frau war zu Lebzeiten des Aristoteles nie Teil der öffentlichen, politischen Deliberationskultur. Ihr Wirken war primär auf das Hauswesen beschränkt. Erneut lag es daher für Aristoteles nahe, anzunehmen, dass die griechische Frau von Natur aus allein über ein praktisches Vernunftvermögen verfügt, das zur Beratung über die

---

319 Vgl. Hierzu Pol. I.2, 1252b5 – 9; I.6, 1255a32 – 38; III.14, 1285a15 – 29; VII.7, 1327b19 – 36; NE V.12, 1160b27 – 31; NE VII.6, 1149a4 – 11.
320 Anders Kraut, der Aristoteles' naturphilosophischen Erklärungsversuch in Pol. VII.7 als eine objektive – wenn auch überholte und als falsch erwiesene – Theoriebildung erachtet (Kraut 2002, 290 – 295).

häuslichen Angelegenheiten ausreicht, nicht aber für die Beratung über die wesentlich komplexeren Angelegenheiten der Polis. Ich glaube, dass Aristoteles vor dem Hintergrund seiner Naturphilosophie tatsächlich so etwas Ähnliches gedacht hat. Freilich sind beide Argumente, selbst wenn sie innerhalb des aristotelischen Theorierahmens ihre Berechtigung haben mögen, keine guten Argumente. Noch schlimmer: Sie sind überhaupt keine Argumente einer normativen Theoriebildung. Denn auch sie laufen am Ende auf die bloße Naturalisierung der faktisch vorhandenen gesellschaftlichen Zustände hinaus. Bevor Aristoteles zu seiner Schlussfolgerung von der natürlichen Inferiorität der Nicht-Griechen sowie der griechischen Frau hätte kommen dürfen, hätte er zunächst prüfen müssen, ob es nicht soziale Faktoren gibt, die die Entwicklung dieses rationalen Vermögens bei beiden Gruppen behindert. Was die Perser betrifft, so zieht Aristoteles beispielsweise nicht in Betracht, dass sie unter einem Großkönigtum leben. Eine naheliegende Schlussfolgerung hätte für ihn daher sein können, anzunehmen, dass sich bei ihnen keine öffentliche Deliberationskultur entwickelt hat, weil eben die Institution des Großkönigtums die Entwicklung einer öffentlichen Beratungskultur aus eigenem Machtinteresse verhindert. Das Nicht-Vorhandensein politischer Deliberation bei den Persern hätte daher auch von Aristoteles nicht zwangsläufig auf das Fehlen des praktischen Vernunftvermögens zurückgeführt zu werden brauchen. Ebenso ist die griechische Frau in ihrem praktischen Wirken auf den Bereich des Haushalts begrenzt, nicht, weil sie von Natur aus hinter der praktischen Vernunftnatur des griechischen Mannes zurückbleibt, sondern weil die patriachale Gesellschaft des antiken Athens ihnen keine politischen Partizipationsrechte eingeräumt hat und Frauen nur mit Blick auf die Tätigkeiten im Haushalt erzogen wurden.

Bedauerlicherweise sollten es ausgerechnet Aristoteles' Ausführungen über den von Natur aus unfreien Menschen – und nicht die über den von Natur aus freien Menschen – sowie seine ideologisch vorgenommene Gleichsetzung von bestimmten Ethnien mit dem von Natur aus Herrschenden und dem von Natur aus Beherrschten sein, die die Rezeptionsgeschichte von TNH aus Pol. I maßgeblich geprägt haben. In der spanischen Spätscholastik beriefen sich die Fürsprecher der Versklavung der indigenen Bevölkerung der Neuen Welt auf Aristoteles; in den Südstaaten wurde auf Aristoteles' Theorie vom naturgemäßen Sklaventum zur Rechtfertigung der Versklavung der Afrikaner zurückgegriffen.[321] Die Rezeption seiner Theorie des von Natur aus freien Menschen steht hingegen noch weitgehend aus.

---

[321] Zur Rezeptionsgeschichte von Aristoteles' Theorie des naturgemäßen Sklaventum s. Kraut 2002, 277. Für weiterführende Literatur s. ebd., Anm. 1 und 2.

5. Politische Herrschaft und Polisrecht

In Pol. I erörtert Aristoteles die naturgemäßen Herrschaftsformen über die unfreien und freien Hausangehörigen. Bis auf die Gruppe der Hausvorsteher ist damit über jeden festansässigen Bewohner der Polis – abgesehen von den festansässigen Fremden (Metöken), die nur indirekt an der Polisordnung partizipieren – ein zuträgliches und gerechtes Rechtsverhältnis erlassen. Es bleibt somit zu klären, welche Form von Herrschaft und Recht dem Zusammenleben der Hausvorsteher, deren Gemeinschaft als Bürger die Polis im engeren Sinne bildet, von Natur aus eigentümlich ist. Es ist genau diese Frage, die den Fortgang der *Politik* in den Büchern II–VIII bestimmen soll.

Aristoteles' Antwort auf diese Frage kreist um das Wortfeld *politikos, politês, polis, politeia, politeuma*. Im Deutschen können wir den gemeinsamen Wortstamm dieser Grundbegriffe Aristoteles' politischer Philosophie – in aller Regel übersetzen wir *politês* mit „Bürger", *politikos* mit „Staatsmann" oder auch „Politiker", *polis* mit „Staat" oder „Stadtstaat" und *politeia* mit „Verfassung" – nur unzureichend wiedergeben. Das Deutsche täuscht daher nur allzu leicht über die nicht nur sprachliche, sondern auch enge konzeptionelle Verwandtschaft hinweg, die sie für Aristoteles besessen haben.[322] In diesem Kapitel werde ich dafür argumentieren, dass das an diesem Wortfeld orientierte politische Denken des Aristoteles maßgeblich durch die Idee vom Bürger als einem von Natur aus freien Menschen bestimmt ist. Denn der moralisch-rechtliche Status des von Natur aus Freien als eines um seiner selbst willen existierenden Individuums formuliert exakt jene Bedingungen, die über die Rechtmäßigkeit der Herrschaftsverhältnisse in einer Polis entscheiden. Auf dieses normative Fundament seines politischen Denkens spielt Aristoteles in einer Vielzahl von Wendungen an: So bestimmt er den Bürger (*politês*) als Freien (*eleutheros*) und Gleichen (*isos; homoios*) und definiert die Polis (*polis*) bzw. die politische Gemeinschaft (*koinônia politikê*) als Gemeinschaft von Freien und Gleichen (*koinônia tôn eleutherôn*: Pol. III.6, 1279a21; *koinônia* [...] *eleutherôn kai isôn*: NE V.10, 1134a26 f.). Und ebenso will er die politische Herrschaft (*archê politikê*) als eine über Freie und Gleiche (*eleutherôn kai isôn*: Pol. I.7, 1255b20; *archê* [...] *tôn homoiôn tô genei kai tôn eleutherôn*: Pol. III.4, 1277b7 f.; vgl. III.4, 1277b15 f.) verstanden wissen. Der von Natur aus freie Mensch bildet mithin

---

[322] Im Gegensatz zum Deutschen kann das Englische die Verwandtschaft dieses Wortfeldes anhand der Begriffe *city, citizen, civic* besser nachzeichnen. Die Etymologie des deutschen Worts „Bürger" spiegelt jedoch den engen Konnex zwischen dem Bürger und der politischen Gemeinschaft wieder: „Bürger" (ahd. *burgâri*; mhd. *burgaere, burger*: Bewohner einer Stadt) stammt etymologisch von „Burg" (ahd. *bur[u]g*; mhd. *burc*: (befestigte) Stadt).

einen der normativen Fixpunkte des aristotelischen Verfassungsdenkens und seiner Lehre vom Polisrecht.[323]

Über die Bestimmung der privatrechtlichen Verhältnisse im Haus hinaus ist TNH also auch für Aristoteles' politische Philosophie im engeren Sinne, der Lehre von der guten und gerechten Ordnung des Zusammenlebens der Bürger in der Polis, von Bedeutung. Nur vor ihrem Hintergrund ist seine Verfassungslehre angemessen zu verstehen. Denn TNH formuliert das normative Kriterium, das es erlaubt, die gerechten und richtigen Verfassungen von den verfehlten und ungerechten Verfassungen als Unrechtsregime abzugrenzen. Letztes Ziel von der in TNH formulierten Differenzthese ist es damit, die der politischen Gemeinschaft eigentümlichen Herrschafts- und Rechtsverhältnisse zu begründen.[324]

In diesem Kapitel werde ich wie folgt vorgehen: Zunächst werde ich zeigen, dass Aristoteles' Theorie des von Natur aus freien Menschen tatsächlich einen normativen Fixpunkt im aristotelischen Verfassungsdenken bildet. Dazu werde ich mich zunächst Aristoteles' Verfassungsdenken in den Büchern Pol. III und VII–VIII zuwenden (Kap. 5.1.1). Wenn sich diese Annahme als richtig erweist, stellt sich jedoch zwangsläufig die Frage, warum Aristoteles in Pol. IV–VI[325] Ratschläge zur Erhaltung von Verfassungen gibt, die sich vor der natürlichen Rechtsnorm des selbstzwecklichen Daseins des freien Menschen als Unrechtsregime erweisen. Kann man überhaupt vom natürlichen Freiheitsrecht als Rechtsnorm für das Polisrecht sprechen, wenn Aristoteles dem Tyrannen, der die gesamte freie Polisbevölkerung für seine Zwecke instrumentalisiert, zu Hilfe kommt? Handelt es sich mithin bei den mittleren, „empirischen" Büchern um eine gegenüber Pol. III und VII–VIII radikal veränderte Verfassungstheorie, die auf vollkommen anderen normativen Prinzipien beruht? (Kap. 5.1.2) Darüber hinaus gilt es, zwei weitere gewichtige Einwände zu diskutieren, die sich gegen die Annahme von der Selbstzwecklichkeit des von Natur aus freien Menschen als oberster Norm für das Polisrecht bei Aristoteles aufdrängen. Zum einen ist dies die rechtliche Stellung der Banausen und Handwerker in der besten Polis, die Aristoteles vom Bürgerrecht

---

[323] Zwar wird in Pol. II–VIII der Status des Bürgers als Freier in aller Regel nicht mehr wie noch in Pol. I durch das Adverbialadjektiv „natürlich" (*physei/para physin*) präzisiert. Dies ist jedoch auch nicht mehr notwendig, weil das Reich der natürlichen Ungleichheit zwischen den Menschen mit der Betrachtung der Herrschafts- und Rechtsverhältnisse im Haus in Pol. I verlassen wurde.

[324] Die Relevanz der Herrschaftsformenlehre von Pol. I für die Verfassungslehre der folgenden Bücher, insbesondere mit Blick auf Pol. III, wird auch betont von Deslauriers 2006, 52, die selbst auf Kelsen 1977, 175, verweist. Für die Bedeutung von TNH für die Verfassungsdiskussionen in Pol. II s. Gigon 1965, 270 f.

[325] Zur programmatischen Einheitlichkeit der Buchfolge Pol. IV–VI vgl. Schütrumpf III, 178 u. 182.

ausgeschlossen sehen will, obwohl es sich bei ihnen um von Natur aus Freie handelt (Kap. 5.2). Zum anderen ist es die Institution des Ostrakismos, die es erlaubt, einen Bürger ohne zuvor begangenes Unrecht von den bürgerlichen Rechten auszuschließen. Dennoch wird der Ostrakismos von Aristoteles als ein politisches Instrument gerechtfertigt (Kap. 5.3).

Bei den folgenden Ausführungen ist zu beachten, dass Aristoteles sein politisches Denken über einen langen Zeitraum hinweg entwickelt hat und in dieser Zeit – wie es für einen kritischen Denker charakteristisch ist – zum Teil frühere Positionen (stark) revidiert hat.[326] Die *Politik* ist kein kohärentes und in sich geschlossenes Theoriegebilde.[327] Man darf daher nicht erwarten, dass sich alle Bausteine der aristotelischen Verfassungstraktate in der *Politik* zu einem homogenen und konsistenten Ganzen zusammenfügen. In der folgenden Diskussion beschränke ich mich jedoch allein auf das normative Grundgerüst der aristotelischen Verfassungsabhandlungen in den genannten Büchern und Buchfolgen. Dieses Grundgerüst weist meines Erachtens – trotz der vielfältigen Modifikationen, die Aristoteles im Laufe der Zeit an seiner politischen Theorie vorgenommen hat – ein erstaunliches Maß an Kohärenz auf. TNH ist somit eine der grundlegenden normativen Prämissen im politischen Denken des Aristoteles, die der Varianz der verfassungstheoretischen Einzelbestimmungen in der *Politik* persistiert.

---

[326] So unterscheidet sich nach Schütrumpf das Verfassungsdenken der Bücher III und IV–VI vor allem dadurch, dass Aristoteles in Pol. IV–VI eine Vielzahl von Unterarten der einzelnen Verfassungsformen annimmt und seine ‚funktionale Soziologie' (Teile der Polis: Freie, Reiche, Tugendhafte) in Pol. III durch eine ‚ökonomische Soziologie' (Teile der Polis: Arme und Reiche) ersetzt (Schütrumpf 1980; III, 121–130).

[327] Auf die Spannungen und Widersprüche in den einzelnen Bücherfolgen weist vor allem Schütrumpf in seinen zahlreichen Arbeiten hin (vgl. hierzu bes. Schütrumpf 1980 und sein vierbändiges Kommentarwerk zur *Politik*). Eine stärker unitaristische Lesart als Gegenposition vertritt etwa Kraut: „But I must add that his [Aristotle's] political thought will be poorly understood if it is broken into pieces that are studied in isolation from each other. [...] It is only when one reads the work [the *Politics*] as a whole, and integrates it with Aristotle's ethical writings, that one can appreciate the power and scope of his projects. The are, I believe, some inconsistencies between the different parts of the *Politics*, but for the most part Aristotle's thinking is remarkable for its coherence and systematic nature" (Kraut 2009, *Preface*).

5.1 Verfassungslehre

5.1.1 Politik III und VII–VIII

Die Polis ist die Gemeinschaft der Hausvorsteher als Bürger. Bei ihr handelt es sich mithin um die Gemeinschaft von Natur aus freier Menschen im höchsten Sinn. Denn die praktische Vernunftnatur des Hausvorstehers unterliegt nicht wie die der anderen Hausangehörigen in der einen oder anderen Weise einer Einschränkung: Sie ist sowohl vollständig entwickelt (*teleion*) als auch im vollen Umfang wirksam (*kyros*). Weil für Aristoteles das Recht seinem Wesen nach die Verteilung von Gütern zwischen um ihrer selbst willen existierenden Individuen regelt, ist das Polisrecht (*politikon dikaion*) Recht im Vollsinn (*haplôs dikaion*). Die häuslichen Rechtsverhältnisse, die Aristoteles in Pol. I diskutiert, sind hingegen nur Schwundstufen des Rechts, da sie nicht das Verhältnis zwischen *vollkommen* freien und deshalb um ihrer selbst willen existierenden Individuen regeln (Mann – Frau; Vater – Kind) bzw. sie erst gar nicht das Verhältnis von freien und selbstzwecklichen Individuen regeln, sondern das zwischen freien und unfreien Menschen (Herr – Sklave).

> Wir dürfen aber nicht vergessen, dass wir sowohl das Recht schlechthin (*haplôs dikaion*) als auch das politische Recht (*politikon dikaion*) suchen. Dieses findet sich dort [in der Polis], wo Menschen zur Erreichung von Autarkie ihr Leben gemeinsam leben, und zwar Menschen, die frei sind und gleich entweder im proportionalen oder im arithmetischen Sinn. Daher gibt es für diejenigen, für die diese Bedingungen nicht gegeben sind, im Verhältnis zueinander kein politisches Recht, sondern nur ein Recht, das diesem ähnlich ist. Ein Gerechtes existiert nur, wo unter Menschen ein Gesetz für ihre gegenseitige Beziehung besteht. Das Recht aber gibt es nur dort, wo es unter Menschen die Möglichkeit des Unrechts gibt. Denn das Recht ist die Unterscheidung des Gerechten und des Ungerechten. (NE V.10, 1134a24 – 32; vgl. 1134b8 – 18)

Das „Recht/Gerechte schlechthin" und das „politische Recht/Gerechte" werden in NE V.10 somit einerseits miteinander in Verbindung gebracht, andererseits voneinander unterschieden. Ihr Verhältnis liefert nicht weniger als den Schlüssel zum Verständnis der aristotelischen Verfassungslehre. Um zu verstehen, wie sich nach Aristoteles das Recht schlechthin und das Polisrecht zueinander verhalten, ist ein Blick auf Aristoteles' Verfassungstheorie in Pol. III notwendig.

Das Verhältnis zwischen dem Recht schlechthin und dem Polisrecht erklärt sich wie folgt: Gemeinsam ist dem Recht schlechthin und dem Polisrecht, dass es sie nur unter vollkommenen Freien gibt. Das Recht schlechthin und das Polisrecht unterscheiden sich jedoch dadurch, dass nicht alle Formen des Polisrechts auch schlechthin gerecht sind. Dies liegt daran, dass einige Verfassungsformen, nämlich die verfehlten, die naturgemäßen Rechtsverhältnisse zwischen freien

Menschen (das Gerechte/Recht schlechthin), verletzen. In Pol. III.6, 1279a17 f., werden daher nur diejenigen Verfassungen gemäß des Rechts schlechthin (*kata to haplôs dikaion*) als richtig (*orthai*) bezeichnet, die das Gemeinwohl (*koinê sympheron*) der Bürger zum Ziel haben.³²⁸

> Soweit also die Verfassungen (*politeiai*) das Gemeinwohl (*koinê sympheron*) berücksichtigen, sind sie im Hinblick auf das Recht schlechthin (*kata to haplôs dikaion*) richtig (*orthai*); diejenigen aber, die nur das Interesse der Regierenden (*archontôn*) im Auge haben, sind allesamt verfehlt (*hêmartêmenai*) und Verfallsformen (*parekbaseis*) der richtigen Verfassungen. Denn dann sind sie despotisch (*despotikai*); die Polis (*polis*) ist aber eine Gemeinschaft (*koinônia*) von Freien (*eleutherôn*). (Pol. III.6 1279a1279a17–21)³²⁹

Das Polisrecht und das Recht schlechthin fallen also dort zusammen, wo in einer Polis zum Vorteil jedes einzelnen Bürgers regiert wird. Die Verfassungen, die auf das gemeinsame Wohl der Bürger zielen, sind schlechthin gerecht, weil sie Rechtsverhältnisse abbilden, die von Natur aus zwischen vollkommen Freien existieren sollten, indem sie Ausdruck deren selbstzwecklicher Existenz sind. Polisrecht und das Recht schlechthin können aber auch voneinander abweichen, nämlich dort, wo in einer Polis über die Bürger despotisch, d.h. im Partikularinteresse der herrschenden Elite, regiert wird. Auch in einem solchen Regime existiert klarerweise eine Form von Polisrecht (positive Rechtsordnung). Allerdings werden in diesen Regimen von Natur aus Freie zum Vorteil der Regierenden instrumentalisiert. Und dies ist nach TNH Unrecht. Die durch die verfehlten Verfassungen etablierten Herrschafts- und Rechtsverhältnisse verstoßen also gegen das Recht im Vollsinn, indem sie das selbstzweckliche Dasein der von Natur aus freien Menschen verletzen.³³⁰ Die Demarkationslinie zwischen den richtigen und gerechten Verfassungen sowie den verfehlten und ungerechten Verfassungen verläuft also entlang der Frage, ob in ihnen der Selbstzwecklichkeit des Daseins des Bürgers entsprochen wird. Tun sie das nicht, pervertieren sie die politischen Herrschafts- und Rechtsverhältnisse zur Despotie, der naturgemäßen Herrschaft

---

328 Zum Gemeinwohlkriterium bei Platon vgl. Leg. IV, 715b. Eine umfassende Interpretation des Gemeinwohlkriteriums in Aristoteles' *Politik* bietet Miller 1995, 194–213.
329 In Spannung hierzu scheint NE V.3, 1129b14–16, zu stehen, wo es heißt, dass die Gesetzgebung nur auf das Wohl der politisch Berechtigten ziele. Aristoteles referiert an dieser Stelle aber nur eine mögliche Verwendungsweise des Gesetzesbegriffs (etwa die der Sophisten), die er selbst nicht affirmativ vertritt.
330 Vgl. insbesondere auch Pol. III.17, 1287b39–41: „Die Tyrannis (*tyrannikon*) ist nicht naturgemäß (*ouk esti kata physin*), und auch nicht die anderen Verfallsformen (*parekbaseis*) der Verfassungen; sie sind vielmehr naturwidrig (*para physin*)."

über von Natur aus Unfreie. Dies ist Unrecht, weil durch diese Verfassungen aus einem *physei eleutheros* ein *nomô doulos* gemacht wird.

Dieses durch TNH gewonnene qualitative Bestimmungsmerkmal der legitimen Herrschaft über die freien Bürger wird sodann von Aristoteles um ein quantitatives Kriterium ergänzt. Denn Verfassungen unterscheiden sich danach, ob der regierenden Bürgerschicht (*politeuma*) nur ein, einige oder viele/alle Hausvorsteher angehören.

> Wenn nun der Eine (*heis*) oder die Wenigen (*oligoi*) oder die Vielen (*polloi*) im Hinblick auf das Gemeinwohl (*pros to koinon sympheron*) herrschen, dann sind dies notwendigerweise richtige Verfassungsformen (*orthas* [...] *politeias*), Verfallsformen (*parekbaseis*) aber jene, wo nur der eigene Nutzen (*pros to idion*) des Einen (*henos*), der Einigen (*oligôn*) oder der Vielen (*plêthous*) bezweckt wird. Denn entweder dürfen diejenigen, die nicht am Nutzen teilhaben, nicht Bürger [sondern Sklaven] genannt werden oder sie müssen als Bürger am Nutzen teilhaben. (Pol. III.7, 1279a28–32)

Regiert einer über alle anderen Bürger in der Art und Weise, wie es ihrer Natur als Freien gemäß ist, d. h. übt er die Herrschaft in der Polis zum Wohl der von ihm Regierten aus, handelt es sich um ein Königtum (*basileia*). Tun dies einige, handelt es sich um eine Aristokratie (*aristokratia*); regieren viele bzw. alle zum Wohl sämtlicher Bürger, handelt es sich um eine Politie (*politeia*) (Pol. III.7, 1279a32–39). Die Verfallsformen dieser richtigen und schlechthin gerechten Verfassungen, die aus von Natur aus Freien Sklaven nach dem Gesetz machen, sind die Tyrannis (*tyrannis*), die Instrumentalisierung der gesamten freien Bürgerschaft durch einen Alleinherrscher; die Oligarchie (*oligarchia*), die Instrumentalisierung der nichtregierenden Freien durch wenige; und die Demokratie (*demokratia*),[331] die am Eigeninteresse ausgerichtete Herrschaft des Pöbels über die wenigen Reichen (Pol. III.7, 1279b4–10; vgl. III.8, 1279b16–19).[332]

Tab.4

	Einer	Wenige	Viele/Alle
gemeinwohlorientiert	Königtum	Aristokratie	Politie
partikularwohlorientiert	Tyrannis	Oligarchie	Demokratie

---

331 Zu Aristoteles' Bild der Demokratien als Unrechtsregime vgl. Pol. III.7, 1279b8 f.; III.10, 1281a14–21; 1281a24 f.; IV.4, 1292a4–38; IV.6, 1293a10.
332 Zum Sechserverfassungsschema bei Aristoteles vgl. auch NE VIII.12, 1160a31–60b22. Vorläufer findet Aristoteles' Sechserverfassungsschema bei Herodot (III.80–82) und bei Platon (Plt. 302b–303d). Wie stark das Verfassungsschema von Pol. III durch Platons *Politikos* beeinflusst ist, zeigt Schütrumpf 1976.

Dass das Verfassungskriterium des Gemeinwohls nicht nur den Vorteil der regierenden Bürgerschaft umfasst, sondern den Vorteil aller freien Hausvorsteher, wird vor allem an Aristoteles' Gegenüberstellung von Tyrannis und Königtum deutlich. So instrumentalisiert der Tyrann sämtliche freien Polisbewohner zu seinem eigenen Vorteil, der König tut dies gerade nicht. Dies kann aber nur heißen, dass er nicht nur zum Vorteil der regierenden Bürgerschicht herrscht – die im Fall des Königtums mit der Person des Königs identisch ist –, sondern gerade zum Vorteil *aller nicht-regierenden* freien Bürger. Denn ansonsten würde er sich nicht vom Tyrannen unterscheiden.[333] In diesem Sinne betont Aristoteles in Pol. III.12, 1283b35–84a3, dass der Gesetzgeber Regelungen zu treffen habe, die auf „das auf gleiche Weise Richtige" zielen, d. h. Gesetze zu erlassen habe, die nicht nur „dem Vorteil der Gemeinschaft der regierenden Bürgerschaft" dienen, sondern „dem Nutzen der gesamten Polis".

Das Sechserverfassungsschema von Pol. III.7, mit seiner Unterteilung in drei richtige und drei verfehlte Verfassungen, bietet somit ein idealtypisches normatives Raster, das es erlaubt, die Hauptformen von Verfassungen nach ihrer moralischen Güte zu bewerten. Das Schema erhebt jedoch keinen Anspruch auf Vollständigkeit und wird in den folgenden Büchern durch eine Vielzahl von Aspekten und Feinunterscheidungen ergänzt.[334] Bereits in Pol. III.17 werden fünf Varianten des Königtums unterschieden, und auch für die anderen Verfassungsformen werden entsprechende Unterformen benannt. In Pol. IV.4 führt Aristoteles fünf Formen der Demokratie, in Pol. IV.5 und IV.6 je vier Formen der Oligarchie und in Pol. IV.10 drei Formen der Tyrannis auf. Hinzu kommt eine „ökonomische" Analyse der Oligarchie und Demokratie, wonach die Demokratie nicht mehr primär als Herrschaft der Vielen, sondern als Herrschaft der freien Armen verstanden wird und die Oligarchie als Herrschaft der freien Reichen (Pol. III.8, 1279b20–80a6). Da sich unter Normalbedingungen aber in den Poleis mehr Arme als Reiche finden, werden sich diese beiden Bestimmungen in aller Regel nicht widersprechen (Pol. III.8, 1279b37–39; 1280a4 f.). In einem umfassenden Sinne wird man daher von der Demokratie als Herrschaft der vielen unbemittelten Freien und der Oligarchie als Herrschaft der wenigen bemittelten Freien sprechen (Pol. IV.4, 1290b17–20). All diese Ergänzungen ändern aber nichts daran, dass das in

---

333 Vgl. hierzu Mulgan 1990.
334 Schütrumpf wirft dem Verfassungsschema von Pol. III daher Unbrauchbarkeit mit Blick auf die politische Wirklichkeit vor: „Das Verfassungsschema von Pol. III war völlig ungeeignet, der Wirklichkeit der Staatsformen, wie sie Aristoteles selber hier darstellt, auch nur entfernt gerecht zu werden" (Schütrumpf III, 114). Schütrumpf trifft in seiner Kritik sicherlich einen wichtigen Punkt. Im Sinne der hier beschriebenen idealtypischen normativen Orientierungsleistung des Verfassungsschemas von Pol. III scheint sie mir jedoch zu stark.

Pol. III.7 skizzierte Verfassungsschema als Orientierungshilfe hinsichtlich der moralischen Güte der wichtigsten Verfassungsformen – bzw. die ihr zugrunde liegende Rechtsnorm des selbstzwecklichen Daseins des von Natur aus freien Menschen – intakt bleibt. Auch durch ihre ökonomische Analyse werden Demokratie und Oligarchie nicht zu richtigen Verfassungsformen aufgewertet, sondern zählen nach wie vor zu den verfehlten Verfassungen. Aristoteles glaubt lediglich mit der Gegenüberstellung von Reichen und Armen, als den die Polis dominierenden Bevölkerungsgruppen, die Faktionen und Interessenskonflikte, die die politische Wirklichkeit in den griechischen Poleis in aller Regel bestimmen, adäquater erfassen zu können als durch die unspezifische Gegenüberstellung von Vielen und Wenigen. Die ökonomische Analyse von Demokratie und Oligarchie ergänzt somit das Verfassungsschema von Pol. III.7 und revidiert nicht dessen Unterscheidung von richtigen und verfehlten Verfassungen.

Vor dem Hintergrund der normativen Bestimmung politischer Herrschaft durch TNH kritisiert Aristoteles sodann die vielerorts korrupten politischen Verhältnisse seiner Gegenwart, in denen die Magistrate in ihren Ämtern nicht den Vorteil der regierten Bürger verfolgen, sondern sie zu ihrem eigenen Nutzen missbrauchen, sowie die auf diesem korrupten Politikverständnis fußende Gier nach politischen Ämtern (Pol. III.6, 1279a13–16). Die politischen Eliten in vielen Poleis, so Aristoteles in seiner Kritik, verwalten den Staat wie einen Selbstbedienungsladen. Damit aber wird durch sie das Wesen politischer Herrschafts- und Rechtsverhältnisse pervertiert, weil der freien Bevölkerung durch eine solche Amtsführung Unrecht getan wird.

Auch in seiner Diskussion des Königtums und der Aristokratie als den besten Verfassungen in Pol. III.14–18 knüpft Aristoteles an seine normative Bestimmung der politischen Herrschaftsverhältnisse durch TNH bzw. das durch sie inspirierte Verfassungsschema in Pol. III.6–7 an. So macht er ihre Stellung als beste Verfassung unter anderem davon abhängig, ob eine jede dieser beiden Verfassungen tatsächlich der Bürgerschaft zuträglich ist (*sympherei*) oder nicht (*ou sympherei*) (Pol. III.17, 1284b35–40; vgl. III.15, 1285b37–1286a2). Denn nur wenn sie dem normativen Kriterium der Gemeinwohlorientierung als Ausdruck der Selbstzwecklichkeit des Daseins der freien Bürger entsprechen, kommen sie als Kandidaten für die beste Verfassung in Frage.[335] Andernfalls wären sie als moralisch korrupt und ungerecht zu verwerfen.

Ganz im Sinne der normativen Verfassungsbestimmung von Pol. III.7 wurden bereits in Pol. III.3 diejenigen Verfassungen, die sich ausschließlich auf die mi-

---

335 Zu Aristoteles' Gleichsetzung der Aristokratie und des Königtums als beste Verfassungen vgl. Pol. III.18, 1288a32–88b2; IV.2, 1289a30–33.

litärische Stärke und Macht stützen, denjenigen Verfassungen gegenübergestellt, die ihren Herrschaftsanspruch aus ihrer Orientierung am gemeinsamen Vorteil der Bürger ziehen (1276a12 f.). Wie für die Herrschaft des Hausvorstehers über die freien Hausangehörigen in Pol. I, wird die von den Sophisten vertretene Lehre vom Recht des Stärkeren nun auch für die Herrschaft über die Bürger in einer Polis von Aristoteles als normativ inadäquat verworfen. Denn auch bei ihnen handelt es sich um von Natur aus freie und selbstzweckliche Wesen, deren gewaltsame Instrumentalisierung Unrecht darstellt. Die Verfassungen, die sich in ihrem Herrschaftsanspruch allein auf die Stärke der Machthaber stützen, gehören deshalb nach Aristoteles zu den verfehlten Verfassungsformen.[336]

Wie Aristoteles sodann in seiner Kontrastierung der Formen von Tyrannis mit den Formen des Königtums in Pol. III.14 deutlich macht, kann daher die freiwillige Zustimmung (*hekontôn*)[337] eines Volkes zu der über es etablierten Herrschafts- und Rechtsordnung als ein Indikator für deren Rechtmäßigkeit herangezogen werden.[338] Umgekehrt besteht ein Indikator für ein Unrechtsregime darin, dass die herrschende Elite die öffentliche Ordnung alleine durch Gewalt aufrecht erhalten kann. Denn gegen Formen von Herrschaft und Recht, die das Wohl der Regierten zum Ziel haben, wird sich die regierte Bevölkerung in aller Regel nicht auflehnen, sondern den Regenten freiwillig gehorchen. Wohl aber wird die regierte Bürgerschicht aufgrund des erfahrenen Unrechts solchen Regimen Widerstand leisten, die sie zugunsten der herrschenden Elite instrumentalisieren, so dass diese ihre Herrschaft nur durch Zwang und Gewalt aufrecht erhalten können. Um die freiwillige Zustimmung der Bürger zu der über sie etablierten Herrschaft institutionell zu sichern, empfiehlt Aristoteles deshalb, die Macht eines Regimes dahingehend zu begrenzen, dass es zwar einzelnen Splittergruppen in der Bevölkerung überlegen ist, nicht aber der vereinigten Bürgerschaft (Pol. III.15, 1286b27–40). Denn sollte das Regime zu einem allzu großen Unrechtsregime werden, muss die Bürgerschaft als ganze die Möglichkeit besitzen, die ungerechten Machthaber abzusetzen. Solange die Bürgerschaft diese Umsturzmöglichkeit gegenüber den

---

336 Vgl. hierzu auch Pol. III.10, 1281a21–28: „Außerdem müssten dann auch die Handlungen des Tyrannen alle gerecht (*dikaias*) sein, da er sich als der Stärkere mit Gewalt durchsetzt, so wie die Menge den Reichen gegenüber. Sollen also die Minderzahl und die Reichen gerechterweise regieren? Wenn nun jene dasselbe tun, rauben und der Menge Besitz wegnehmen, ist das gerecht? Dann wäre es auch das erste. Dass also all das schlecht (*phaula*) und nicht rechtmäßig (*ou dikaia*) ist, ist offenkundig."
337 Vgl. Pol. III.14, 1285a27; 1285b3; 1285b8; 1285b21 u. ö.
338 Eine starke Interpretation dieser Stellen findet sich in Cooper 1996, der diese im Sinne der Konsenstheorie politischer Legitimität der frühneuzeitlichen Vertragstheorien und ihrem Rechtsgrundsatz des „*volenti non fit inuiria*" verstanden wissen will.

Machthabern nicht nutzt, kann daher davon ausgegangen werden, dass das entsprechende Regime deren freie Zustimmung findet.³³⁹

Obwohl sich Aristoteles' Entwurf der besten Verfassung in Pol. VII–VIII nicht ohne Weiteres in das Sechserverfassungsschema von Pol. III.7 integrieren lässt, insofern sie konstitutive Merkmale der Aristokratie als auch der Politie aufweist,³⁴⁰ orientiert sich dieser Entwurf dennoch an dem in Pol. III formulierten Legitimitätskriterium von Verfassungen und damit an TNH. Auch in der besten Polis, die von Aristoteles als ein „Wunschstaat" (*kat' euchên*: Pol. VII.4, 1325b36) beschrieben wird und vermutlich als Leitfaden für den Gesetzgeber bei einer Polisneugründung gedacht ist, jedenfalls keine bloße Utopie ist,³⁴¹ zielt die Ausübung der öffentlichen Gewalt auf das Wohl eines jeden einzelnen Bürgers. Zwar

---

339 Vgl. hierzu auch Aristoteles' Gegenüberstellung von Königtum und Tyrannis in Pol. III.14, 1285a24–29: Nach Aristoteles werden im Königtum die Untertanen mit ihrer Zustimmung beherrscht und werden deshalb bereitwillig dem König zu dessen Schutz selbst eine königliche Leibwache (*phylakê*) zur Verfügen stellen. Der Tyrann muss hingegen zur Durchsetzung seiner Befehle, die nicht die freie Zustimmung der regierten Bürgerschaft finden, auf die Gewalt fremder Söldner zurückgreifen.

340 So ist die Aristokratie nach Pol. III eine Herrschaft von wenigen, d. h. die Menge gehört zu der nicht regierenden freien Bürgerschicht. In der Aristokratie von Pol. VII–VIII – ähnlich wie in einer Politie – haben hingegen alle Bürger an den politischen Ämtern teil, so dass es keine nicht regierende freie Bürgerschaft gibt. Stark identifiziert die Verfassung von Pol. VII–VIII aufgrund der allgemeinen politischen Teilhabe der Bürgerschaft deshalb mit der Politie in Pol. IV.11 (Stark 1965a, 32). Ähnlich auch Frank 2005, Kap. 5. Was die Aristokratien in Pol. III und VII–VIII eint, ist die ihr zugrunde liegende Konzeption distributiver Gerechtigkeit: In beiden Aristokratien werden die politischen Ämter nach dem Maßstab der Tugend vergeben. Der Unterschied besteht also letztlich darin, dass die Aristokratie in Pol. III unter realitätsnahen Prämissen davon ausgeht, dass große Teile der freien Polisbevölkerung nicht im vollen Umfang tugendhaft sind und deshalb keinen Anteil an der Ausübung der politischen Ämter haben, während in Pol. VII–VIII die gesamte freie Bevölkerung aufgrund der idealen Beschaffenheit des Staates die menschlichen Tugenden erworben hat und deshalb an der Ausübung der politischen Ämter beteiligt ist. Zur Kennzeichnung der Wunschpolis in Pol. VII–VIII als Aristokratie vgl. bes. Pol. VII.3, 1325b7–12: „Denn für jene, die einander gleichstehen (*homoiois*), liegt das Schöne und Gerechte im Abwechseln; nur dies ist gleich und gleichmäßig. Ungleichheit (*mê ison*) bei Gleichen (*isois*) und Ungleichartigkeit (*mê homoion*) bei Gleichartigen (*homoiois*) ist gegen die Natur (*para physin*), und nichts, was gegen die Natur ist, ist schön (*kalon*). Also nur wenn ein anderer überlegen ist in der Tugend und in der Fähigkeit, das Beste zu vollbringen, so ist es schön, diesem zu folgen, und gerecht, ihm zu gehorchen" (meine Hervorhebung). Zur Gleichsetzung von Pol. VII–VIII mit einer Aristokratie s. auch Keyt 1996, 141 Anm. 41. Aufgrund der allgemeinen Teilhabe der Bürger an den politischen Ämtern hält Johnson den Verfassungsentwurf von Pol. VII–VIII für eine Form von Politie und identifiziert sie mit der Verfassung von Pol IV.11 (Johnson 1990, Kap. 9).

341 Zum Staatsentwurf von Pol. VII–VIII als Leitbild für Polisneugründungen s. Schütrumpf IV, 73. Dass es sich bei Aristoteles' bestem Staat nicht um eine nicht-verwirklichbare Utopie handelt, zeigt Schütrumpf IV, 65–74. Als Gegenposition verweist Schütrumpf auf Kullmann.

fehlt in Pol. VII das „Gemeinwohlkriterium" aus Pol. III.7, was daran liegt, dass die Bevölkerung der besten Polis nicht wie in Pol. III dauerhaft in einen regierenden und einen regierten Teil auseinanderfällt, sondern alle erwachsenen freien Männer für eine gewisse Zeitspanne an den politischen Ämtern Anteil haben;[342] jedoch wird auch in Pol. VII von Aristoteles wiederholt auf die individualistische Bestimmung politischer Herrschaftsverhältnisse, die auch dem Gemeinwohlkriterium in Pol. III zugrunde liegt, hingewiesen:[343] „Dass nun die beste Verfassung notwendig in jener Ordnung besteht, in welcher jeder Beliebige (*hostisoun*) sich am besten verhält und glückselig lebt, ist klar" (Pol. VII.2, 1324a23–25; vgl. Pol. VII.2, 1325a7–10; VII.13, 1332a32–38). Demzufolge ist nach Pol. VII–VIII die Glückseligkeit des Staates dann gegeben, wenn die Gesamtheit der Bürger, d. h. jeder einzelne von ihnen, glückselig ist (Pol. VII.9, 1329a22–24). Bei seiner Bestimmung der politischen Herrschafts- und Rechtsverhältnisse in Pol. VII–VIII verweist Aristoteles auch eigens auf seine Theorie der natürlichen Herrschaftsformen in Pol. I zurück: „Regiert wird, wie wir am Anfang [in Pol. I] gesagt haben, bald zugunsten des Regierenden, bald zugunsten des Regierten. Das eine ist die despotische Herrschaft, das andere diejenige über Freie" (Pol. VII.14, 1333a3–6). Aristoteles' normative Bestimmung der politischen Herrschafts- und Rechtsverhältnisse durch TNH in Pol. I, d. h. als Herrschaft über freie und selbstzweckliche Individuen, leitet somit auch seine Untersuchung über die beste Verfassung an.

Diese normativ-individualistische Bestimmung politischer Herrschaftsverhältnisse, wie sie von Aristoteles in Pol. I und III gewonnen wird, wird in Pol. VII jedoch nicht nur als Norm für die Herrschaftsverhältnisse *in* der Polis, sondern darüber hinaus auch als Norm für die Herrschaft und das Recht *zwischen* den einzelnen Poleis geltend gemacht. So kritisiert Aristoteles in Pol. VII.2 Theoretiker, die für zwischenstaatliche Verhältnisse andere Herrschafts- und Rechtsnormen behaupten als für innerstaatliche Verhältnisse.

> Bei näherer Überlegung wird man es aber wohl als gar zu unsinnig empfinden, dass dies die Aufgabe des Staatsmannes sein soll, zu überlegen, wie er die Nachbarn beherrsche (*archê*) und knechte (*despozê*), mögen diese es wollen oder nicht. Denn wie könnte dies politisch (*politikon*) oder gesetzgeberisch (*nomothetikon*) sein, was nicht einmal gesetzlich ist? Ungesetzlich ist es, nicht nur gerecht (*dikaiôs*), sondern auch ungerecht herrschen zu wollen

---

[342] Vgl. hierzu Schütrumpf IV, 110 f.
[343] Zum Individualismus bzw. Kriterium des Gemeinwohls in Pol. VII–VIII vgl. Miller 1995, 213–216; Nussbaum, 1999b, 97–102. Nussbaum deutet *hostisoun* an dieser Stelle im Sinn eines möglichen universellen Anspruchs aller Freien (Nussbaum 1999b, 99). Anders Annas 1996, die die beste Polis von Pol. VII–VIII aufgrund der Stellung der Banausen als ein – nach den Maßstäben von Pol. III – Unrechtsregime deutet. Sie differenziert in ihrer Interpretation jedoch nicht hinreichend zwischen den verschieden Herrschafts- und Rechtsverhältnissen (s. hierzu Kap. 5.2).

(*adikôs archein*); und überlegen sein (*kratein*) kann man auch auf nicht gerechte Weise (*mê dikaiôs*). [...] Die meisten Menschen freilich scheinen die Politik (*politikên*) mit der Despotie (*despotikên*) zu verwechseln, und was sie sich selbst gegenüber weder für gerecht (*ou* [...] *dikaion*) noch für zuträglich (*oude sympheron*) halten, das schämen sie sich nicht, gegen andere zu üben. Selbst verlangen sie für sich eine gerechte Regierung (*dikaiôs archein*), aber den anderen gegenüber ist ihnen die Gerechtigkeit gleichgültig. (Pol. VII.2, 1324b22–36)

Durch diese Passage wird deutlich, dass die Natur des freien Menschen als eines um seiner selbst willen existierenden Individuums eine generelle und überpositive Norm zur Bestimmung der rechtmäßigen Herrschaftsverhältnisse bildet (vgl. Kap. 4.3.2 u. 4.3.3). Der natürliche Anspruch eines von Natur aus freien Menschen, dass jegliche Form von Herrschaft und Recht über ihn im Haus und in der Polis zu seinem Wohl auszuüben ist, ist nicht von einer bestimmten Rechtsordnung abhängig, sondern leitet diese normativ an, indem er über ihre Recht- bzw. Unrechtmäßigkeit befindet. Wie sich nun in Pol. VII.2 zeigt, besitzt dieses natürliche Recht des von Natur aus freien Menschen einen allgemeinen Geltungsanspruch. Es ist unabhängig vom jeweiligen Sozialverband, in dem über einen Freien geherrscht wird. Der Freie besitzt das Recht auf Fürsorge bzw. untersteht dem Verbot der Instrumentalisierung auf allen Ebenen des menschlichen Zusammenlebens: im Haus, in der Polis und auch im Fall der Beherrschung der Heimatpolis durch eine fremde Macht. Die Natur des freien Menschen bildet mithin eine generelle – wenn auch keine universelle, da es nach Aristoteles auch von Natur aus unfreie Menschen gibt – Rechtsnorm. Das von den Sophisten vertretene Recht des Stärkeren und der aus ihm resultierende Machtpositivismus sind nach Aristoteles also nicht nur für das Verhältnis der Bürger *in* einer Polis unzulässige Rechtsnormen, sondern auch für das Verhältnis *zwischen* den Poleis. Denn auch die Herrschaft über eine andere Polis, wie sie von den Hegemonialmächten Griechenlands praktiziert wurde, bildet einen Fall der Herrschaft über von Natur aus freie Menschen, für die das Recht des Stärkeren keine adäquate Rechts- und Herrschaftsnorm darstellt. Wie die despotische Ausübung der Herrschaft über die freien Hausangehörigen und die freien Bürger der Heimatpolis ist auch die despotische Ausübung der Herrschaft über fremde Freie Unrecht.

Noch an einer weiteren Stelle in Pol. VII zielt Aristoteles darauf ab, das Freiheitsrecht unter dessen Schutz der von Natur aus freie Mensch steht, als eine generelle Rechtsnorm zu begründen, die das Recht der eigenen Polis transzendiert. Dazu vergleicht er das natürliche Freiheitsrecht mit einem universellen Tötungsverbot, unter dessen Schutz nach Aristoteles alle Menschen stehen. Dieses Tötungsverbot greift nach Aristoteles dann, wenn ein Tötungsakt nicht der eigenen Eixistenzbehauptung, sondern sakralen Zwecken oder auch dem Zweck der Nahrungsaufnahme dient.

> Wenn ferner von Natur aus (*physei*) die einen offenbar zum Dienen (*desposton*) bestimmt sind und die anderen nicht zum Dienen (*ou desposton*), und es sich faktisch so verhält, so darf man nicht versuchen, über alle despotisch zu herrschen (*despozein*), sondern nur über die zum Dienen Bestimmten, so wie man auch nicht zum Mahle oder zum Opfer auf Menschen Jagd machen darf, sondern nur auf die dazu bestimmten Tiere, also auf die wilden und essbaren. (Pol. VII.2, 1324b36–41)

Ebenso wie die menschliche Spezies als ganze gegenüber den Tieren ein kategorisches Schutzrecht genießt, stehen die von Natur aus freien Menschen unter einem kategorischen Instrumentalisierungsverbot. In Aristoteles' Entwurf der besten Verfassung in Pol. VII–VIII entfacht somit die Natur des freien Menschen ihre volle normative Geltung: Sie gibt nicht nur die rechtliche Norm für das Zusammenleben der Bürger in einer Polis ab, sondern auch die rechtliche Norm für die Herrschaft der Hegemonialmächte über andere Poleis. Der Verfassungsentwurf von Pol. VII–VIII kann daher als ein Ideal betrachtet werden, das dem Gesetzgeber und Politiker in seinem Handeln – auch unter nicht-idealen Bedinungen, wie sie Aristoteles in Pol. IV–VI untersucht – als normativer Orientierungspunkt dient.[344]

Fassen wir unsere Beobachtungen zu Pol. III und VII–VIII hinsichtlich der Implementierung von TNH zusammen: Was die Bestimmung der politischen Herrschaftsverhältnisse zwischen den Bürgern anbelangt, so zeigen Aristoteles' verfassungstheoretische Überlegungen in diesen Büchern, dass sie maßgeblich durch TNH inspiriert sind. Das selbstzweckliche Dasein des freien Menschen fungiert in ihnen als natürliche Norm des Polisrechts. Damit sei nicht behauptet, dass Pol. I den Büchern III und VII–VIII zeitlich vorausgeht (obwohl Aristoteles in Pol. III und Pol. VII auf Pol. I zurückverweist), sondern lediglich, dass die Natur des freien Menschen und das natürliche Freiheitsrecht, unter desssen Schutz dieser steht, einen gemeinsamen normativen Fixpunkt des aristotelischen Verfassungsdenkens in diesen Büchern darstellen. Was die normative Bestimmung der politischen Herrschaft über die freien Bürger betrifft, so teilt Aristoteles also die platonische Auffassung, dass sie das Wohl der regierten Individuen zur obersten Richtlinie hat. Das sophistische Recht des Stärkeren, nach dem der Herrschende

---

[344] So auch Miller 1995, bes. 188; Keyt 1999, xv; Kraut 2002, 190; 2009, *Preface*. Zur besten Verfassung als regulativem Ideal für das politische Alltagsgeschäft s. auch Miller 2007. Nach Frank hält der Verfassungsentwurf von Pol. VII–VIII das höchste Entwicklungsziel der existierenden Staaten bereit, das über die Zwischenstufe der Politie zu erreichen sei (Frank 2005, Kap. 5). Dagegen argumentiert Salkever (2007): Nach ihm stellt Pol. VII–VIII keinen Idealstaatsentwurf dar, der dem Gesetzgeber als Modell zu politischen Reformen, sondern Aristoteles zum Aufzeigen der Grenzen des politischen Tätigseins diene. Ähnliche Vorbehalte gegen Pol. VII–VIII als ein normatives Ideal finden sich in Rowe 1977, 160–162; Ambler 1985; Nichols 1992, Kap. 4, bes. 164 f.

als Überlegener die von ihm regierten Individuen zu seinem eigenen Vorteil instrumentalisieren darf, ist in der Polis ebenso Unrecht wie im Haus. Gleiches gilt auch mit Blick auf die Hegemonie über andere Stadtstaaten. Nach Aristoteles bildet die sophistische Rechtslehre in all diesen Fällen keine adäquate Herrschafts- und Rechtsnorm, da durch sie von Natur aus Freie zu Sklaven durch das Gesetz werden würden. Geht man davon aus, dass in den meisten existierenden Staaten die Herrschaftsverhältnisse jedoch korrupt und mithin widernatürlich sind, weil eine moralisch verdorbene Elite den Rest der freien Bevölkerung für ihre Ziele und Zwecke instrumentalisiert, trifft auch der sophistische Machtpositivismus etwas Wahres. Allerdings begehen die Sophisten nach Aristoteles den Fehler, dass sie ihre an der defizienten politischen Wirklichkeit gewonnene Bestimmung politischer Herrschafts- und Rechtsverhältnisse zugleich als eine normative Theorie verstanden wissen wollen. Die sophistische Herrschaftslehre ist nach Aristoteles zu verwerfen, weil sie nicht zwischen dem deskriptiven und normativen Anspruch einer Theorie des Politischen unterscheidet. Diese Differenz resultiert erst daraus, dass man – wie Aristoteles es tut – das positive Recht der Polis nicht umstandslos mit dem Gerechten bzw. dem Recht schlechthin identifiziert.

5.1.2 Pol. IV–VI

Die Selbstzwecklichkeit des Daseins des von Natur aus freien Menschen bildet die natürliche Norm, anhand derer Aristoteles die richtigen und gerechten Verfassungen von ihren Verfallsformen unterscheidet. Schlechthin gerecht sind die Verfassungen, die dem natürlichen Freiheitsrecht der Bürger entsprechen, indem sie die Ausübung politischer Macht auf das Wohl und den Vorteil der Herrschaftsunterworfenen verpflichten. Vor dem Hintergrund dieser Bestimmung rechtmäßiger politischer Herrschaft mag es verwundern, weshalb Aristoteles in den Büchern IV–VI den Verfallsformen der guten Verfassungen so große Aufmerksamkeit schenkt und sogar Ratschläge zu deren Erhaltung gibt. Wenn die verfehlten Verfassungen gegen die Bestimmung der politischen Herrschaft als Herrschaft über von Natur aus freie Menschen verstoßen, indem sie despotisch regieren und die freien Bürger zu Sklaven nach dem Gesetz machen, müsste er sie dann nicht als Unrechtsregime verdammen? Schon Jaeger hat aus diesem Befund geschlussfolgert, dass es sich bei den Büchern IV–VI um einen späten, stark empirisch ausgerichteten Teil der *Politik* handelt, in dem Aristoteles mit dem utopischen und idealen Politikbegriff Platons, der noch die frühen Bücher VII und

VIII prägt, endgültig bricht.³⁴⁵ Die späten Bücher Pol. IV–VI sind nach Jaeger daher nicht mit dem Rest der *Politik* zur Deckung zu bringen (Jaeger 1955, Kap. 6, bes. 282–284). Doch Jaegers Befund ist meines Erachtens voreilig. Dass sich die Verfassungsdiskussionen in Pol. III und VII-VIII einerseits und Pol. IV–VI andererseits nicht widersprechen, sondern sich beide programmatisch vielmehr gegenseitig ergänzen, wird dann ersichtlich, wenn man sich vergegenwärtigt, worum es Aristoteles in den jeweiligen Büchern bzw. Buchfolgen genau geht. Die Verfassungsdiskussion in Pol. III erörtert zunächst nur die verschiedenen Haupttypen der Verfassungen unter normativen Gesichtspunkten und unterscheidet dabei drei gute und drei schlechte Verfassungsfamilien. Als die am meisten wünschenswerten Verfassungen haben sich dabei das Königtum und die Aristokratie erwiesen (vgl. hierzu bes. Pol. III.18, 1288a32–88b2). Jedoch blieben bei dieser idealtypischen normativen Bestimmung der gängigen Verfassungsformen die Nicht-Idealität der politischen Wirklichkeit wie auch stabilitätstheoretische Überlegungen weitgehend unberücksichtigt. Dies ändert sich in Pol. IV–VI.³⁴⁶

Warum Aristoteles glaubt, sich den nicht-idealen Bedingungen der politischen Wirklichkeit zuwenden zu müssen, wird durch einen Seitenblick auf die ihm vorausgehende Tradition des politischen Denkens verständlich. Aristoteles' Bestimmung der politischen Herrschaftsverhältnisse durch TNH knüpft an die platonische Grundüberzeugung in der *Politeia* an, dass politische Herrschaft nur dann legitim ist, wenn sie dem Wohl der regierten Bürger verpflichtet ist. Allerdings besitzt Platons politische Theoriebildung der *Politeia* aufgrund ihres stark idealtypischen und utopischen Charakters für Aristoteles einen gravierenden Schwachpunkt: Für das Alltagsgeschäft des Gesetzgebers besitzt sie so gut wie keinen Erkenntniswert. Denn in aller Regel sieht sich der Gesetzgeber einer politischen Wirklichkeit gegenüber, die alles andere als ideal ist. Platon tritt diesem Vorwurf mit seinem Staatsentwurf der *Nomoi* entgegen.³⁴⁷ Den Vorwurf der Rea-

---

345 Gegen Jaeger argumentiert bereits Stark 1965a, bes. 23f., nach dem die Bücher IV–VI sehr wohl an Aristoteles' normativen Politikbegriff anknüpfen. Auch nach Aalders stellen die mittleren „empirischen" Bücher keine Abkehr von den „theoretischen" Büchern dar (Aalders 1965, 229f., 232, 236). Aristoteles, so Aalders, bleibe durchgängig Theoretiker, wenn auch „Theoretiker [...] auf empirischer Grundlage" (ebd., 230). Schütrumpf stimmt Jaeger darin zu, dass Pol. IV–VI zwar mit den Büchern III bzw. VII-VIII breche, widerspricht ihm jedoch darin, dass dieser Bruch zugleich eine Abkehr von Platon bedeute (Schütrumpf III, 117).
346 Vgl. hierzu Mulgan 1990, 210: „[...] the overriding political aim in the nonideal world is stability, the prevention of stasis and avoidance or revolution." Ähnlich auch Aalders 1965, 212. Bereits Platon weist in den *Nomoi* – am Beispiel der Mischverfassung Spartas – der Stabilität den Rang eines wichtigen verfassungstheoretischen Kriteriums zu.
347 Zum Einfluß der platonischen Mischverfassungstheorie in den *Nomoi* auf Pol. IV–VI s. insbesondere Krämer 1959, 201–220.

litätsferne erhebt Aristoteles jedoch nicht nur gegen Platon. Ihm zufolge stellt es ein allgemeines Defizit der ihm überkommenen politischen Theorien dar, dass diese zum Handeln des Gesetzgebers unter nicht-idealen Bedingungen kaum etwas zu sagen haben. So kritisiert er gleich zu Beginn von Pol. IV seine Vorgänger, die über die Verfassung geforscht haben, dafür, zwar auf schöne Weise (*kalôs*) zu sprechen, aber eben keine brauchbaren Dinge (*chrêsima*) zu sagen. Es ist exakt dieses Defizit der ihm vorausgehenden Tradition des politischen Denkens, das Aristoteles durch seine verfassungstheoretischen Abhandlungen in den Büchern Pol. IV–VI beheben will.[348] Gegenstand der Bücherfolge Pol. IV–VI sind also Orientierungsregeln für das Handeln des Gesetzgebers unter nicht-idealen Wirklichkeitsbedingungen. Als solche besitzen sie einen eigenen philosophischen Erkenntniswert.[349]

Dass den Büchern Pol. IV–VI keine Neubestimmung der Rechtmäßigkeit politischer Herrschaft zugrunde liegt, sondern Aristoteles' Zuwendung zu den Verfallsformen der Verfassungen auf eine gegenüber Pol. III und VII–VIII veränderte Untersuchungsperspektive zurückgeht, wird insbesondere anhand der Aufwertung der Demokratie, die diese in den mittleren Büchern erfährt, deutlich. Nach Aristoteles trifft man wahre Adligkeit und Tugend in der politischen Wirklichkeit nur selten an. Die besten Verfassungen, die Aristokratie und das Königtum, erweisen sich daher oft als instabil, weil in den real existierenden Staaten das für sie erforderliche Herrschaftspersonal fehlt. Bereits in Pol. III hat Aristoteles an verschiedener Stelle daran Zweifel geäußert, dass sich in den existierenden Staaten tatsächlich ein qualifizierter Herrscher für das Königsamt finden lasse, der den Rest der freien Bevölkerung um das erforderte Maß an Tugend übertrifft (vgl. etwa Pol. III.15, 1286b8–10). Dies gilt in gewisser Weise *a fortiori* für die Aristo-

---

[348] So auch die Gegenüberstellung der Charaktere der Verfassungstheorien in Pol. III einerseits und Pol. IV–VI andererseits durch Schütrumpf: „Während Aristoteles in Pol. III die nach den gegebenen Bedingungen ‚gerechte' Verfassung bestimmte, bildet in Pol. IV–VI, wo die Behandlung des besten Staates als abgeschlossen vorausgesetzt wird […], ‚angemessen', d.h. passend, bzw. ‚nützlich' das Kriterium für die Wahl der Verfassung" (Schütrumpf III, 125; vgl. auch 128). Allerdings verbindet Schütrumpf mit der Akzentuierung des Kriteriums der Angemessenheit weitgehend die Aufgabe einer ethischen Orientierung des Verfassungsdenkens in Pol. IV–VI, die ich so nicht teile (vgl. etwa Schütrumpf III, 121–130; 147–155). Zum praktischen Anliegen der Bücher IV–VI vgl. auch Keyt 1999, xiii f., der ihren Gegenstand als „constitutions that are less than ideal" bestimmt.

[349] Für einen genuinen philosophischen Erkenntniswert der Bücher IV–VI argumentiert Schütrumpf (III, 109–112). Schütrumpf nennt als Gegenposition Irwin, nach dem der philosophische Erkenntniswert der Bücher Pol. IV–VI vor allem ein ‚negativer' ist: Durch das abschreckende Beispiel der politischen Probleme der realen Staaten soll die Relevanz von Aristoteles' eigenem ethischen Staatsideal unterstrichen werden (Irwin 1985).

kratie. Denn in einer Aristokratie bedarf es nicht nur eines quasi-gottähnlichen Regenten, der die anderen Freien an Tugend übertrifft, sondern gleich einer Mehrzahl von an Tugend Hervorragenden (vgl. etwa Pol. III.7, 1279a39 – 79b1). Anders die Demokratie, deren Stabilität Aristoteles vor allem mit Blick auf die jüngeren, bevölkerungsreichen Staaten herausstellt. Denn wählt man in einer Polis mit einer großen Bevölkerung andere als demokratische Verfassungsprinzipien, wird eine Vielzahl von Freien von den politischen Ämtern ausgeschlossen, was die Gefahr eines Umsturzes fördert (Pol. III.15, 1286b20 – 22).[350] Eine analoge Aufwertung erfährt in ihrem Verhältnis zu den beiden wünschbarsten Verfasungen der Aristokratie und des Königtums unter stabilitätstheoretischen Aspekten auch die Politie (Pol. IV.11, 1295b25 – 33). Die Verfallsformen der schlechthin gerechten Verfassungen, die Tyrannis, Oligarchie und Demokratie, haben also in der nicht-idealen politischen Wirklichkeit ebenso ihren Sitz im Leben wie die Politie. Eine vollumfängliche politische Wissenschaft hat sich daher auch ihnen zuzuwenden. Vor dem Hintergrund dieses Befunds kann es nicht wundern, dass es die verfehlten Verfassungen der Demokratie und Oligarchie sind, die die historische Verfassungswirklichkeit weitgehend prägen (Pol. V.1, 1301b39 f.).[351] Damit der Gesetzgeber in solchen Szenarien keine Verfassung entwirft, die an ihren eigenen sittlichen Ansprüchen an das politische Herrschaftspersonal scheitert, muss er daher damit zufrieden sein, sich unter den gegebenen Bedingungen dem Optimum des Königtums und der Aristokratie – wie wir sie in Pol. VII–VIII skizziert finden – bestmöglich anzunähern.[352]

Bevor wir uns Aristoteles' Anweisungen für das Handeln des Gesetzgebers unter nicht-idealen Wirklichkeitsbedingungen näher anschauen, sei vorab Folgendes festgehalten: Ein substantieller Widerspruch zwischen Pol. IV–VI einerseits und Pol. III und VII–VIII andererseits würde sich mit Blick auf Aristoteles' normative Bestimmung politischer Herrschaftsverhältnisse allein dann ergeben, wenn er die von ihm in Pol. III ausgewiesenen Verfallsformen der Verfassung, sprich diejenigen, die das natürliche Freiheitsrecht der Bürger verletzen, indem sie von Natur aus freie Menschen durch das Polisrecht instrumentalisieren und damit zu Sklaven nach dem Gesetz machen, nun als schlechthin gerechte Verfassungen bezeichnen würde (bzw. die gerechten und richtigen Verfassungen aus Pol. III nun zu den schlechten und verfehlten Verfassungsformen gerechnet werden würden).

---

350 Zur Kennzeichnung der Demokratie als einer unter Wirklichkeitsbedingungen besonders stabilen Verfassung vgl. etwa Pol. VI.6, 1321a1 f.; IV.11, 1296a13 – 18; V.1, 1302a8 ff.
351 Zur Aufwertung der Demokratien und Oligarchien in Pol. IV–VI s. Schütrumpf III, 135 f.
352 Miller spricht von diesem Approximationsgebot als „normative principle of proximity" (Miller 1995, 156).

Dies ist jedoch nirgends der Fall.[353] Dass Aristoteles selbst keinen konzeptionellen Bruch zwischen seinen Verfassungsdiskussionen in Pol. III und IV–VI gesehen hat, findet ein starkes Indiz darin, dass er in Pol. IV an verschiedenen Stellen auf seine „erste" Verfassungsabhandlung in Pol. III zurückverweist, und damit die Kontinuität und Kohärenz der beiden Abhandlungen herausstellt. Insbesondere in Pol. IV.2 bemüht sich Aristoteles darum, die folgenden Ausführungen als Fortführung des in Pol. III begonnenen Projekts auszuweisen:[354]

> In der ersten Untersuchung (*protê methodô*) über die Verfassungen haben wir drei richtige Verfassungsformen (*orthas politeias*) unterschieden, das Königtum, die Aristokratie und die Politie, und drei Abweichungen (*parekbaseis*), die Tyrannis vom Königtum, die Oligarchie von der Aristokratie und die Demokratie von der Politie. Über Aristokratie und Königtum ist schon gesprochen worden (denn von der besten Verfassung reden ist dasselbe wie von diesen beiden Verfassungen sprechen; denn jede von diesen will auf die Tugend hin bestehen und zu ihr ausgerüstet sein). Ebenso wurde gesagt, worin sich Aristokratie und Königtum unterscheiden und wann man von einem Königtum reden kann. Es bleibt also, von der Politie zu sprechen (die also denselben Namen hat wie das Allgemeine), sowie über die anderen Verfassungen, Oligarchie, Demokratie und Tyrannis. (Pol. IV.2, 1289a25–38)[355]

Unmittelbar im Anschluss an die zitierte Passage übernimmt Aristoteles aus Pol. III.7 die Beschreibung der Demokratie, der Oligarchie und der Tyrannis als Entartungen (*parekbaseis*) der drei guten Verfassungen und präzisiert nun ihren privativen Status dahingehend, dass es sich bei der Tyrannis um die schlimmste, bei der Oligarchie um die zweitschlimmste und bei der Demokratie um die erträglichste der verfehlten Verfassungsformen handelt (IV.2, 1289a38–89b5). Tyrannis, Oligarchie und Demokratie werden somit auch in Pol. IV als Verfallsformen der schlechthin gerechten Verfassungen betrachtet. Ganz in diesem Sinn betont Aristoteles, dass einige der von ihm im Folgenden unterschiedenen Varianten der

---

353 Allerdings gibt es zwei Stellen, die dem zu widersprechen scheinen: Aristoteles beschreibt (i) die beste Form der Demokratie (Pol. VI.4, 1318b33) sowie (ii) die Oligarchie in Erythrai (Pol. V.6, 1305b20) als *kalôs*, was klarerweise deren moralische Güte impliziert. In VI.4 verweist die Gutheit der besten Form der Demokratie jedoch allein auf das aristokratische Moment in ihr, nämlich die ihr eigentümliche institutionelle Regelung, durch die gewährleistet wird, dass in ihr die Ämter „durch die Besten" (*dia tôn beltistôn*: 1318b34) besetzt werden. Auch die Gutheit der Oligarchie in Erythrai liegt darin begründet, dass die regierenden Oligarchen historisch-kontingenterweise tugendhaft waren. Dies macht aber sowohl die beste Form der Demokratie und auch die Oligarchie in Erythrai nicht *per se* zu guten Verfassungen. „Gut" sind beide nur insofern zu nennen als sie an der schlechtin gerechten Verfassung der Aristokratie Anteil haben.
354 So auch Kraut 2002, 427.
355 Kraut nennt noch weitere Rückverweise in Pol. IV auf Pol. III, nämlich: Pol. IV.3, 1290a1–3; IV.7, 1293b1–7; IV.10, 1295a4f.; 1295a7f. Siehe hierzu Kraut 2002, 428f. Anm. 1. Zu den Querverweisen in Pol. IV–VI im Allgemeinen s. Schütrumpf III, 180–182.

jeweiligen Verfallsformen streng genommen nicht „besser" genannt werden dürften, sondern lediglich „weniger schlecht" (Pol. IV.2, 1289b5–12). Aristoteles erhebt also gar nicht den Anspruch, mit den folgenden Abhandlungen über Tyrannis, Oligarchie und Demokratie etwas über die guten Verfassungen zu sagen, sondern lediglich etwas über die mehr oder weniger schlechten. Das normative Rahmenmuster seiner Verfassungslehre aus Pol. III.7 bleibt also auch in Pol. IV erhalten. Zwar erwähnt Aristoteles in Pol. IV.3 die Möglichkeit eines alternativen amoralischen und binären Verfassungsschemas, das mit der Primärunterscheidung von Oligarchie und Demokratie arbeitet. Dieses alternative Modell wird jedoch von ihm explizit zugunsten des in Pol. III.7 skizzierten „normativen" Verfassungsschemas, das mit der Gegenüberstellung von richtigen und verfehlten Verfassungen arbeitet, verworfen (Pol. IV.3, 1290a13–29).

Ein weiteres Indiz dafür, dass die verfassungstheoretischen Überlegungen in Pol. IV–VI nicht als grundsätzliche Revision von Pol. III zu verstehen sind, sondern eher als Ergänzung des begonnen Programms, besteht darin, dass Aristoteles auch in Pol. IV auf die Bestimmung politischer Herrschaft als Fürsorge für die ihr unterstehenden Personen zurückgreift. In Pol. IV.15, in seiner Diskussion der spezifischen Beschaffenheit der Magistrate in der Oligarchie, Demokratie und Aristokratie, bestimmt Aristoteles das Wesen politischer Ämter – völlig im Einklang mit THN in Pol. I und seiner durch TNH normativ angeleiteten Verfassungslehre in Pol. III – als *epimeleia* für die regierten Bürger (Pol. IV.15, 1299a20). Die von den Beamten betriebene Fürsorge kann sich dabei auf die Fürsorge für die gesamte Bürgerschaft beziehen, wie beim Amt des Strategen, oder nur auf einen Teil der freien Bevölkerung (Pol. IV.15, 1299a21–23). Immer aber ist die Ausübung politischer Herrschaft auf das Wohl und den Vorteil der ihr Unterworfenen verpflichtet. Diese normative Bestimmung des Tätigseins der politischen Beamten stimmt mit der in Pol. III.6 überein, in der Aristoteles darauf hinweist, dass die Magistrate ihr Amt nicht zum eigenen Vorteil auszuüben haben, sondern zum Vorteil der regierten Bürger, während es ihnen nach dem Ausscheiden aus ihren Ämtern wieder erlaubt ist, als Privatpersonen ihren eigenen Nutzen zu verfolgen (Pol. III.6, 1279a11–13). Insgesamt spricht also eine Vielzahl von Stellen gegen die Annahme, dass Aristoteles in Pol. IV–VI trotz seiner Hinwendung zu den leider oft nicht-idealen Zuständen der politischen Wirklichkeit sein normatives Orientierungsmuster aus Pol. I (TNH) und Pol. III zugunsten eines *amoralischen* Realismus aufgegeben hat.[356]

---

[356] So etwa Schütrumpf I, 49f. Ebenso Rapp, der Schütrumpfs Einschätzung folgt: „So hat das Projekt der Bücher *Politik* IV–VI mit Sicherheit nicht das Ziel, die moralischen Maßstäbe, denen der Tugendhafte nach den Aussagen der *Ethiken* genügen soll, dem Gesetzgeber als Richtlinie zu empfehlen. [...] auch der Gesichtspunkt des distributiven Gerechten, der etwa in *Politik* III als das

Diesen programmatischen Überlegungen folgend, formuliert Aristoteles in Pol. IV.1 in Gestalt eines kurzen Proömiums das Programm der nächsten drei Bücher (Pol. IV.1, 1288b10–19). Mittels einer Analogie zur Gymnastik identifiziert Aristoteles vier verfassungstheoretische Hauptanliegen der *einen* umfassenden Wissenschaft der Politik (Pol. IV.1, 1288b21–35):[357] (1) „Die schlechthin beste Verfassung"; (2) „welche Verfassung zu welcher Polis am besten passt" (= die beste Verfassung mit Blick auf eine bestimmte politische Gemeinschaft); (3) „die unter bestimmten Voraussetzungen beste Verfassung" (= die Verbesserung und der Erhalt einer bereits bestehenden Verfassung) (4) „die Verfassung, die zu den meisten Staaten am besten passt" (= die für die Mehrzahl der Staaten beste Verfassung). Wie Aristoteles sodann in Pol. IV.2 erklärt, hält er die Diskussion der schlechthin besten Verfassung durch seine Ausführungen über das Königtum und die Aristokratie (in Pol. III sowie Pol. VII–VIII) für abgearbeitet.[358] Die Fragen (2)–(4) formulieren damit das Programm der Bücher IV–VI. Sie sind jene verfassungstheoretischen Fragestellungen, die Aristoteles bei seinen Vorgängern nur unzureichend thematisiert findet. Dabei zeigt bereits die Formulierung des Programms für die Bücher Pol. IV–VI, dass dieses ohne ein normatives Orientierungsmuster nicht zu bewältigen ist. Denn stets geht es um die *beste* Verfassung unter bestimmten Einschränkungen bzw. die *Verbesserung* einer bereits bestehenden Verfassung. Um aber entscheiden zu können, welche Verfassung „besser" oder – um Aristoteles' genaue Sprachregelung aus Pol. IV.2 aufzugreifen – „weniger schlecht" ist, muss man bereits darüber entschieden haben, worin die Güte einer Verfassung liegt. Genau diese normative Orientierungsfunktion leistet das idealtypische Verfassungsschema aus Pol. III.

---

gewissermaßen naturrechtliche Substrat geltend gemacht werden *könnte*, scheint in diesen Ausführungen ganz zu fehlen oder wenigstens in den Hintergrund getreten zu sein" (Rapp 2002, II 490).

357 Diese Rekonstruktion der Programmskizze in Pol. IV.1 entnehme ich Kraut 2002, 427–433. In der folgenden Darstellung der Bücher IV–VI orientiere ich mich weitgehend an seinen Ausführungen (s. Kraut 2002, Kap. 12; vgl. auch Miller 1995, Kap. 5.6).

358 Zur Identifikation des Königtums und der Aristokratie als besten Verfassungen, weil in ihnen die Ämter ausschließlich nach der Tugend der Regenten vergeben werden, vgl. Pol. IV.7, 1293b1–7. Nach Keyt handelt es sich bei der „besten Verfassung" um eine Gattung, die die beiden Unterarten „Königtum" und „Aristokratie" umfasst (Keyt 1991b, 257 Anm. 43). Gegen die Identifizierung des besten Staates in Pol. VII–VIII mit dem von Pol. IV.1–2 wendet sich Schütrumpf: Nach ihm ist der beste Staat in Pol. IV.1–2 ein (nicht-realisierbarer) Idealstaat, der beste Staat in Pol. VII–VIII hingegen ein realisierbarer Wunschstaat. Nach Schürtumpf antwortet Pol. VII–VIII daher nicht auf Frage (1), sondern auf Frage (2), d. h. auf die Frage nach dem „nach den gegebenen Umständen besten, dem ‚best möglichen' Staat" (Schütrumpf IV, 72; vgl. hierzu insgesamt IV, 70–73).

Seinen Entwurf für die beste Verfassung, die gerade noch von der Mehrzahl der Staaten erreicht werden kann (4), leistet Aristoteles in Pol. IV.11.

> Welches ist nun für die Mehrzahl der Poleis und der Menschen die beste Verfassung (*aristê politeia*) und die beste Lebensform (*aristos bios*), nicht indem man von einer Tugend ausgeht, die über durchschnittliches Maß ist, oder von einer Bildung, die guter Anlage und glücklicher äußerer Umstände bedarf, noch von einer Verfassung, wie man sie sich wünschen mag (*kat' euchên*), sondern von dem Leben, das die Mehrzahl zu führen vermag, und einer Verfassung, die sich die Mehrzahl der Poleis aneignen können? (Pol. IV.11, 1295a25 – 31)

Diese Verfassung ist die Politie[359], die von Aristoteles mit der Herrschaft der mittleren Klasse[360] gleichgesetzt wird. Die Politie ist also diejenige der schlechthin gerechten Verfassungsformen, die für die meisten historischen Staaten die am ehesten zu realisierende ist.[361] Warum gehört nun die Politie als Herrschaft der mittleren Klasse zu den guten und schlechthin gerechten Verfassungen, aber weder die Demokratie als Herrschaft der Armen noch die Oligarchie als Herrschaft der Reichen? Die Antwort, die Aristoteles auf diese Frage gibt, lautet wie folgt (vgl. Kraut 2002, 439 ff.): Während die Reichen in der Oligarchie selbstherrlich und ohne Rücksicht auf die Bedürfnisse der Armen regieren, üben die Armen in der De-

---

359 Aristoteles verwendet in Pol. IV.11 selbst nicht den Namen „Politie". Zur Identifikation des Verfassungsentwurfs von Pol. IV.11 als einer Politie s. Miller 1995, 262 f.; Kraut 2002, 438. Stark deutet die Politie in Pol. IV.11 als Verfassungsentwurf, der sich an der Wirklichkeit der attischen Demokratie orientiert (Aalders 1965, 4). Dies scheint mir jedoch fragwürdig. Denn Aristoteles' Bild der voll entwickelten attischen Demokratie dürfte nach seiner Verfassungslehre am ehesten der extremen Form der Demokratie entsprechen. Nichols identifizeirt die Politie in IV.11 mit der schlechthin besten Verfassung (Nichols 1992, 88 f.). Ähnlich auch Salkever 2007, 42 Anm. 2. Nach Nichols und Salkever antwortet Aristoteles mit seiner Theorie der Politie daher nicht auf Frage (4), sondern auf Frage (1). Auch Jill Frank bringt die Politie in Pol. IV.11 in eine enge konzeptionelle Nähe zur besten Verfassung in Pol. VII–VIII (Frank 2005). Zur Nähe der Verfassung von Pol. IV.11 zu der von Pol. VII–VIII s. ferner Kraut 2002, 438.
360 Zur Gleichsetzung der „Politie" in Pol. IV.11 mit der Herrschaft der mittleren Klasse s. Kraut 2002, 439 ff. Aufgrund der Herrschaft der mittleren Klasse verwendet Aristoteles zur Bezeichnung dieser Verfassungsform in der *Nikomachischen Ethik* auch den Namen „Timokratie", weil sie auf der Vermögensschätzung (*timêma*) beruhe (NE VIII.12, 1160a33 – 35). Zur Relevanz der mittleren Klasse für die gute Einrichtung des Staates vgl. auch Pol. V.9, 1309b19. Aalders identifiziert die die Politie dominierende Bevölkerungsgruppe der Mesoi mit der Hoplitenklasse.
361 Vgl. hierzu Aristoteles' Beschreibung dieser Verfassung als „die umfassendste wünschbarste Verfassung *nächst der besten*" (Pol. IV.2, 1289b14 f.; meine Hervorhebung). Aalders deutet die beiden Kennzeichnung der Politie in Pol. II und IV als einen Selbstwiderspruch des Aristoteles, den er versucht, entwicklungstheoretisch aufzulösen (Aalders 1965, 210). Jedoch gibt es hierfür auch eine sachliche Erklärung: Pol. II diskutiert die als gut anerkannten Verfassungen, seien sie historisch oder philosophisch. Unter ihnen gilt die Politie als die Verfassung, die der wenigsten Voraussetzungen bedarf, und deshalb als die am leichtesten zu verwirklichende.

mokratie ihre Herrschaft aus Neid und Not gegen die Reichen aus, indem sie diese anklagen und deren Eigentum konfiszieren, um dieses unter sich aufzuteilen. Die Herrschaft der mittleren Klasse wirkt demgegenüber moderierend und sorgt dafür, dass zwischen den Bedürfnissen und Interessen der Reichen und Armen ein Ausgleich stattfindet, so dass die Herrschaft in der Polis zum gemeinsamen Vorteil aller Bevölkerungsteile ausgeübt wird (vgl. bes. Pol. IV.11, 1295b1 ff.).[362] Weil die Herrschaft in der Politie nicht einseitig zugunsten der Reichen oder der Armen vorgenommen wird, erweist sie sich zudem als stabiler als die politischen Systeme der Oligarchie und der Demokratie, bleibt sie so doch frei von unversöhnlichen Faktionen in der Bürgerschaft (vgl. bes. 1295b23 ff.).[363] Obwohl sie zu den schlechthin gerechten Verfassungen gehört, insofern die durch sie etablierte Herrschaft dem Gemeinwohl dient, steht sie demnach hinter dem Königtum und der Aristokratie in normativer Hinsicht zurück. Denn in ihr wird die Gemeinwohlorientierung nicht eigentlich durch die Gerechtigkeit und Tugend des Herrschaftspersonals gewährleistet, d. h. durch die Einsicht in die natürliche Norm politischer Herrschaftsverhältnisse, sondern lediglich durch die Abwägung einer rein materiell bestimmten Interessenspolitik. Immerhin kann die Politie in einem sekundären Sinn zu den aristokratischen Verfassungen gerechnet werden, da die Menschen mit mittlerem Besitztum am ehesten auf die Vernunft zu hören fähig und damit tugendfähig sind (Pol. IV.11, 1295b5 f.).[364]

Die Beschreibung der Politie in Pol. IV.11 lässt sich mithin problemlos in Aristoteles' normatives Verfassungsschema von Pol. III.7 integrieren. Während die Aristokratie und das Königtum an die sittliche Qualität der Polisbewohner jedoch äußerst hohe Ansprüche stellen und daher in den meisten Fällen unerreicht bleiben, sind die Anforderungen der Politie an das für sie erforderliche Herrschaftspersonal deutlich geringer. Deshalb ist es in einer Vielzahl von Staaten, denen das Königtum und die Aristokratie aufgrund der charakterlichen Mängel ihrer Bevölkerung versagt bleiben, immerhin möglich, eine Politie zu errichten. Aristoteles geht es mit seinem Entwurf der Politie also darum, die gangbare Alternative einer zweitbesten Verfassung zu entwerfen (Pol. IV.2, 1289b14–16),[365] die zugleich in ihrer moralischen Güte den gängigen Formen der Oligarchie und Demokratie überlegen ist, weil sie dem Gemeinwohlkriterium aus Pol. III als

---

362 Anders Mulgan, nach dem die Politie in IV.11 nicht zu den schlechthin gerechten Staatsformen gehört (Mulgan 1990, 210).
363 Vgl. hierzu auch Pol. V.11, 1315a31–35: „Da nun die Poleis aus zwei Teilen zusammengesetzt sind, Armen und Reichen, so wäre es das Beste, wenn beide Teile an der Erhaltung der Herrschaft interessiert wären, und insofern keiner durch den anderen Unrecht litte (*adikeisthai*)."
364 Zur Tugend der regierenden Bürgerschaft in der Politie vgl. auch Pol. III.7, 1279b1–4.
365 Zur Kennzeichnung der Politie als zweitbester Verfassung s. Kraut 2002, 430.

Ausdruck der Selbstzwecklichkeit des Daseins des von Natur aus freien Menschen noch auf unterstem Level gerecht zu werden vermag.

Wie der Gesetzgeber vorzugehen hat, um die beste Verfassung für ein bestimmtes Gemeinwesen zu schaffen (2), diskutiert Aristoteles vor allem in Pol. IV.12. Die Faustregel oder auch „Existenzregel" (Stark 1965a, 27), die Aristoteles dem Verfassungsgeber hierfür zur Hand gibt, ist die, die qualitativen und quantitativen Eigenschaften der in Frage stehenden Bürgerschaft bestmöglich gegeneinander abzuwägen.[366] Soll man für eine neu zu gründende Polis eine Verfassung entwerfen – so wie der Kreter Kleinias in den platonischen *Nomoi* einen Auftrag zur Verfassungsgebung erhalten hat –, hat man als Gesetzgeber also darauf zu achten, eine Verfassung zu erlassen, die – unter Wahrung der Stabilitätsanforderungen an ein politisches System – den mit Blick auf das Gerechte schlechthin richtigen Verfassungen am nächsten kommt. Was das quantitative Element der Abwägung betrifft, so hat der Gesetzgeber dafür zu sorgen, dass die regierende Bürgerschicht (*politeuma*) stark genug ist, um die Verfassung gegen ihre Feinde zu verteidigen. Dies erreicht er, indem er eine hinreichende Zahl an Freien an der Regierung beteiligt. Denn durch ihre Teilhabe an der Regierung sind sie nicht entehrt, und es wird sichergestellt, dass die Herrschaft ihrem Vorteil dient, so dass sie am Erhalt des existierenden politischen Systems interessiert sind. Was die Qualität der Abwägung betrifft, so bezieht sich Aristoteles auf diejenigen Eigenschaften, die die Bürger zum Gelingen des Zusammenlebens in der Polis beitragen. Nach Aristoteles zählen hierzu die Freiheit der Menge, der Reichtum der Wenigen, vor allem aber die Bildung und die Adligkeit der wenigen Wohlerzogenen (Pol. IV.12, 1296b17 f.).[367] Ist die Menge der Adligen und Gebildeten in einer Polis noch nicht hinreichend, damit diese die Macht dauerhaft behaupten kann, ist sie um den Kreis der Reichen als Herrschaftsberechtigte zu erweitern. Sollten beide Gruppen zusammen immer noch nicht eine ausreichende Anzahl von Freien auf sich vereinigen, so dass sie den Erhalt der Verfassung nicht dauerhaft garantieren können, ist die Gruppe der Herrschaftsberechtigten schließlich sukzessive um den Kreis der (nicht gebildeten und nicht reichen) Freien zu ergänzen. Sobald jedoch die Stabilität der Verfassung hinreichend sichergestellt ist, sollte man darüber hinaus nicht unnötig den Radius des Bürgerrechts erweitern,

---

366 Auf diese Faustregel greift Aristoteles auch in Pol. V.9, 1309b16–19, als Ratschlag für den Gesetzgeber zurück. Nach Schütrumpf kennzeichnet insbesondere diese Faustregel zur Einrichtung einer geeigneten Verfassung den Paradigmenwechsel in Aristoteles' Verfassungsdenken: Mit ihr gebe Aristoteles den „Maßstab distributiver Gerechtigkeit" (Pol. III) auf und gehe zu einer „Analyse der Machtfaktoren" (Pol. IV–VI) über (Schütrumpf III, 126 f.).
367 Zur Qualität dieser drei Bevölkerungsgruppen und ihrem jeweiligen Beitrag für das politische Ganze s. Miller 1995, 156–159.

damit nicht zu viele verkommene Individuen sich der politischen Ämter bemächtigen können (Pol. IV.13, 1297b2–6).[368] Aufgabe des Gesetzgebers ist es also, je nach Beschaffenheit der Bevölkerung aristokratische Verfassungselemente, d. h. solche, die die politischen Ämter den Gebildeten und Tugendhaften zusprechen, oligarchische Verfassungselemente, die die politische Partizipation der Reichen ermöglichen, und schließlich auch demokratische Verfassungselemente, die die politische Teilhabe einer ausreichenden Anzahl an Freien garantieren, miteinander bestmöglich zu mischen. Je nach konkreter Beschaffenheit der Bevölkerung ist so eine andere Form von Mischung angebracht. Die Prinzipien der richtigen Mischung diskutiert Aristoteles in Pol. IV.13. In Pol. IV.14–16 erläutert er sodann die spezifische Beschaffenheit der drei zentralen politischen Institutionen einer Polis unter einem demokratischen, einem oligarchischen und einem aristokratischen Regime, deren Kenntnis es zur Herstellung der richtigen Mischung bedarf, indem es sie in adäquater Weise zu kombinieren gilt.[369] Eine solche Mischverfassung ist demnach überall dort angebracht, wo weder ein gottähnlicher Regent (Königtum) noch eine ausreichende Zahl an Tugendhaften (Aristokratie) noch eine breite Mittelschicht (Politie) vorhanden ist. Obwohl man nach Aristoteles nicht erwarten darf, dass eine solche Mischverfassung zum gemeinsamen Nutzen aller Freien besteht, sie also aufgrund ihrer Partikularwohlorientierung nicht mehr zu den schlechthin gerechten Verfassungen zu zählen ist, dient bei ihrer Herstellung dennoch die richtige Verfassung der Politie als normativer Orientierungspunkt. Die Leitbildfunktion der Politie bei der Herstellung einer Mischverfassung wird von Aristoteles im Übergang von Pol. IV.11 zu Pol. IV.12, der Diskussion der Mischverfassung als derjenigen Verfassung, die am besten zu einer bestimmten Polis passt, betont:

> So ist klar, welche die beste Verfassung (*aristê politeia*) [unter den nicht-idealen Bedingungen der politischen Wirklichkeit] ist [nämlich die Politie] und aus welcher Ursache. Welche aber von den anderen [verfehlten] Verfassungen (da wir ja mehrere Demokratien und Oligarchien annehmen) als die erste, zweite usw. anzusetzen sei, also welche besser und welche schlechter ist, das ist nicht mehr schwer zu erkennen, nachdem wir die beste bestimmt haben. Besser (*beltiô*) wird immer jene sein, die dieser am nächsten steht, schlechter (*cheirô*) jene, die der mittleren ferner ist [...]; ich verstehe darunter, dass oft und in gewissen Fällen, obschon eine bestimmte Verfassung an sich die wünschbarere (*hairetôteras*) ist, doch eine

---

368 Denn Aristoteles nimmt an, dass es auch in der Gruppe der Freien, die nicht vollständig tugendhaft sind, charakterliche Unterschiede gibt. Kraut (2002, 429) verweist hierzu auf Pol. IV.12, 1296b28 f.
369 Nämlich die beratende Instanz (Pol. IV.14), die Magistrate (Pol. IV.15) und die Volksgerichte (Pol. IV.16).

andere zuträglicher sein kann (*sympherein* [...] *mallon*). (Pol. IV.11, 1296b2–12; vgl. Pol. IV.12, 1297a6–13)

Auch wenn Aristokratie, Königtum und Politie als die hinsichtlich des Gerechten schlechthin richtigen Verfassungen an sich wünschbarer sind als jede Form von Mischverfassung, muss man als Verfassungsgeber in normativer Hinsicht zu Abstrichen bereit sein, um eine hinreichend stabile Verfassung zu schaffen. Dabei gilt: Je näher die Mischverfassung an die gute und gerechte Verfassung der Politie herankommt, umso besser bzw. weniger schlecht ist sie. Die Mischung ist daher gelungen, wenn man von einer Verfassung weder von einer Oligarchie (Herrschaft der Reichen) noch von einer Demokratie (Herrschaft der Armen) sprechen kann (vgl. Pol. IV.9, 1294b14–16).[370] Die normative Orientierungsfunktion, die der Politie bei der Herstellung einer Mischverfassung zukommt, findet auch auf sprachlicher Ebene einen Widerhall. Denn Aristoteles spricht von dieser auch als einer „sogenannten Politie". Eine solch gute Mischung liegt nach Aristoteles etwa in der Verfassung Spartas vor, bei der man sich daher streitet, ob sie eher der Demokratie oder der Oligarchie zugehörig ist (Pol. IV.9, 1294b18 ff.). Befindet sich eine Polis zudem in der glücklichen Lage, dass es in ihr einige tugendhafte Individuen gibt, die man an der Herrschaft beteiligen kann, spricht Aristoteles von dieser Mischverfassung als „sogenannter Aristokratie". Die Mischverfassungen der „sogenannten Politie" und der „sogenannten Aristokratie" sind nicht mit den Reinformen und schlechthin gerechten Verfassungen der Politie und Aristokratie zu verwechseln. Sie weisen lediglich aufgrund der ihnen eigentümlichen Mischung der Verfassungselemente eine gewisse Ähnlichkeit zu ihnen auf.[371] Auch in seiner Diskussion der besten Verfassung für ein bestimmtes Gemeinwesen (2) bilden TNH und das auf ihr fußende Verfassungsschema aus Pol. III mithin den normativen Bezugsrahmen.

Zum Erhalt einer bestehenden Verfassung (3) ist es nach Aristoteles notwendig, die Prinzipien des Verfalls der einzelnen Verfassungen zu kennen. Diese bilden den Gegenstand von Pol. V–VI. Aristoteles präsentiert in diesen beiden

---

370 Entsprechend muss nach Aristoteles die Mischungverfassung in Platons *Nomoi* als schlecht bezeichnet werden, wenn Aristoteles ihr vorwirft, dass sie übermäßig zur Oligarchie tendiere (Pol. II.6, 1266a7).

371 Zu den „sogenannten" (*kalousin*: Pol. IV.11, 1295a31; *kaloumenê*: Pol. IV.11, 1295a33) Aristokratien und Politien vgl. Kraut 2002, 431f. Vgl. hierzu auch Miller 1995, 164f. Aalders hingegen differenziert nicht zwischen der Politie im engeren Sinn und der „sogenannten" Politie. Dies führt bei ihm dazu, dass er die Kennzeichnung der Politie als eine der drei richtigen Verfassungsformen in Pol. III und ihrer Beschreibung als Mischung aus den beiden *parekbaseis* der Demokratie und Oligarchie in Pol. IV für einen Widerspruch in der aristotelischen Verfassungslehre hält, den er sodann entwicklungstheoretisch versucht aufzulösen (Aalders 1965, 211).

Büchern eine detaillierte historische Konfliktstudie über die Motive, die in einer Bürgerschaft zu Faktionen und so schließlich zum Bürgerkrieg (*stasis*) und zum Verfassungsumsturz (*metabolē*) führen können.[372] Der Gesetzgeber hat diese Konfliktszenarien zu studieren, weil er nur durch ihre Kenntnis geeignete Gegenmaßnahmen ergreifen und so zum Erhalt einer Verfassung beitragen kann.[373] In diesem Teil der *Politik* überrascht nun, dass Aristoteles nicht nur Ratschläge zum Erhalt der schlechthin gerechten Verfassungen erteilt. Tatsächlich gibt er Anweisungen für die Bewahrung eines jeden beliebigen Regimes, also auch der Tyrannis. Müsste Aristoteles aber nicht vor dem Hintergrund seiner normativen Bestimmung der politischen Herrschaftsverhältnisse die Tyrannis als größtes Unrechtsregime verwerfen, weil in ihr die gesamte freie Bürgerschaft despotisch regiert wird? Müsste er nicht die verfehlten Verfassungsformen allesamt als politische Unrechtsregime ablehnen, weil sie das natürliche Freiheitsrecht der Bürger verletzen, anstatt ihnen zu Hilfe zu kommen? Warum also gibt Aristoteles in scheinbar machiavellistischer Manier Ratschläge an den Tyrannen? Insbesondere mit Blick auf diesen Teil der aristotelischen *Politik* stellt sich also die Frage, warum Aristoteles überhaupt am Erhalt von Unrechtsregimen wie der Tyrannis oder auch der Oligarchie und Demokratie interessiert ist.[374]

Die Antwort auf die Frage, warum Aristoteles nicht nur am Erhalt der guten und gerechten Verfassungen gelegen ist, sondern auch Ratschläge zum Erhalt von Unrechtsregimen erteilt, umfasst mehrere Aspekte. Zum einen gilt nach wie vor, was Aristoteles in seiner Phänomenologie der natürlichen Gemeinschaften gezeigt hat (vgl. Kap. 3.3), nämlich dass die Versorgung des Einzelnen mit den äußeren Gütern – sowohl was die Qualität als auch die Quantität betrifft – in der Polis grundsätzlich besser ist als in dem für sich bestehenden, isolierten Haushalt. Ebenso gewährleistet erst der Sozialverband der Polis seinen Mitgliedern ein zum dauerhaften Überleben hinreichendes Maß an Sicherheit (vgl. hierzu Kap. 3.3.3). Aufgrund des höheren individuellen Autarkielevels in einer Polis ist es für den Einzelnen daher vorteilhaft – sofern es die Gegebenheiten in einem Staat nicht anders zulassen und das erlittene Unrecht nicht allzu groß ist –, sich mit anderen

---

[372] Nach Stark greift Aristoteles mit dieser Bücherfolge innerhalb der politischen Philosophie die gleiche Fragestellung auf, die er in der Naturphilosophie mit *De generatione et corruptione* verfolgt habe, insofern er in dieser Schrift das Entstehen und das Vergehen von natürlichen Substanzen thematisiere (Stark 1965a, 29).
[373] Ein kurzer Überblick über die wichtigsten Faktoren, die zum Verfassungsumsturz führen bzw. für die Erhaltung (*sōtēria*) einer Verfassung sorgen, findet sich in Stark 1965a, 30 ff.
[374] Rowe erklärt daher dieses Tätigkeitsfeld des Gesetzgebers zum Testfall eines amoralischen Politikverständnisses bei Aristoteles (Rowe 1991).

selbst unter einer stark defizitären Verfassung in einer Polis zusammenzuschließen, als ein karges Leben in einem isolierten Haushalt zu führen.[375]

> Die Menschen treten aber auch einfach um des Lebens (*zên*) willen zusammen und bilden eine Polis. Und vielleicht gibt es ein Element des Schönen (*kalon morion*) auch im bloßen Leben allein, wenn die täglichen Beschwerlichkeiten nicht gar zu sehr überwiegen. Denn offenbar halten die meisten Menschen viele Widerwärtigkeiten aus und klammern sich an das Leben, da dieses eine gewisse Erfreulichkeit und natürliche Süßigkeit in sich hat. (Pol. III.6, 1278b24–30)[376]

Auch wenn das höchste Strebensziel, das Glück und gute Leben, den Bürgern unter einer solch privativen Verfassung letztlich versagt bleibt, sind sie insgesamt dennoch besser gestellt, als es ohne die Polis der Fall wäre.

Zum anderen haben wir gesehen, dass die schlechthin gerechten Verfassungen nach Aristoteles vom politischen Herrschaftspersonal ein hohes Maß an Tugend (Königtum/Aristokratie) oder aber zumindest das Vorhandensein einer breiten ökonomischen Mittelschicht (Politie) erfordern. Beide Bedingungen werden jedoch von den real existierenden Staaten oft nicht erfüllt, so dass diese Verfassungen nicht als gangbare Optionen zur Verfügung stehen. Das ist nach Aristoteles bedauerlich, jedoch Realität. Soll ein Gesetzgeber unter diesen nichtidealen Bedingungen einer Bürgerschaft eine neue Verfassung geben, so soll er nach Aristoteles eine möglichst gute Mischung zwischen oligarchischen, demokratischen und aristokratischen Verfassungselementen herstellen, wobei die schlechthin gerechte Verfassung der Politie (und in seltenen Fällen sogar die der Aristokratie) als normativer Orientierungspunkt dient. Die Aufgabe der Erhaltung einer Verfassung setzt jedoch klarerweise bereits deren Existenz voraus. Der Handlungsspielraum des Gesetzgebers ist hier also wesentlich geringer (Kraut 2002, 430). Die Aufgabe des Gesetzgebers gleicht hier vielmehr dem, was man heute als „wissenschaftliche Politikberatung" bezeichnen würde: Der Gesetzgeber wird von einem Regime zu Hilfe gerufen, um anschwellende Konflikte in der Bürgerschaft zu schlichten. Handelt es sich bei diesen Regimen um eine der entarteten Verfassungen, dann ist das Wissen um die schlechthin gerechten Verfassungen für Aristoteles zwar schön, doch nur bedingt brauchbar.

---

[375] Eine alternative Erklärung findet sich bei Kraut, der Aristoteles' Zuwendung zu den verfehlten Verfassungen „perfektionistisch" deutet, indem er auf ihren – nach wie vor vorhandenen – Beitrag zur menschlichen Charakterbildung abzielt (Kraut 2002, 435).

[376] Zu Aristoteles' Wertschätzung des bloßen Lebens vgl. auch seine Auflistung der allgemein anerkannten Güter in Rhet. I.6, 1362b26f.: „Und das Leben: denn, selbst wenn kein anderes Gut daraus folgt, ist es an sich wählenswert."

Weshalb auch die Ratschläge zum Erhalt der verfehlten Verfassungen nach Aristoteles einen genuinen Teil politikwissenschaftlichen Forschens ausmachen, dafür gibt eine Episode aus Platons Vita ein gutes Beispiel:[377] Platon wird um 389/ 388 v. Chr. von Dionysios, dem Tyrannen von Syrakus, um Rat gefragt, wie er seiner Herrschaft mehr Stabilität und Dauer verleihen könne. Platon empfiehlt Dionysios, eine Verfassung einzurichten, die dem Ideal der Aristokratie, der Herrschaft der weisen und tugendhaften Männer, entspricht. Dies hat aber zur Folge, dass Dionysios seine Macht abzugeben, zumindest aber zu teilen hätte. Dazu ist Dionysios jedoch aus verständlichen Gründen nicht bereit. Platon kehrt daher unverrichteter Dinge wieder nach Athen zurück und hat die Möglichkeit vergeben, Verbesserungen für die Bürger in Syrakus zu bewirken. Der Ratschlag von Platon an Dionysios war, wie es Aristoteles in Pol. IV.1 formuliert, schön gesprochen, aber nicht brauchbar. Hätte Platon überhaupt etwas erreichen wollen, hätte er sich an den faktischen Machtverhältnissen orientieren müssen. Denn die politische Wirklichkeit, mit der es der Gesetzgeber zu tun hat, unterscheidet sich leider allzu oft von jenem Zustand, der es erlaubt, die beste Verfassung zu verwirklichen. Aristoteles empfiehlt daher in der *Politik* eine andere Vorgehensweise. In Fällen, in denen man von einem Regime zur Hilfe gerufen wird, hat man sich – ebenso wie bei der Einrichtung einer Mischverfassung im Fall einer Polisneugründung – mit dem Bestmöglichen zufriedenzugeben, das man unter den bestehenden Umständen erreichen kann, will man überhaupt für eine Verbesserungen der Lage der Bevölkerung sorgen. Platon hätte daher nach Aristoteles Dionysios zu einer Verbesserung der Tyrannis und nicht zur Einrichtung einer Aristokratie raten sollen. Damit hätte er der freien Bevölkerung in Syrakus zwar nicht zur vollen Anerkennung ihres natürlichen Freiheitsrechts verholfen, wohl aber dessen partielle – und unter den gegebenen Umständen bestmögliche – Realisierung erreichen können.

Dass die Ratschläge zum Erhalt der verfehlten Verfassung in Pol. V–VI Aristoteles' Bestimmung politischer Herrschaft als Herrschaft über von Natur aus freie und deshalb um ihrer selbst willen existierende Individuen zu ihrem normativen Bezugspunkt haben, wird sodann auch an den Ratschlägen zum Erhalt einer Tyrannis deutlich, die Aristoteles in Pol. V.11 diskutiert. Aristoteles unterscheidet „zwei völlig entgegengesetzte Arten" von Maßnahmen, die zur Erhaltung der Herrschaft eines Tyrannen beitragen (Pol. V.11, 1313a34f.). Die eine besteht in der Radikalisierung der tyrannischen Herrschaft, indem sie die Polisbewohner noch größeren Repressalien unterwirft, die Bürger vollständig ihrer Freiheit beraubt, so dass diese keine Chance mehr haben, sich gegen das erlittene Unrecht zur Wehr setzen

---

[377] Dieses Beispiel ist nachzulesen in Platons Epist. VII, 326b ff.

zu können (Pol. V.11, 1313a35–14a29). Diese Vorgehensweise, die nach Aristoteles auf Periander von Korinth zurückgeht (Pol. V.11, 1313a36 f.), wird jedoch von ihm zutiefst missbilligt, weil in ihr „keine Schlechtigkeit" (*mochthêria*) fehle (Pol. V.11, 1314a13 f.). Die andere Weise, eine Tyrannis zu erhalten, beschreitet den entgegengesetzten Weg, indem das Unrecht in ihr gemindert wird. Dies geschieht dadurch, dass die Tyrannis dem Königtum angenähert wird (Pol. V.11, 1314a29–35). Es ist diejenige Weise der Erhaltung, die Aristoteles als die richtige auffasst. Sie läuft im Wesentlichen darauf hinaus, dass der Tyrann in seiner Herrschaft stärker das Gemeinwohl (*koinôn*: Pol. V.11, 1314b1) beachtet, indem er die Staatsgelder nicht für die eigenen Vergnügungen veruntreut. Am Ende dieser empfohlenen Therapie für die Tyrannis verbleibt nach Aristoteles als einziger Unterschied zwischen der Tyrannis und der Königsherrschaft, dass der Tyrann gegen die Zustimmung der Polisbewohner herrsche, während es der König mit ihrer Zustimmung tue (Pol. V.11, 1314a35–40).[378] Erhaltung und Verbesserung gehen also im Fall der Tyrannis Hand in Hand.[379] Aristoteles hätte es zwar ebenso wie Platon nicht geschafft, den Tyrannen Dionysios dazu zu bringen, in der Polis Syrakus die beste Verfassung einzurichten und damit seine Macht abzugeben. Er hätte jedoch mit seinem Vorgehen konkrete Verbesserungen für die Bürgerschaft, auf die sie als eine Gemeinschaft von Natur aus freier Menschen ein Anrecht hat, erreicht.

Dieser kurze Durchgang durch das Programm der Bücher IV–VI der *Politik* soll gezeigt haben, dass die verfassungstheoretischen Abhandlungen in dieser Bücherfolge das in Pol. III.7 entworfene Verfassungsschema zu ihrem normativen Orientierungspunkt haben. Die am Gemeinwohl orientierten Verfassungen, die Ausdruck der Selbstzwecklichkeit des Daseins des von Natur aus freien Menschen und seines natürlichen Rechts auf Freiheit sind, leiten auch das Tätigsein des Gesetzgebers unter nicht-idealen Wirklichkeitsbedingungen an. Die Bücherfolge Pol. IV–VI ist deshalb nicht als Manifest eines amoralischen Realismus misszuverstehen, sondern ergänzt programmatisch das in Pol. I begonnene und in Pol. III fortgesetze Projekt.[380]

---

378 Diese Aussage muss sich auf die Einsetzung des Tyrannen bzw. Königs beziehen, also auf den Akt der Inthronisierung.
379 Vgl. hierzu Miller 1995, 188: „The description of the third task of political science (1288b28–33) does not say that the politician should try to preserve a base constitution *without* trying to correct it. The description is consistent with a reformist agenda. His language also implies that to reform (*epanorthoun*) a constitution is to make an inferior constitution more like a correct (*orthê*) one."
380 Auch Keyt betont, dass der Gesetzgeber und Politiker für seine Reformtätigkeit, für die Aristoteles in Pol. IV–VI Regeln angibt, eines normativen Standards bedarf, an dem er seine Reformvorschläge ausrichten kann. Diesen normativen Standard sieht Keyt in der Aristokratie von Pol. VII–VIII gegeben: „This seems to imply some standard of constitutional excellence such

5.2 Politische Rechte

Nach modernen Standards bemessen, ist die attische Gesellschaft in ihrer Vergabe des Bürgerrechts nicht gerade als liberal zu bezeichnen. Auch wenn wir hinsichtlich der Bevölkerungszahlen Athens keine zuverlässigen Daten besitzen und auf Schätzungen angewiesen sind, dürfte Attika auf dem Höhepunkt seiner Bevölkerungsentwicklung um die Mitte des 5. Jahrhunderts eine Gesamtbevölkerung zwischen 200.000 und 300.000 Einwohnern erreicht haben.[381] Während der Perserkriege ist sie deutlich unter dieser Zahl anzusetzen; nach dem Peleponnesischen Krieg ist von etwa der Hälfte dieser Bevölkerungszahl (also 100.000 bis 150.000 Einwohner) auszugehen. Im 4. Jahrhundert hat sich die Bevölkerungszahl dann wiederum deutlich erholt (Bleicken 1995, 101). Das Bürgerrecht vergaben die Athener nach dem gesetzlichen Automatismus des Abstammungsprinzips: Attischer Bürger wurde man durch die Zugehörigkeit zu einer attischen Familie, die ihrerseits bereits über das Bürgerrecht verfügte. Fremdansässigen Frauen war es – im Gegensatz zu fremdansässigen Männern – zudem möglich, den Bürgerstatus durch Einheirat in bzw. die Adaption durch eine entsprechende Familie zu erlangen. Mit der Reform des Bürgerrechtsgesetzes von 451/450 durch Perikles,[382] das 403 nach der Absetzung der „Dreißig" unter Führung des Thrasybulos wieder instand gesetzt worden ist, wurde die Vergabe des Bürgerrechts sodann verschärft. Wer von nun an den Eintrag in die Bürgerliste seines Demos anstrebte, hatte den Nachweis zu erbringen, dass er sowohl mütterlicher- als auch väterlicherseits einer rechtsgültigen Ehe athenischer Bürger entstammte. Damit wurden alle fremden, mit Athenern verheirateten Frauen und Kinder aus Mischehen vom Bürgerrecht ausgeschlossen (Bleicken 1995, 408f., 656f.). Diese Reform des Bürgerschaftsrechts bedeutete, dass auf unbestimmte Zeit nur ein kleiner, elitärer Teil der Gesamtbevölkerung Attikas Bürger war. Auch wenn die genauen Motive für die Verschärfung des Bürgerrechtsgesetzes umstritten sind, wird gemeinhin nicht bezweifelt, dass sie Ausdruck einer gestiegenen Wertschätzung ist, welche die Athener dem Status des Bürgers und den mit ihm verbundenen Privilegien entgegenbrachten.[383] Von den geschätzten 200.000 bis 300.000 Einwohnern Attikas

---

as the ideal constitution of Books VII–VIII [...]" (Keyt 1999, xv). Nach Keyt ergänzen sich demnach die stärker normativ ausgerichteten Bücher der *Politik* (III, VII–VIII) mit den stärker praxisbezogenen Büchern (IV–VI) gegenseitig und bilden ein thematisches Ganzes.

381 Der folgende demographische Überblick über die attische Gesellschaft und das attische Bürgerrecht entnehme ich Bleicken 1995, 99–101.

382 Der Text des perikleischen Bürgerrechtsgesetzes findet sich in AP 26.3.

383 Nach Bleicken ist die Verschärfung der Vergabepraxis Ausdruck des gesteigerten „Selbstwertgefühl[s] des Demokraten", wobei die „materiellen Vorteile", die ein Einheimischer bzw.

zur Mitte des 5. Jahrhunderts besaß auf Grundlage der Neuregelung des Bürgerrechtsgesetzes lediglich die Hälfte, d. h. 100.000 bis 150.000 Personen, das Bürgerrecht, von denen aber nur 30.000 bis 50.000 auch politische Rechte zukamen und sie mithin Vollbürger (*haplôs politês*: Pol. III.1, 1275a19; a22) im aristotelischen Sinn waren. Die Zahl der Vollbürger fällt relativ zur Gesamtbevölkerung deshalb so gering aus, weil die politische Teilhabe in Athen nicht nur die Volljährigkeit erforderte, sondern darüber hinaus auch an das Geschlecht gebunden war. Das Recht zur Teilnahme an den Volks- und Gerichtsversammlungen sowie das Recht zur Führung eines politischen Amts besaß nur der mündige, d. h. 18-jährige, männliche Athener, der in die Bürgerliste seines Demos eingetragen war (faktisch allerdings konnten die Athener erst mit Beginn des 21. Lebensjahrs an den Versammlungen der Bürgerschaft teilnehmen, da sie als Epheben zwischen ihrem Eintrag in die Bürgerliste und der Teilnahme an den Volks- und Gerichtsversammlungen einen zweijährigen intensiven Militärdienst zu leisten hatten). Die Frauen und Kinder der Athener waren zwar privatrechtlich frei und ihnen kam der Status des Bürgers zu, sie besaßen jedoch keine politischen Rechte.

Der Bevölkerungsgruppe der Bürger stand diejenige der Nicht-Bürger gegenüber. Zu ihr gehörten einerseits die in Attika festansässigen Fremden (*metoikoi*), das sind jene Fremden, die sich nicht nur vorübergehend auf attischem Gebiet aufgehalten haben. Auch die Metöken – zumeist Handwerker und Händler – waren privatrechtlich frei. Als Nicht-Bürger besaß der Metöke jedoch keine politischen Rechte. Die Gruppe der Metöken zählte um die Mitte des 5. Jahrhunderts etwa 25.000 bis 35.000 Personen. Den bei Weitem größeren Teil der Nicht-Bürger stellte jedoch die Gruppe der Nicht-Freien, die Sklaven. Ihre Zahl wird für die Mitte des 5. Jahrhunderts auf 80.000 bis 120.000 geschätzt. Es ergibt sich daraus für die Bevölkerungsstruktur Athens zur Mitte des 5. Jahrhunderts, die der zur Lebzeiten von Aristoteles in relativen Zahlen ähnlich gewesen sein dürfte, das folgende Bild (s. Tabelle S. 226).[384]

In Attika stand somit jedem Bürger annäherungsweise ein Nicht-Bürger gegenüber, jedem Vollbürger rund sechs Nicht-Politen. In der Stadt Athen dürfte das Verhältnis von Vollbürgern zu Nicht-Politen noch geringer ausgefallen sein, denn in Attika hatte sich seit dem 5. Jahrhundert das Bevölkerungsverhältnis zwischen der Stadt Athen und dem Piräus auf der einen und den ländlichen Gebieten auf der anderen Seite massiv zu Gunsten des Großraums Athen/Piräus verschoben. Knapp jeder dritte Bürger Attikas dürfte im Stadtgebiet Athen/Piräus wohnhaft gewesen sein. Was die Bevölkerungsgruppe der Sklaven und Metöken betrifft, so lag ihr

---

Bürger (*astos*) gegenüber einem Fremden (*xenos*) besaß, „den allgemeinen politischen Hintergrund für den Vorschlag und die Annahme des Gesetzes gebildet haben" (Bleicken 1995, 408 f.).
384 Für alternative Schätzungen s. Miller 1995, 148; Kraut 2002, 279 f.

Tab. 5

	Bürger/Vollbürger	Nicht-Bürger/Sklaven	Anteil an Gesamtbevölkerung
Frei, mit politischen Rechten (Vollbürger)	Mündige männliche Athener (30.000–50.000)		ca. 15 %
Frei, ohne politische Rechte	Frauen und Kinder der Athener (70.000–100.000)	Metöken (25.000–35.000)	ca. 45 %
Nicht-Frei, ohne politische Rechte (Sklaven)		Sklaven (80.000–120.000)	ca. 40 %
Anteil an Gesamtbevölkerung	ca. 49 %	ca. 51 %	

Anteil in den städtischen Gebieten noch einmal höher, weil dort der maßgeblich von diesen Bevölkerungsgruppen getragene Handel stattgefunden hat. Gleiches gilt für die Warenproduktion.[385] Legt man die oben genannten Bevölkerungszahlen zugrunde, heißt das, dass im Stadtgebiet Athen/Piräus einem Bürger mindestens 1,5 Nicht-Bürger gegenüberstanden und das Verhältnis zwischen politisch berechtigten Vollbürgern und Nicht-politisch-Berechtigten das von eins zu acht überschritten haben dürfte.

Die von Aristoteles in der *Polititk* favorisierte Vergabepraxis des Bürgerrechts ist nun selbst nach dem Maßstab des attischen Bürgerrechtsgesetzes als elitär zu bezeichnen.[386] Denn in der *Politik* werden Teile der freien Bevölkerung von den vollen bürgerlichen Rechten ausgeschlossen, denen nach attischem Recht der Status des Vollbürgers zukäme. Nach Aristoteles sollen weder die Gruppe der Fremden (*xenoi*), der festansässigen Fremden (*metoikoi*) sowie die der Sklaven (*douloi*), noch die Gruppe der freien Hausangehörigen, die selbst nicht als *oikonomos* einem Haus vorstehen, also die Frauen und Kinder, über politische Teilhaberechte verfügen. Mit diesen Ausschlüssen folgt Aristoteles zunächst dem

---

[385] In einer Schätzung geht Bleicken davon aus, dass rund 50 Prozent der attischen Sklaven und weit mehr als die Hälfte der attischen Metöken im Großraum Athen/Piräus wohnhaft waren (Bleicken 1995, 116).
[386] Zum restriktiven Charakter der Vergabe des Bürgerrechts in der *Politik* s. Frede 2001 u. 2005: „Aristotle's criteria for the assignment of citizenship are far from what we would call democratic and liberal" (Frede 2005, 169).

attischen Bürgerrechtsgesetz. Was die Hausangehörigen betrifft, so können wir anhand der Ausführungen im vorangegangenen Kapitel nachvollziehen, warum sie Aristoteles von den politischen Amtsträgern ausgenommen wissen will. So ist der von Natur aus unfreie Mensch aufgrund seines praktischen Vernunftdefizits nicht zur praktischen Beratung fähig und somit nicht in der Lage, für sich selbst und für andere gute Entscheidungen mit Blick auf das Leben als Ganzes zu treffen. Aristoteles kritisiert daher die Phylenreform (508/507 v. Chr.) des Kleisthenes nach der Tyrannis der Peisistratiden, weil durch sie das volle Bürgerrecht an fremdansässige Sklaven (*douloi metoikoi*) verliehen wurde. Die Teilhabe der Sklaven von Natur an den politischen Ämtern hält Aristoteles jedoch für widerrechtlich (Pol. III.2, 1275b34–76a). Was die Fähigkeit zur praktischen Deliberation betrifft, so befindet sich nach Aristoteles das Kind in einer ähnlichen, wenn auch nicht irreversiblen Situation wie der von Natur aus Unfreie, weil dessen Vernunftnatur noch nicht vollständig entwickelt ist. Auch das Kind ist deshalb von den politischen Ämtern auszuschließen. Wenn in unseren modernen Demokratien den Staatsangehörigen das aktive und passive Wahlrecht in aller Regel erst mit Beginn der Volljährigkeit verliehen wird, dann folgen sie hierin dem Vorbehalt des Aristoteles gegenüber der „Politikfähigkeit" der Minderjährigen. Nach Aristoteles stehen zwar der Frau innerhalb des Hauses bestimmte Bereiche zu, die sie eigenverantwortlich leiten darf, da aber auch ihre praktische Vernunftnatur keine vollumfängliche ist, ist auch sie nach Aristoteles nicht dazu fähig, über die öffentlichen Angelegenheiten der Polis (in guter Weise) zu beraten.[387] Auch die Frauen sind daher nicht zu Vollbürgern zu machen.

Über den rechtlichen Status der Fremden und Metöken hat Aristoteles hingegen überraschend wenig zu sagen, was umso erstaunlicher ist, da Aristoteles selbst über mehrere Jahrzehnte in Athen als Metöke gelebt hat.[388] Aus Mangel an

---

[387] Siehe hierzu Kraut 2002, 286 Anm. 22. Vgl. Kap. 4.3.2.

[388] Nach Nussbaum vertritt Aristoteles die Ansicht, dass politische Partizipationsrechte ein wichtiger Bestandteil des guten menschlichen Lebens ausmachen und dass er als Nicht-Polit „zu dem Schluss" gekommen sei, „daß seinem eigenen Leben etwas fehlt, das wesentlich für ein wirklich gutes menschliches Leben ist" (Nussbaum 1999a, 70; vgl. Nussbaum 2001, Kap. 12). Ähnlich Salkever, nach dem das menschliche Gedeihen nicht nur die Erziehung durch die Gesetze voraussetzt, sondern auch die aktive politische Teilhabe (Salkever 1993, 1005). Dagegen argumentiert Mulgan (1990), dass bei Aristoteles die politische Teilhabe kein substantielles Element des guten Lebens bildet. Aristoteles' Ideal des guten Lebens ist nach Mulgan Teil jener Bewegung philosophischer Autoren, die sich im 4. Jahrhundert v. Chr. – wie später dann im Epikureismus und der Stoa – vom öffentlichen Leben abwenden. Aristoteles' Einschätzung des Werts der politischen Teilhabe sei daher Ausdruck eines neuen Quietismus (Mulgan 1990, 205). Mulgan spricht daher von Aristoteles als „the first of the Hellenistic moral philosophers" (Mulgan 1990, 211).

einer überzeugenden Interpretationsalternative ist daher anzunehmen, dass er in seiner Bestimmung der politisch-rechtlichen Stellung der Fremden und Metöken den Regelungen des attischen Rechts folgt. Ist dies richtig, würden die Fremden bzw. festansässigen Fremden in ihrem politisch-rechtlichen Status den Ausländern mit Aufenthaltsgenehmigung (Touristen, Gastarbeitern) bzw. den Asylanten in unseren Gesellschaften nahekommen (Bleicken 1995, 104). Sie wären demnach privatrechtlich frei, besitzen aber keine politischen Rechte. Dass Aristoteles die Fremden nicht zu Vollbürgern machen will, mag daran liegen, dass er befürchtet, ihre Ratschläge hinsichtlich des Wohls der Bürgerschaft könnten, da sie sich nur vorübergehend in der Polis aufhalten, durch ihre kurzfristigen Interessen korrumpiert sein. Demgegenüber ist der von Aristoteles geforderte kategorische Ausschluss der Metöken von den politischen Rechten nur schwer nachzuvollziehen, handelt es sich bei ihnen doch ebenso wie bei den Vollbürgern um erwachsene griechische Männer und damit vollumfängliche praktische Vernunftwesen. Prinzipiell sind sie daher ebenso zur politischen Beratung fähig wie die Vollbürger. Durch ihre Festansässigkeit läuft ihr Urteil zudem grundsätzlich nicht Gefahr, durch kurzfristige Interessen fehlzugehen. Kurz: Für den kategorische Ausschluss der festansässigen Fremden von den politischen Teilhaberechten finden sich in der *Politik* keine überzeugende Argumente. Aristoteles scheint in diesem Punkt in unreflektierter Weise dem elitären Bürgerschaftsdenken der attischen Polis zu folgen. Was die politisch-rechtliche Stellung der Metöken betrifft, so weist Aristoteles' politische Philosophie also ebenso ein „Demokratiedefizit" auf, wie wir es in unseren Gesellschaften hinsichtlich des Status der Asylanten verzeichnen können.

Als problematisch erweist sich für Aristoteles' politisches Denken jedoch vor allem der politisch-rechtliche Status der Handwerker (*dêmiourgoi*), Tagelöhner (*chernêtes*) und Banausen (*banausoi*).[389] Denn bei ihnen handelt es sich um von Natur aus freie und erwachsene Männer, damit vollumfängliche praktische Vernunftwesen, die aufgrund ihrer Abstammung zudem noch in die Bürgerlisten ihres Demos eingetragen sind. Die Handwerker und Banausen müssten daher eigentlich über das volle Bürgerrecht verfügen.[390] Dennoch will Aristoteles sie in der von ihm

---

[389] Eine zu der von mir im Folgenden vorgelegten Diskussion des „Banausenproblems" gegenläufige Interpretation findet sich in Annas 1996. Für meine Kritik an ihrer Position vgl. die folgenden Fußnoten.

[390] So etwa Yack, nach dem bereits der Besitz der natürlichen Fähigkeiten zur Beratung, durch die sich der Freie auszeichnet, zur politischen Teilhabe berechtigt: „The possesion of such capacities entitles one to share in political community and the determination of the content of political justice" (Yack 1990, 230). Demnach wäre ihr Ausschluss von der politischen Teilhabe Unrecht. Wie die vorliegende Interpretation jedoch zeigt, umfasst das Freiheitsrecht, unter dem

präferierten Staatsordnung von der politischen Teilhabe ausgeschlossen wissen: „Die beste Polis (*beltistê polis*) wird jedenfalls einen Banausen (*banauson*) nicht zum Bürger (*politên*) machen" (Pol. III.5, 1278a8; vgl. auch Pol. III.5, 1278a18 – 20). Verletzt die Vorenthaltung des Rechts auf politische Teilhabe damit nicht das grundlegende Freiheitsrecht der Banausen und Handwerker, unter dem sie als von Natur aus als freie Menschen stehen? Handelt es sich beim Ausschluss der Handwerker, Banausen und Tagelöhner aus der Gruppe der Vollbürger mithin um ein ideologisches Theoriestück, das auf aristokratischen Ressentiments gegenüber den arbeitenden Schichten fußt?[391] Um die Vorenthaltung des vollen Bürgerrechts gegenüber der Bevölkerungsgruppe der Handwerker, Tagelöhner und Banausen bei Aristoteles angemessen beurteilen zu können, bietet es sich an, zwei Fragen auseinanderzuhalten: (i) Welcher Einsatz steht für die Handwerker, Banausen und Tagelöhner durch ihren Ausschluss aus der Klasse der Vollbürger auf dem Spiel? (ii) Gibt es Gründe, die Aristoteles dazu führen, dieser Gruppe von Freien das volle Set an bürgerlichen Rechten vorzuenthalten?

Zu (i): Was Aristoteles' Diskussion des politisch-rechtlichen Status der Handwerker, Banausen und Tagelöhner in der *Politik* betrifft, so gilt es grundsätzlich zwischen seinen Ausführungen in Pol. III und Pol. VII–VIII zu unterscheiden. Denn in der besten Polis von Pol. VII–VIII gibt es keine von Natur aus Freien, die zur Ausübung handwerklicher und banausischer Tätigkeiten gezwungen wären (was gerade die Idealität dieser Polis bedingt), während dies unter den realistischeren Verhältnissen von Pol. III jedoch sehr wohl der Fall ist. Dabei hat Aristoteles die rechtliche Stellung der freien Banausen und Handwerker, die nach Pol. III weder Fremde noch Sklaven sind, durchaus als ein Problem für seine natürliche Rechtstellungslehre erkannt.

Doch in Bezug auf den Bürger (*politên*) bleiben noch einige Fragen offen. Soll man nämlich als Bürger im wahren Sinne (*alêthôs*) nur bezeichnen, wer ein Recht auf die Regierung hat,

---

der von Natur aus freie Mensch steht, nur den gerechtfertigten Anspruch, durch jegliche Form von Herrschaft, die über ihn etabliert wird, nicht instrumentalisiert, sondern zu seinem Wohl regiert zu werden. Es schließt keine politische Teilhaberechte mit ein. Auch Frauen und Kinder sind von Natur aus freie Menschen, die zwar vom Hausvorsteher um ihrer selbst willen zu regieren sind, aber keinen Anspruch auf politische Teilhabe haben.
391 Zum Vorwurf der Ideologie vgl. Annas 1996, 751f.: „Since Aristotle does not provide a clear argument that the workers in his ideal state are naturally unfitted for the political rights that are denied them, we have to conclude that his ideal state is in his own terms (and not merely ours) unjust, and that he does not face this point because he does not focus on the workers and their status clearly enough." Und Annas 1996, 746: „Hence there is something to the charge that here Aristotle is over-influenced by contemporary snobbish prejudice against craftsmen and tradesmen."

oder zählen auch die Banausen (*banausous*) zu den Bürgern (*politas*)? Wenn man nämlich auch diese dazunimmt, die nicht an den Ämtern (*archôn*) teilhaben, so ist es nicht möglich, dass jeder Bürger die Tugend besitzt, von der wir sprachen; denn dann sind auch andere Bürger. Wenn aber keiner von denen als Bürger gelten soll, wohin soll man sie dann rechnen? Denn sie sind doch weder ansässige Ausländer (*metoikos*), noch überhaupt Fremde (*xenos*). (Pol. III.5, 1277b33–39)

Aristoteles definiert die Rechte des Bürgers in Pol. III.1. Dabei geht es ihm nicht um eine formal-juridische Bestimmung des Bürgersstatus. Denn diese ist für Aristoteles schnell gefunden: Bürger ist derjenige zu nennen, der beiderseits von Bürgern abstammt – und das nicht bloß von einer Seite, also von Vater oder Mutter (Pol. III.2, 1275b22f.; vgl. 1275b 23–34), womit er die Regelungen des attischen Bürgerrechtsgesetzes wiedergibt, so wie es seit 451/450 durch die Reform des Perikles Bestand hatte. Aristoteles unterzieht den Bürgerbegriff, mit dem er im Folgenden operiert, jedoch einer wichtigen systematischen Engführung. Nach eigener Auskunft geht es ihm allein um den „Bürger schlechthin" (*haplôs politês*: Pol. III.1, 1275a19; a22), d. h. den Voll- oder Aktivbürger. Dieser ist dadurch gekennzeichnet, dass er an den wichtigsten politischen Institutionen der Polis teilhat, nämlich an der beratenden Instanz der Volksversammlung (*ekklêsia*) und an der richtenden Instanz der Volksgerichte (*dikastêria*) (Pol. III.1 1275a22f.; 1275a32f.; 1275b18–20). Da für beide Regierungsämter keine gemeinsame Bezeichnung existiert, spricht Aristoteles von ihnen auch als von der sogenannten „unbestimmten Regierungsfunktion" (*aoristos archê*: Pol. III.1, 1275a32). Die Verfassung als Ordnung der Bürgerschaft und als Regeln zur Verteilung der politischen Ämter unter den Bürgern bestimmt nun darüber, wer von den freien festansässigen, nicht fremden Hausvorstehern ein Recht hat, an den Regierungsämtern teilzuhaben.

Dies besagt zweierlei: (a) Wer „Bürger schlechthin" und wer nur „in gewisser Weise Bürger" ist – wie die Kinder und Greise, die noch nicht in die Bürgerlisten eingetragen sind oder aufgrund ihres Alters nicht mehr an den Volks- und Gerichtsversammlungen teilnehmen (vgl. Pol. III.1, 1275a5–19) –, ist verfassungsrelativ (Pol. III.5, 1278a13–20; III.6, 1278b11–14; III.13, 1283b42–84a1). Wer unter der einen Verfassung Vollbürger ist, hat es nicht notwendigerweise auch unter einer anderen Verfassungsform zu sein. Denn nach Aristoteles inkorporiert die Verfassung eine bestimmte Konzeption distributiver Gerechtigkeit, die die Verteilung der öffentlichen Güter (Ämter, Ehre, Diäten) und Lasten (Militärdienst, Steuern) unter den Hausvorstehern regelt.[392] Diese „verfassungsrechtliche" Form

---

[392] Mit der Darstellung der Verfassung als spezifischer Konzeption distributiver Gerechtigkeit und der Darstellung der Verfassungshypothesen in diesem Absatz folge ich Miller 1995, 79–84 u. 156–159.

von Gerechtigkeit ist nach Aristoteles eine proportionale, d. h. die Regierungsämter werden von den verschiedenen Verfassungen nicht nach rein numerischen Gesichtspunkten unter den Bürgern vergeben. Nach einer numerisch oder auch arithmetisch bestimmten Form der Gerechtigkeit hätte jeder Hausvorsteher nach dem Prinzip „*one man, one vote*" ohne weitere Qualifikation das gleiche Recht auf politische Teilhabe. Aristoteles hält es hingegen für richtig, die politischen Ämter nach der individuellen Würdigkeit bzw. nach dem individuellen Verdienst (*axia*) unter den Hausvorstehern zu verteilen. Dabei unterscheiden sich die sechs Hauptformen von Verfassungen danach, wie sie die Würdigkeit eines Menschen bestimmen. Als Maßstab der Würdigkeit liegt dabei den Verfassungen eine bestimmte Konzeption des Guten zugrunde. Jeder Verfassung inhäriert eine bestimmte Lebensform. Dieses axiologische Fundament einer Verfassung bezeichnet Aristoteles auch als ihre Hypothese (*hypothesis, hypotheteon*: vgl. Pol. III.6, 1278b15). In der (extremen) Form der Demokratie, die die Verwirklichung der Freiheit (*eleutheria*) der Bürger zum Ziel hat, sind daher alle erwachsenen freien Männer Vollbürger, in der Oligarchie, die das Ziel der Polis im Reichtum (*ploutos*) der Bürger sieht, nur die Begüterten, in der Aristokratie und im Königtum, die als die schlechthin besten Verfassungen auf die vollkommene Tugend der Bürger zielen, allein die Tugendhaften. Die Politie zielt als gute Verfassung ebenso auf die Tugend der Bürger, wenn auch auf eine Tugend niederen Grades, so dass mehr Personen an ihr teilhaben können. Nach Miller denkt Aristoteles hier an die militärische Tugend (Miller 1995, 156). Als Hypothese der Tyrannis nennt Aristoteles schließlich die Macht, den Reichtum oder den Selbstschutz des Tyrannen (Miller 1995, 157).[393] Da es sich bei der Verfassung um die Inkorporation einer bestimmten Konzeption distributiver Gerechtigkeit zur Vergabe der politischen Ämter unter den Bürgern handelt, stellt sich das Problem des politischen Ausschlusses der Banausen, Handwerker und Tagelöhner nicht in allen Verfassungen. In den extremen Formen der Demokratie, die die Vollbürgerschaft nach dem Prinzip der freien Abstammung vergeben, wie auch in einigen Formen der Oligarchie, da Handwerker nach Aristoteles durchaus vermögend sein können, wird diesen der Status des Vollbürgers nicht zwangsläufig vorenthalten. In der von Aristoteles favorisierten Verfassungsform, der Aristokratie, die das vollkommene, tugend-

---

[393] An Aristoteles' Lehre von der Hypothese einer Verfassung offenbart sich ein interessanter Aspekt seines Verfassungsdenkens: Aristoteles kritisiert die Verfallsformen der guten Verfassungen also nicht dafür, dass sie nicht auf das gute Leben der Bürger zielen würden, d. h. keine perfektionistische Annahmen tätigen, sondern dafür, dass ihnen falsche bzw. nur teilweise richtige Bestimmungen des guten menschlichen Lebens zugrunde liegen. Auch hier zeigt sich erneut die enge systematische Verbindung von Politik und Ethik bei Aristoteles. Um ein guter Gesetzgeber sein zu können, muss man ethisches Wissen haben.

hafte Leben der Bürger zum Ziel hat, bleiben die Handwerker, Tagelöhner und Banausen jedoch von der politischen Teilhabe ausgeschlossen.

(b) Der Ausschluss der Handwerker, Banausen und Tagelöhner vom Bürgerrecht unter Aristoteles' bester Verfassung, die die politischen Teilhaberechte nach der vollkommen Tugend vergibt, bedeutet aber auch „nur", dass es sich bei ihnen nicht um *Voll*bürger handelt. Ihnen werden in Aristoteles' bester Verfassung „lediglich" die politischen Partizipationsrechte aberkannt. Sie fallen deswegen aber ebenso wenig in den rechtlichen Status von Unfreien zurück, wie es die freien Hausangehörigen tun. Sie sind Bürger, nur keine Voll- oder Aktivbürger. Die entscheidende normative Demarkationslinie zwischen Freien und Unfreien bleibt auch in ihrem Fall vollumfänglich erhalten. Denn politische Herrschaft als die naturgemäße Herrschaftsform über von Natur aus freie Menschen besagt nach Aristoteles nur, dass aufgrund der Selbstzwecklichkeit ihres Daseins jegliche Form von Herrschaft und Recht, die über sie ausgeübt werden, ihrem Wohl zu dienen hat. Der moralisch-rechtliche Status des von Natur aus freien Menschen sichert den politisch zu regierenden Individuen aber kein Recht auf Teilhabe an der Regierungsgewalt. Dieses resultiert erst aus der einer Verfassung inhärenten Form distributiver Gerechtigkeit, die sich am individuellen Verdienst eines Bürgers orientiert. Anders als der Anspruch, dass man ausschließlich zu seinem Vorteil regiert wird, ist der Anspruch auf politische Teilhabe daher nicht von Natur aus gegeben, sondern wird nach Aristotels vom Einzelnen erst durch sein Handeln individuell erworben. Dass der moralisch-rechtliche Status des von Natur aus freien Menschen kein Recht auf politische Teilhabe impliziert, wird insbesondere in Aristoteles' Diskussion des Universalkönigtums (*pambasileia*) in Pol. III.16–17 deutlich. Im Fall eines „politische[n] ‚Überfliegers'" (Frede 2001, 88), eines gottähnlichen und die anderen Freien kategorisch an Tugend übertreffenden Individuums, hält es Aristoteles für geboten, diesem die alleinige politische Macht zu übertragen (vgl. bes. Pol. III.17, 1288a15–32; vgl. auch III.13, 1284b25–34). Dabei unterscheidet sich der König vom Tyrannen dadurch, dass er seine politische Macht über die Bürger nicht zu seinem eigenen Vorteil missbraucht, sondern zum Vorteil der seiner Herrschaft unterstehenden freien, aber nicht regierenden Individuen ausübt (vgl. Kap. 5.1.1).[394]

Die Diskussion um den rechtlichen Status der Handwerker, Banausen und Tagelöhner zeigt sich also bei näherem Hinschauen deutlich unaufgeregter als oft angenommen. Wenn Aristoteles dieser Bevölkerungsgruppe in Pol. III für die beste Verfassung das volle Bürgerrecht abspricht, dann geht es allein um die Beteiligung

---

394 Anders etwa Nussbaum 1999b, 107–109, die nicht zwischen Vollbürger und Bürgern differenziert.

an den Regierungsämtern. Das natürliche Freiheitsrecht, unter dessen Schutz sie stehen, bleibt indessen unangetastet. In Pol. III.5 will Aristoteles den öffentlich-rechtlichen Status der freien Banausen und Handwerker daher auch dem des Kindes angenähert wissen. Qua Freie gelten die Kinder als Bürger, aber nur unter bestimmten Voraussetzungen (*ex hypotheseôs*) und nicht schlechthin (*haplôs*). Kinder sind somit nur „unvollkommene" (*atelês*) Bürger (Pol. III.5, 1278a2–6), aber eben Bürger. Der Ausschluss von den politischen Ämtern tangiert nicht ihren Status als freie und um ihrer selbst willen existierende Wesen. Mit Jellinek könnte man sagen, dass es in der Auseinandersetzung um den rechtlichen Status der Handwerker und Banausen also allein um den *status activus*, nicht um den *status negativus* und *status positivus* dieser Bevölkerungsgruppe geht.

Dass die rechtliche Ungleichstellung der Handwerker und Banausen „nur" deren Anspruch auf politische Teilhabe betrifft, findet ein weiteres Indiz in Aristoteles' Traktat über das bürgerliche Straf- und Vertragsrecht in NE V.7–8. Dieser Abhandlung zufolge bleiben die nicht regierenden Bürger den Regenten zivilrechtlich gleichgestellt. Denn der ausgleichenden Gerechtigkeit (*dikaiosynê diorthôtikê*), d.h. dem Straf- und Vertragsrecht, liegt bei Aristoteles als Maßstab die arithmetische Gleichheit der Bürger zugrunde.[395] Was diese Dimension des bürgerlichen Zusammenlebens betrifft, sind damit alle Freien aufgrund ihrer numerischen Gleichwertigkeit als vollkommen gleich zu betrachten. Für den Rechtsverkehr der Bürger bleiben die individuellen Verdienste und der Charakter des Individuums nach Aristoteles irrelevant. Es ist unerheblich, so Aristoteles, ob ein guter einem schlechten Menschen oder ein schlechter einem guten Menschen Unrecht tut (NE V.7, 1132a2f.).[396] Nur was die Verteilungsgerechtigkeit (*dikaiosynê dianemetikê*: NE V.6–7) betrifft, die die Verteilung der öffentlichen Güter unter den Bürgern regelt, ergeben sich hier zwischen den Freien aufgrund ihrer individuellen Verdienste und ihres individuellen Charakters Unterschiede.

Im Umkehrschluss bedeutet dies, dass die regierende Bürgerschicht (*politeuma*) einer Polis immer schon durch eine gewisse Homogenität und Gleichheit bestimmt ist, nämlich durch eine Homogenität und Gleichheit hinsichtlich desjenigen Wertmaßstabes, nach dem die jeweilige Verfassung die Teilhabe an den politischen Ämtern regelt. Ein allgemeines Recht auf politische Teilhabe aller

---

[395] Zu dieser Bestimmung der ausgleichenden Gerechtigkeit als Norm für den Rechtsverkehr zwischen den Bürgern s. Wolf 2002, 102.

[396] Interessant ist, dass Aristoteles im Rahmen seiner Diskussion der Tauschgerechtigkeit den Zustand der Sklaverei als Zustand der Rechtslosigkeit versteht, nämlich als einen Zustand, in dem man erlittenes Unrecht nicht vergelten kann (NE V.8, 1132b34–33a1). Dies passt zu der in Kap. 4.3.2 geleisteten Analyse des rechtlichen Status des Sklaven als eines nicht eigenständigen Rechtssubjekts.

freien Hausvorsteher wäre damit bei Aristoteles also nur dann gegeben, wenn diese sich historisch-kontingenter Weise mit Blick auf den in der Verfassung festgeschriebenen Wertmaßstab als gleichwertig oder zumindest vergleichbar erweisen.[397]

> Aus dem Gesagten ergibt sich sicherlich, dass es bei Ebenbürtigen (*homoiois*) und Gleichen (*isois*) weder zuträglich (*oute sympheron*) noch gerecht (*oute dikaion*) ist, dass einer Herrscher (*kyrion*) über alle sei, [...]. (Pol. III.17, 1287b41–88a2; vgl. VII.8, 1328a35–28b2; VII.13, 1332b27–29)

> Sofern zwischen den Bürgern zudem ein hohes Maß an Gleichheit (*isotês*) und Gleichartigkeit (*homoiotês*) besteht, ist es geboten, dass sie [die Ämter] von den Bürgern abwechselnd besetzt werden und im Wechsel regiert wird (*kata meros* [...] *archein*). (Pol. III.6, 1279a8–10)

Die Gleichheit der regierenden Bürgerschaft hinsichtlich des ihrer Verfassung inhärenten Wertmaßstabes ist neben dem Status des von Natur aus Freien der zweite Aspekt, auf den Aristoteles mit seiner Beschreibung der (Voll-)Bürger als Freie (*eleutheroi*) und Gleiche (*isoi*, *homoioi*) abzielt. Diese Form von (voll-)bürgerlicher Gleichheit ist jedoch mit Blick auf die Wertmaßstäbe der Tugend und des Reichtums in einer Bürgerschaft oft nicht gegeben, so dass es zu signifikanten politischen Ungleichstellungen unter den Bürgern kommt.

Zu (ii): Warum führt nun aber das von Aristoteles favorisierte Verfassungsmodell, die Aristokratie, zum Ausschluss der Handwerker und Banausen vom vollen Bürgerrecht? Warum hält Aristoteles den Ausschluss von solch weiten Bevölkerungskreisen für legitim? Welche Gründe macht er für diese massive rechtliche Ungleichstellung unter den freien Polisangehörigen geltend? Denn wie Aristoteles eigens betont, darf der Ausschluss vom Bürgerrecht nicht nach willkürlichen Kriterien vorgenommen werden – etwa nach Farbe, Größe, Schönheit und Schnelligkeit einer Person (Pol. III.12, 1282b23 ff.). Diese Formen des Ausschlusses sind für ihn allesamt Fälle willkürlicher Diskriminierung. Der Grund für den legitimen Ausschluss der Handwerker und Banausen ist vielmehr ein funktionaler, insofern er durch die aristotelische Norm für politische Herrschaftsverhältnisse selbst gerechtfertigt wird. Aristoteles glaubt vor dem Hintergrund seiner Bestimmung politischer Herrschaft durch TNH diese Bevölkerungsgruppen vom

---

[397] Nach Annas bildet diese strikte Auffassung von politischer Herrschaft als Herrschaft über Freie *und* Gleiche die einzige naturgemäße Form von Herrschaft über freie Menschen. Ihrer Interpretation zufolge werden die Banausen als an Tugend Ungleiche daher despotisch regiert, weil sie nicht im strikten Sinn politisch (gleiche politische Teilhabe) regiert werden (Annas 1996, 741 f.). Annas hält daher Aristoteles' Ausführungen über den rechtlichen Status der Banausen für eine Unrechtsdoktrine.

vollen Bürgerrecht ausschließen zu müssen, weil diese aufgrund ihrer Erwerbssituation zu wenig Muße finden, um sich dem Erwerb der politischen Tugend des guten Bürgers und erst recht dem Erwerb der vollkommenen Tugend des guten Menschen widmen zu können (Pol. IV.4, 1291b25 f.).[398] Aristoteles' Vorbehalte gegenüber der Liberalisierung des Bürgerrechts, seine Skepsis gegenüber der aktiven politischen Teilhabe der freien Handwerker und Banausen, erklären sich mithin durch seine Bestimmung des banausischen Lebens. So werden von Aristoteles allgemein solche Tätigkeiten als banausisch definiert, die den Körper und den Geist des freien Menschen für die Tugend unbrauchbar machen:

> Als eine banausische (*banauson*) Arbeit, Kunst und Unterweisung hat man jene aufzufassen, die den Körper oder die Seele oder den Intellekt der Freigeborenen zum Umgang mit der Tugend (*aretês*) und deren Ausübung untauglich macht. Darum nennen wir alle Handwerke banausisch, die den Körper in eine schlechte Verfassung bringen, und ebenso die Lohnarbeit. Denn sie machen das Denken unruhig und niedrig. (Pol. VIII.2, 1337b8–15; vgl. Pol. III.5, 1278a11–21; III.4, 1277a33–37; 1277b3–7)

Die Handwerker, Banausen und Tagelöhner – die in Pol. III ausdrücklich als Freie anerkannt werden – sind also von den politischen Ämtern auszuschließen, weil sie aufgrund ihrer Erwerbssituation nicht zur politischen Tugend und Gerechtigkeit fähig sind. Damit die Polis im Sinn von TNH richtig regiert wird, muss sich ihr regierender Teil – die beratende und richtende Instanz sowie die Magistrate – aber aus Bürgern zusammensetzen, die zumindest an der politischen Tugend und Einsicht teilhaben.[399] Es bedarf nach Aristoteles der Gerechtigkeit der Regierenden, weil sich allein der Gerechte nur so viel vom gemeinsamen Kooperationsertrag bzw. von den Kooperationskosten zuteilt, wie ihm auch rechtmäßig zusteht. Nur der Gerechte wird sich in seiner Amtsführung nicht auf Kosten Dritter einen unrechtmäßigen Vorteil verschaffen. Der Ungerechte und Lasterhafte wird hingegen als Amtsträger sich nicht die Gelegenheit entgehen lassen, die ihm anvertraute Machtbefugnis zu seinem eigenen Vorteil zu missbrauchen und so sein Amt nicht mit dem Ziel des gemeinsamen Nutzens aller Bürger ausführen. Denn die feste charakterliche Haltung, aus der der Ungerechte handelt, ist das Mehrha-

---

[398] Nach Annas umfasst der griechische Begriff der *scholê* drei Bestimmungsmerkmale (Annas 1996, 738): (1) Freisein von den notwendigen Arbeiten; (2) Freisein von Existenzsorgen und Geldsorgen; (3) Verwenden dieser Freiräume auf Tätigkeiten, die der Selbstvervollkommnung dienen. – Zur Unterscheidung der politischen Tugend des guten Bürgers und der vollkommenen Tugend des guten Menschen bei Aristoteles vgl. Pol. III.4
[399] Vgl. hierzu Pol. Pol. III.12, 1283a19–22; IV.4, 1291a28; 1291a40–91b2; IV.8, 1293b43–94a9; VII.13, 1332a32–38; VII.1326b14–18.

benwollen (*pleonexia*).⁴⁰⁰ Damit pervertiert der Ungerechte und Lasterhafte aber das Wesen politischer Herrschaft in eine Form der Despotie und verletzt die aristotelische Bestimmung politischer Herrschaft als Herrschaft über von Natur aus freie und um ihrer selbst willen existierende Individuen. Durch die Teilhabe nicht-tugendhafter Individuen an der Staatsverwaltung besteht also die Gefahr, dass von Natur aus freie Menschen durch die Ungerechtigkeit der Amtsträger zum Instrument des Glücks- und Autarkiestrebens anderer und damit zu Sklaven nach dem Gesetz werden. Dies aber wäre nach TNH Unrecht.⁴⁰¹

Die Hypothesen der von Aristoteles favorisierten Verfassungsformen der Aristokratie und des Königtums, die Tugend der Bürger, sowie die mit diesen Verfassungen einhergehende Verteilung der politischen Ämter finden also letztlich ihren Rechtfertigungsgrund in Aristoteles' Bestimmung politischer Herrschaft durch TNH. Denn das Gerechte als das für die Polis Gute besteht in nichts anderem als dem gemeinsamen Nutzen der Bürger.⁴⁰² Entsprechend fordert Aristoteles in Pol. III.4, dass der gut regierende Bürger über die Tugend der *phronêsis* verfügen müsse, während dies für den regierten Bürger gerade nicht notwendig sei. Die Banausen können also wohl (mehr oder weniger gut) regierte, nicht aber gut regierende Bürger sein, da ihnen aufgrund ihrer Erwerbssituation die dazu erforderliche Muße und Tugend fehlt. In den guten Verfassungen – und erst recht in der besten Verfassung – sind die Handwerker, Banausen und Tagelöhner daher von der politischen Ämterführung auszuschließen. Die politisch-rechtliche Stellung der Handwerker in Pol. III widerspricht folglich nicht der durch TNH vorgenommenen Bestimmung politischer Herrschaftsverhältnisse, sondern wird im Gegenteil gerade erst durch sie gerechtfertigt.⁴⁰³ Der Ausschluss der Banausen und Handwerker von den politischen Teilhaberechten wird also von Aristoteles nicht

---

400 Vgl. hierzu Aristoteles' Definition des Ungerechten im speziellen Sinn in NE V.2, 1129b1–11.
401 Millers Interpretation des rechtlichen Status der Banausen ist meines Erachtens nicht eindeutig (Miller 1995, 240–245). Wenn ich ihn jedoch richtig verstehe, will er die politisch-rechtliche Ungleichstellung der Banausen letztlich auf ihre natürliche Inferiorität zurückgeführt wissen. Zur Kritik an Millers Interpretation vgl. Annas 1996.
402 Vgl. hierzu Pol. III.12, 1282b16–18: „Das politische Gute (*politikon agathon*) ist das Gerechte (*dikaion*), und dieses ist das Gemeinwohl (*koinê sympheron*)."
403 Aristoteles' Skepsis gegenüber jenen Bürgern, die aufgrund ihrer Erwerbssituation keine Muße finden, in der sie ihrer Selbstvervollkommnung nachgehen können, wird selbst noch in seiner stärksten „demokratietheoretischen" Passage, dem Summierungsargument in Pol. III.11, deutlich. Hier spricht er dieser Bevölkerungsgruppe die Fähigkeit ab, die höchsten Staatsämter angemessen ausfüllen zu können, weil sie als Einzelne aufgrund ihrer Ungerechtigkeit und Torheit Unrecht und Fehler begehen. Falls überhaupt notwendig, so dürfen sie nur als Kollektiv an den politischen Entscheidungen teilhaben (Pol. III.11, 1281b21–31).

rein „ideologisch" vorgenommen, sondern es existiert für diesen ein dezidiert ethisch-politisches Argument.[404]

In einem gewissen Spannungsverhältnis zu Aristoteles' Bestimmung des politisch-rechtlichen Status der Handwerker und Banausen in Pol. III stehen seine Äußerungen in Pol. VII–VIII. Dies liegt daran, dass in der besten Polis kein von Natur aus freier Mensch gezwungen ist, die den Körper und die Seele deformierenden banausischen Tätigkeiten auszuüben, sondern diese Arbeiten von den naturgemäßen Sklaven, den Barbaren, geleistet werden. Die Verfassung von Pol. VII–VIII – eine Form der Aristokratie – ist deshalb die beste Verfassung, weil sie die materiellen und institutionellen Voraussetzungen für das gute Leben eines *jeden* freien Bürgers schafft. In dieser Wunschpolis ist daher jedem von Natur aus freien Menschen das gute und tugendhafte Leben möglich. Aufgrund ihrer Ebenbürtigkeit an Tugend haben daher auch alle Bürger an der politischen Herrschaft teil (Pol. VII.13, 1332a34f.; VII.13, 1332b25–27). Aristoteles präferiert hierbei nicht die synchrone Teilhabe des Einzelnen an sämtlichen öffentlichen Ämtern, sondern das Modell eines „natürlichen Reihendiensts" (Pol. VII.9, 1329a2–17; VII.14, 1332b35–42).[405] Demnach sollen die jungen Bürger das politische Amt der Krieger wahrnehmen, die Männer um den Lebenshöhepunkt (*akmê*) sollen die beratende und richtende Funktion und die im Greisenalter die sakralen und okkulten Ämter in der Polis ausüben, indem sie als Priester den Göttern dienen. In der besten Polis in Pol. VII–VIII ist also die allgemeine politische Teilhabe aller Bürger verwirklicht. Das Problem der politischen Ungleichstellung der Handwerker und Banausen, das sich in den realitätsnahen Aristokratien in Pol. III stellt, löst Aristoteles in der besten Polis von Pol. VII–VIII also so, dass die für das Leben der Bürger notwendigen banausischen Arbeiten durch den massiven Einsatz von naturgemäßen Sklaven und Metöken bewerkstelligt werden. Dadurch, dass der materielle Unterbau der Polis durch die Arbeiten der von Natur aus unfreien Barbaren gesichert wird (Pol. VII.4, 1326a18–20),[406] ist es somit jedem von Natur aus freien Bürger möglich, in Muße seiner charakterlichen und rationalen Selbstvervollkommnung nachzugehen (Pol. VII.6, 1327b7–13; Pol. VII.10,

---

[404] Annas trifft mit ihrem Ideologievorwurf aber insofern etwas Wahres, als Aristoteles im Fall der Banausen, anders als im Fall der Sklaven, kein naturgemäßes Argument für ihre rechtliche Ungleichstellung entwickelt – wohl aber, wie gezeigt, ein sozial-ökonomisches.
[405] Nach Schütrumpf übernimmt Aristoteles die Idee des „natürlichen Reihendiensts" aus Xenophons Beschreibung des persischen Regimes. Schütrumpf verweist diesbezüglich auf Kyr. I.2, 12–14 (vgl. hierzu Schütrumpf IV, 114). Zur Idee des Reihendienstes in den *Nomoi* vgl. Leg. VI, 760a ff.
[406] Auch nach Schütrumpf werden die zum Leben notwendigen banausischen Tätigkeiten in der Wunschpolis von Pol. VII–VIII von „Sklaven oder Periöken barbarischer Herkunft" erledigt (Schütrumpf IV, 115).

1330a25–30; Pol. VII.9, 1329a25 f.). Aristoteles verweist im Zusammenhang dieser Lösung des „Banausenproblems" auf die politische Vergangenheit bedeutender Staaten. Bereits in Pol. III hat er das Beispiel von Staaten angeführt, in denen fremden Völkern – in Sparta etwa den Heloten – die notwendigen banausischen Arbeiten übertragen werden und damit der freien Bevölkerung der allgemeine Tugenderwerb ermöglicht wird (Pol. III.5, 1278a6–8). Was uns an dieser Lösung freilich stört, ist das Los der Sklaven. Die Empörung, die wir über diese aristotelische Regelung zu Recht empfinden, setzt aber voraus, dass man den Standpunkt des moralischen Universalismus einnimmt und die moralische Überzeugung von einer allgemeinen Würde bzw. Freiheit des Menschen teilt. Dies tut Aristoteles jedoch nicht. Für ihn hat es die Natur gut eingerichtet, dass es von Natur aus unfreie Wesen gibt, die dafür vorherbestimmt sind, den von Natur aus freien Menschen diese deformierenden Arbeiten abzunehmen. Der massenhafte Einsatz von Sklaven in Pol. VII–VIII ist also eine Form von aristotelischer „Sozialpolitik", die es ermöglicht, dass jeder Freie diejenigen Bedingungen vorfindet, die er zum Gedeihen, zur guten und vollständigen Entwicklung seiner Vernunftnatur benötigt.

Die aristotelische Auffassung, dass es die Handwerker, Banausen und Lohnarbeiter aufgrund ihrer Erwerbssituation nicht zu einer gewissen Form von politischer Tüchtigkeit bringen können, klingt nichtsdestoweniger nach einem stark klassenideologischen und elitären Denken.[407] Hierbei ist jedoch zu beachten, dass die Tätigkeiten und Arbeitsbedingungen eines Arbeiters oder Handwerkers im 4. Jahrhundert v. Chr. grundsätzlich andere waren als die der heutigen Arbeiter und Handwerker. Die zunehmende Automation in der Herstellung, der Kampf der Arbeiterbewegung seit dem Ende des 18. Jahrhunderts sowie die Gründung von Gewerkschaften haben zu enormen Verbesserungen der Lebensbedingungen der Arbeiterklasse geführt. Ins Positive gewendet könnte man daher sagen, dass es nach Aristoteles Erwerbsbedingungen gibt, die zu starken körperlichen und seelischen Schädigungen führen und damit eines von Natur aus freien Menschen nicht würdig sind. In der besten Polis sollen daher nach Aristoteles keine von Natur aus freien Menschen ihr Leben in solchen deformativen Arbeitsverhältnissen verbringen. Der massive Einsatz von Sklaven in der besten Polis zeigt gerade – so paradox dies auch zunächst klingen mag –, dass es Aristoteles an der Verbesserung der Lebenssituation der Freien gelegen ist, die in den real existierenden Staaten diese Tätigkeiten zu leisten haben, und er durch die

---

[407] So kritisiert etwa Gigon die politische Struktur der besten Polis in Pol. VII–VIII für ihren extremen Elitarismus (Gigon 1971, 523 Anm. zu 1328b33–1329a39).

richtige Einrichtung der Polis diejenigen Bedingungen schaffen will, die es einem *jeden* von Natur aus freien Menschen ermöglichen, ein gutes Leben zu führen.

5.3 Ostrakismos

In Pol. III.13, 1284a11 ff., diskutiert Aristoteles die Institution des Ostrakismos. Der Name dieses Volksgerichtsverfahrens leitet sich von der Tonscherbe (*ostrakon*) ab, die in ihm zur Abstimmung verwendet wurde.[408] Aristoteles nennt als Urheber des Ostrakismos Kleisthenes (AP 22.1). Die erste Ostrakisierung soll aber erst rund zwanzig Jahre nach dessen Phylenreform vorgenommen worden sein, nämlich 487 v. Chr. gegen Hipparchos, der mit dem Tyrannen Peisistratos verwandt gewesen sein soll (AP 22.4). Aristoteles glaubt daher, dass die Institution des Ostrakismos ursprünglich von den Demokraten als ein Instrumnent gegen allzu mächtige Tyrannenfreunde installiert worden sei (AP 22.3).[409] Die Prozedur einer Ostrakisierung lief dabei wie folgt ab: Jedes Jahr wurde in der Volksversammlung die Frage gestellt, ob ein solches Scherbengericht durchgeführt werden solle. Fand der Antrag Zustimmung, wurde in einer späteren Sitzung mittels der Tonscherben abgestimmt. Damit die Volksversammlung in einem Ostrakismos überhaupt beschlussfähig war, waren 6000 Stimmen notwendig, ein Quorum, das aufgrund seiner ungeuer großen Zahl nach athenischem Selbstverständnis mit der Gesamtheit der Vollbürger zusammenfiel. In einem Ostrakismos prozessierte also nicht ein Individuum gegen ein anderes, sondern in ihm wurde ein Einzelner von der gesamten regierenden Bürgerschaft angeklagt. Der, auf dessen Name bei der Abstimmung die einfache Mehrheit der Tonscherben fiel, wurde für zehn Jahre aus Athen verbannt, allerdings ohne Konfiszierung des Vermögens und Verlust an Ansehen (Bleicken 1995, 47). Nun handelt es sich bei der befristeten Suspendierung der bürgerlichen Rechte ohne Verlust von Hab und Gut zwar nicht um die Todesstrafe. Dennoch widerspricht bereits die Verbannung einer Person ohne ein vorangegangenes schuldhaftes Verhalten dem Gedanken indivdividueller Rechte zumindest dann, wenn man diese in einem starken Sinn auffasst.[410] Bereits für

---

408 Ich folge hier der Darstellung des Ostrakismos in Bleicken 1995, 47, 524–526.
409 Anders Bleicken, nach dem der Ostrakismos ursprünglich wohl als politisches Mittel zur Verhinderung von Adelskämpfen gedacht war und nicht so sehr als ein Mittel zur Abwehr der Tyrannis (Bleicken 1995, 525).
410 Eine solch anti-individualistische Interpretation des Ostrakismos bei Aristoteles findet sich bei Kraut: „Ostracism provides a striking case in which the good of the polis can diverge markedly from that of one citizen. But this is not an isolated element in Aristotle's political thinking. It reflects his general thesis that the good of the whole takes precedence over that of

Constant ist der Ostrakismos das Musterbeispiel der „von den Gesetzgebern der damaligen Zeit so hochgerühmte[n] Form der Willkür, die uns als eine empörende Ungerechtigkeit erscheint und auch erscheinen muß, daß der einzelne der Gemeinschaft noch weit stärker unterworfen war, als es heute in irgendeinem freien Staat Europas der Fall ist" (Constant 1972, 376). So beruhte ihm zufolge „das Scherbengericht in Athen [...] auf der Hypothese, daß die Gesellschaft alle Gewalt über ihre Mitglieder besitzt" (ebd. 384). Wir müssen uns daher fragen, wie sich Aristoteles zu der Institution des Ostrakismos stellt. Wie sich zeigt, hält Aristoteles den Ostrakismos in einer bestimmten Form für eine politisch gerechtfertigte Institution. Verstößt er damit jedoch nicht gegen seine Bestimmung politischer Herrschaft als Herrschaft über von Natur aus freie Individuen, so dass man bei ihm nicht von einem natürlichen Recht, nicht instrumentalisiert bzw. um seiner selbst willen regiert zu werden, sprechen kann? Um Aristoteles' Diskussion des Ostrakismos als politischer Institution besser zu verstehen, haben wir uns über die genaue Bedeutung von „in einer bestimmten Form" klar zu werden.

Ganz allgemein betrachtet Aristoteles den Ostrakismos als ein rechtliches Mittel zur Wahrung der Gleichheit in einer Bürgerschaft (Pol. III.13, 1284b7–13). Er fungiert also als ein Instrument zur Aufrechterhaltung der politischen Ordnung in einem Regime. Dabei unterscheidet Aristoteles zwei Verwendungsweisen des Ostrakismos: eine widerrechtliche und eine, die in gewisser Weise als rechtmäßig betrachtet werden kann. Ungerecht ist das Verfahren der Ostrakisierung nach Aristoteles dann, wenn das Motiv hinter der Verbannung die Aufrechterhaltung einer Herrschaft ist, die ausschließlich auf das Partikularwohl der herrschenden Elite gerichtet ist. In diesem Fall dient der Ostrakismos nach Aristoteles vor allem dazu, dass die an Tugend und Gerechtigkeit herausragenden Individuen aus der Polis verbannt werden (Pol. III.13, 1284a33–37), weil die korrupten Regenten in ihnen eine Gefahr für ihre eigennützig ausgeübte Herrschaft sehen. Die Ostrakisierung solcher an Tugend herausragenden Männer hält Aristoteles jedoch für Unrecht (Pol. III.17, 1288a15–29). In diesen Fällen stellt der Ostrakismos nach Aristoteles also eine Unrechtsinstitution dar, insofern er als ein bloßes Machtinstrument zur Durchsetzung der Interessen einer korrupt herrschenden Elite gegen die eigenen Bürger eingesetzt wird und der Entledigung politischer Gegner zum Zweck der Aufrechterhaltung eines moralisch korrupten Regimes dient (Pol. III.13, 1284b21–25). Aristoteles spricht davon, dass der Ostrakismos in solchen Fällen zum „eigenen Vorteil" (*pros to idion*: 1284b5; *idion sympheron*: 1284b23f.) der Herrschenden eingesetzt wird. Eine solche Verwendung verstößt nach Aristoteles

---

any one individual" (Kraut 1991, 97; vgl. insgesamt 90–97; vgl. ferner Kraut 2002, 272; ähnlich auch Mulgan 1977, 33).

deshalb – ganz im Einklang mit der Bestimmung politischer Herrschaftsverhältnisse durch TNH – gegen das Recht schlechthin (*haplôs dikaion*: 1284b24 f.).[411]

Ein *legitimes politisches* Instrument ist der Ostrakismos für Aristoteles nur dann, wenn er nicht dem Partikularinteresse der Herrschenden dient, sondern auf das gemeinsame Gute der Bürgerschaft (*koinon agathon*: 1284b 6; vgl. 1284b14 f.) zielt. Diese Bestimmung der Rechtmäßigkeit des Ostrakismos stimmt mit Aristoteles' Bestimmung politischer Herrschaft durch TNH überein. Demnach ist die Ostrakisierung eines Bürgers erlaubt, wenn es sich bei ihm um einen korrupten und ungerechten Charakter handelt, der jedoch so viel Macht und Einfluss in der Bürgerschaft gewonnen hat, dass er die bestehende, dem gemeinsamen Wohl der Bürger dienende Herrschaft in ihrer Substanz gefährdet. Die Ostrakisierung von Bürgern ist also für den Fall gerechtfertigt, dass von ihnen eine reale Bedrohung der guten politischen Ordnung ausgeht. Als Rechtfertigung des legitimen Ausschlusses vom Bürgerrecht dienen damit – wie bereits zuvor im Fall der Handwerker und Banausen (vgl. Kap. 5.2) – die Erfordernisse zur Aufrechterhaltung rechtmäßiger politischer Herrschaftsverhältnisse. Allerdings stellt auch dieser legitime Gebrauch einer Ostrakisierung für Aristoteles nur die „zweitbeste Fahrt" dar. Auf ihn soll nur dann zurückgegriffen werden, wenn vorher sämtliche anderen rechtlichen Mittel zur Aufrechterhaltung der gemeinwohlorientierten Ordnung versagt haben:

> Es ist aber besser, dass der Gesetzgeber die Verfassung von Anfang an so einrichtet, dass derartige Heilmittel überhaupt nicht notwendig werden. Die zweitbeste Fahrt (*deuteros* [...] *plous*), wenn sie doch notwendig sein sollte, wäre, dies mit einer Korrektur zurechtzurichten. Dies ist allerdings in den Staaten nicht geschehen. (Pol. III.13, 1284b17–20)

Der legitime Gebrauch der Institution des Ostrakismos beruht somit auf der aristotelischen Einsicht, dass die gute politische Ordnung, die zwischen von Natur aus freien Menschen herrschen sollte, ein fragiles Gut ist, das in Situationen akuter Gefährdung des korrigierenden Eingriffs durch die Bürgerschaft bedarf, wenn diese in ihrer Substanz durch einflussreiche, aber moralisch korrupte Individuen gefährdet ist. Genau hier hat der Ostrakismos als *politische* Institution seinen Sitz im Leben. Er ist nach Aristoteles eine tyrannenfeindliche und damit antidespotische Insitution. Aber selbst im Fall einer legitimen Ostrakisierung möchte Aristoteles diese nur als allerletztes Mittel zulassen und sie zudem mit hohen

---

[411] So auch Kraut über den unrechtmäßigen Gebrauch des Ostrakismos: „It is a device, he concedes, that can be and has been abused by corrupt regimes: in these cases, it is merely a tactic by means of which certain citizens who have no concern for the common good promote their private interest" (Kraut 1991, 92).

Missbrauchshürden versehen wissen. Für die beste Verfassung sieht Aristoteles die Institution des Ostrakismos jedenfalls nicht vor (Pol. III.13, 1284b25–34).

Auch eine rechtmäßig vorgenommene Ostrakisierung findet klarerweise nicht zum Vorteil des ostrakisierten Individuums statt. Dies tut aber auch keine Gefängnisstrafe in liberalen Rechtsstaaten, die wir dennoch für notwendig erachten, um die öffentliche Ordnung aufrechtzuerhalten. Ähnliches gilt auch für die Enteignung einer Privatperson aufgrund öffentlicher Belange. Auch hier liegt kein schuldhaftes Vorverhalten der enteigneten Person vor. Die Enteignung aufgrund öffentlicher Belange ist deshalb ein Beispiel für den „tragischen" Konflikt zwischen den Interessen des Individuums und den Interessen der Gemeinschaft, den wir, wenn der durch den rechtlichen Eingriff verursachte Schaden für das Individuum nicht zu groß ist sowie der durch ihn von der Gemeinschaft abgewandte Schaden bzw. der gemeinschaftliche Nutzen beträchtlich sind, zumindest in machen Fällen zugunsten der Vielen zu akzeptieren bereit sind (vgl. Kraut 1991, 94). Dies heißt jedoch nicht, dass diese Rechtspraktiken die grundlegenden Rechte der Bürger, wie etwa das Recht auf Leben, verletzen dürfen. Der Ostrakismos tut dies jedenfalls nicht.[412]

5.4 Ergebnisse

In diesem Kapitel haben wir gesehen, dass das Verfassungsdenken in den Büchern Pol. III–VIII seinen normativen Fixpunkt in Aristoteles' Theorie der natürlichen Herrschaftsformen (TNH) aus Pol. I findet. Dies gilt insbesondere für das Verfassungsschema aus Pol. III (vgl. Kap. 5.1.1). Die in Pol. III.6–7 festgelegte Demarkationslinie zwischen den schlechthin gerechten Verfassungen und ihren Entartungen, das Gemeinwohlkriterium, wird von Aristoteles eigens durch Rekurs auf seine Bestimmung politischer Herrschaftsverhältnisse als naturgemäße Herrschaft über von Natur aus freie und um ihrer selbst willen existierende Individuen aus Pol. I gezogen. Demnach sind nur solche Verfassungsformen mit Blick auf das schlechthin Gerechte als richtig zu bezeichnen, in denen zum Wohl aller freien Bürger regiert wird. Das Verfassungsschema aus Pol. III.7 gibt damit dem Gesetzgeber ein normatives Orientierungsschema zur Hand, das die sechs

---

[412] Zu einer ähnlichen Einschätzung hinsichtlich der politischen Institution des Ostrakismos gelangt auch Miller 1995, 247: „To sum up, Aristotle's concession to ostracism (although they offend modern liberal notions of due process) are consistent with an individualistic construal of his theory of justice. If someone becomes so wealthy and powerful that he threatens the political rights of other citizens, they may justly ostracize him."

dominanten Verfassungsformen auf der Grundlage von TNH in idealtypischer Weise als gerechte oder ungerechte Verfassungen ausweist.

Auch Aristoteles' Skizze der besten Verfassung in Pol. VII–VIII knüpft an die normative Bestimmung von politischer Herrschaft und Recht durch TNH an (vgl. Kap. 5.1.1). So ist der Verfassungsentwurf aus Pol. VII–VIII unter anderem deshalb als die beste Verfassung anzusehen, weil in ihr sämtliche Freien politisch, d. h. zu ihrem Vorteil, regiert werden. Im Gegensatz zu den historisch dominanten Verfassungsformen der Demokratie und Oligarchie bietet die beste Polis jedem von Natur aus freien Menschen diejenigen materiellen und institutionellen Bedingungen, die er für die vollständige und gute Entwicklung seiner Artnatur, also zu seinem Glück, bedarf. In ihr wird kein freier Mensch zum Vorteil eines anderen instrumentalisiert. Es ist die vollumfängliche Achtung des natürlichen Freiheitsrechts bzw. Instrumentalisierungsverbots, unter dem der Bürger als freier Mensch steht, die die moralische Güte der besten Verfassung mitbegründet.

Des Weitern wurde deutlich, dass auch die Verfassungstheorie der Bücher Pol. IV–VI entgegen dem ersten Anschein nicht aus dem normativen Orientierungsschema der aristotelischen Herrschaftsformenlehre fällt (vgl. Kap. 5.1.2). Zwar rücken in diesen oft als „empirisch" bezeichneten Büchern im Zuge des aristotelischen Programms einer vollständigen politischen Wissenschaft die die politische Wirklichkeit dominierenden privativen Verfassungsformen ins Zentrum. Und zweifelsohne erfahren die Verfallsformen der guten Verfassungen in diesen Büchern eine gewisse Aufwertung. Aristoteles' Interesse an den verfehlten Verfassungen, die gegen seine Bestimmung der politischen Herrschaft verstoßen, ist jedoch allein dadurch begründet, dass sich der Gesetzgeber in der Wirklichkeit oft mit stark nicht-idealen Bedingungen konfrontiert sieht, in denen das natürliche Freiheitsrecht der Bürger nicht immer vollumfänglich respektiert werden kann. Und es ist eben dieser gelegentlich unvermeidliche Verstoß gegen den moralisch-rechtlichen Status des Bürgers als freien Menschen, der die politische Wirklichkeit in Aristoteles' Augen als nicht-ideal erscheinen lässt. Insofern kann sogar die Demokratie, wenn sie nur entsprechend eingerichtet ist, eine „brauchbare" (*chrêstos*: Pol. VI.4, 1319a34 f.)[413] Verfassungsform genannt werden, nämlich dann, wenn neben normativen auch stabilitätstheoretische Erwägungen hinzutreten. Dies macht sie jedoch nicht zu einer schlechthin gerechten Verfassung. Auch den Büchern Pol. IV–VI, die das Handeln des Gesetzgebers unter nichtidealen Bedingungen erörtern, liegen Aristoteles' Bestimmung der politischen Herrschaft bzw. das natürliche Freiheitsrecht der Bürger als oberste Rechtsnorm

---

[413] Schütrumpf übersetzt *chrêstos* mit „gut" (Schütrumpf III, 98 u. 2012, 241) und wertet meines Erachtens damit die Demokratie zu einer guten, nicht privativen Verfassungsform auf.

zugrunde. Die Bücher Pol. IV–VI als das Manifest eines „amoralischen Realismus" zu lesen, wäre daher ein Missverständnis.

Wie sich ferner gezeigt hat, begründet Aristoteles in seiner politischen Philosophie der *Politik* kein natürliches Recht auf politische Teilhabe (Kap. 5.2).[414] Die politische Rechtsnorm des selbstzwecklichen Daseins des von Natur aus freien Menschen besagt allein, dass jegliche Form von Herrschaft und Recht, die über einen freien Menschen ausgeübt wird, seinem Vorteil zu dienen hat. Ausschlaggebend ist allein die Qualität politischer Herrschaft. Von wem diese in rechtmäßiger Weise ausgeübt wird, bleibt demgegenüber von sekundärer Bedeutung. Das natürliche Freiheitsrecht gewährt keinen natürlichen Anspruch auf politische Teilhabe. Allerdings ist Aristoteles davon überzeugt, dass die Regenten, damit sie in ihrer Amtsführung das natürliche Freiheitsrecht der Bürger nicht verletzen, einen tugendhaften und gerechten Charakter haben müssen. Der Charakter ist einer Person aber nicht angeboren, sondern wird von ihr erst individuell erworben. Nicht-tugendhafte und ungerechte Individuen gilt es, soweit möglich, von den politischen Ämtern auszuschließen. Denn würde man ihnen gestatten, politische Ämter zu führen, dann würde die Macht in der Polis Gefahr laufen, in eine despotische Herrschaft zu pervertieren, weil ungerechte Menschen ihre Macht auf Kosten der anderen zum eigenen Vorteil missbrauchen. Damit aber würde den von Natur aus freien Bürgern Unrecht getan, indem sie zu Sklaven nach dem Gesetz würden. Dies bedeutet jedoch nicht, dass die nicht-regierenden freien (und eventuell untugendhaften) Bürger in den rechtlichen Status von Unfreien zurückfallen. Das natürliche Freiheitsrecht bzw. Instrumentalisierungsverbot, unter dessen Schutz sie als von Natur aus freie Individuen stehen, bleibt – ebenso wie im Fall der freien Hausangehörigen – vollumfänglich erhalten.

Schließlich hat sich gezeigt, dass auch die rechtmäßige Verwendung der Institution des Ostrakismos ihre Norm in der Bestimmung politischer Herrschaft durch TNH findet (vgl. Kap. 5.3). Für Aristoteles handelt es sich beim Ostrakismos allein dann um eine rechtmäßige politische Institution, wenn er der Sicherung rechtmäßiger politischer Herrschaftsverhältnisse dient, indem besonders einflussreiche, aber moralisch korrupte Bürger, die eine tyrannsiche und damit despotische Herrschaft errichten wollen, verbannt und ihre bürgerlichen Rechten damit zeitlich suspendiert werden. Der Ostrakismos dient in seiner rechtmäßigen Verwendung somit der Aufrechterhaltung legitimer politischer Herrschaftsverhältnisse. In Aristoteles' *Politik* finden die Polis und ihr eigentümliche Form von Herrschaft damit in dem von Natur aus freien Menschen bzw. dem ihm angeborenen Freiheitsrecht ihre oberste Rechtsnorm.

---

[414] Dies ist etwa nach Miller der Fall (s. Miller 1995, Kap. 5.3 u. 5.4).

6. Schlussanmerkungen

Verfügt Aristoteles in seiner politischen Philosophie über einen Begriff natürlicher subjektiver Rechte? Die Idee von den natürlichen Rechten des Individuums ist, so haben wir gesagt, Ausdruck unserer moralischen Überzeugung, dass es sich beim Menschen um ein Wesen handelt, dessen Dasein ein unbedingter Wert zukommt. Natürliche Rechte sind Ausdruck der moralischen Dignität des Menschen. Aufgrund dieses herausgehobenen Wertes seiner Existenz sind das Überleben und Wohlergehen eines Menschen unter einen besonderen Schutz zu stellen. Seine grundlegenden Bedürfnisse und Interesssen dürfen daher nicht durch Dritte, insbesondere nicht durch die mächtige Institution des Staats, verletzt werden (vgl. Kap. 1.1). Nimmt man dieses – zugestandenermaßen sehr allgemeine – Verständnis natürlicher subjektiver Rechte zum Maßstab, so hat man vor dem Hintergrund der Ergebnisse der vorliegenden Studie zu der Schlussfolgerung zu gelangen, dass Aristoteles in seiner politischen Philosophie die hinter dem Individualrechtsgedanken stehenden normativen Prämissen im Wesentlichen teilt.

Wie sich gezeigt hat, findet das Wortfeld *polis, politikos, politeia, politês*, das im Zentrum von Aristoteles' politischer Theoriebildung steht, in der Bestimmung der moralisch-rechtlichen Stellung des von Natur aus freien und um seiner selbst willen existierenden Menschen seine oberste Norm. Diese Norm ist Teil von Aristoteles' Theorie der natürlichen Herrschaftsformen (TNH) in Pol. I (vgl. Kap. 4). Nach TNH handelt es sich bei dem von Natur aus freien Menschen (*physei eleutheros*) um ein Wesen, das nicht um eines anderen willen (*mê allou esti*), sondern um seiner selbst willen existiert (*hautou esti*) (vgl. Kap. 4.3.2). Jegliche Herrschaft und Gewalt, die rechtmäßig über ihn ausgeübt werden – politische Herrschaft (*archê politikê*) in einem weiten Sinn –, haben daher seinem Vorteil (*sympheron*) zu dienen. Der von Natur aus freie Mensch steht damit bei Aristoteles unter dem Schutz eines natürlichen Instrumentalisierungsverbots. Die Instrumentalisierung eines von Natur aus freien Menschen zum Nutzen anderer durch eine über ihn ausgeübte Herrschaft ist Unrecht, weil so ein *physei eleutheros* zu einem *nomô doulos* gemacht wird (vgl. Kap. 4.3.3 u 4.3.4). Gemäß dieser obersten Herrschafts- und Rechtsnorm gelten Aristoteles nur solche Verfassungen als „Recht schlechthin" (*haplôs dikaion*), die auf das Wohl eines jeden einzelnen Bürgers (*koinê sympheron*) zielen (vgl. Kap. 5.1).

Entsprechend dieser normativen Bestimmung politischer Herrschafts- und Rechtsverhältnisse beschreibt Aristoteles die politischen Ämter als eine „Bürde", weil man in ihnen nicht dem eigenen Vorteil nachgehen darf (vgl. hierzu Pol. V.8, 1308b31ff.). Dem von Natur aus bestehenden Instrumentalisierungsverbot korrespondiert somit die Pflicht des Regierenden, seine Macht nur „politisch", d.h.

zum Vorteil der seiner Gewalt unterstehenden Subjekte, auszuüben. Insofern das Instrumentalisierungsverbot bzw. Fürsorgegebot, unter dessen Schutz der von Natur aus freie Mensch steht, eine andere Person (den Regenten) auf ein bestimmtes Verhalten ihm gegenüber verpflichtet, ist es als ein grundlegendes Freiheits*recht* zu bezeichnen. Da es unmittelbar mit der Natur des Freien gegeben ist, ist es ein subjektives Recht, das nicht nur in Form eines bloßen „Rechtreflexes" existiert (Weber, Burnyeat, vgl. Kap. 1.2). Das Recht des Freien, ausschließlich um seiner selbst willen regiert zu werden, ist bei Aristoteles kein Sekundärphänomen, das sich aus den Tugenden und Pflichten des Regenten ableitet. Vielmehr ist es dieses grundlegende Freiheitsrecht, das erst erklärt, weshalb die ethischen Tugenden des Regenten, insbesondere die Gerechtigkeit, für die gute Einrichtung der Polis von so zentraler Bedeutung sind. Denn nur durch sie vermag der Regent der Norm politischer Herrschaftsverhältnisse zu entsprechen. Ohne die Gerechtigkeit des Herrschers würde die politische Herrschaft Gefahr laufen, in eine Despotie zu pervertieren, indem die Regenten ihre Machtbefugnisse aus der festen Charakterhaltung des Mehrhabenwollens (*pleonexia*) heraus zu ihrem eigenen Vorteil missbrauchen und so die freien Bürger zu Sklaven nach dem Gesetz machen würden.

Die Entwicklung dieser obersten Rechtsnorm in Pol. I erklärt auch die Stellung dieses Buchs in der *Politik* und dessen Bedeutung für dieses Werk: Aristoteles entwickelt in Pol. I mit TNH das normative Fundament der folgenden verfassungstheoretischen Überlegungen (vgl. Kap. 5.1). Die oft diskutierte Frage, in welchem Verhältnis Pol. I zum Rest der *Politik* steht, insofern es nicht so recht zum „Grundthema" der *Politik*, nämlich dem Thema der Verfassung (*politeia*),[415] passen will, findet hierin eine Antwort.[416] Vor dem Hintergrund dieses Befundes scheint mir daher die Annahme, dass natürliche Rechtsansprüche in Aristoteles' politischer Philosophie von keiner zentralen systematischen Relevanz sind (Kraut 1996, Horn 2005), falsch zu sein. Denn tatsächlich bildet das natürliche Freiheitsrecht, unter dessen Schutz der Bürger qua freier Mensch steht, das normative Fundament der verfassungstheoretischen Abhandlungen in Pol. II–VIII.

---

[415] Zur Verfassung als Grundthema der *Politik* vgl. etwa Keyt 1999, xiii; Schütrumpf I, 98; III, 113; Robinson 1995, XV. Viele Interpreten haben diese thematische Sonderstellung von Pol. I dahingehend gedeutet, dass es sich bei Pol. I nicht um eine ‚politische' Abhandlung im engeren Sinne handelt, sondern um einen der eigentlichen politischen Theorie vorgeschalteten Traktat über das Hauswesen (vgl. z.B. Jaeger 1955, 285f.; Düring 1966, 474). Nach Schütrumpf bildet Pol. I den Torso einer eigenständigen und umfassenden politischen Untersuchung, den er etwa Pol. III und IV gegenüberstellt (Schütrumpf I, 62f.).

[416] Auch Saunders spricht von Pol. I als von einer „impregnable foundation" und „,ultimate' justification for the practical judgements" – allerdings nicht unter Verweis auf TNH und dies auch nur mit Blick auf Pol. II (Saunders 2002, xii).

Ferner hat sich gezeigt, dass Aristoteles das natürliche Recht des von Natur aus freien Menschen analog zum modernen Naturrechtsdenken als eine „überpositive" und „generelle" Rechtsnorm konzipiert. Sie ist „überpositiv", weil der natürliche Status des Freien als eines um seiner selbst willen existierenden Individuums nicht von dessen Zugehörigkeit zu einer bestimmten Rechtsordnung abhängig ist, sondern seinerseits über die Rechtmäßigkeit der über ihn etablierten Herrschafts- und Rechtsverhältnisse bestimmt. Sie ist eine „generelle" Rechtsnorm, weil sie das Recht über Freie auf sämtlichen Ebenen des menschlichen Zusammenlebens, in allen menschlichen Gemeinschaften, anleitet (vgl. Kap. 4.3 u. 5.1): Sie bestimmt über die Rechtmäßigkeit des häuslichen Rechts, das den Umgang mit den freien Hausangehörigen (Frau, Kind) anleitet, über die Rechtmäßigkeit der Verfassung als die Herrschaftsordnung über die freien Bürger und sogar über die rechtmäßige Ausübung hegemonialer Herrschaftsverhältnisse, die über andere Poleis und deren freien Bürger ausgeübt werden. Als Herrschaft über von Natur aus Freie sind sämtliche dieser Machtbefugnisse stets zum Nutzen der Regierten wahrzunehmen. Auch wenn Aristoteles daher nicht wie die frühneuzeitlichen Naturrechtstheorien (Locke, Hobbes) dieses natürliche Freiheitsrecht unter Rekurs auf die Begründungsfigur des Naturzustands (*status naturalis*) herleitet, kann man von ihm dennoch als von einer vor- und überstaatlichen Rechtsnorm sprechen, insofern es nicht nur die oberste Norm für die politischen Herrschafts- und Rechtsverhältnisse in der Polis, sondern auch die oberste Norm für die Herrschafts- und Rechtsverhältnisse über Freie in den dem Staat vorausgehenden Gemeinschaften des Hauses (Vater – Kind, Mann – Frau) sowie in den den Staat transzendierenden Gemeinschaften (Hegemonie einer Polis über eine andere und deren freien Bürger) bildet.

Aufgrund des natürlichen Freiheitsrechts, das die Rechtmäßigkeit politischer Herrschaftsverhältnisse begründet, ist Aristoteles' politische Philosophie ebenso wie die modernen individualrechtsbasierten politischen Theorien als normativindividualistisch zu bezeichnen. Interpreten wie Popper (1969, Kap. 11) oder Barnes (1990), die in Aristoteles einen Parteigänger des normativen Kollektivismus oder auch eines impliziten Totalitarismus sehen, irren. Dieser Irrtum mag nicht zuletzt dem Umstand geschuldet sein, dass die aristotelische Herrschaftsformenlehre aus Pol. I bis auf wenige Ausnahmen (Schofield 1990, Deslauriers 2006) von den meisten Interpreten ausschließlich als Aristoteles' menschenverachtende Theorie vom naturgemäßen Sklaventum rezipiert worden ist, während sie dessen normatives Gegenstück, Aristoteles' Theorie des von Natur aus freien Menschen, weitgehend ignoriert haben.

Freilich weist Aristoteles' Lehre vom natürlichen Freiheitsrecht signifikante Unterschiede zu modernen Individualrechtstheorien auf: Zum einen sieht Aristoteles, anders als die Grund- und Menschenrechtskataloge nach dem Zweiten

Weltkrieg, die Selbstzwecklichkeit menschlicher Individuen nicht in der dem Menschen angeborenen und unveräußerlichen „Würde" begründet. Die „Würde" (*axia*) eines Menschen wird für ihn analog zum politisch-sozialen Begriff der *dignitas* bei Cicero vom Einzelnen vielmehr erst durch seine Verdienste um das politische Gemeinwesen erworben. Die „Würde" eines Menschen ist nach Aristoteles also nicht naturgegeben. Zugleich zeigt sie sich als stark graduierbar. Folglich taugt sie nicht zur Begründung *natürlicher* subjektiver Rechte. Nach Aristoteles ist es nicht die „Würde", sondern die einem Menschen von Natur aus gegebene „Freiheit" (*eleutheria*), sein Status als ein praktisches Vernunftwesen, die ihn unter ein kategoriales Instrumentalisierungsverbot bzw. Gebot der Fürsorge stellt.[417] Zum anderen begründet das natürliche Freiheitsrecht bei Aristoteles keine Rechtsansprüche, die ihrem Träger – im Sinne der Willenstheorie des Rechts – individuelle Entscheidungsspielräume sichern, in denen er andere nach Maßgabe der eigenen Willkür auf ein bestimmtes Verhalten verpflichten kann. Durch das aristotelische Freiheitsrecht wird allein gefordert, dass die Herrschaft über von Natur aus freie Menschen – unter der Voraussetzung einer wie auch immer näher bestimmten Theorie des Guten – zu deren Vorteil auszuüben ist. Die Freiheit des Menschen begründet bei Aristoteles auch kein politisches Teilhaberecht: Die Frage, *wer* herrschen soll, entscheidet sich durch die moralische Qualität des erworbenen Charakters; nur die Frage, *wie* geherrscht werden soll, an der Natur der regierten Subjekte. Schließlich formuliert Aristoteles auch keinen Rechtskatalog mit konkreten Ansprüchen, die der einzelne gegenüber dem Staat unmittelbar geltend machen kann. Aristoteles kennt vielmehr nur ein einziges natürliches Recht. Das grundlegende Freiheitsrecht impliziert jedoch, dass die Polis bzw. die Amtsinhaber die öffentlichen Güter zum gemeinsamen Vorteil aller Bürger verwenden, so dass sich aus diesem alle weiteren gerechtfertigten Ansprüche des einzelnen gegenüber der politischen Gemeinschaft ableiten lassen. In dieser Hinsicht gleicht das natürliche Freiheitsrecht in Aristoteles' politischer Theorie einer – oder besser: *der* – grundlegenden Rechtsposition. Wenn man daher das aristotelische Freiheitsrecht mit einer Theorieposition aus dem modernen Grund- und Menschenrechtsdiskurs vergleichen möchte, kommt es vermutlich Hannah Arendts Theorie von einem „einzigem Menschenrecht", nämlich „dem Recht, Rechte zu haben" am nächsten (Arendt 1949). Dass Aristoteles mit

---

[417] Damit weist das aristotelische Begründungsmodell des natürlichen Freiheitsrechts eine erstaunliche Ähnlichkeit zum kantischen Modell auf, das die Selbstzwecklichkeit des Menschen als Person auf das Vermögen zur Autonomie zurückführt. Vgl. hierzu auch Long 1996, 801: „I want to close by pointing out the respects in which Aristotle's rights theory has important affinities with one modern liberal autonomy-based rights theory ordinarily thought to be miles away from Aristotle's concerns: the Kantian theory."

TNH keine konkreten Rechtsansprüche begründet, wie es etwa von Miller (1995) in Gestalt von Eigentums- und politischen Teilhaberechten behauptet wird, liegt daran, dass die konkreten Rechtsansprüche der Bürger mit den Voraussetzungen und Bedingungen, die ein Gesetzgeber vorfindet, variieren. Nicht jede Polis befindet sich in der glücklichen Lage, über die materiellen Ressourcen zu verfügen, die das Glück ihrer Bürger in vollem Umfang ermöglichen. Eben weil die beste Polis aus Pol. VII–VIII einem jeden freien Bürger die materiellen und auch institutionellen Bedingungen bietet, derer er zum guten Leben bedarf, ist sie die Polis unserer Gebete (*kat' euchên*) (vgl. Kap. 5.1.1). Für Aristoteles hat es jedoch wenig Sinn, konkrete Rechtsansprüche zu garantieren, die sodann durch den materiellen Unterbau einer politischen Gemeinschaft nicht eingeholt werden können. Alles, was seiner Ansicht nach verlangt werden kann, ist, dass die öffentlichen Ressourcen und politischen Institutionen zum Wohl der regierten Individuen wirken.

Zugleich besitzt Aristoteles' Herrschafts- und Rechtsdenken im Vergleich zum modernen Individualrechtsdenken ein klar aufzeigbares Defizit. Zwar bildet die selbstzweckliche Existenz des von Natur aus freien Menschen bei Aristoteles eine „überpositive" und „generelle" Rechtsnorm – nicht aber eine „universelle". Denn Aristoteles stellt in TNH den moralisch-rechtlichen Status des von Natur aus freien Menschen dem des von Natur aus unfreien Menschen (*physei doulos*) gegenüber. Diesem kommt der moralisch-rechtliche Status eines „Besitzstücks" (*ktêma*) zu und er fungiert daher als eine Art „beseeltes Werkzeug" (*empsychon organon*) (vgl. Kap. 4.3.3.1). Die einseitige und dauerhafte Instrumentalisierung des von Natur aus unfreien Menschen ist nach Aristoteles rechtmäßig. Der Sklave von Natur ist nach Aristoteles ein rechtloses Individuum, über das der Herr wie über seinen anderen Besitz frei nach seinem Belieben verfügen darf. Aristoteles vertritt mit TNH eine Differenzthese und geht von verschiedenen Formen (*eidê*) von Herrschaft über den Menschen aus (was ihn in signifikanter Weise von seinen philosophischen Vorgängern, den Sophisten und auch Platon, unterscheidet, die seiner Ansicht nach die Identität sämtlicher Herrschafts- und Rechtsverhältnisse behauptet haben) (vgl. Kap. 4.3.1). Er ist somit weit davon entfernt, Vertreter eines moralischen Universalismus im Sinne des im Menschenrechtsgedanken eingeschriebenen Gleichheitsprinzips zu sein.[418] Aristoteles kennt ein natürliches Recht des von Natur aus freien Menschen, kein allgemeines Menschenrecht, da für ihn nicht alle Menschen von Natur aus frei sind. (Dies gilt jedoch, wie eingangs gezeigt, auch für die frühneuzeitlichen Naturrechtstheorien und die großen Menschenrechtser-

---

418 Zum Gleichheitsprinzip und moralischen Universalismus vgl. etwa Artikel 1 der *Allgemeinen Erklärung der Menschenrechte der Vereinten Nationen* von 1948: „Alle Menschen sind frei und gleich an Würde und Rechten geboren. Sie sind mit Vernunft und Gewissen begabt und sollen einander im Geiste der Brüderlichkeit begegnen."

klärungen des ausgehenden 18. Jahrhunderts (vgl. Kap. 1.1 u. 1.2).) Träger dieses Freiheitsrechtes sind bei Aristoteles letztlich nur die Griechen, die von Natur aus das Vermögen zur praktischen Deliberation besitzen. Alle anderen Ethnien bleiben von ihm ausgeschlossen. Die Exklusion anderer Ethnien vom moralisch-rechtlichen Status des von Natur aus freien Menschen mag dabei einem Zeitgeist geschuldet sein, der von einem griechischen Superioritätsdenken geprägt ist.[419] In Aristoteles' Aussagen über den moralisch-rechtlichen Status des von Natur aus unfreien Menschen kommen die menschenverachtenden Züge von TNH zum Tragen, für die Aristoteles zu Recht in der Literatur scharf kritisiert wird. Dennoch greifen Interpretationen, die Pol. I auf Aristoteles' Theorie des naturgemäßen Sklaventums reduzieren, entschieden zu kurz. Wie die vorliegende Studie zeigt, entgeht diesen Interpretationsansätzen ein wichtiges normatives Theoriestück, ohne das Aristoteles' politisches Denken nur unzureichend zu verstehen ist und das zu dem Attraktivsten gehört, was das antike politische Denken zu bieten hat.

Was die eingangs der Studie aufgeworfene Frage betrifft, ob das Verhältnis zwischen Aristotels' politischem Denken und dem Projekt der politischen Moderne, also der Begründung und Verwirklichung der natürlichen Rechte des Menschen, eher durch einen radikalen Bruch oder durch Kontinuität bestimmt ist, tendiere ich daher dazu, für die letztere Option zu votieren.

---

[419] Zum griechischen Superioritätsdenken vgl. Schlaifer 1936, 165–171; Kraut 2002, 290–295.

Literaturverzeichnis

A Zitierte Übersetzungen und Ausgaben

Sofern nicht anders angeführt, wurden die folgenden Übersetzungen und Ausgaben zitiert. Die Übersetzungen sind von mir teilweise geringfügig abgeändert und gegebenenfalls orthographisch an die Neue Rechtschreibung angepasst worden.

Aristoteles (1971): *Politik*. Eingeleitet, übersetzt und kommentiert von O. Gigon. 2., durchgesehene und um einen Kommentar erweiterte Auflage. Zürich/Stuttgart.

Aristoteles (1984): *Eudemische Ethik*. Übersetzt und kommentiert von F. Dirlmeier. 4., gegenüber der 3. durchgesehene, unveränderte Auflage. Berlin (Aristoteles. Werke in deutscher Übersetzung. Begründet von E. Grumach. Hrsg. von H. Flashar, Bd. 7).

Aristoteles (2002): *Rhetorik*. Übersetzung und Kommentar von Ch. Rapp. 2 Bände. Berlin (Aristoteles. Werke in deutscher Übersetzung. Begründet von E. Grumach. Hrsg. von H. Flashar, Bd. 4).

Aristoteles (2003): *Metaphysik*. Übersetzt und eingeleitet von Th. A. Szlezák. Berlin.

Aristoteles (2008): *Nikomachische Ethik*. Übersetzt und herausgegeben von U. Wolf. 2. Auflage. Reinbek bei Hamburg.

Cicero, M. T. (2009): *De re publica/Vom Gemeinwesen*. Lateinisch – Deutsch. Übersetzt und hrsg. von K. Büchner. Stuttgart.

Diogenes, L.: *Leben und Lehren der Philosophen*. Aus dem Griechischen übersetzt und hrsg. von F. Jürß. Stuttgart 1998 (Universal-Bibliothek, 9669).

Hobbes, Th. (1966): *Leviathan*. Hrsg. von I. Fetscher. Berlin.

Hobbes, Th. (1994): *Vom Menschen/Vom Bürger*. Hrsg. von G. Gawlick. 3. Auflage. Hamburg (Philosophische Bibliothek, 158).

Hegel, G. W. F. (1971): *Vorlesung über die Geschichte der Philosophie II*. Frankfurt a. M. (G. W. F. Hegel. Werke, 19).

Locke, J. (2007): *Zweite Abhandlung über die Regierung*. Aus dem Englischen von H. J. Hoffmann, durchgesehen und überarbeitet von L. Siep. Kommentar von L. Siep. Frankfurt a. M. (Suhrkamp Studienbibliothek, 7).

Platon (1964): *Gorgias*. In: Platon. Sämtliche Werke. In der Übersetzung von F. Schleiermacher. Hrsg. von W. F. Otto *et al.* Bd. 1. Reinbek bei Hamburg, S. 197–283.

Platon (1991): *Nomoi*. In: Platon. Sämtliche Werke. Griechisch und Deutsch. Nach der Übersetzung F. Schleiermachers, ergänzt durch Übersetzungen von F. Susemihl und anderen. Hrsg. von K. Hülser. Bd. 9. Frankfurt a. M./Leipzig.

Platon (1991a): *Politikos*. In: Platon. Sämtliche Werke. Griechisch und Deutsch. Nach der Übersetzung F. Schleiermachers, ergänzt durch Übersetzungen von F. Susemihl und anderen. Hrsg. von K. Hülser. Bd. 7. Frankfurt a. M./Leipzig, S. 295–463.

Platon (2001): *Der Staat*. Übersetzt und hrsg. von K. Vretska. Stuttgart (Universal-Bibliothek, 8205).

B Angeführte Literatur

Aalders, G. J. D. (1965): „Die Mischverfassung und ihre historische Dokumentation in der *Politica* des Aristoteles". In: R. Stark *et al.* (Hg.) 1965, S. 201–237.
Ackrill, J. L. (1980): „Aristotle on *Eudaimonia*". In: A. Rorty (Hg.) 1980, S. 15–33.
Alexy, R. (1994): *Theorie der Grundrechte*. Göttingen (Suhrkamp Taschenbuch Wissenschaft, 582).
Allan, D. J. (1965): „Inidivudal and State in the *Ethics* and *Politics*". In: R. Stark *et al.* (Hg.) 1965, S. 55–85.
Ambler, W. H. (1985): „Aristotle's Understanding of the City". *The Review of Politics* 47, S. 163–185.
Ambler, W. H. (1987): „Aristotle on Nature and Politics: The Case of Slavery". *Political Theory* 15, S. 390–410.
Annas, J. (1996): „Human Nature and Political Virtue". *The Review of Metaphysics* 49, S. 731–753.
Arendt, H. (1949): „Es gibt nur ein einziges Menschenrecht". *Die Wandlung* 4, S. 754–770.
Arendt, H. (2006): *Vita activa oder Vom tätigen Leben*. 4. Aufl. München (Serie Piper, 3623).
Barker, E. (1952): *The Politics of Aristotle*. Translated with an introduction, notes and appendixes. London.
Barker, E. (1956): *The Political Thought of Plato and Aristotle*. New York, NY.
Barnes, J. *et al.* (Hg.) (1977): *Ethics and Politics*. London (Articles on Aristotle, 2).
Barnes, J. (2005 [1990]): „Aristotle on Political Liberty". In: R. Kraut/S. Skultety (Hg.) 2005, S. 185–201.
Berlin, I. (2006): *Freiheit – Vier Versuche*. Ungekürzte Ausgabe. Frankfurt a. M.
Berlin, I. (2006a): „Zwei Freiheitsbegriffe". In: Ders. 2006, S. 197–256.
Bien, G. (1973): *Die Grundlegung der politischen Philosophie bei Aristoteles*. Freiburg.
Bleicken, J. (1995): *Die athenische Demokratie*. 4., völlig überarb. und wesentlich erw. Auflage. Paderborn u. a. (UTB, 1330: Geschichte, Politische Wissenschaft).
Böckenförde, E.-W. (1976): *Staat, Gesellschaft, Freiheit. Studien zur Staatstheorie und zum Verfassungsrecht*. Frankfurt a. M. (Suhrkamp Taschenbücher Wissenschaft, 163).
Bodéüs, R. (1985): „L'animal politique et l'animal économique". In: A. Motte (Hg.) 1985, S. 65–81.
Brown, V. (2001): „'Rights' in Aristotle's *Politics* and *Nicomachean Ethics?*". *The Review of Metaphysics* 55, S. 269–295.
Burckhardt, J. (1898): *Griechische Kulturgeschichte*. Hrsg. von J. Oeri. Berlin/Stuttgart. 4 Bde.
Burnyeat, M. F. (1994): „Did the Ancient Greeks Have the Concept of Human Rights?". *Polis* 13, S. 1–11.
Cleary, J. J. (1988): *Aristotle on the Many Senses of Priority*. Carbondale/Edwardsville.
Collins, S. D. (2006): *Aristotle and the Rediscovery of Citizenship*. New York.
Constant, Benjamin (1972 [1819]): „Über die Freiheit der Alten im Vergleich zu der der Heutigen". In: Ders.: *Werke in vier Bänden*. Hrsg. von A. Blaeschke/L. Gall. Dtsch. von E. Rechel-Mertens. Berlin, 4. Bd., S. 363–396.
Cooper, J. M. (1975): *Reason and Human Good in Aristotle*. Cambridge, Mass./London.
Cooper, J. M. (1985): „Aristotle on the Goods of Fortune". *The Philosophical Review* 94, S. 173–196.
Cooper, J. M. (1990): „Political Animals and Civic Friendship". In: G. Patzig (Hg.) 1990, S. 220–241.

Cooper, J. M. (1996): „Justice and Rights in Aristotle's *Politics*". *Review of Metaphysics* 49, S. 859–872.
Dahl, R. A. (1979): „Procedural Democracy". In: P. Laslett/J. Fishkin (Hg.): *Philosophy, Politics, and Society*. Oxford, S. 97–133.
Depew, D. J. (1995): „Humans and Other Political Animals in Aristotle's *Histoy of Animals*". *Phronesis* 40, S. 156–172.
Deslauriers, M. (2006): „The Argument of Aristotle's *Politics* 1". *Phoenix* 60, S. 48–69.
Dobbs, D. (1994): „Natural Right and the Problem of Aristotle's Defense of Slavery". *Journal of Politics* 56, S. 69–94.
Dover, K. J. (1974): *Greek Popular Morality in the Time of Plato and Aristotle*. Oxford.
Düring, I. (1966): „*Aristoteles. Darstellung und Interpretation seines Denkens*". Heidelberg (Bibliothek der klassischen Altertumswissenschaften, N. F., 114).
Dworkin, R. (1977): *Taking Rights Seriously*. London.
Dworkin, R. (1984): „Rights as Trumps". In: J. Waldron (Hg.) 1984, S. 153–167.
Finley, M. I. (1986): *Das politische Leben in der antiken Welt*. München.
Finnis, J. M. (1980): *Natural Law and Natural Rights*. Oxford.
Fortenbaugh, W. W. (1977): „Aristotle on Slaves and Women". In: J. Barnes *et al*. (Hg.) 1977 S. 135–139.
Frank, J. (2004): „Citizens, Slaves, and Foreigners: Aristotle on Human Nature". *American Political Science Review* 98, S. 91–104.
Frank, J. (2005): *A Democracy of Distinction*. Chicago, IL.
Frankena, W. K. (1963): *Ethics*. Engelwood Cliffs, NJ.
Frede, D. (2001): „Staatsverfassung und Staatsbürger (III 1–5)". In: O. Höffe (Hg.) 2001, S. 75–92.
Frede, D. (2005): „Citizenship in Aristotle's *Politics*." In: R. Kraut/S. Skultety (Hg.) 2005, S. 167–184.
Gallagher, R. (2001): „Aristotle's Peirastic Treatment of the *Republic*". *Archiv für Geschichte der Philosophie* 93, S. 1–23.
Galston, W. A. (1998): „Defending Liberalism". In: J. Nida-Rümelin (Hg.) 1998, S. 249–264.
Garnsey, P. (1996): *Ideas of Slavery from Aristotle to Augustine*. Cambridge.
Geiger, R. *et al*. (Hg.) (2003): *Modelle politischer Philosophie*. Paderborn.
Gewirth, A. (1984): „Are There Any Absolute Rights?". In: J. Waldron (Hg.) (1984), S. 91–109.
Gigon, O. (1965): „Die Sklaverei bei Aristoteles". In: R. Stark *et al*. (Hg.) 1965, S. 247–276.
Gigon, O. (1971): „Einleitung" und „Kommentar". In: *Aristoteles* Politik. Eingeleitet, übers. und kommentiert von O. Gigon. 2. Auflage. Zürich/Stuttgart, S. 5–59 und 337–556.
Grossmann, A. (2004): „Art. Würde". In: J. Ritter/K. Gründer/G. Gabriel (Hg.): *Historisches Wörterbuch der Philosophie (W – Z)*. Basel. 12 Bde., S. 1088–1093.
Grote, G. (1883 [1846–56]): *History of Greece*. 12 Bde. nebst 2. Bde. Exkurs. 5. Aufl. London.
Habermas, J. (1994): *Faktizität und Geltung*. 4., durchgesehene und um ein Nachwort und ein Literaturverzeichnis erweiterte Auflage. Frankfurt a. M. (Suhrkamp Taschenbuch Wissenschaft, 1361).
Hardie, W. F. R. (1967): „The Final Good in Aristotle's *Ethics*". In: J. M. E. Moravcsik (Hg.) 1967, S. 297–322.
Hart, H. L. A. (1973): „Bentham on Legal Rights". In: A. W. B. Simpson (Hg.) 1973, S. 171–201.
Heinimann, F. (1945): Nomos *und* Physis. *Herkunft und Bedeutung einer Antithese im griechischen Denken des 5. Jahrhunderts*. Basel.

Hentschke, A. B. (1971): *Politik und Philosophie bei Plato und Aristoteles. Die Stellung der Nomoi im platonischen Gesamtwerk und die politische Theorie des Aristoteles*. Frankfurt a. M. (Frankfurter Wissenschaftliche Beiträge/Kulturwissenschaftliche Reihe, 13).
Hirzel, R. (1900): *Agraphos nomos*. Leipzig (Abhandlungen der Königlich Sächsischen Gesellschaft der Wissenschaften/Philologisch-Historische Klasse, 20.1).
Höffe, O. (1996): *Praktische Philosophie. Das Modell des Aristoteles*. 2., durchgesehene Auflage. Berlin.
Höffe, O. (1999): *Aristoteles*. 2., überarbeitete Auflage. München (Beck'sche Reihe Denker, 535).
Höffe, O. (Hg.) (2001): *Aristoteles, Politik*. Berlin (Klassiker Auslegen, 23).
Hoffmann, M. (2010): *Der Standard des Guten bei Aristoteles. Regularität im Unbestimmten: Aristoteles' Nikomachische Ethik als Gegenstand der Partikularismus-Generalismus-Debatte*. Freiburg (Alber-Reihe praktische Philosophie, 82).
Horn, Ch. (1998): *Antike Lebenskunst. Glück und Moral von Sokrates bis zu den Neuplatonikern*. München (Beck'sche Reihe, 1271).
Horn, Ch./Scarano, N. (2002): *Philosophie der Gerechtigkeit. Texte von der Antike bis zur Gegenwart*. Frankfurt a. M. (Suhrkamp Taschenbuch Wissenschaft, 1563).
Horn, Ch. (2003): *Einführung in die politische Philosophie*. Darmstadt.
Horn, Ch. (2003a): „Liberalismus und Perfektionismus – ein unversöhnlicher Gegensatz?" In: R. Geiger et al. (Hg.) 2003, S. 219–241.
Horn, Ch. (2005): „Menschenrechte bei Aristoteles?". In: K. M. Girardet (Hg.): *Menschenrechte und europäische Identität. Die antiken Grundlagen*. Stuttgart, S. 105–122.
Horn, Ch. (2009) et al. (Hg.): *Platon-Handbuch*. Stuttgart.
Horn, Ch. (2009a): „Artikel ‚Politische Philosophie'". In: Ders. et al. (Hg.) 2009, S. 169–181.
Horn, Ch. (2013) (Hg.): *Platon, Gesetze – Nomoi*. Berlin (Klassiker Auslegen, 55).
Horn, Ch. (2013a): „Politische Philosophie in Platons *Nomoi*: Das Problem von Kontinuität und Diskontinuität". In: Ders. (Hg.) 2013, S. 1–21.
Horstmann, R. P. (1980): „Menschenwürde". In: J. Ritter/K. Gründer (Hg.): *Historisches Wörterbuch der Philosophie (L-Mn)*. Basel. 5 Bde., S. 1124–1127.
Hurka, Th. (1993): *Perfectionism*. New York.
Irwin, T. H. (1985): „Moral Science and Political Theory in Aristotle". *History of Political Thought* 6, S. 150–168.
Jaeger, W. (1955): *Aristoteles. Grundlegung einer Geschichte seiner Entwicklung*. 2. Auflage. Berlin.
Jhering, R. von (1954): *Geist des römischen Rechts auf den verschiedenen Stufen seiner Entwicklung*. Darmstadt.
Johnson, C. N. (1990): *Aristotle's Theory of the State*. New York.
Johnson, C. N. (2010): „Rez. von Goodman, L. E./Talisse, R. B. (Hg.): *Aristotle's Politics Today*". *Ancient Philosophy* 30, S. 194–198.
Kahn, Ch. H. (1990): „Comments on M. Schofield". In: G. Patzig (Hg.) 1990, S. 28–31.
Kant, I. (1900ff.). *Werke*. Hrsg. von der Königlich Preußischen Akademie der Wissenschaften. Berlin.
Kaser, M. (1992): *Römisches Privatrecht. Ein Studienbuch*. 16., durchgesehene Aufl. München.
Kelsen, H. (1977): *Aristotle and Hellenic-Macedonian Policy*. In: J. Barnes et al. (Hg.) 1977, S. 170–194.
Kerferd, G. B. (2001): *The Sophistic Movement*. Cambridge.

Kersting, W. (2002): *Thomas Hobbes zur Einführung*. 2., überarbeitete Auflage. Hamburg (Zur Einführung, 255).
Keyt, D. (1987): „Three Fundamental Theorems in Aristotle's *Politics*". *Phronesis* 32, S. 54–79.
Keyt, D./Miller, F. D. (Hg.) (1991): *A Compnation to Aristotle's* Politics. Oxford.
Keyt, D. (1991a): „Three Basic Theorems in Aristotle's *Politics*". In: Ders./F. D. Miller (Hg.) 1991, S. 118–141.
Keyt, D. (1991b): „Aristotle's Theory of Distributive Justice". In: Ders./F. D. Miller (Hg.) 1991, S. 238–278.
Keyt, D. (1996): „Aristotle and the Ancient Roots of Anarchism". *Topoi* 15, S. 129–142.
Keyt, D. (1999): *Aristotle. Politics. Book V and VI*. Oxford (Aristotle Clarendon Series).
Kobusch, Th. (1997): *Die Entdeckung der Person. Metaphysik der Freiheit und modernes Menschenbild*. 2., durchgesehene und um ein Nachwort und um Literaturergänzungen erweiterte Auflage. Freiburg.
Krämer, H. (1959): Arete *bei Platon und Aristoteles. Zum Wesen und zur Geschichte der platonischen Ontologie*. Heidelberg (Heidelberger Akademie der Wissenschaften, 6).
Kraut, R. (1991): *Aristotle on the Human Good*. Princeton, NJ.
Kraut, R. (1996): „Are There Natural Rights in Aristotle?". *Review of Metaphysics* 49, S. 755–774.
Kraut, R. (2002): *Aristotle. Political Philosophy*. Oxford/New York (Founders of Modern Political and Social Thought).
Kraut, R./Skultety, S. (Hg.) (2005): *Aristotle's* Politics *: Critical Essays*. Oxford (Critical Essays on the Classics).
Kraut, R. (2007): *What is Good and Why? The Ethics of Well-being*. Cambridge, Mass./London.
Kraut, R. (2009): *Aristotle. Politics. Books VII and VIII*. Translated with a Commentary by R. Kraut. Reprint. Oxford (Clarendon Aristotle Series).
Kullmann, W. (1980): „Der Mensch als politisches Lebewesen bei Aristoteles". *Hermes* 108, S. 419–443.
Kullmann, W. (1991): „Man as a Political Animal in Aristotle". In: D. Keyt/F. D. Miller (Hg.) 1991, S. 94–117.
Ladwig, B. (2012): „Mensch und Person". In: A. Pollmann/G. Lohmann (Hg.) 2012, S. 136–143.
Laird, J. (1942): „Hobbes on Aristotle's *Politics*". *Proceedings of the Aristotelian Society* 43, S. 1–20.
Lebech, M. (2009): *On the Problem of Human Dignity. A Hermeneutical and Phenomenological Investigation*. Würzburg.
Long, R. T. (1996): „Aristotle's Conception of Freedom". *Review of Metaphysics* 49, S. 775–802.
Lord, C. (1981): „The Character and Composition of Aristotle's *Politics*". *Political Theory* 9, S. 459–478.
MacIntyre, A. (1990): „The Privatization of Good: An Inaugural Lecture". *The Review of Politics* 52, S. 344–361.
MacIntyre, A. (1995): *Der Verlust der Tugend. Zur moralischen Krise der Gegenwart*. Frankfurt a. M. (Suhrkamp Taschenbuch Wissenschaft, 1193).
Mack, E. (1993): „Rasmussen and Den Uyl on Natural Rights". *Reason Papers* 18, S. 89–99.
Marneffe, P. de (1998): „Liberalism and Perfectionism". *The American Journal of Jurisprudence* 43, 99–116.
Mayhew, R. (1995): „Aristotle on the Self-Sufficiency of the City". *History of Political Thought* 16, S. 488–502.

Meier, Ch. (1995): *Die Entstehung des Politischen bei den Griechen*. 3. Auflage. Frankfurt a. M. (Suhrkamp Taschenbuch Wissenschaft, 427).
Menke, Ch. (2006): „Von der Würde des Menschen zur Menschenwürde: Das Subjekt der Menschenrechte". *WestEnd. Neue Zeitschrift für Sozialforschung* 3, S. 3–21.
Menke, Ch./Pollmann, A. (2007): *Philosophie der Menschenrechte zur Einführung*. Hamburg (Zur Einführung, 339).
Menke, Ch. (2012): „Menschenwürde". In: A. Pollmann/G. Lohmann (Hg.) 2012, S. 144–150.
Miller, F. D. (1988): „Aristotle and the Natural Right Tradition". *Reason Papers* 13, S. 166–181.
Miller, F. D. (1988/89): „Aristotle on Nature, Law, and Justice". *University of Dayton Review* 19, S. 57–69.
Miller, F. D. (1991): „Aristotle on Natural Law and Justice". In: D. Keyt/F. D. Miller (Hg.) 1991, S. 279–306.
Miller, F. D. (1995): *Nature, Justice, and Rights in Aristotle's* Politics. Oxford.
Miller, F. D. (1996): „Aristotle and the Origins of Natural Rights". *Review of Metaphysics* 49, S. 873–907.
Miller, F. D. (2001): „Sovereignty and Political Rights". In: O. Höffe (Hg.) 2001, S. 107–119.
Miller, F. D. (2008): „Aristotle's Political Theory". In: E. N. Zalta (Hg.): *Stanford Encyclopedia of Philosophy*. Online verfügbar unter http://plato.stanford.edu/entries/aristotle-politics/. (Zuletzt geprüft am 21.11.2008).
Moravcsik, J. M. E. (Hg.) (1967): *Aristotle: A Collection of Critical Essays*. Garden City, NY.
Motte, A. (Hg.): *Aristotelica: Mélanges offerts à Marcel De Corte*. Lüttich.
Mulgan, R. G. (1974): „A Note on Aristotle's Absolute Ruler". *Phronesis* 19, S. 66–69.
Mulgan, R. G. (1974): „Aristotle's Doctrine That Man Is a Political Animal". *Hermes* 102, S. 438–445.
Mulgan, R. G. (1977): *Aristotle's Political Theory*. Oxford.
Mulgan, R. G. (1979): „Lycophron and Greek Theories of Social Contract". *Journal of the History of Ideas* 40, S. 121–128.
Mulgan, R. G. (1990): „Aristotle and the Value of Politcal Particpation". *Political Theory* 18, S. 195–215.
Mulgan, R. G. (2001): „Constitution and Purpose of the State (III 6–9)". In: O. Höffe (Hg.) 2001, S. 93–106.
Nagel, Th. (2002): *Concealment and Exposure*. Oxford.
Natali, C. (1979/80): „La struttura unitaria del libro I della *Politica* di Aristotele". *Polis* 3, S. 2–18.
Nederman, C. J. (1990): „Nature, Justice and Duty in the *Defensor Pacis:* Marsiglio of Padua's Ciceronian Impulse". *Political Theory* 18, S. 615–637.
Nederman, C. J. (1994): „The Puzzle of the Political Animal: Nature and Artifice in Aristotle's Political Theory". *The Review of Politics* 56, S. 283–304.
Newman, W. L. (1887–1902): *The* Politics *of Aristotle*. Text, introduction, and notes. 4 Bde.
Nichols, M. P. (1992): *Citizens and Statesmen. A Study of Aristotle's* Politics. Savage, MD.
Nida-Rümelin, J. (Hg.) (1998): *Ethische und politische Freiheit*. Berlin/New York.
Nietzsche, F. (1988): *Nachgelassene Schriften 1870–1873*. Kritische Studienausgabe. 2., durchgesehene Auflage. Hrsg. von G. Colli/G. Montinari. München.
Nozick, R. (1974): *Anarchy, State, and Utopia*. New York.
Nussbaum, M. C. (1999): *Gerechtigkeit oder das gute Leben*. Hrsg. von H. Pauer-Studer. Aus dem Amerikanischen von I. Utz. Frankfurt a. M. (Edition Suhrkamp, 1739).
Nussbaum, M. C. (1999a): „Der aristotelische Sozialdemokratismus". In: Dies. 1999, S. 24–85.

Nussbaum, M. C. (1999b): „Die Natur des Menschen, seine Fähigkeiten und Tätigkeiten: Aristoteles über die distributive Aufgabe des Staates". In: Dies. 1999, S. 86–131.
Nussbaum, M. C. (1999c): „Menschliche Fähigkeiten, weibliche Menschen". In: Dies. 1999, S. 176–226.
Nussbaum, M. C. (2001): *The Fragility of Goodness. Luck and Ethics in Greek Tragedy and Philosophy*. Revised edition. Cambridge.
Oncken, W. (1870–1875): *Die Staatslehre des Aristoteles in historisch-politischen Umrissen. Ein Beitrag zur Geschichte der Hellenischen Staatsidee und zur Einführung in die Aristotelische Politik*. 2 Bde. Leipzig.
Ottmann, H. (2001–2010): *Geschichte des politischen Denkens*. 4 Bde. Stuttgart.
Patzig, G. (Hg.) (1990): *Aristoteles' Politik. Akten des XI. Symposium Aristotelicum*. Göttingen.
Pauer-Studer, H. (2000): *Autonom leben. Reflexionen über Freiheit und Gleichheit*. Frankfurt a. M. (Suhrkamp Taschenbuch Wissenschaft, 1496).
Pauer-Studer, H. (2001): „Liberalism, Perfectionism, and Civic Virtue". *Philosophical Explorations* 4, S. 174–192.
Pauer-Studer, H. (2002): „Liberalismus, bürgerliche Tugenden und perfektionistische Bestrebungen". In: R. Schmücker/U. Steinvorth (Hg.) 2002, S. 77–93.
Pellegrin, P. (2001): „Hausverwaltung und Sklaverei (I 3–13)". In: O. Höffe (Hg.) 2001, S. 37–57.
Peter, F. (2010): „Political Legitimacy". In: E. N. Zalta (Hg.): *Stanford Encyclopedia of Philosophy*. Online verfügbar unter http://plato.stanford.edu/entries/legitimacy/. (Zuletzt geprüft am 05.02.2014).
Pettit, Ph. (1980): *Judging Justice. An Introduction to Contemporary Political Philosophy*. London.
Pfordten, D. von der (2000): „Normativer Individualismus versus normativer Kollektivismus in der Politischen Philosophie der Neuzeit". *Zeitschrift für philosophische Forschung* 54, S. 491–513.
Pfordten, D. von der (2001): *Rechtsethik*. München.
Pfordten, D. von der (2004): „Normativer Individualismus". *Zeitschrift für philosophische Forschung* 58, S. 321–346.
Pohlenz, M. (1955): *Griechische Freiheit. Wesen und Werden eines Lebensideals*. Heidelberg.
Pollmann, A./Lohmann, G. (Hg.) (2012): *Menschenrechte. Ein interdisziplinäres Handbuch*. Stuttgart.
Pollmann, A. (2012a): „Menschenrechte, Grundrechte, Bürgerrechte". In: Ders./G. Lohmann (Hg.) 2012, S. 129–136.
Popper, K. R. (1969): *The Open Society and Its Enemies*. 4th edition. 2 Bde. London.
Pöschl, V. (1992): „I. ‚Würde' im antiken Rom". In: O. Brunner *et al.* (Hg.): *Geschichtliche Grundbegriffe (Verw-Z). Historisches Lexikon zur politisch-sozialen Sprache in Deutschland*. Stuttgart. 7 Bde., S. 637–645.
Post, W. (2008): „Legitimität". In: S. Gosepath *et al.* (Hg.): *Handbuch der Politischen Philosophie und Sozialphilosophie*. Unter Mitarbeit von R. Celikates und W. Kellerwessel. 2 Bde. Berlin, 2. Bd., S. 704–713.
Powell, J. G. F. (Hg.) (1995): *Cicero the Philosopher*. Oxford.
Rapp, Ch. (1997): „War Aristoteles ein Kommunitarist?" *Internationale Zeitschrift für Philosophie* 1, S. 57–75.

Rapp, Ch. (2002): *Aristoteles*, Rhetorik. Übersetzung und Kommentar. 2 Bde. Berlin (Aristoteles. Werke in deutscher Übersetzung. Begründet von E. Grumach. Hrsg. von H. Flashar, Bd. 4).
Rasmussen, D. B./Den Uyl, D. J. (1991): *Liberty and Nature. An Aristotelian Defense of Liberal Order.* La Salle, Ill.
Rasmussen, D. B./Den Uyl, D. J (2005): *Norms of Liberty. A Perfectionist Basis for Non-Perfectionist Politics.* Pennsylvania.
Rawls, J. (1958): „Justice as Fairness". *The Philosophical Review* 67, S. 164–193.
Rawls, J. (1971): *A Theory of Justice.* Harvard.
Rawls, J. (1998): *Politischer Liberalismus.* Frankfurt a. M.
Rawls, J. (2003): *Eine Theorie der Gerechtigkeit.* 1. Aufl., Nachdruck. Frankfurt a. M. (Suhrkamp Taschenbuch Wissenschaft, 271).
Rawls, J. (2003a): *Gerechtigkeit als Fairness. Ein Neuentwurf.* Frankfurt a. M.
Raz, J. (1984): „Legal Rights". *Oxford Journal of Legal Studies* 4, S. 1–21.
Raz, J. (1984a): „On the Nature of Rights". *Mind* 93, S. 194–214.
Raz, J. (1986): *The Morality of Freedom.* Oxford.
Ritter, J. (2003): *Metaphysik und Politik. Studien zu Aristoteles und Hegel.* Erweiterte Neuausgabe mit einem Nachwort von O. Marquard. Frankfurt a. M. (Suhrkamp Taschenbuch Wissenschaft, 1653).
Ritter, J. (2003a [1956]): „Das bürgerliche Leben". In: Ders. 2003, S. 57–105.
Robinson, R. (1995): *Aristotle.* Politics. *Books III and IV.* Translated with Introduction and Comments by R. Robinson. With a Supplementary Essay by D. Keyt. Oxford (Clarendon Aristotle Series).
Röhl, K./Röhl, H. Ch. (2008): *Allgemeine Rechtslehre. Ein Lehrbuch.* 3., neu bearbeitete Auflage. Köln/München.
Rorty, A. (Hg.) (1980): *Essays on Aristotle's Ethics.* Berkeley/Los Angeles.
Ross, W. D. (1997 [1924]): *Aristotle's* Metaphysics. A revised text with introduction and commentary. Oxford. 2. Bde.
Rowe, Ch. J. (1991 [1977]): „Aims and Methods in Aristotle's *Politics*". In: D. Keyt/F. D. Miller (Hg.) 1991, S. 57–74.
Sabine, G. H. (1973): *A History of Political Theory.* 4th ed. Fort Worth.
Salkever, S. (1993): „Rez. von *Citizen and Statesmen/The Public and the Private*". *The Political Science Review* 87, S. 1004–1006.
Salkever, S. (2007): „Whose Prayer? The Best Regime of Book 7 and the Lessons of Aristotle's *Politics*". *Political Theory* 35, S. 29–46.
Sandel, M. J. (1982): *Liberalism and the Limits of Justice.* 2. ed., 10. printing. Cambridge.
Saunders, T. J. (1995): *Aristotle.* Politics. *Books I and II.* Translated with a Commentary by T. J. Saunders. Oxford (Clarendon Aristotle Series).
Saxonhouse, A. W. (1985): *Women in the History of Political Thought. Ancient Greece to Machiavelli.* 2. printing. New York.
Schlaifer, R. (1936): „Greek Theories of Slavery from Homer to Aristotle". *Harvard Studies in Classical Philology* 47, S. 165–204.
Schmücker, R./Steinvorth, U. (Hg.) (2002): *Gerechtigkeit und Politik. Philosophische Perspektiven.* Berlin (Deutsche Zeitschrift für Philosophie, Sonderband 3).
Schofield, M. (1995): „Cicero's Definition of *Res Publica*". In: J. G. F. Powell (Hg.) 1995, S. 63–83.
Schofield, M. (1996): Sharing in the Constitution. *Review of Metaphysics* 49, S. 831–858.

Schofield, M. (2005 [1990]): „Ideology and Philosophy in Aristotle's Theory of Slavery". In: R. Kraut/S. Skultety (Hg.) 2005, S. 91–119.
Schütrumpf, E. (1976): „Probleme der Aristotelischen Verfassungslehre in Politik III". Hermes 104, S. 308–331.
Schütrumpf, E. (1980): *Die Analyse der Polis durch Aristoteles*. Amsterdam (Studien zur antiken Philosophie, 10).
Schütrumpf, E. (1991): *Aristoteles*. Politik *Buch I. Über die Hausverwaltung und die Herrschaft des Herrn über Sklaven.* Übersetzt und erläutert von E. Schütrumpf. Darmstadt (Aristoteles. Werke in deutscher Übersetzung. Begründet von E. Grumach. Hrsg. von H. Flashar, Bd. 9, Teil I).
Schütrumpf, E. (1991a): *Aristoteles*. Politik *Buch II–III*. Übersetzt und erläutert von E. Schütrumpf. Darmstadt (Aristoteles. Werke in deutscher Übersetzung. Begründet von E. Grumach. Hrsg. von H. Flashar, Bd. 9, Teil II).
Schütrumpf, E. (1996): *Aristoteles*. Politik *Buch IV–VI*. Übersetzt und eingeleitet von E. Schütrumpf. Erklärt von E. Schütrumpf und H.-J. Gehrke. Berlin (Aristoteles. Werke in deutscher Übersetzung. Begründet von E. Grumach. Hrsg. von H. Flashar, Bd. 9, Teil III).
Schütrumpf, E. (2005): *Aristoteles*. Politik *Buch VII –VIII*. Übersetzt und erläutert von E. Schütrumpf. Berlin (Aristoteles. Werke in deutscher Übersetzung. Begründet von E. Grumach. Hrsg. von H. Flashar, Bd. 9, Teil IV).
Schütrumpf, E. (2012): *Aristoteles*: Politik. Übersetzt und mit einer Einleitung sowie Anmerkungen hrsg. von E. Schütrumpf. Hamburg (Philosophische Bibliothek, 616).
Seelmann, K. (2007): *Rechtsphilosophie*. 4., überarbeitete Auflage. München.
Sher, G. (1997): *Beyond Neutrality: Perfectionism and Politics*. Cambridge.
Simpson, A. W. B. (Hg.) (1973): *Oxford Essays in Jurisprudence*. Second Series. Oxford.
Sinclair, T. A. (1951): *A History of Greek Political Thought*. London.
Skoble, A. J. (Hg.) (2008): *Reading Rasmussen and Den Uyl. Critical Essays on Norms of Liberty*. Lanham.
Smith, N. D. (1991): „Aristotle's Theory of Natural Slavery". In: D. Keyt/F. D. Miller (Hg.) 1991, S. 142–155.
Stark, R. et al. (Hg.) (1965): *La* Politique *d'Aristote*. Genf (Entretiens sur l'Antiquité Classique, XI).
Stark, R. (1965a): „Der Gesamtaufbau der aristotelischen *Politik*". In: Ders. et al. (Hg.) 1965, S. 3–35.
Sternberger, D. (1985): *Der Staat des Aristoteles und der moderne Verfassungsstaat*. Bamberg (Thyssen- Vorträge Auseinandersetzung mit der Antike, I).
Stockton, C. N. (1971): „Are There Natural Rights in 'The Federalists'?". *Ethics* 82, S. 72–82.
Strauss, L. (1956): *Naturrecht und Geschichte*. Stuttgart.
Sumner, L. W. (1996): *Welfare, Happiness, and Ethics*. New York.
Susemihl, F./Hicks, R. D. (1894): *The* Politics *of Aristotle*. A revised text, with introduction, analysis, and commentary. London.
Swanson, J. A. (1992): *The Public and the Private in Aristotle's Political Philosophy*. Ithaca.
Taylor, Ch. (1985): *Philosophical Papers*. Reprint. 2 Bde. Cambridge.
Taylor, Ch. (1985a): „Atomism". In: Ders. 1985, 2. Bd., S. 187–210.
Tessitore, A. (Hg.) (2002): *Aristotle and Modern Politics. The Persistence of Political Philosophy*. Notre Dame, Ind.
Tierney, B. (1997): *The Idea of Natural Rights: Studies on Natural Rights, Natural Law, and Church Law, 1150–1625*. Atlanta.

Uhde, B. (1976): *Erste Philosophie und menschliche Unfreiheit.* Wiesbaden.
Villey, M. (1998): *Le droit et les droits de l'homme.* 3. édition. Paris.
Voegelin, E. (2001): *Ordnung und Geschichte. Band VII. Aristoteles.* Hrsg. von P. J. Opitz und D. Herz. Paderborn/München.
Waldron, J. (Hg.) (1984): *Theories of Rights.* Oxford.
Wall, S. (2006): *Liberalism, Perfectionism and Restraint.* Cambridge.
Wall, S. (2007): „Perfectionism in Moral and Political Philosophy". In: E. N. Zalta (Hg.): *Stanford Encyclopedia of Philosophy.* Online verfügbar unter http://plato.stanford.edu/entries/perfectionism-moral/. (Zuletzt geprüft am 03.03.2009).
Weber, M. (1976 [1920]): *Wirtschaft und Gesellschaft. Grundriss der verstehenden Soziologie.* Tübingen.
Wenar, L. (2005): „The Nature of Rights". *Philosophy and Public Affairs* 33, S. 223–253.
Wenar, L. (2011): „Rights". In: E. N. Zalta (Hg.): *Stanford Encyclopedia of Philosophy.* Online verfügbar unter http://plato.stanford.edu/entries/rights/. (Zuletzt geprüft am 03.05.2014).
Williams, B. (1994): *Ethics and the Limits of Philosophy.* 7. printing. Cambridge, Mass.
Wolf, U. (2002): *Aristoteles' Nikomachische Ethik.* Darmstadt.
Wood, E. M./Wood, N. (1978): *Class Ideology and Ancient Political Theory. Socrates, Plato, and Aristotle in Social Context.* Oxford (Blackwell's Classical Studies).
Yack, B. (1990): „Natural Right and Aristotle's Understanding of Justice". *Political Theory* 18, S. 216–237.
Yack, B. (1993): *The Problems of a Political Animal. Community, Justice, and Conflict in Aristotelian Political Thought.* Berkeley.
Yack, B. (2002): „Community: An Aristotelian Social Theory". In: A. Tessitore (Hg.) 2002, S. 19–46.
Zeller, E. (1963): *Die Philosophie der Griechen in ihrer geschichtlichen Entwicklung.* 7., unveränderte Auflage. 6 Bde. Hildesheim.

A Sachindex

Absolutismus 6, 21, 65 Anm.
Agathologie → Gut/Güter
Amerikanische Unabhängigkeitserklärung/ Verfassungsgebung 1–3, 18 Anm., 26
Amt 22, 25, 36 Anm., 115, 122, 138, 148 f., 164, 184, 202, 204 Anm., 205, 211, 212 Anm., 213, 218 Anm., 225, 227, 230–237, 244 f., 248
Anthropologie (politische) 58, 74–80, 109–111, 140 f., 148
Arbeitsteilung, Prinzip der 87, 91, 93–95, 97, 103, 162
Archismus 82
Aristokratie 25, 62, 178–180, 185, 200, 202, 204, 209–214, 216, 218 f., 221 f., 223 f. Anm. 231 f.
– Ehe als Abbild der A. 178 f., 184
– sogenannte A. 217–219
– Ausschluss der Handwerker u. Banausen vom vollen Bürgerrecht in der A. 229, 234–238
Autarkie 53, 74, 76 f., 79 f., 85 f., 89, 92–97, 99, 114 f., 121, 123, 129, 198, 220, 236
Autonom/Autonomie 17, 18 Anm., 27, 37, 52 Anm., 61 Anm., 248

Banausen 205, 235 f.
– Ausschluss der B. vom vollen Bürgerrecht 46, 196 f., 228–239
Barbaren 89, 166, 190 Anm., 192–194, 237
Beratungs-/Deliberationsvermögen/praktische Vernunft (*bouleutikon*) 17 f., 40, 43, 54–56, 78 f., 88 f., 117, 121, 133 f., 157–167, 170, 174–176, 180–188, 191–194, 198, 227 f., 248, 250
Besitz/Besitzstück 40, 85, 96 Anm., 101, 169–174, 203 Anm., 216, 249
Bürger 2, 11, 19, 21 Anm., 26 f., 34, 45 f., 48, 65–68, 87, 96–105, 148, 190, 195–197, 199, 207–209
– Gleichheit der B. 66–73, 85 Anm., 233 f.
– Verfassungsrelativität des B.-status 204 Anm., 217–219, 230–232

– B.-status und politische Teilhabe 226–239
– allgemeiner Begriff des B.s 230
Bürgerkrieg (*stasis*) 22, 102, 209 Anm., 220
Bürgerrecht/Bürgerrechte 5–7. 915, 19 f., 23–29, 35, 39, 46 f., 68–73, 114, 128, 132, 148, 190 Anm., 196 f., 199–203, 207 f., 208, 211, 217 f., 220, 242–249
– Ausschluss der Handwerker und Banausen vom vollen B. 228–239
– Ausschluss vom B. durch Ostrakismos 239–242
– Vergabe des B.s in Attischer Polis 224–226
– Vergabe des B.s nach Aristoteles 226–228

Christen/Christentum 23 Anm., 24, 29, 192

Demokratie 22, 26, 127, 131, 139, 142, 148, 181, 200–202, 210–213, 215 Anm., 216, 218–221, 227, 231, 236 Anm., 239, 243
Demos 22, 25, 99, 127, 224 f., 228
Despotie/Despotische Herrschaft 43–46, 131, 135, 145, 147, 151 f., 154 f., 157, 165, 167–177, 179–182, 184–193, 199 f., 205–208, 220, 234 Anm., 236, 244, 246
Deutsches Grundgesetz 25 Anm., 26
Dominanztheorie 56 Anm.
Dorf 87, 93–95, 97, 99–102, 129 f., 183 Anm.

Ehe/Eheliche Herrschaft → Frau
Einsicht → Klugheit
Elitär/Elitarismus 68, 73, 144, 149 f., 224, 226, 228, 238 f.
Entscheidung/Vorsatz (*prohairesis*) 43, 52 Anm., 55, 85 f., 88, 158 f., 160 Anm., 186, 227
Entwicklungstheorie → Genetische Lesart
Ergon/Ergon-Argument 53 f., 77–79, 87, 90–99, 103, 124, 134, 144, 172
Erklärung der Rechte des Menschen und des Bürgers (1789) 3 Anm., 26

Erklärung der Rechte der Frau und Bürgerin (1791) 26
Erziehung (*paideia*) 52 Anm., 57–62, 66, 98, 100–102, 123 f., 128, 180–182, 185, 187, 227 Anm.
Ethik/Praktische Philosophie 13 f., 39 Anm., 48–63, 159, 181, 231 Anm.
Eudaimonismus (politischer) 13 f., 36, 59, 62 f.
Expertokratie (→ Elitarismus) 149

Fähigkeitenansatz (*capabilities approach*) 10, 34 f., 71 f.
Federalists 2 f., 5
Frau 25 f., 36, 44, 58, 74, 81, 84 Anm., 88, 90 f., 101, 103, 127, 129 f., 132–135, 145, 162–165, 176–185, 192–194, 198, 224–229, 247
Fremder → Metöke
Freundschaft 28 Anm., 56 f., 75, 84, 162
– Gemeinschaft und F. 43, 80 f., 83 f. Anm., 91 f. Anm., 178
– Nutzen und F. 75, 77 Anm. 84, 189
Frühere (*proteron*)/Spätere (*hysteron*) 119 f.

Gemeinschaft
– Begriff der G. 83 f.
– Begriff der natürlichen G. 85 f.
– G. und Herrschaft → Herrschaft
Gemeinwohl/gemeinsamer Nutzen (*koinê symnpheron*) 5 Anm., 45, 76 Anm., 122 f., 138, 170 f., 180, 199–203, 205, 216, 218, 223, 235 f., 241 f., 248
Genetische Lesart 61, 197, 208 f., 215 Anm., 219 Anm.
Gerechtigkeit 25, 35, 54 Anm., 55, 110, 113, 139 f., 143, 178, 204 Anm., 206, 216, 235 f., 240, 246
– natürliche G. 23 Anm., 35 f., 38, 107 Anm., 112 Anm.
– G. im allgemeinen Sinn 98 f.
– G. im speziellen Sinn 122, 204 Anm., 217, 230–233
– Verschiedene Formen der G. als Individualtugend 183 f.
– G. der natürlichen Herrschaftsformen 184–190

– Gemeinschaft und G. 80 f., 83 f. Anm.
Gesetzgeber/Gesetzgebung 36, 59, 62 f. 98, 101 f., 106–108, 112 f., 116 f., 127 f., 201, 204 f., 207, 209–211, 213, 217 f., 220–223, 231, 240–243, 249
Gleichheit 6, 17, 18 Anm., 20, 41, 48, 72, 165 Anm., 179, 198, 201, 204 Anm., 231–234, 240
– G.-sprinzip 11 Anm., 25 Anm. 34, 48, 66–73, 132, 168 f., 249
– natürliche G./Ung. 103 f., 147, 155 f., 167–169, 183 f., 188 f., 196 Anm.
– G. in der politischen Teilhabe 224–239
Glück (*eudaimonia*) 49–64, 77, 79, 85, 94–101, 140 f., 159, 186, 205, 221, 227 Anm., 237, 243, 249
– formale Bestimmung des G.s 52 f., 96, 124 f.
– materielle Bestimmung des G.s 53–58
– Tätigkeitscharakter des G.s 54, 56 Anm. 186
– Fragilität des G.s 57 f.
– architektonische Funktion des G.s 124–129
Grundrechte 5–7, 10–12, 23, 25, 29, 38, 46, 114, 247 f.
Gut/Güter 33, 49 f., 52–59, 77–79, 125 f.
– äußeren G. 55–58, 96 Anm., 123, 125 Anm., 220
– seelischen G. 53–58, 96 Anm., 123, 186
– öffentliche G. 36 Anm., 39, 64 f., 67 f., 72 f., 122, 230, 233, 248
– Dreiteilung der G. 56 f., 83–85
Gyges (Ring des) 110

Handeln (*praxis*) 52 f., 55, 60, 159–161, 166, 169, 173–175, 187
Handwerker → Banausen
Haus 23 Anm., 27, 45 Anm., 58, 74 f., 84, 87, 91–104, 112 Anm., 118, 121, 127, 130, 133–136, 146, 148, 150, 153, 155 f., 165, 167 f., 177 f., 181, 194, 196, 206–208, 220 f., 227, 247
Hausvorsteher (*oikonomos*) 44, 93–95, 106, 135, 145 f., 153, 154 f., 164 f., 168, 175 f., 180–185, 195, 198, 200 f., 203, 226, 230 f., 234

Herrschaft
- Gemeinschaft und H. 80–83
- H.-sprinzip 136, 138, 140, 142, 144, 146, 148–150, 154 f., 191
- H.-snutzens 136, 138, 145 f., 150, 154 f., 167, 171, 191 f.
Herstellen (*poiêsis*) 94, 159, 173 f., 184, 187, 226
Holismus (normativer) (→ Kollektivismus, Organizismus, Totalitarismus) 118, 129
Hylemorphismus 120, 152 Anm., 157

Ideologie 40 f., 185 f., 191–194, 229, 236–238
Imago-Dei-Tradition 18 Anm.
Individualismus (normativer) 4 f., 27, 48, 80 Anm., 108, 111, 114 f., 118, 120, 121 Anm., 122, 128, 205, 239 f. Anm., 242, 247
- bei Platon 146, 150
Inklusivismus 56 Anm.
Interessen-/Nutzentheorie (des Rechts) 12–16

Kind 25 f., 44, 74, 82, 89–91, 100–103, 127–135, 145, 148, 154, 162–164, 168, 176–185, 192, 198, 224–230, 233, 247
Klugheit/Einsicht (*phronêsis*) 55 f., 123, 159 f., 207 Anm., 216, 235 f.
- K. als Herrschaftprinzip bei Platon 148–150
Königtum 145–150, 153, 154 Anm., 175 f., 178 f., 200–204, 216, 218 f., 221–223, 231, 236
- die väterliche Herrschaft als Abbild des K.s 182–185
- K. als die beste Verfassung 25, 62, 209–214, 216
Kollektivismus (normativer) (→ Holismus, Organizismus, Totalitarismus) 4 f., 27 f., 121–123, 129, 247
Kommunitarismus/Kommunitaristen 61 Anm.
Konsens/Konsensprinzip 15, 20 f. Anm., 37, 44 Anm., 108, 203 f., 223
- K. bei Platon 147–149, 203 Anm.

Kontraktualismus 16 Anm., 18 Anm., 20 f. Anm., 62, 76 Anm., 108, 110 f., 114, 203 Anm.
Korrelativitätsthese (von Rechten und Pflichten) 8 f. Anm., 10, 15
Kulturrelativismus 107 Anm., 131

Legitimität 4 f., 12, 17 f., 20 f., 28 f., 44 Anm., 69, 72 f., 142, 150, 155, 173, 176, 189, 200, 203 Anm., 204, 209
Liberalismus 2 Anm., 3 Anm., 5 Anm., 6, 20, 27, 28 Anm., 34, 36, 48, 61 Anm., 63–71

Machtpositivismus → Recht des Stärkeren
Mann 44, 58, 74, 81–84, 88–91, 94, 101, 103, 127, 129 f., 133, 135, 145, 154, 162–167, 176–185, 190 Anm., 192–194, 198, 205, 224–228, 231, 237, 247
Maximierungsprinzip 68–73
Menschenrechte 2–11, 14 Anm., 18 Anm., 20–26, 29, 38–40, 46, 132, 247–250
- *Allgemeine Erklärung der M.* (1948) 10 Anm., 26, 249 Anm.
Menschenwürde → Würde
Metöke 37, 195, 206, 224–230, 237 f.
Mischverfassung 2, 209 Anm., 218–222
Moralpsychologie 53–55, 157–160, 175 f.
Muße (*scholê*) 68, 89, 97 f., 100, 172, 235–237

Natur 107 f., 110 Anm., 115–117
Naturzustand 8 Anm., 11 f., 22 f., 35–38, 112 Anm., 177–179, 247
Naturrecht 2 f., 6, 12 Anm., 16 f., 18 Anm., 20, 22, 26 Anm., 28, 30, 31 Anm., 35, 37, 39, 44, 46, 108 Anm., 141, 213 f. Anm., 247, 249 f.
Neutralitätsprinzip 49, 63–66
Nominalismus 3 Anm., 32 f.

Oligarchie 22, 184 f., 200–202, 211–213, 215 f., 218–221, 231, 243
Organizismus (→ Holismus, Kollektivismus, Totalitarismus) 118, 124
Ostrakismos 46, 197, 239–242

Paternalismus 52 Anm.
Person/Personsein 3 f., 7–10, 16–18, 23 Anm., 24, 30, 72, 132
Physis-nomos-Antithese 109 f., 112 f., 137 f., 148 f., 168 f., 189, 199 f.
Physis-technê-Dilemma 107 f., 116 Anm., 117
Pluralismus 2, 63–66
Polis 22, 39 Anm., 44, 46, 62, 68 f., 80, 81 Anm., 83, 85 Anm., 87, 92–94, 104, 124, 145 f., 150, 152 f., 177, 183 Anm., 186 Anm., 195, 197 Anm. 198 f., 207, 217, 233, 235–237, 244–247, 249
– Genese/Konstitutionsanalyse der P. 13, 43, 74 f., 92–100, 130, 156
– Gesetzgebungskompetenz der P. 101, 124–129
– Natürlichkeit der P. 22 f., 42 Anm., 105–118
– natürliche Priorität der P. 27 f., 118–124
– Erziehungs-/Versorgungsleistung der P. 34 f., 50, 52 Anm., 58 f., 76 f., 99, 57, 59, 62 f., 80, 93–100, 220 f., 238 f.
Politie 178, 180, 185, 200, 204, 207, 211, 215–221, 231
– enger/weiter Sinn von P. 151 Anm., 167 Anm.
– eheliche Herrschaft als Abbild der P. 179
– brüderliche Freundschaft als Abbild der P. 179
Politik/Politische Wissenschaft 19, 39 Anm., 57–64, 106 Anm., 124–129, 159, 196, 208 f., 231, 220 Anm.
– „empirischer" Teil der P. 4, 61 f., 107, 196, 208 f., 243
– architektonische Funktion der P. 124–129
– P. bei Platon 102, 104, 144–150
– P. bei den Sophisten 138, 141 f.
– Programm der P. 211, 214, 221 f., 243
Präferenztheorie 50
Protestantismus 29

Realismus (interner) 53 Anm.
Realismus (politischer) 213, 215, 223 f., 229, 244
Recht/Rechte 171 f.
– Begriff natürlich subjektiver R. 6–19

– subjektive R. als Kern des modernen Verfassungsdenkens 2–4, 19–21, 27 f.
– Willenstheorie des R. → Willenstheorie
– Interessentheorie des R. → Interessen-/Nutzentheorie
– Nutzentheorie des R. → Interessen-/Nutzentheorie
– objektives R. vs. subjektives Recht 7 f., 29–31, 32 f.
– Funktionsanalyse des R.s 8
– Formalanalyse des R.s 8
– Robustheit von R.n 15
– Begründung subjektiver R. 16–18
– Wortgeschichte des Ausdrucks „R." 31 f.
– häusliches/privates R. 75, 99, 104 f., 143 f., 176–184
– politisches/öffentliches R. 75, 104 f., 112–114, 143 f.
– R. des Stärkeren 44, 112, 136–143, 148–150, 152–155, 169, 189, 203, 206–208
Rechtsadressat 8–10
Rechtsfähigkeit 16, 18 Anm., 131–133, 151
Rechtsobjekt 9 f.
Rechtssubjekt/Rechtsträger 5 Anm., 7–13, 15 f., 18 Anm., 23 Anm., 24, 26, 30, 170, 172, 187, 233 Anm. 248, 250
Rechtsvorstand (kyros) 127, 135, 167 f.
Regelutilitarismus 16 An.
Republikanismus 2–4
Römisches Recht 33, 127, 131–135, 151, 155 f., 167, 170, 176

Schadensprinzip 65
Seele/Seelenteile → Moralpsychologie
Sklave → Unfreier
Sklaverei/Sklaventum (Theorie vom naturgemäßen S.) 25, 40–42, 88 f., 156 Anm., 161, 173, 188 f., 191–194, 247, 250
Sophistik/Sophisten 44, 45 Anm., 109–115, 136–142, 143, 148, 150, 152–155, 168 Anm., 188 f., 203, 206–208, 249
Staat → Polis
Straussianer 45 Anm.
Streben (orexis) 7, 52 f., 55 f., 95 f., 124–128, 159, 175 f., 186 Anm.
Strebevermögen (orektikon) 54 Anm., 55 f., 158–160, 166, 174 f.

Subjektivität 29
Subsidiaritätsprinzip 101

Tagelöhner → Banause
Teleologische Theorien 33–35, 51, 67, 70 Anm., 71 Anm.
Technê-Analogie 143f., 146f., 150, 155
Timokratie 178–180, 215 Anm.
Totalitarismus 6, 18 Anm., 21, 118 Anm., 124, 128, 247
Tugend 49, 53 Anm., 54–59, 62, 66, 84, 89, 96 Anm., 97f., 100, 107, 110, 23, 127, 136, 157–161, 163 Anm., 164 Anm., 186, 197, 210, 213 Anm., 215f., 219, 240, 244
– ethische u. dianoetische T.en 55f., 157–160, 166, 186
– T. der Bürger 2, 229–232, 234–239
– T. als Maßstab der Würdigkeit 25, 62, 179 Anm., 204 Anm., 210–212, 214 Anm., 218, 221f.
– T. und Recht 30f., 246
– Einheit der T. 46 Anm., 164f., 177, 180–184, 187 Anm.
Tyrann/Tyrannis 28, 46, 139–141, 147, 170 Anm., 185, 196, 199 Anm., 200–204, 211–213, 220, 222f., 227, 231f., 239, 241, 244

Unitarismus 197, 209, 212
Universalismus (moralischer) (→ Gleichheit/Gleichheitsprinzip) 18 Anm., 24–26, 37, 64 Anm., 104, 107, 132, 142, 156, 157 Anm., 205 Anm., 206, 238, 249
Universalkönigtum (*pambasileia*) 39, 232
Utilitarismus 51, 70 Anm.

Väterliche Herrschaft → Kind
Verfassung 106–108, 151 Anm. 190, 195, 230f., 246
– antikes vs. modernes V.-sdenken 1–6, 19–21, 23 Anm., 25 Anm., 147
– beste V. 45f., 58, 113, 204–208, 210, 214, 219, 231, 242
– beste V. als normatives Ideal 36, 113, 207, 221, 223
– richtige vs. verfehlte V. 112f., 179f., 198–203, 208–213, 221, 245
– V. und Konzeption des Guten 59–63, 181, 221 Anm., 230f., 236
– V. und Konsens 20f. Anm., 37, 147, 203
– V.-slehre und TNH 45f., 195–197, 198–204 (Pol. III), 204–208 (Pol. VII–VIII), 208–224 (Pol. IV–VI), 246
– V. und häusliche Herrschaft 176–184
– V. und politische Teilhabe 224–239
Verfassungsumsturz/-wechsel (*metabolê*) 22, 37, 203f., 211, 220
Vernunft (*nous*) 53–56, 158–161, 175f.
Vernunftrecht 16, 11, 14, 16–20, 22
Vier-Ursachen-Lehre 116 Anm.

Wertnihilismus 50
Wertobjektivismus 50
Wertsubjektivismus 49f.
Willenstheorie 7, 12–16, 28 Anm., 248
Würde/Dignität 4 Anm., 5, 16–19, 23–27, 30, 39, 43–46, 64 Anm., 69f., 147, 150, 174, 186, 238, 245, 247f., 249 Anm.

Zweitbeste Fahrt (*deuteros plous*) 149, 241

B Namensindex

Alkidamas 137 Anm., 168 Anm.
Allan, D. J. 52 Anm.
Ambler, W. H. 45, 80, 90, 105, 109, 174
Antiphon 110, 136 Anm., 137 Anm., 168 Anm.
Arendt, H. 100 Anm., 177 Anm., 248
Aristipp 107 Anm.
Austin, J. 13 Anm.

Barker, E. 28 Anm., 52 Anm.
Barnes, J. 28 Anm., 29, 118, 128, 247
Bentham, J. 13 Anm.
Bien, G. 2 Anm., 85 Anm.
Bodin, J. 21, 80 Anm.
Böckenförde, E.-W. 65 Anm.

Charondas 94 Anm., 107 Anm., 130
Cicero 1f., 20, 24, 74 Anm., 76 Anm., 78 Anm., 106 Anm., 107 Anm., 117 Anm., 248
Cleary, J. J. 119f.
Condorcet, Marquis de 28 Anm.
Constant, B. 27–29, 68f. Anm., 240

Diogenes Laertios 57 Anm., 174 Anm.
Dionysios (Syrakus) 222f.
Drakon 107 Anm., 130
Dworkin, R. 14, 15 Anm., 34, 67–69

Epikur 111, 227 Anm.
Epimenides 94 Anm.

Finnis, J. 10 Anm., 14 Anm., 32f.
Fortenbaugh, W. W. 164

Gaius 32
Galston, W. 66
Gewirth, A. 15 Anm.
Gorgias 136 Anm., 137 Anm., 183 Anm.
Gouges, O. de 26
Grotius, H. 4 Anm., 20, 75 Anm.

Habermas, J. 23 Anm.
Hamilton, A. 2

Hart, H. L. A. 12 Anm., 13 Anm., 14f., 31
Hegel, G. W. F. 4 Anm., 7 Anm., 23 Anm., 28f.
Heraklit 130 Anm.
Herodot 77 Anm., 131 Anm., 200 Anm.
Hesiod 90, 161 Anm.
Hippias 110, 136 Anm., 137 Anm.
Hobbes, Th. 1, 3f. Anm., 4 Anm., 8f. Anm., 11 Anm., 21, 35, 41 Anm., 75f. Anm., 80, 86 Anm., 108–110, 123 Anm., 247
Horn, Ch. 3 Anm., 4f., 38, 48 Anm., 49, 246
Hurka, Th. 49, 51, 52 Anm.

Jaeger, W. 61, 107, 208f., 246
Jay, J. 2
Jhering, R. von 13 Anm.

Kallikles 45 Anm., 109 Anm. 110, 114, 136–143, 148, 150, 153
Kant, I. 4 Anm., 12 Anm., 17f., 37, 75f. Anm., 248 Anm.
Kelsen, H. 12 Anm., 42 Anm., 148 Anm., 196 Anm.
Kersting, W. 1f. Anm., 108 Anm.
Keyt, D. 107f., 116 Anm., 204 Anm., 210 Anm., 214 Anm., 223f. Anm.
Kleisthenes 227, 239
Kobusch, Th. 3 Anm., 4 Anm., 17 Anm., 23 Anm.
Kraut, R. 33 Anm., 37f., 49 Anm., 50 Anm., 53 Anm., 156 Anm., 159 Anm., 164, 168, 174 Anm., 182 Anm., 187 Anm., 190 Anm., 192 Anm., 193 Anm., 197 Anm., 212 Anm., 214 Anm., 215 Anm., 216 Anm., 219 Anm., 221 Anm., 239f. Anm., 241 Anm.
Kronos 104 Anm., 146f., 149

Lenin, W. I. 4 Anm.
Locke, J. 3, 4 Anm., 11 Anm., 18 Anm., 20, 31 Anm., 35, 75 Anm., 105 Anm., 108, 247
Long, R. T. 36f., 248 Anm.
Lykophron 62, 137 Anm., 168 Anm.
Lykurg 106, 107 Anm., 130

Mably, Abbé de 28
MacCormick, N. 13 Anm.
MacInytyre, A. 2 Anm., 3 Anm., 53 Anm. 61 Anm.
Madison, J. 2, 3 Anm.
Marsilius von Padua 44 Anm.
Marx, K. 4 Anm., 33, 49 Anm., 51
Mason, G. 3 Anm.
Mill, J. S. 4 Anm.
Miller, Fred D. 23 Anm., 31f., 35–39, 42 Anm., 75 Anm., 112 Anm., 115 Anm., 115–118, 120 Anm., 123, 127 Anm., 199 Anm., 207 Anm., 211 Anm., 214 Anm., 215 Anm., 230 Anm., 231, 236 Anm., 249
Montaigne, M. de 80 Anm.
Mulgan, R. 40, 41 Anm., 42 Anm., 77 Anm., 78–80, 109 Anm., 109–111, 114, 201 Anm., 216 Anm., 227 Anm.

Nagel, Th. 15 Anm.
Newman, W. L. 42 Anm., 61, 107 Anm., 117 Anm., 174 Anm.
Nietzsche, F. 33, 49 Anm., 51, 68f., 71, 73, 139 Anm., 142
Nozick, R. 18 Anm.
Nussbaum, M. C. 10, 34f., 38f., 48, 53 Anm., 57 Anm., 58 Anm., 65, 71–73, 160, 164, 205 Anm., 227 Anm., 232 Anm.

Ockham, W. von 3 Anm., 33

Pauer-Studer, H. 63 Anm., 65 Anm., 66
Peisistratos 227, 239
Periander 223
Perikles 224, 230
Philemon 168 Anm.
Philo 192 Anm.
Pittakos 106, 107 Anm.
Polybios 2
Protagoras 136 Anm., 137 Anm., 140 Anm., 142 Anm.
Pufendorf, S. von 20, 75 Anm.
Putnam, H. 53 Anm.

Rapp, Ch. 39f. Anm., 61 Anm., 213f. Anm.
Rasmussen, D. B./Den Uyl, D. J. 33 Anm., 36 Anm., 38

Rawls, J. 11f. Anm., 49, 51, 63f., 65 Anm., 66 Anm., 69, 70, 71 Anm.
Raz, J. 13 Anm., 21 Anm., 65
Ritter, J. 2 Anm., 78 Anm.
Rousseau, J.-J. 28

Sandel, M. 64 Anm.
Savigny, F. C. von 12 Anm.
Schofield, M. 3 Anm., 19 Anm., 20 Anm., 25 Anm., 31 Anm., 32 Anm., 40, 41 Anm., 42 Anm., 130 Anm., 151 Anm., 156 Anm., 157 Anm., 165 Anm., 174 Anm., 247
Schütrumpf, E. 59 Anm., 60–63, 85 Anm., 116 Anm., 130 Anm., 160 Anm., 168 Anm., 175 Anm., 197 Anm., 201 Anm., 204 Anm., 209 Anm., 210 Anm., 214 Anm., 217 Anm., 243 Anm., 246 Anm.
Seneca 80 Anm.
Sokrates 56 Anm., 60 Anm., 105 Anm., 138f., 143–146, 153 Anm., 183 Anm.
Solon 106, 107 Anm., 130
Sternberger, D. 25 Anm., 65 Anm.
Strauss, L. 2 Anm., 30 Anm., 31 Anm.
Swanson, J. 28 Anm., 164f.

Thomas von Aquin 33, 51, 108 Anm., 123 Anm., 220 Anm.
Thrasymachos 110, 136 Anm., 137 Anm., 139–143, 148, 150, 153
Thukydides 77 Anm.
Tierney, B. 3f. Anm., 33

Ulpian 33 Anm.

Villey, M. 3 Anm., 33
Voegelin, E. 2 Anm., 60 Anm.

Wall, S. 48–52, 63 Anm., 64 Anm., 66 Anm., 67 Anm., 69 Anm.
Weber, M. 29f., 85 Anm., 246
Wolf, U. 53 Anm., 157 Anm., 158 Anm., 233 Anm.

Xenophon 107 Anm., 110 Anm., 137 Anm., 145 Anm., 237 Anm.

Zeus 104 Anm., 138, 146, 182f.

www.ingramcontent.com/pod-product-compliance
Lightning Source LLC
Chambersburg PA
CBHW070609170426
43200CB00012B/2630